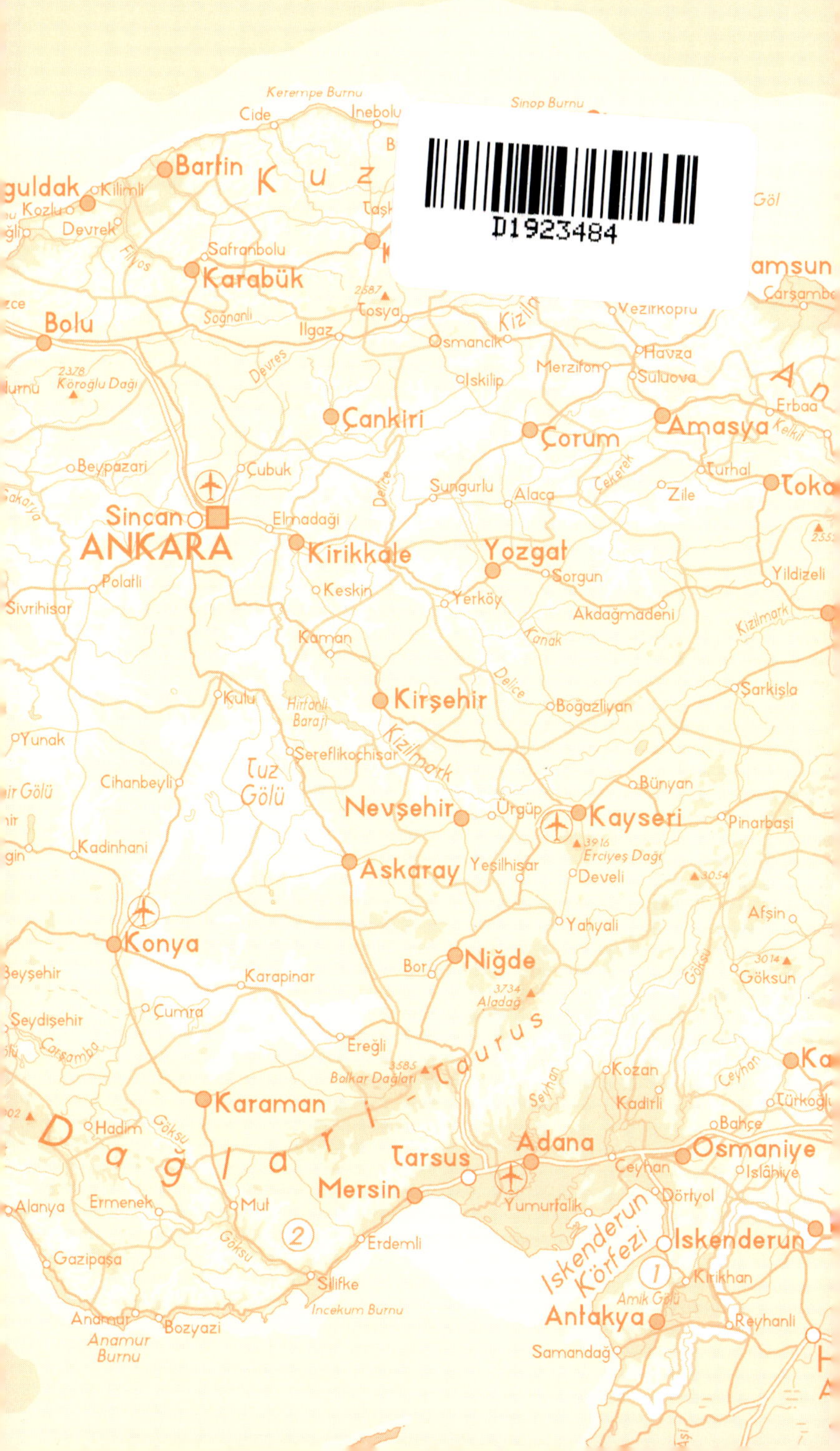
Kerempe Burnu
Sinop Burnu
Cide
Inebolu
Bartin
Kuz
guldak
Kilimli
Kozlu
Devrek
Filyos
Safranbolu
Karabük
2587
Tosya
Bolu
Soğanli
Ilgaz
Kizil
Vezirköprü
Samsun
Çarşamba
Osmancik
Havza
Merzifon
Suluova
Devrez
Iskilip
2378
Köroğlu Dağı
Çankiri
Çorum
Amasya
Erbaa
Kelkit
Beypazari
Çubuk
Çekerek
Turhal
Delice
Sungurlu
Alaca
Zile
Tokat
Sakarya
Sincan
ANKARA
Elmadaği
Kirikkale
Yozgat
Sorgun
Yildizeli
Polatli
Keskin
Yerköy
Sivrihisar
Akdağmadeni
Kizilırmak
Kanak
Kaman
Delice
Şarkişla
Kulu
Hirfanli Baraji
Kirşehir
Boğazliyan
Yunak
Şereflikoçhisar
Kizilırmak
Tuz Gölü
Cihanbeyli
Bünyan
Nevşehir
Ürgüp
Kayseri
Pinarbaşi
Kadinhani
3916
Erciyeş Daği
Askaray
Yeşilhisar
Develi
3054
Afşin
Yahyali
Konya
Niğde
Bor
3014
Göksun
Göksu
Beyşehir
Karapinar
3734
Aladağ
Seydişehir
Çumra
Çarşamba
Ereğli
Taurus
3585
Bolkar Dağları
Kozan
Seyhan
Ceyhan
Kadirli
Karaman
Türkoğlu
Hadim
Göksu
Bahçe
Dağları
Adana
Osmaniye
Tarsus
Ceyhan
Islâhiye
Mersin
Yumurtalik
Dörtyol
Alanya
Ermenek
Mut
2
Iskenderun Körfezi
Iskenderun
Göksu
Erdemli
Gazipaşa
1
Kirikhan
Silifke
Amik Gölü
Incekum Burnu
Antakya
Reyhanli
Anamur
Bozyazi
Anamur Burnu
Samandağ

TÜRKISCHE BIBLIOTHEK

Herausgegeben von Erika Glassen und Jens Peter Laut
Eine Initiative der Robert Bosch Stiftung
www.tuerkische-bibliothek.de

Von Istanbul nach Hakkâri

Eine Rundreise in Geschichten

Herausgegeben von Tevfik Turan
Nachwort von Erika Glassen

Aus dem Türkischen von
Sabine Adatepe, Cornelius Bischoff, Monika Carbe,
Eric Czotscher, Monika Demirel, Angelika Gillitz-Acar,
Angelika Hoch, Ingrid Lenz-Aktaş, Gerhard Meier,
Johannes Neuner, Wolfgang Scharlipp und
Karin Schweißgut

Unionsverlag

Der Verlag dankt den Autorinnen und Autoren
bzw. ihren Rechtsnachfolgern für
die Überlassung der Abdruckgenehmigungen.

Im Internet
Mehr Informationen zu
dieser Anthologie
www.tuerkische-bibliothek.de

Rieterstrasse 18, CH-8027 Zürich
Telefon 0041-44-283 20 00, Fax 0041-44-283 20 01
mail@unionsverlag.ch

Umschlaggestaltung: Doris Grüniger, Zürich
Umschlagmotiv: Bayram Gümüş,
»Ayasofya« (Ausschnitt)
Druck und Bindung: Freiburger Graphische Betriebe
ISBN-10 3-293-10003-1
ISBN-13 978-3-293-10003-9

Inhalt

Ziya Osman Saba

Fotostudio Glück

An jenem Abend konnte ich früh von der Arbeit weg. Warum nicht einfach mal bis Beyoğlu spazieren, sagte ich mir. Das Goldene Horn und den Bosporus grüßend, schlenderte ich über die Brücke und gewährte meinen Lungen, die seit Stunden nur schlechte Luft geatmet hatten, das Recht auf Erholung.

Die Dampfer zu den Stadtteilen, in denen ich früher einmal gewohnt hatte, waren noch immer in der gleichen Abfahrtshektik. Da, die Klingel für den 6-Uhr-Dampfer nach Kadıköy. Dort schon der 6-Uhr-05er, der die asiatische Seite des Bosporus abfährt ... Bei diesen mal runden, mal krummen Zahlen waren früher sogar die Sekunden kostbar gewesen – und jetzt hatten sie jede Bedeutung für mich verloren! Mag die Klingel noch so schrillen, mag der Beamte das Eisentor ruhig drohend zuschieben, ich bin kein Passagier dieser Dampfer mehr, dort drüben wartet niemand mehr auf mich. Ich kann die Yüksekkaldırım-Straße so langsam hinaufsteigen, wie ich möchte, und vor den Schaufenstern der Antiquariate kann ich nach Lust und Laune die Zeit vertrödeln. Am Tünel angekommen so tun, als würde ich auf die Straßenbahn warten, dann traurig die Einsteigenden beobachten, und zuletzt mit einer Geste, als hätte ich mich nun doch anders entschieden, bis zum Galatasaray und dann weiter bis zum Taksim-Platz spazieren.

Menschen kommen mir entgegen, Menschen gehen hinter mir her. Die in meinem Rücken überholen mich schließlich, mit manchen der mir Entgegenkommenden wechsle ich flüchtig einen Blick; andere schauen an mir vorbei, auch ich übersehe einige, gelegentlich werde ich gestreift, angerempelt. Männer, Frauen,

Große, Kleine, Alte, Junge, Schöne, Hässliche, Reiche, Arme … Verheiratete Frauen, frisch Verlobte, Einsame, manche mit dem Geliebten am Arm, kleine Kinder, die neben ihren Müttern herlaufen. Da sind junge Mädchen, jedes einzelne ein Schatz fürs ganze Leben, deren Beine, von Cahit Sıtkı in einem Gedicht als »Schatz des Tages« besungen, leider in hässliche, hohe Gamaschen eingesperrt sind. Und barfüßige Kinder. Sie flitzen zwischen denen hindurch, deren Füße gut aufgehoben sind, und versuchen Zeitungen zu verkaufen. Aber sie scheinen nicht an den Füßen zu frieren, sie sind es offenbar gewohnt, sage ich mir. Zudem wirken sie nicht weniger glücklich als die Beschuhten. Die Reichen kaufen die Zeitungen und lassen ihnen das Wechselgeld. Da freuen sich die Kinder noch mehr.

Auf beiden Seiten Läden, Geschäfte, elegante Cafés, die nur eines wollen: all diese Menschen einkleiden, sättigen, amüsieren, sie noch glücklicher machen. Ich kann nicht anders, ich bleibe vor den Schaufenstern stehen und gebe mich meinen Träumen hin. Wie schön diese Wohnzimmereinrichtung ist! Wie bequem man in diesem breiten Sessel nach dem Essen versinken kann! Welch liebliches Rosé dieser Lampenschirm in das Gesicht der Ehefrau zaubert, die vollkommen in ihr Strickzeug vertieft ist. Der Ehemann legt dann seine Zeitung beiseite, ganz in den Anblick seiner Frau versunken. Der Tisch dort ist wie gemacht für eines der Radios, die im Laden gegenüber verkauft werden, er würde genau passen. Auf das Radio dann ein Figürchen von dem Antiquitätenhändler dort vorne …

Der größte Möbelhändler der Stadt stellt ein komplettes Schlafzimmer aus. Ein Doppelbett, die seidene Steppdecke ausgebreitet, samt Nachtschränkchen am Kopfende, darauf die Nachttischlampe, der kleine Teppich und sogar die Tüllvorhänge an den Fenstern – an alles ist gedacht, ein perfektes Schlafzimmer. Zwischen den Vorhängen lugt noch eine Winteransicht hervor. Das ganze Zimmer in seinem rötlichen Licht scheint schon ungeduldig auf seine Besitzer zu warten.

Doch wohin all diese schönen Sachen tragen? Welche Wohnung in diesem mehrstöckigen Wohnhaus könnte mir gehören? Ich gehe weiter …

Und erst das blaue Kollier in diesem Geschäft da. Von den Mädchen, die ich kenne – wie gut würde es dem mit den blauesten Augen stehen! Schade, dass sie nicht meine Freundin ist!

In der Auslage des Schuhmachers, als hätten sie sich schamhaft an den Rand geflüchtet, Damenpantöffelchen, einige hochgeschlossen, andere recht weit ausgeschnitten, Pantöffelchen, die Träume von der Intimität häuslichen Lebens wecken.

Ach, und die Geschäfte, die Damenartikel, Wäsche und Kleider verkaufen … Selbst wenn ich ganz viel Geld hätte und von all dieser Wäsche, den Kleidern, Kostümen, Mänteln nach Herzenslust einkaufen könnte, dann hätte ich doch keine, die ich glücklich machen, die all das tragen, der ich sagen könnte: »All das ist für dich.«

Es ist, als würden all diese Geschäfte an all diese Menschen Glück verkaufen. Da, unter den tausend Farben und Sorten bei diesem Obsthändler, diese großen Früchte mit der gelben Schale zum Beispiel – das sind nicht etwa Orangen, das ist eine Seligkeit aus Genuss, Geschmack, Duft und Frische, um die Tafelfreuden abzurunden. Die Verkäufer schreien aus vollem Halse: »Kauft von unseren Waren!«, aber eigentlich meinen sie: »Werdet noch glücklicher.« Und erst recht die Boza-Flaschen aus Vefa in der Ecke dort. Wenn der Vater ein paar Stunden nach dem Essen jeden Einzelnen in der Familie davon, mit etwas Zimt bestäubt und gerösteten Kichererbsen belegt, schlückchenweise kosten lässt, ist das nicht ein ganz besonderes Glück?

So viele Fotoläden haben sich in dieser Straße versammelt, ich versinke in all diesen Bildern! Diese glücklichen Menschen sind wohl herbeigeeilt, um ihr Glück zu verewigen. Über ihren Tod hinaus wird ihr Lächeln auf diesen Bildern weiterleben. Ist die Braut da nicht die verheiratete Frau, die ich soeben gesehen habe? Ist das kleine Kind mit dem rosigen Gesicht und den zu zwei Zöpfen geflochtenen Haaren nicht das kleine Mädchen, das gerade an mir vorbeigehüpft ist? Natürlich! In diesen Fotostudios gibt es kein einziges Bild von einem Toten. Der nächste Friedhof ist sowieso kilometerweit von hier entfernt. In dieser Straße flanieren nur die Glücklichen. Nur schon in dieser Straße zu sein, kann einen glücklich machen. Auch ich sollte an mein Glück denken, daran, dass ich lebe. Unter all diesen Läden gibt es sicher den einen oder anderen, der Dinge verkauft, die auch mich glücklich oder zumindest zufrieden machen könnten! Gleich dort kann ich mir meine Schuhe putzen lassen. Warum sollte ich mir nicht diese Krawatte kaufen? Dieser neu eingetroffene Gedichtband würde mir gewiss vergnügliche Stunden bereiten. Ich könnte ja auch in eines dieser Fotostudios gehen, in denen diese glücklichen Menschen sich fotografieren lassen, auch ich bin glücklich, könnte ich sagen, machen Sie auch von mir ein Bild! Der Fotograf kann mir nicht widersprechen, er kann ja nicht einfach sagen: Sie haben ja gar niemanden, was wollen Sie mit dem Foto anfangen! Sollte er danach fragen, würde ich antworten: Auch ich könnte doch eines Tages eine Freundin haben. Die schönste Aufnahme, die Sie machen, wird dann umgeben von wundervollen Düften in einer geheimen Ecke ihres Täschchens stecken.

Und sollte wirklich keine auftauchen, die mich liebt, so haben Sie vielleicht noch nicht gehört, dass ein neuer Gedichtband von mir veröffentlicht wurde. Wegen dieses Buchs kann man mich mit Fug und Recht einen Dichter nennen, und wer weiß, es kommt vielleicht der Tag, an dem ein Literaturhistoriker ein Foto von mir aus den Jahren sucht, in denen eben dieses Buch veröffentlicht wurde. Vielleicht werde ich zwischen den Seiten einer zukünftigen, auf edlem Papier gedruckten Literaturgeschichte jugendlich hervorlächeln. Oh ja, ich bin ja noch recht jung, vergessen Sie meine grauen Strähnen und dass ich leicht verdrießlich dreinschaue, hier ist mein Personalausweis, bitte sehr, man kann mich durchaus noch als jung bezeichnen. Schon allein meine Jugend wird mir ein Lächeln auf die Lippen zaubern, ganz so, wie Sie es wünschen.

Vor einem Fotostudio hatte ein Wagen angehalten, und um ihn hatte sich eine neugierige Menschenmenge geschart. Ich trete näher, das Innere des Wagens und die Fensterrahmen sind über und über mit Blumen geschmückt. Braut und Bräutigam sind also im Fotostudio. Nichts wie hinein, so kann ich mich fotografieren lassen und gleichzeitig das Paar, das gerade einen der glücklichsten Momente seines Lebens erlebt, grüßen, auch wenn wir uns nur kurz an der Tür begegnen.

Ich warte im Vorraum, dessen Wände über und über mit Fotografien behängt sind. Alle lächeln. Hier der soeben beförderte junge Offizier, der sich stolz und selbstsicher auf seine Zukunft freut. Hier der Wonneproppen, der vor Gesundheit nur so strotzt und einen großen Plastikball umklammert, als sei er der größte Schatz der Welt. Ein Gruppenbild von Universitätsabsolventen: Die Professoren zufrieden und erhaben, um sie herum die frisch gebackenen Absolventen, sie lächeln, sie lachen vor Glück wie Menschen, die unter einem Baum rasten, nachdem sie einen langen Weg hinter sich gebracht, eine Last von ihren Schultern abgeworfen haben.

Und all diese frisch Vermählten, wie sie inmitten von Blumen nebeneinander stehen, ihr freudiges, erregtes Zittern spürt man förmlich. Immer schon haben diese jungen Männer dann irgendwann geheiratet, sind selig zu dem Fotografen gerannt, der schon die Fotos von ihrem Schulabschluss gemacht hatte, und haben gesagt: So, wir haben geheiratet, machen Sie ein Bild von uns, diesmal als glückliches Paar.

Dann die gestandenen Paare, die sich auf dem Höhepunkt eines langen tadellosen Ehelebens, vielleicht an einem Hochzeitstag, im Kreise ihrer Sprösslinge fotografieren lassen. Die Frau ist etwas füllig geworden, an der Stirn des Mannes geht das Haar langsam zurück, sie betrachten das Foto eines frisch vermählten Paares an der gegenüberliegenden Wand und lächeln. Jeder lächelt hier jeden an. Nirgends ein Bild von einem alten, hässlichen oder nachdenklichen Menschen. Als hätte niemals ein freudloser Mensch seinen Fuß in dieses Fotostudio gesetzt. Oder als wäre es das Erfolgsgeheimnis des Fotografen, nie einen Kunden zu fotografieren, wenn dieser im Angesicht seiner Kamera nicht von Herzen lächeln konnte.

Während ich so in Gedanken versunken war, öffnete sich plötzlich die Ateliertür, und wie eine Frühlingsbrise zog die Braut, ganz in Weiß, weißer als die Blumen in ihrer Hand, mit dem jungen Bräutigam an ihrer Seite an mir vorbei und hinterließ einen Duft nach Frühling. Dann stiegen sie in den Wagen, der auf sie gewartet hatte. Der Fotograf blieb, nachdem er ihnen Lebewohl gesagt hatte, noch eine Weile in der Tür stehen und schaute dem Wagen nach, dann drehte er sich um, lächelte in der Pose eines Künstlers, der mit seinem Werk zufrieden ist, vor sich hin und machte, ohne mich zunächst wahrzunehmen, einige Schritte in meine Richtung. Als er schließlich meine Anwesenheit bemerkte, war es, als würde er aus einem süßen Traum erwachen, er setzte einen fragenden Blick auf, was ich wolle.

»Ich möchte gerne ein Foto machen lassen. Ich wünsche mir, dass es eine gelungene Aufnahme wird«, sagte ich. Während ich sprach, musterte er mich von Kopf bis Fuß, dabei wich die Zufriedenheit, die sein Gesicht eben noch ausgestrahlt hatte, allmählich einer Besorgnis. »Kommen Sie bitte ins Atelier«, sagte er.

Ich voran, er hinterher, betraten wir das Atelier, in dem noch der glückselige Duft von Blumen und Lavendel schwebte. Er wies auf den Stuhl, damit ich mich setzte. Er begab sich hinter die Kamera, sein Gesicht verschwand unter dem Tuch, und nur hin und wieder vernahm ich seine Stimme: »Sitzen Sie ganz natürlich.«

»Seien Sie nicht so angespannt.«

»Vergessen Sie, dass Sie jetzt fotografiert werden.«

»Denken Sie an etwas Schönes!«

Dieser Hinweis war völlig überflüssig, denn ich war mit lauter erfreulichen Gedanken hierher gekommen. Das Foto, das gleich geschossen wird, trägt vielleicht eines Tages meine Freundin in ihrer Tasche … Vielleicht wird dieses Foto …

Plötzlich erhob sich die Stimme des Fotografen, jetzt klang sie noch gereizter: »Bitte lächeln Sie nicht so gezwungen.«

Stimmt, wie hässlich ist ein gezwungenes Lächeln! Ich habe ja keinerlei Grund, gezwungen zu lächeln. Durch die Linse schaut mich die Ewigkeit an, und ich werde dieser Ewigkeit, all den künftigen Generationen, die mir zu Füßen liegen, zulächeln wie ein großer Dichter, ein bisschen hochmütig, fast ein wenig von oben herab.

Oder ist das eitel? Vielleicht sogar lächerlich und anmaßend? Stimmt! Eigentlich war ich in meinem Leben nie anmaßend! Dieses Foto, das gleich gemacht wird, spielt vielleicht nur eine ganz bescheidene Rolle. Vielleicht erreiche ich die höchsten Ehren, die meine Religion mir verspricht, und falle eines Tages als Märtyrer fürs Vaterland. Vielleicht drucken dann manche Zeitschriften mein Foto in einer Reihe mit denen der anderen Helden. Vielleicht hängt meine Schule in einer Ecke ihres Museums auch mein Foto zwischen die ihrer anderen Schüler, die den Heldentod gestorben sind. Vielleicht sterbe ich auch einen ganz gewöhnlichen Tod. Dann werden meine wenigen noch lebenden Verwandten und die wenigen treuen Freunde über diesem Foto meiner gedenken. Ihnen werde ich schon jetzt ein Lächeln des Dankes und der Freundschaft schicken ...

Ich versank in die pulsierenden Geräusche des Lebens da draußen, atmete den weißen Duft der Braut ein, der das Zimmer erfüllte, beobachtete die schnäbelnden Tauben auf dem Vordach des Gebäudes gegenüber, stellte mir die Fotos vor, die ich eben im Vorraum betrachtet hatte, als wäre ich einer jener jungen Schulabgänger, der frisch gebackene Offizier, ich malte mir aus, wie ich eines Tages den Rang eines Märtyrers erreichen würde; stellte mir vor, wie ich die Hand meiner Liebsten hielt, wollte so natürlich lächeln wie die Ehepaare, die sich inmitten ihrer Kinderschar fotografieren ließen ... Aber warum quäle ich mich jetzt so? Warum versuche ich mir etwas vorzumachen? Was ist aus meinen glücklichen Tagen geworden? Damals, ja damals hätte ich Fotos über Fotos machen lassen sollen! Warum haben wir nicht jede Woche beim Fotografen vorbeigeschaut? Und jetzt, wo ich allein bin, komme ich hierher!

Nein, das ist nicht der richtige Moment, über solche Dinge nachzudenken! Jeder Mensch auf dieser Welt hat seine Katastrophen erlebt. Wird man deshalb gleich zum totalen Pessimisten? Statt an die Katastrophen sollte ich an Glücksmomente denken, an die Neugeborenen anstatt an die Toten, an die Zukunft statt an die Vergangenheit. Außerdem ...

Plötzlich schüttelte der Fotograf das schwarze Tuch ab und richtete sich auf. Sein Gesicht war leicht verschwitzt, und hoffnungslos sagte er: »Mein Herr, verzeihen Sie mir, aber ich kann Sie nicht fotografieren.«

Yaşar Kemal

Schreibstifte

Zu den wichtigsten Plätzen der Städte zählen die Müllkippen. Sind Sie jemals auf den Gedanken gekommen, dass die Müllkippen für eine Stadt nicht nur notwendig, sondern auch bedeutsam sind? Bevor ich die Müllkippe einer großen Stadt gesehen hatte, wusste ich es auch nicht. Eine Müllkippe, so meine ich, ist eine eigene Stadt.

Istanbul ist eine prachtvolle Stadt, eine einnehmende Stadt, und wer einmal ihre Atmosphäre genossen hat, kann ihr nicht mehr entrinnen. Im Laufe der Jahre sind in allen Größen und Farben Bilder von Istanbul gemalt, Fotos geknipst, Gedichte geschrieben worden. Ich habe davon wahrlich vieles gesehen, vieles davon gelesen, aber nichts und niemand hat mir über Istanbul so viel erzählen können wie seine Müllkippen. Ist die Stadt schmutzig, stinken ihre Müllkippen wie Aas, bricht dieser Gestank einem das Nasenbein. Wird Istanbul etwas sauberer, verringert sich auch der Gestank, und duftet Istanbul wie Moschus, duften auch die Müllkippen so. Kann denn eine Müllhalde wie Moschus duften, werden Sie fragen; ja, sie kann es, glauben Sie mir! Wieso ich über Müllkippen so gut Bescheid weiß, werden Sie fragen. Da muss ich sofort etwas gestehen: Ich bin kein Fachmann für Müllkippen! Aber ich will Ihnen auch gleich den Grund meines Wissens nennen, damit Sie mich nicht missverstehen. Erstens: Ich mag Möwen sehr. Ob ich sie wirklich liebe? Nein, nein, sagen wir es so: Ihre Art zu leben, interessiert mich. Ich gehe hin und beobachte sie stundenlang. Mal auf dem Meer, mal auf den Klippen und mal eben auch auf den Müllkippen. Möwen sind unverträgliche, streitsüchtige Plagegeister Gottes, die niemals aufgeben. Ich will hier keine Einzelheiten über das Alltagsleben der Möwen ausbreiten. Doch eines Tages werde ich Ihnen über die Möwen, diese gierigen, räuberischen, niemals locker lassenden Geschöpfe, eine ausführliche, reizvolle Geschichte schreiben können. Der Lebenskampf der Möwen findet hauptsächlich auf Müllkippen statt. Meine Neugier auf Müllkippen wurde zuerst von Möwen geweckt. Und danach von meinem Nachbarn Meister Rüstem, diesem aus dem Landkreis Zara der Stadt Sivas stammenden vitalen, lebenslustigen Spaßvogel mit dem riesigen buschigen Schnauzbart und den lachenden Augen. Seit zehn Jahren ist er ein Istanbuler Müllwerker. Zum Meister der Müllwerker ist er vor vier Jahren ernannt worden, und nach diesem Aufstieg kaufte er das Grundstück neben unserem Haus und pflanzte dort erst einmal drei Pappeln. Dann umfriedete er es mit einer Hecke und im folgenden Frühling, was sehen wir? Entlang der ganzen Hecke blüht echtes Geißblatt, dessen Duft durchs ganze Viertel strömt. Wie das alles geschah, wann er das Haus aufs Grundstück gesetzt hatte, davon hatte nie jemand im Viertel, auch ich nicht, vielleicht nicht mal er selbst etwas mitbekommen. Dort stand es nun hinter der Geißblatthecke, ein geräumiges, hellgrün gestrichenes Haus mit drei Fenstern, als stünde es dort schon seit tausend Jahren. Bald danach lernten wir seine Frau kennen, ein kleines, frisches Weib um die fünfundzwanzig, mit kräftigen Hüften, großen, leicht geschlitzten Augen. Von morgens bis abends putzte sie die Fenster, scheuerte die Dielen, ackerte im Garten, gönnte sich keine Pause. Im ganzen Viertel war dies zwischen den Villen der Reichen gezwängte blitzblanke Haus von Meister Rüstem wohl das schönste und sauberste. Manchmal beobachtete ich, wie Mann und Frau an der Pforte standen und mit verzückten Mienen das Haus betrachteten, als sei es das Kunstwerk eines Malers. Fühlten sie sich dabei ertappt, wurden sie rot wie auf frischer Tat erwischte

Kinder und flüchteten verschämt ins Haus. Ich überraschte sie oft dabei, und am Ende bewunderten wir Seite an Seite gemeinsam dieses schöne Häuschen und konnten uns daran nicht satt sehen. Der Frühling kam, im kleinen Garten blühten die verschiedensten Blumen, schmückten bunte Geranien und Basilienkräuter die Fensterbänke: Meister Rüstems blitzblankes Haus schien für den Zuschauer wirklich ein aufheiterndes, beglückendes Kunstwerk aus der Hand eines meisterlichen Malers zu sein.

Die beiden hatten auch zwei Kinder: ein Mädchen und einen Jungen. Der Junge, ein quicklebendiges Kerlchen, war von morgens bis abends auf den Beinen und wirbelte flink wie ein Dschinn durchs ganze Viertel. Aber auch er, obwohl dauernd über Stock und staubigem Stein, war immer frisch gewaschen und blitzsauber wie das Haus. Die etwas ältere Tochter war sanft und wortkarg, lächelte immer verschämt und machte mit ihren etwas wehmütigen Gesichtszügen, dem schmalen Kinn und den vollen Lippen schon jetzt den Eindruck einer Erwachsenen, und so verhielt sie sich auch. Die ganze Familie, Eltern und Kinder samt Haus und Blumen, machte den Eindruck, als strömte sie über vor Liebe und unendlichem Glück. Und jeder, der durch ihre Tür ging, spürte dieses Glück, und sein Inneres füllte sich auch mit Liebe. Ja, es gibt Orte, Häuser und Menschen, da verspürst du beim ersten flüchtigen Blick schon ein Glücksgefühl.

Wenn ich mich während unserer vierjährigen Nachbarschaft einmal grämte, in Trübsinn verfiel und die Welt verfluchte, ging ich ins Freie, warf einen Blick auf das kleine Haus, und alle Bedrängnis fiel von mir ab. Der schnauzbärtige, stattliche Mann kam jeden Abend in seiner Arbeitskluft nach Hause, griff manchmal, wenn er in Stimmung war, nach seiner Saz und sang dazu ganz leise seine Lieder, die ich noch nirgends gehört hatte und jetzt bis an mein Lebensende wohl nie wieder hören werde.

Worum ging es in diesen Liedern? Um Glück, um Leid, um irgendein Ereignis, ich konnte es nicht ausmachen. Manchmal wollte ich ihn überraschen, neben ihm seinen Liedern lauschen, hören, was er sang. Doch kaum war ich durch die Tür, sprang er auf, bot mir einen Platz an und legte seine Saz eilig hinter die Truhe. Einige Male bat ich ihn, nicht aufzuhören, doch ich stellte fest, er würde eher sterben, als in meinem Beisein spielen, und gab auf. Noch immer sinne ich den Worten nach, die Meister Rüstem in diesen Liedern so schön gesungen hatte.

Meister Rüstem hatte mich gern. Ich wollte seine Arbeit sehen, und er wies mich nicht ab, freute sich sogar. Und so ging ich hin und wieder dorthin. Der Platz lag außerhalb der Stadt, nahe den Ziegeleien. Hier wurde, unter Aufsicht von Meister Rüstem, der Müll abgeladen, an manchen Tagen auch verbrannt, und ich bin auf diesem Erdenrund noch nie einem so bestialischen Gestank begegnet wie dem von brennendem Müll.

Und dass eine Müllkippe das Abbild ihrer Stadt ist, habe ich während meiner Besuche bei meinem Freund Meister Rüstem festgestellt.

Ja, die Müllkippen sind wie die Stadt, denn im Müll lassen sich alle Gegenstände der Stadt wieder finden. Armbanduhren, Standuhren, Taschenuhren, auch nagelneue. Fingerringe, Armbänder, Halsketten, sogar goldene, sogar solche mit Diamanten … Schreibstifte, Füllhalter, Kugelschreiber, Scheren, Garnknäuel, Haspeln, Brillen, Münzen. Was immer es in einer Stadt gibt, gibt es auch auf ihrer Müllkippe. Und alles, was sich in einer Müllkippe findet, ob wertvoll oder nicht, teilen sich die Müllwerker brüderlich. Nur eines teilten sie sich nicht, und das waren Schreibstifte. Und wer im Müll einen Stift fand, brüllte begeistert, als seis ein goldner oder diamantener Ring: »Meister Rüstem, noch ein Schreibstift! Und wie schön, schau, und nicht mal angespitzt. Und die Farbe ist Rot, schau!«

»Meister Rüstem, noch ein Schreibstift, grün, was für ein schönes Grün! Ein Füllhalter ist das!«

»Meister Rüstem, ein Schreibstift, der wohl hundert Lira kostet. Noch in seiner Schachtel.«

Ein großer Krug Wasser stand neben Meister Rüstem. Wurde ihm ein Schreibstift gebracht, drehte er ihn sorgfältig in seiner Hand, musterte ihn von allen Seiten, seifte ihn ein und wusch ihn gründlich.

Meister Rüstem hatte zunächst darauf bestanden, auch die Schreibstifte aufzuteilen, aber er konnte sich bei seinen Arbeitskameraden damit nicht durchsetzen. Denn er hatte Kinder, die zur Schule gingen, lesen und schreiben lernten und eines Tages ein Herr, eine Dame sein würden. Und sollten sie hier auch täglich hunderte, ja, tausende Schreibstifte finden, sie gehörten allesamt den Kindern von Rüstem!

Jeder Müllwerker strahlte vor Freude, wenn er Meister Rüstem die Schreibstifte brachte. Jeder von ihnen war überzeugt, damit einen großen Sieg errungen, eine Freundestat vollbracht zu haben. Denn er half diesen Kindern erfolgreiche Erwachsene mit viel Wissen zu werden und keine Müllwerker! Diese Freude stand in ihren leuchtenden Augen. Und Meister Rüstem hatte nicht das Recht, ihnen dieses Glücksgefühl zu nehmen! Und außerdem waren Schreibstifte für die Kinder das schönste Spielzeug. Jeden Abend kam er mit Schreibstiften in allen Farben nach Haus. Und täglich schlossen Frau, Sohn und Tochter Wetten ab, wie viel er nach Feierabend wohl mitbringen würde. Jedes Mal gewann die Tochter, denn immer stimmte ihre geschätzte Zahl oder kam der wirklichen am nächsten.

Dieses Jahr war das Mädchen in die fünfte, die letzte Klasse der Grundschule versetzt worden. Es gab etwas, worauf sie stolz war, das ihr Selbstsicherheit verlieh, das sie aber nicht verraten durfte. Die Kinder hier hatten tausend Dinge: entzückende Kleider, schöne Schultaschen, Autos, mit denen sie jeden Tag von der Schule abgeholt wurden ... Ja, das alles hatten sie, aber keines besaß so viele Schreibstifte, nicht einmal in den Schreibwarenläden gab es so viele. Darauf war sie ganz verstohlen so stolz, dass ihre Augen heimlich funkelten, ihre Wangen rosarot anliefen, wenn sie nur daran dachte. Aber niemand wusste ja davon, und das war ihr großer Kummer. Schließlich konnte sie ihre Schreibstifte ja nicht in die Schule mitnehmen! Wenn sie es doch nur könnte, vor Bewunderung würde sich jeder auf die Fingerkuppen beißen! Sie hatte sicher tausend Buntstifte. Rote, schwarze, blaue, orangefarbene ... Ein Durcheinander von Farben, ja, ein leuchtendes Durcheinander von Farben! Die Schreibstifte in die Schule bringen, das ginge schon, was aber, wenn sie gefragt wurde: »Woher hast du sie?« Vor so vielen Kindern konnte sie doch nicht antworten: »Mein Vater, der Obermüllmann, hat sie im Müll aufgesammelt!« Und wenn sie sterben müsste, man sie schlachtete, ihr Blut vergösse, sie brächte das nicht über ihre Lippen. Wie sollte sie! Aber die Schreibstifte mitnehmen und ihren Freunden zeigen musste sie unbedingt!

Tagelang zerbrach sie sich den Kopf, fand aber keinen Ausweg. Sagte sie: Diese Schreibstifte hat mir mein Vater gekauft, würden sie ihr nicht glauben. Nicht einmal den Millionärskindern kauften ihre Väter so schöne Schreibstifte. Aber sie musste unbedingt einen Ausweg finden. Sie hatte es sich so in den Kopf gesetzt, dass sie es nicht mehr rauskriegen konnte. Und so stopfte sie eines guten Tages Schreibstifte in ihre Schultasche und nahm sie mit. Sie brannte darauf, sie zu zeigen, wurde ganz verrückt danach, konnte es aber nicht. Vielleicht eine Woche lang wand sie sich wie im Fieber, doch sie schaffte es nicht. Sie hätte es wohl bis zum Jahresende nicht gewagt, wäre ihr nicht Erol, der große Sohn des Nachbarn, begegnet. Er arbeitete in Osmanbey in einem großen Schreibwarengeschäft. Sie hatte dort Hefte gekauft. Der Laden war voller Schreibstifte ... Ach, wäre dieser Erol doch ein Verwandter, zum Beispiel der Sohn ihres Onkels, das wäre schön, ach, wäre das schön! Sie hätte dann sagen können: »Erol, der Sohn meines Onkels, hat sie mir geschenkt.« Bis Mitternacht dachte sie an jenem Abend über Erol nach.

Am Morgen waren ihre Schultasche und alle Taschen ihres Kittels randvoll mit kunterbunten Stiften gefüllt. Zuerst breitete sie diese vor Sabahat, ihrer Nachbarin auf der Schulbank, aus. Sabahats Familie besaß im Großen Basar ein Juweliergeschäft mit Goldreifen bis an die Decke. Aber selbst Sabahat hatte nicht so viele Schreibstifte.

»Ach du meine Güte, Mädchen, woher hast du so viele Schreibstifte?«

»Bruder Erol bringt sie mir«, antwortete Neriman unbekümmert. »Jeden Abend. Er hat in Beyazıt einen riesigen Laden voller Schreibstifte. Weißt du, wer Bruder Erol ist? Er ist der Sohn von meinem Onkel, und er hat noch nie geheiratet.«

Sabahat lief sofort zu den andern. »Neriman hat viele Schreibstifte, sehr viele Schreibstifte, na, so viele, vielleicht tausend ... Meine beiden Augen sollen erblinden, wenn ich lüge!«

Die Kinder scharten sich um Neriman. Ja, sie hatte wirklich sehr viele Schreibstifte!

»Ihr Onkel soll einen Sohn haben«, erzählte Sabahat, »der hat noch nie geheiratet. Und in Beyazıt hat er einen riesigen Laden, der ist voller Schreibstifte. Wir werden jeden Tag hingehen, und Bruder Erol wird uns auch Schreibstifte schenken.«

Neriman war von Sabahat begeistert.

»Na, und wusstest du denn nicht«, rief sie und fingerte fünf, sechs Schreibstifte heraus, »dass Bruder Erol dir diese hier schickt? Er sagte mir: ›Gib sie Sabahat!‹ Denn ich hatte ihm von dir so viel erzählt und ihm gesagt, du bist meine beste Freundin.«

»Ich wusste es, und ich danke dir«, sagte Sabahat und lachte.

Es klingelte. Und von allen bewundert, packte Neriman die Schreibstifte in ihre Schultasche. Der Unterricht begann. Nun war sie allen überlegen! Sie floss über vor Freude.

Von nun an kam sie jeden Tag mit ihren Taschen voller Schreibstifte in die Schule, verteilte sie an jedermann und war jetzt jedermanns große Schwester. Warum sollten die Kinder sich noch Schreibstifte im Laden kaufen? Bruder Erol gab ihr in Mengen, und sie verschenkte sie an jeden. Sie hatte ja so viel davon, und wenn sie die ganze Schule beschenkte, blieben noch genügend übrig!

Nerimans Glückseligkeit währte, bis es zu jenem schmutzigen Vorfall kam.

Da war doch dieser kleine Zühtü, dieser schielende Sohn des Krämers, diese widerwärtige Rotznase, und dieser Junge verdarb alles. Ein Lügner, ein unerträglicher Schweinehund, bei dem du schon das Kotzen kriegst und vierzig Tage keinen Bissen mehr herunterbekommst, wenn du ihm nur einmal ins Gesicht schaust. Alles, was dann geschah, hatte seinen Ursprung in seinem Gehirn.

Er stellte sich vor den Lehrer hin und sagte: »Ich schwöre bei Gott und bei meinem Leben, Neriman hat meinen Schreibstift geklaut! Und ich soll den Leichnam meiner Mutter küssen, wenn ich lüge. Ich habe meinen Schreibstift zwischen den anderen gesehen. Er ist eingekerbt, ein grüner Schreibstift mit zwei Kerben. Und genau diesen Schreibstift habe ich bei Neriman gesehen!«

Der Lehrer rief Neriman zu sich, ließ sie die Tasche öffnen … Und er kam bei so vielen Schreibstiften aus dem Staunen gar nicht mehr heraus.

Zühtü stürzte sich sofort auf die Schreibstifte, griff sich einen und schrie: »Na, der hier, Herr Lehrer!«

»Woher hast du all diese Schreibstifte?«, fragte sehr streng der Lehrer.

Darauf war Neriman schon seit Tagen vorbereitet, und sie antwortete mit heruntergezogenen Mundwinkeln: »Diese Schreibstifte schenkt mir Bruder Erol. Ich hab zu Haus noch viel mehr.«

Misstrauisch schaute der Lehrer dem Mädchen ins Gesicht: »Geh nach Haus und bring sie alle her!« Und zu Zühtü gewandt: »Gib Neriman den Stift wieder zurück!«

»Aber Herr Lehrer!«

»Gib ihn zurück!«

Er nahm ihm den Stift aus der Hand und gab ihn Neriman. Neriman stopfte die Schreibstifte in ihre Tasche, machte sich auf den Heimweg und begann mit der Tasche in der Hand zu laufen.

»Lass die Tasche hier!«, rief der Lehrer hinter ihr her.

Neriman kam zurück, stellte die Tasche auf den Tisch und rannte nach Hause. Sie war schnell dort, packte alle Schreibstifte in einen größeren Stoffbeutel und lief zurück zur Schule.

»Bitte, Herr Lehrer, das sind alle.«

»Geh du jetzt zurück in die Klasse!«, sagte der Lehrer.

Dann suchte er den Oberlehrer auf und erzählte ihm lang und breit den Vorgang. Und der Oberlehrer der Schule ging von Klasse zu Klasse und verkündete: »Alle, die einen Schreibstift verloren haben oder denen einer gestohlen worden ist, haben sich nach Schulschluss vor meinem Zimmer einzufinden!«

Einige Stunden später brodelte es vor der Tür des Oberlehrers. Wohl der Hälfte von allen Schulkindern waren Schreibstifte abhanden gekommen oder gestohlen worden.

»Erzähl mal, wie sah denn der Schreibstift aus, der dir gestohlen wurde?«

Und das Kind beschrieb den Schreibstift, und der Oberlehrer fischte ihn heraus und gab ihn dem bestohlenen Kind.

So bekamen viele Kinder ihren Schreibstift wieder, und die Kinder hatten nicht einmal gelogen, die Stifte hatten ihnen ja einmal gehört.

»Erzähl, wie hast du so viele Schreibstifte gestohlen?«

»Ich habe sie nicht gestohlen.«

»Sag die Wahrheit, und ich verzeihe dir, Mädchen!«

»Ich habe sie nicht gestohlen.«

»Nun gut, auch wenn Bruder Erol Millionär wäre, warum sollte er dir so viele Schreibstifte schenken? Einen, zwei oder sogar zehn, einverstanden, aber hunderte?«

»Bruder Erol hat sie mir gegeben, sein Laden ist voll davon.«

Nachdem der Oberlehrer ihr auch nach langem Drängen kein Geständnis hatte entlocken können, sagte er: »Hol sofort deine Eltern her!«

Kaum zu Haus, ließ Neriman sich aufs Bett fallen und begann laut schluchzend so zu heulen, dass ihre Augen blutrot wurden. Entsetzt drang die Mutter in sie, doch vor lauter Jammern konnte das Mädchen nicht sprechen. Erst nachdem sie sich ein bisschen beruhigt hatte, erzählte sie der Mutter ausführlich, was geschehen war. Als abends der Vater wieder mit einem Arm voll Schreibstiften nach Hause kam, warf Neriman sie, so weit sie konnte, auf die Straße. Und die Mutter erzählte dem Vater unter Tränen, warum.

Und bei ihrem Leben flehte Neriman ihre Eltern an: »Sagt um Gottes willen nicht, die Schreibstifte stammen von der Müllkippe! Sagt, Bruder Erol hat sie mir geschenkt!«

»Sie werden es nicht glauben.«

»Das ist mir egal!«

»Ist Schreibstifte in der Müllkippe sammeln denn schlimmer als sie stehlen?«

»Viel schlimmer, viel schlimmer.«

Das Für und Wider zwischen Vater, Mutter und Tochter dauerte bis Mitternacht.

Schließlich drohte Neriman: »Wenn ihr sagt, die Schreibstifte sind aus der Müllkippe, töte ich mich!«

Meister Rüstem kannte seine Kinder gut. Ja, das Mädchen würde sich töten.

»Du hast Recht, mein Mädchen, ich werde in der Schule sagen, Erol, der Sohn ihres Onkels, hat ihr die Stifte geschenkt.«

Am nächsten Morgen erzählte Meister Rüstem, der seine Tochter zur Schule begleitet hatte, dem Lehrer und dem Oberlehrer von Erol, beschrieb lang und breit, was für ein gutherziger und großzügiger Verwandter dieser sei. Daraufhin verlangte der Oberlehrer die Anschrift von Erols Geschäft in Beyazıt. Verdattert standen Vater und Tochter da. Am Ende erfand Meister Rüstem irgendeine Adresse, und der Oberlehrer schrieb sie sich auf. Und dann verließen Vater und Tochter die Schule.

Als die Nachforschungen abgeschlossen waren, wurde Neriman wegen Diebstahls von Schreibstiften von der Schule verwiesen.

Ich hatte davon ziemlich spät erfahren und eilte sofort zu Meister Rüstem, doch es war niemand zu Haus. Eine Woche lang ging ich täglich hin und her, doch die Tür war zur Mauer geworden. Als ich sechs Monate später nach Basınköy zog, war die Tür noch immer verschlossen. Ein gähnend leeres, trauriges, totes Haus ... Den schönen Garten hatten die Kinder des Viertels zertrampelt, und die roten, blauen und rosa Geranien auf der Fensterbank waren herausgerissen.

Ich kenne mich gut aus mit Müllkippen. Dank Meister Rüstem. Müllkippen sind das genaue Spiegelbild ihrer Städte. Ist eine Stadt schmutzig, niederträchtig, grausam, ohne Mitleid, dann stinken ihre Müllkippen tausendmal schmutziger. Stinken wie Aas ... Auf Istanbuls Müllkippen gehen Möwen nieder, tünchen sie weiß, und der schmutzige Müll ist vor lauter Möwen nicht mehr zu sehen. Ach ja, und dann finden sich in den Müllkippen von Istanbul auch noch kunterbunte Schreibstifte ... Hin und wieder gar ein goldener Ring.

Hulki Aktunç

Die Platzanweiserin

I Madame Krista fiel drei Reihen vor mir tot um. Innerhalb eines Augenblicks, eines winzig kleinen Augenblicks, in dem zahllose Bilder an meinem inneren Auge vorüberzogen, fiel und fiel und fiel und starb und starb und starb sie unzählige Male. Bis zur Filmvorführung blieb nur noch sehr wenig Zeit. Die Lichter. Das Halbdunkel. Jetzt wird es gleich ganz dunkel werden. Ein leichter Petroleumgeruch hing noch immer in der Luft. Die Holzdielen waren frisch mit Petroleum eingerieben worden. Mir wurde übel von der trägen, stickigen Luft, in der dieser penetrante Geruch still und leise von den vorderen zu den hinteren Reihen, vom Parkett zur Loge und zu den Balkonen wanderte und dort hängen blieb. Ich hatte Angst, dass sich Petroleum in den Haaren der armen Frau – meiner Frau – festsetzen könnte. Seltsam, sie war tot, und ich dachte an ihre Haare. In meiner linken Brust spürte ich ein unerträgliches Klopfen. Ich lief gleich zu Krista. Ich fasste sie an der Hand und tastete nach ihrem Puls; er hatte aufgehört zu schlagen. Die kleine Taschenlampe in ihrer Hand brannte. In ihrer anderen Hand lagen Münzen, die unter dem spärlichen Licht wie etwas Kostbares erschienen und sogar ein bisschen funkelten. Mir war es zuwider, mich auf diesen Boden zu knien. Aber Madame Kristas Handgelenk war warm.

KRISTA: Ach, Seyfi, ich war einst wunderschön. Jetzt wirke ich nur noch gepflegt.

KRISTA: Du weißt, wir verdienen kleine Münzen.

DIREKTOR: Du sparst kleine Münzen, aber es ist ehrlich verdientes Geld.

II Als ich in diese Stadt kam, war ich schüchtern und unerfahren, ein tollpatschiger junger Mann. Schüchtern? Eher ängstlich. In diesen Straßen gehen andere Menschen, und auch in diesen Häusern leben Menschen, die völlig anders sind als ich, und die Frauen sind Ehefrauen von ganz anderen Männern, all das ging mir damals durch den Kopf. Oje, und dann erst diese Arbeitssuche! Noch während ich mich damit plagte, Arbeit zu finden, spürte ich, dass all die Ängste, die mir diese Stadt einflößten, verschwanden. Ich wurde einer von ihnen. Ursprünglich bin ich aus Şebinkarahisar. Hier in der Stadt hatte ich aber eine Menge Verwandte und Landsleute. Bei ihnen verkroch ich mich, schämte mich jedoch dafür: Das Brot, das ich dort aß, lag mir wie ein Stein im Magen, die Suppe, die ich löffelte, schmeckte wie Gift.

Endlose Wochen vergingen; dann kam mir plötzlich zu Ohren, dass die Familie Veysi jemanden suchte. Sie betrieben das Büfett eines Freiluftkinos. Ich ging hin. Es lag im Süreyya-Garten. In Kadıköy. Einige der Laufkellner hatten zu einem Hochzeitssaal in Moda gewechselt. Jetzt fehlten Leute. Sie stellten mich sofort ein. Mit einem Öffner in der Hand zog ich los und ließ die Flaschen im Kasten klirren; ich verkaufte Limonade an Jung und Alt. Das Mädchen küsste den Jungen, der Junge küsste das Mädchen. Der Böse brach in krächzendes Gelächter aus. Der Arbeitslose wurde zum Taschendieb; Nergis trällerte das Lied *Mupere;* der liebenswerte Pirat schwang sich von Seil zu Seil; auf dem *Hurenschiff* sang Kerima traurige Lieder – traurige Lieder, die wie Gazelen klangen –, während sie in dem Licht, das durch die Bodenplanken drang, in Schönheit erstrahlte; Kenan Bey setzte alle Hebel in Bewegung, um Ayhan Bey etwas anzutun; bis ich alles mitbekam, war es August, September geworden; die Holzstühle im Süreyya-Garten wurden zusammengestellt und übereinander getürmt – einige fielen schon auseinander, einige waren angebrochen, ein paar wenige in Ordnung. Trockenes, gelbes Laub raschelte unter meinen Schritten. Der Sommer neigte sich dem Ende zu, die Stelle als Aushilfskellner auch. Der Herbst kam und mit ihm die schwermütigen Herbstabende. Der Winter stand vor der Tür, der kam als Unglücksbote, denn er fesselt den jungen Mann wieder an andere. Ich wusste nicht, wie ich das ertragen sollte. Im Süreyya-Saal gab es keine freie Stelle. Das Büfett lief gut. Ich war überflüssig. Wie sollte es denn auch anders sein? Ich war doch nur Seyfi, der Sommerkellner.

VEYSI: Du bist ein langer Lulatsch. Wenn du mit zwei Kästen losziehst, bist du nach fünf Minuten am Ende.

SÜREYYA-GARTEN: Morgen Abend Beschneidung, übermorgen Auftritt von Dümbüllü, dem Komiker.

VEYSI: Das Leben ist unsicher, Junge. Wenn du dich schon auf Gelegenheitsarbeiten verlegen und dabei kein Risiko eingehen willst, such dir Lukrativeres.

KRISTA: Ein gutes Gedächtnis bringt einem nur Leid.

III Die Stadt am anderen Ufer verhieß Abenteuer anderer Art. Dort, sagte man, lagen die wirklichen Kinos und Theater. Einer der Sommeraushilfen unseres (so schnell war es »unserer« geworden) Süreyya-Gartens hatte drüben Arbeit gefunden, im Kino Peri. Unserem Sommeraushilfskellner schien es dort gut zu gehen. Die Menschen waren vornehm, es schien sehr sauber zu sein, und das Trinkgeld soll auch reichlich geflossen sein. Mit diesem Mann hatte ich einen ganzen Sommer bei der Arbeit Seite an Seite verbracht. Wenn wir uns verständigen wollten, schlugen wir mit den Öffnern an die Flaschen. Er hatte mich nicht vergessen. Er rief mich. Dem Direktor stellte er mich als »erfahrenen Kellner« vor. Ich fing an zu arbeiten.

KRISTA: Wir sind das Peri, und er ist unser Direktor.

IV Ich erinnere mich an den Tod der Witwe in *Alexis Sorbas*, als hätte ich ihn miterlebt. Madame Krista war jünger als sie. Sie waren sich aber ähnlich. Die Bauern plünderten die Sachen der alten Frau. Madame Krista lebte seit Jahren allein. Sie wohnte in einer Pension und hatte nichts, was sich zu plündern lohnte. Hatte ich ihr Herz geplündert? Ich spüre einen Anflug von Reue. Madame Krista war eine von drei Platzanweiserinnen im Peri.

DIREKTOR: Selbst ich bin schöner als diese Frau, aber ich habe keine Zeit für Trinkgelage.

V Schon am ersten Tag war sie freundlich zu mir. Einem Fremden so offen lächelnd zu begegnen, liegt nicht jedem. Das war das Besondere an uns: Kaum lernten wir uns kennen, teilten wir auch schon unseren Kummer. Waren wir uns so ähnlich? Waren wir zwei alte Melancholiker?

In den Stunden, in denen die Zuschauer in tiefer Dunkelheit ausharrten, pflegten Madame Krista und ich uns zurückzuziehen – wie alle »Stundenarbeitslosen« in den Kinos – und ausgiebig zu plaudern. Zuerst machte sie Witze über sich selbst, damit sie sich dann umso mehr über mich lustig machen konnte.

KELLNER: Das geht aber zu weit. Ob sie es in der Toilette miteinander treiben?

Manchmal fing sie ohne Grund an gellend zu lachen; ein andermal war sie wegen einer Krampfader, die kaum zu sehen war, zu Tode betrübt: ein weiblicher Jean Valjean.

Madame Krista war Witwe. Sie erzählte oft von ihrem Mann und ihrer frühen Kindheit wie in Filmsequenzen. Haben die Filme von ihr erzählt, oder hat sie die Filme erzählt? Es war zum Verwechseln.

KRISTA: Er war Schneider. Er hatte vornehme Kundschaft. Er trank. Viel.

Nach so vielen Jahren erst wird mir klar, dass es einmal ein cineastisches Zeitalter gab. Madame Krista war die letzte Frau jener Ära. Wenn du sie aufgefordert hättest, die Monatsnamen aufzusagen, sie hätte es nicht geschafft; dafür aber hätte sie die zweiundfünfzig Wochen des Jahres als die *Das verflixte 7. Jahr*-Woche, die *Vom Winde verweht*-Woche und die *High Noon*-Woche benennen können.

SEYFI: Ich bin deiner nicht würdig.

VI Mit Alkohol kannte sie sich aus. Eines Abends, als der zweite Teil eines Filmes lief, setzte sie sich über alle Regeln hinweg und sagte, sie wolle mir einen ausgeben. Sie liebe mich wie ihren Sohn; ich sei sehr verschlossen; so wie es kein zweites Istanbul gebe, so gebe es auch keine zweite Krista.

Es gab da eine kleine Kneipe. Einige Musiker schauten dort auf dem Weg zur Arbeit vorbei, einige nach ihrer Arbeit, tranken umsonst ein paar Gläschen Rakı und spielten dafür, wenn ihnen danach war, Improvisationen.

Madame Krista kannte dort jeder. Sie nahm mich am Arm und führte mich hin. Auf der Istiklâl stolzierten wir wie zwei Helden. Als wir zur kleinen Kneipe kamen, fühlten wir uns, als hätten wir einen unbeschreiblichen Sieg errungen. Wir hatten uns aus dem Staub gemacht. Wir waren beide nicht auf die Flucht vorbereitet, aber wir sind getürmt und wurden nicht erwischt.

Wir tranken beide Rakı. Dazu gab es Fetakäse, Honigmelone und Pilaki ... diese kleine Welt, an die ich mich allmählich gewöhnte, zog mich in ihren Bann.

In jener Nacht kam ein Streichtambura-Spieler. Mit einer Schönheit, an die ich mich bis zu meinem Tode erinnern werde, spielte er eine Improvisation mit weit ausholenden Läufen. Er setzte kurz aus, nur um erneut loszuwimmern. Er klagte, er wisperte leise vor sich hin – eine große Kreisbewegung, die, wenn sie zu Ende war, immer wieder von neuem begann. So wie das Leben.

KRISTA: Die Trennung verletzt mich im Herzen ...
SEYFI: Die Trennung verletzt im Herzen ...

Als wir aus der Kneipe traten, wankten wir im sanften Lodoswind. Madame Krista nahm mich zu sich nach Hause. Sie kochte Kaffee. Sie bot mir selbst gemachten Kirschlikör vom letzten Sommer an. Wir schliefen miteinander.

Auf ihrer Haut lag ein Marmorschimmer, der Duft harter Steine, von Feigen, die auf solchen Steinen wuchern.

Am nächsten Tag genierten wir uns voreinander, das hielt aber nicht lange an. Als es Abend wurde, plauderten wir wieder im lärmenden Trubel des Kinos miteinander, sprachen über den Streichtambura-Spieler. Nach der Abendvorstellung fasste sie mich wieder am Arm. Nahm mich wieder mit nach Hause (noch einmal verwandelte sie mit einem Mann das Pensionszimmer in ein Zuhause).

SEYFI: Deine Haare sind schön.
KRISTA: Mein Hals ist dunkel.
KRISTA: Ich koche für dich, ich wasche dir die Wäsche.

VII Ich weiß nicht, wie sie das anstellte, aber sie machte einen Städter aus mir ... ohne dass ich es merkte.

Obwohl mir Geld nichts bedeutete, begann ich zu sparen. Eines Abends machte ich ihr einen Heiratsantrag. Wir lebten zwar wie Mann und Frau zusammen, seien aber nicht verheiratet, und das verletze doch Kristas Stolz ... Sie lachte. Sie lachte lange, sehr lange, so lange, dass es mich schon kränkte. Ich sei der süßeste Dummkopf der Welt. Heiratet denn ein stattlicher junger Mann eine reife Frau? Wenn die anderen das mitbekämen, sagen sie, Madame Krista verführe Knaben. Die seien sowieso eifersüchtig, dürften nichts davon erfahren. Der böse Blick könnte uns sonst treffen.

KRISTA: Du bist ein unerfahrener, tapferer Kerl. Hochleben sollst du.

In jener Nacht sagte sie, der Platzanweiser Muammer Bey werde bald in Rente gehen. Wenn ich möchte, würde sie mit dem Direktor vom Peri reden.

DIREKTOR: Dein Tag ist dunkel, aber deine Nacht ist hell.

Ich könne die Stelle von Muammer Bey übernehmen. Krista sagte: Ich bin immer an deiner Seite, ich bringe dir an einem Tag alle Sitzreihen bei. Sie freute sich sehr.

KRISTA: Das sind die Schulreihen. Aber es gibt keinen Lehrer und keinen, der Schläge verteilt.

Dann verdiente ich etwas besser. Es war weniger anstrengend für mich. Die Reihen und Nummern lernte ich sofort auswendig. Hatte ich so ein gutes Gedächtnis?

KRISTA: An meinem ersten freien Tag ging ich ins Kino auf der anderen Straßenseite. Ich setzte mich auf einen Platz und schaute mir einen Film an.

VIII Der Ausdruck »meine Wenigkeit« hatte einen echten Sinn, bevor er in Komödien breit getreten wurde.

Aus Stadtereignissen wurden Dorfgeschichten. Die Filmvorschauen waren jetzt gespickt mit Frauenbeinen und Frauenhintern. Das glattrasierte Gesicht von Gary Cooper wurde beim Kampf mit den bösen Spaghetticowboys in Mitleidenschaft gezogen. Die blassen Gesichter von *Casablanca* wurden von James Bond verdrängt, der aber dem Kerl aus *Simson ist nicht zu schlagen* überhaupt nicht das Wasser reichen konnte. Die atemberaubende Weiblichkeit von Marilyn wurde auf den Hintern von Edwige Fenech reduziert.

Meine Wenigkeit war dabei ein völlig unbedeutender Augenzeuge. Madame Krista verlor ihr ganzes Zartgefühl. Jemand, ein junger Kerl, hatte nach ihren Beinen gegriffen. Da warf sie dem Mann das schwere Münzgeld an den Kopf. Dass ich den Mann von seinem Platz hochzog und mit Fäusten bearbeitete, fasste sie zuerst nicht, dann umschlang sie mich und weinte die ganze Nacht.

SEYFI: Lass los, Krista, lass los, ich werde den Hund in Stücke reißen …

Ob wir uns alleine auch Filme anschauten? Uns selbst Karten kauften?

Sie erzählte, dass sie schon seit ihrem zweiten Jahr im Peri darauf brannte, sich wie ein normaler Zuschauer einen Film anzuschauen.

Wir saßen nebeneinander und sahen *Rebecca*. Im Kino nebenan lief *Maciste*. Warum macht ihr Adanalı Tayfur zum Narren? Unser Volk schien das zu mögen, denn es verkaufte sich gut.

IX Der plötzliche Tod von Madame Krista ereignete sich im zwanzigsten Jahr unseres gemeinsamen Lebens.

KRISTA: Liebemachen und sich dabei verlieben ist wie Cognac aus schlechtem Wein gewinnen.

Roni Margulies

Kindheit in Bostancı

»Die Menschen machen ihre eigene Geschichte, aber sie machen sie nicht aus freien Stücken, nicht unter selbstgewählten, sondern unter unmittelbar vorgefundenen, gegebenen und überlieferten Umständen.«
Der achtzehnte Brumaire des Louis Bonaparte
Karl Marx

Meine erste Erinnerung an Bostancı ist ein stattliches Haus mit Garten. Zuerst kam das Meer, dann eine Reihe Strandvillen, dahinter die Straße und danach unser Haus. Eine Seite des Gartens grenzte an die Eisenbahnlinie. Hörte ich einen Zug nahen, rannte ich los, kletterte auf den Zaun und sah dem Zug nach. Ich sammelte die Fahrkarten aus dickem Karton; in meiner Erinnerung sind sie grün und rosa. Auch erinnere ich mich an ein Erdbeben. Ich hatte nicht recht begriffen, was geschah, und hatte deshalb auch keine Angst. Doch wenn ich mich recht entsinne, muss es mich beeindruckt haben, vielleicht weil sich die Erwachsenen fürchteten? An meine Schwester habe ich aus jenen Jahren keinerlei Erinnerung. Wir sind viereinhalb Jahre auseinander. Sie hat ein Gedächtnis wie ein Elefant, sie erinnert sich an das Erdbeben. In den ersten sechs Jahren meiner Kindheit, also in den Jahren 1955 bis 1961, mietete unsere Familie jeden Sommer dieses Haus in Bostancı. Dabei waren meine Großeltern väterlicherseits – Josef und Fanny – und meine Eltern.

Mein Großvater besaß ein kleines Boot, nur wenig größer als ein einfaches Ruderboot, und das hieß Schmu. Kurz vor Feierabend, so muss ich es wohl später gehört haben, pflegte er meinen Vater anzurufen: »Michel«, sagte er dann, »mach dich fertig, wir fahren heute Abend zum Fischen hinaus.« Vater ging daraufhin los, zupfte dem Hengst des Milchhändlers ein paar Haare aus dem Schweif und fing damit am Ufer Bastardmakrelen als Köder. Später, so erinnere ich mich, zogen wir dann alle gemeinsam los und angelten mit mehreren Haken an einer Schnur. Wenn ich sage, bei jedem Fischzug hätten wir hunderte Bastardmakrelen gefangen, ist das sicher übertrieben, doch so ist es mir im Gedächtnis geblieben. Jahre später, als ich Istanbul verließ und in meiner persönlichen Mythologie den Blaubarsch zu einem hehren, Istanbul symbolisierenden Geschöpf stilisierte, als ich die Fische der Größe nach als »Jungbarsch, Klippenbarsch, Bastardmakrele, Blaubarsch, Großer Blaubarsch« einzuteilen lernte, da bekamen die Bastardmakrelen, die wir damals gefangen haben, eine sehr viel größere Bedeutung in meinem Leben.

Viel später erst ordnete ich meinen Großvater als im wahrsten Sinne des Wortes aufklärerischen intellektuellen Mitteleuropäer ein. Im Polen des österreich-ungarischen Reiches war er 1897 geboren worden, an einem Ort namens Tattenitz. Wo und wie dieser Ort ist, weiß ich nicht. Er sprach nicht darüber und erzählte uns nichts davon. Später schrieb er sich an der Universität von Brno in der heutigen Tschechoslowakei ein, und bald darauf brach der Erste Weltkrieg aus. Als Leutnant zog er in den Krieg. Als der Krieg zu Ende war, das Reich aufgeteilt und er entlassen wurde, machte er sich mit einem Freund gen Polen auf, zu Fuß. Während sich die unterschiedlichen Nationalgebiete des Reiches Scharmützel um ihre künftigen Staatsgrenzen lieferten, wanderte also mein Großvater mit seinem Freund zu Fuß durch die Lande. Die Einheiten der neu entstehenden Nationalarmeen waren noch uniform gekleidet, nur hatten alle ihre Epauletten abgerissen. Auf ihrer Wanderung gelangten sie an eine Front. Da sie auf die andere Seite hinüberwollten, wurden sie bei einem Offizier ohne

Epauletten vorstellig, eine kurze Waffenruhe wurde ausgerufen, und Großpapa und sein Freund wechselten hinüber. Hinter ihnen ging der Stellungskrieg wieder los.

An seinem Geburtsort angekommen, wurde er von der polnischen Armee eingezogen. Der Krieg begann erneut für meinen Großvater, als die Sowjets Polen angriffen. Für mich ist hier nicht weiter von Bedeutung, dass Großpapa gegen die Rote Armee kämpfte (zum einen bin ich der erste Kommunist in der Familiengeschichte, sodass es vermessen wäre, zu erwarten, Großpapa hätte nach meinen Präferenzen gelebt, zum anderen war es einer der großen Fehler Lenins, sich die Besetzung Polens anzumaßen). Entscheidend ist aber, dass dieser Leninsche Fehler dazu führte, dass Großpapa meine Großmutter kennen lernte. An der Front wurden die Offiziere der polnischen Armee in die Häuser der Einheimischen einquartiert. Mein Großvater war gut mit dem Arzt seiner Einheit, die in Grodno stationiert war, befreundet und besuchte ihn häufig in seinem Quartier. Dort verliebte er sich in die Tochter des Hauses. Die Gegend war im Laufe der Geschichte abwechselnd mal Polen, dann wieder Russland zugefallen und gehörte zum damaligen Zeitpunkt Russland, weshalb die Einheimischen Russisch sprachen. Um sich mit der Tochter des Hauses verständigen zu können, lernte Großpapa Russisch. Im Zweiten Weltkrieg lernte er beim Abhören des BBC-World-Service Englisch, um das Schicksal Polens verfolgen zu können, da er selbst in der Türkei, seine Familie jedoch in Polen war. Es schien keine europäische Sprache zu geben, die er nicht beherrschte. Meine Sprachbegabung und mein Talent, selbst in einer unbekannten Sprache ein paar Wörter dem Akzent der Einheimischen getreu zu sprechen, geht wohl zunächst auf meinen Großvater zurück. Und schließlich wurde ich in einer Familie groß, in der viele Sprachen zugleich gesprochen wurden.

Nach seiner zweiten Verabschiedung setzte Großpapa in den

Jahren 1921–23 sein Studium an der Universität Wien fort und wurde Diplomingenieur. Das Mädchen aus dem Haus, in dem der Arzt einquartiert war, kam ebenfalls nach Wien und schrieb sich an der Akademie für Außenhandel ein. Die Beziehung zwischen den beiden wurde offenbar ernst. Mein Großvater ging nach Berlin, als sein dort lebender Onkel für ihn eine Stelle fand. Es verblüfft mich immer wieder, dass er sich kurz nach der Niederschlagung der deutschen Revolution, nach der Ermordung Rosa Luxemburgs und Karl Liebknechts in Berlin aufhielt. Meine Großmutter war zwar in Petersburg aufs Gymnasium gegangen, da sie in dem zu Russland gehörenden Teil Polens geboren war, und hatte in Leningrad Abitur gemacht, doch da ich ihr nicht besonders nahe stand, berührt mich die Verbindung nach Berlin stets stärker. Großmutter erzählte, sie erinnerte sich an die Revolution, sie habe mit ihren Klassenkameradinnen Suppe für die Soldaten gekocht und ausgeteilt. Den Soldaten welcher Seite wohl? Manchmal betrachte ich die Fotografien ihrer Freunde und Lehrer in Kalpak und langschäftigen Stiefeln und versuche herauszufinden, wer Revolutionär und wer Konterrevolutionär war, doch es gelingt mir nicht.

Das Unternehmen, in dem Großpapa beschäftigt war, produzierte und exportierte Maschinen. Beim Verkauf einer Maschine ins Ausland schickte es jeweils einen Ingenieur mit, der beim Aufstellen der Maschine behilflich sein sollte. Großpapa stellten sie 1925 vor die Wahl, nach Japan, Ungarn oder in die Türkei zu gehen. Für ein Jahr. In Japan hatte es ein großes Erdbeben gegeben, in Ungarn kannte mein Großvater die Käufer der Maschinen und mochte sie nicht, deshalb entschied er sich für die Türkei. Dass ich in der Türkei geboren wurde, ist also das Ergebnis eines Japan erschütternden Erdbebens und der mangelnden Liebenswürdigkeit einiger Ungarn!

In meiner Hand liegen zwei silberne Serviettenringe. Darin

eingraviert finden sich das Datum 24. 4. 1925 – der Tag ihrer Eheschließung in Grodno – sowie die Initialen meines Großvaters auf dem einen und meiner Großmutter auf dem anderen. Am Tag darauf traten sie die Reise nach Konstanza an. Dort bestiegen sie den Dampfer nach Istanbul. Ich hätte zu gern gewusst, wie der Dampfer hieß. Doch als mir diese Frage einfiel, gab es niemanden mehr, dem ich sie hätte stellen können. Wie viele Fragen gehen mir im Kopf herum, während ich diese Zeilen schreibe! Sie alle werden unbeantwortet bleiben.

Der Dampfer legte bei der Galata-Brücke an, Träger luden die Koffer auf ein Automobil, meine Großeltern bestiegen den Wagen über das Trittbrett und fuhren zum Hotel Novotni, neben dem heutigen Pera Palas. Wenn Großmutter davon erzählte, tauchte jene in Dutzenden Filmen gesehene Szene vor meinem geistigen Auge auf, in der die Gangster in Chicago von eben solch einem Trittbrett aus mit dem Maschinengewehr um sich schießen. Als sie schließlich das Hotel erreichten, brach tatsächlich ein Streit zwischen den Trägern vom Anleger und jenen des Hotels aus, bis einer schließlich niedergestochen in seinem Blute lag!

Über jene ersten Tage, die ja voller Aufregung und Angst, Fremdheit, Unkenntnis und Unbekanntem gewesen sein müssen, wurde mir nichts weiter erzählt. Damals glaubten sie, es sei nur für ein Jahr. Sie waren frisch verheiratet, und da sie die Ehe wichtiger nahmen als ich, mögen sie deren Freuden genossen haben. Vielleicht betrachteten sie das eine Jahr, das vor ihnen lag, als einen langen Urlaub oder ein kurzes Exil. Europa war ja noch nicht versunken in der Finsternis der Krise von 1929 und des Faschismus. Man lebte im Zeitalter des Jazz, des Jugendstils. Was mochte Großpapa, jener mitteleuropäische Intellektuelle, der die großartige kulturelle Kreativität Berlins, dieses kosmopolitische Gewirr verlassen hatte, wohl über das Istanbul der Zwanzigerjahre gedacht haben? Hier und da habe ich Hinweise gefunden, dass er in jener bunten Mischung aus Kunst und Philosophie in Berlin glücklich war. In seiner Jugend soll er Geige gespielt haben. Als Student in Wien, so erzählte er, hatte er mit Freunden am Künstlereingang der Oper gewartet, um eine berühmte Sopranistin einige Sekunden lang aus der Nähe sehen zu können. Unter seinen Schallplatten in Istanbul befand sich neben klassischer Musik auch Louis Armstrong. Sein Lieblingsbuch war *Die Abenteuer des braven Soldaten Schwejk*. Doch unter den Büchern, die ich damals aus seiner Bibliothek nahm, waren auch Rilkes *Duineser Elegien* und die deutsche Erstausgabe von Trotzkis *Mein Leben*. Dass er dieses Buch las, obwohl er nichts mit dem Sozialismus zu tun hatte, zeigt vermutlich das Interesse an der Politik, das die damaligen Intellektuellen (im Gegensatz zu den heutigen) hegten, und auch die grenzenlose Neugier meines Großvaters auf alles, was in der Welt geschah. Bis zu seinem Tode mit zweiundneunzig Jahren verlor er diese Neugier nie.

Und meine Großmutter? Jenes junge Mädchen, dessen Kopf zweifellos voll war mit jenen westlichen exotischen Bildern von der Türkei: Was hat sie gedacht, als sie im Land jener Menschen ankam, die mit Krummschwertern in den Händen die Tore Wiens belagert hatten, die jeder vier Frauen heirateten, Barbaren und doch romantisch, wild, aber voller Gefühl waren? Ihre Scheu und Zurückgezogenheit rührten vermutlich daher, dass sie dieses Gefühl der Fremdheit nie überwinden konnte. Ganz im Gegensatz zu meinem Großvater begriff sie die Gesellschaft, in der sie von ihrer Jugend bis zum Tod lebte, nicht. Selbst Türkisch lernte sie nie richtig. Meine Tante erinnert sich daran, dass Großmutter in den ersten Jahren ein kleines, rot eingebundenes russisch-französisches Wörterbuch hatte. Da die meisten in dem kleinen Kreis, in dem sie verkehrte, des Französischen mächtig waren, kam sie mit diesem Wörterbuch aus. Wohlgemerkt: Russisch-Französisch, nicht Russisch-Türkisch! Kurz vor ihrem Tod glaubte sie, in Polen zu sein. Einmal stand Großpapa auf, um aus dem Raum, in dem wir gemeinsam Tee tranken, in die Küche zu gehen. Großmutter sagte: »Sag ihm, ich bin hier. Er soll mich nicht vergessen.« Als ich ihr sagte, er sei in der Küche und werde gleich wiederkommen, entgegnete sie: »Wenn er nach Istanbul geht, komme ich mit, er soll mich nicht vergessen!«

Die Maschinen, um die sich mein Großvater kümmern musste, hatten die Gebrüder Burla & Co. importiert, die heute noch in der Bankalar-Straße sitzen, gegenüber der Kamondo-Treppe. Als das erste Jahr zu Ende ging, hatte einer der Gebrüder meinem Großvater vorgeschlagen, doch in der Türkei zu bleiben, und ihm eine kleine Teilhabe am Geschäft angeboten, wohl um dieses Angebot attraktiver zu machen. Warum nur erinnere ich mich daran, dass dieser Anteil sieben Prozent war, wo ich mir doch sonst Dutzende wichtiger Zahlen in meinem Leben nicht habe merken können? Das weiß Gott allein! Und wer weiß, warum mein Großvater dieses Angebot annahm?

Wenn ich darüber nachdenke, stelle ich es mir so vor: Zunächst nahm Großpapa aus finanziellen Gründen an und plante, nach einigen Jahren mit gutem Verdienst nach Polen (oder nach Berlin) zurückzukehren. Vor dem Krieg reisten die beiden ja hin und wieder nach Polen. Meine Tante wurde dort geboren. Dann veränderte der Krieg alles. Nachdem alle in Polen verbliebenen Familienmitglieder in Konzentrationslagern umgekommen waren, kam es nicht mehr infrage, dorthin zurückzukehren. Mit Beschluss Nr. 5778 des Ministerrates, veröffentlicht im Amtsanzeiger, wurden 1947 beide türkische Staatsbürger. Im Jahr darauf ließen sie mit einigen Freunden gemeinsam an der Ecke Emlak-Straße und Polizeiwache in Nişantaşı das siebenstöckige Appartementhaus Atid errichten. Jede Familie bezog eine Etage. Vor dem Haus zogen sich bis zum Dolmabahçe-Palast – dort, wo jetzt der Maçka-Park mit seinen großen Gebäuden liegt – Weingärten hin. Als vor einigen Jahren die Etage meines Großvaters verkauft wurde, konnte ich mit dem mir zufallenden Anteil gerade mal eine Wohnung, so groß wie ein Hühnerstall, in London erwerben.

In den Kriegsjahren, noch vor der Besetzung Polens durch die Nazis, bemühte Großpapa sich darum, seine Mutter und seine Schwestern in die Türkei zu holen. Außenminister Şükrü Saraçoğlu kannte er wegen seiner Geschäftsbeziehungen gut, mehrfach sprach er mit ihm und ersuchte um ein Visum. Nein sagte Saraçoğlu nie, er hielt ihn nur hin, auch noch, als es zu spät war. Clara, die Mutter meines Großvaters, und Felicia, seine Schwester, kamen in Auschwitz ums Leben. Sein Vater hatte kurz vor der Besetzung durch die Nazis das Zeitliche gesegnet und war so dem Lager entgangen. Rosa, eine Schwester meiner Großmutter, war Zahnärztin; als sie ins Lager geschafft wurde, war sie so schlau gewesen, Zyankalitabletten mitzunehmen. Auf dem Weg zu den Öfen in Treblinka schluckten sie und ihre Tochter die Tabletten und nahmen sich das Leben. Großpapas Bruder Alfred machte mit seiner Familie gerade Urlaub in Frankreich, als Polen besetzt wurde. Er hatte an der Universität Krakau Musik studiert und wollte schon immer Geiger werden. Doch er hatte die Tochter eines der größten Textilunternehmer in ganz Polen geheiratet, und der Vater dieses Mädchens hatte vor der Hochzeit zur Bedingung gemacht, dass sein künftiger Schwiegersohn die Finger von der Musik lasse. Geld macht vielleicht nicht glücklich, aber es rettete Fred und seiner Familie das Leben. Als sie in Frankreich festsaßen, hatten sie noch Geld in London, sodass sie nach Spanien weiterreisen konnten. Dort liefen sie bei den Botschaften von Tür zu Tür, um ein Visum für die Ausreise aus Europa zu ergattern, und landeten schließlich auf Kuba. Von dort ging es nach Amerika. Jetzt habe ich Verwandte mit den

Namen Bill, Charlie und Ann in Amerika, und sie haben zahlreiche Kinder und Enkel. Einige davon traf ich ein, zwei Mal. Was uns gemeinsam war, ist in den finsteren Jahren der mitteleuropäischen Geschichte versunken. Wir fanden kein einziges gemeinsames Thema, geschweige denn zueinander.

Großpapas Vater Wolf und sein Großvater mütterlicherseits, Aaron, waren Ärzte, sein Großvater und sein Urgroßvater väterlicherseits, Julius und Josef, hingegen Rabbiner. In der Linie meiner Mutter gab es einen Thunfischhändler und weitere Ärzte. Manchmal drängt sich mir die Frage auf, warum ich gerade ich geworden bin? Nur meinen Namen habe ich von so vielen Generationen von Ärzten und Rabbinern geerbt. Da bei meiner Geburt Großpapa noch lebte, erhielt ich jedoch nicht seinen Namen, sondern den seines Großvaters, aus Aaron (also Moses Bruder) wurde Roni.

Später wurde mein Großvater fast eine kleine Symbolfigur für die Industrialisierung der Türkei von Mitte der Zwanziger- bis in die späten Achtzigerjahre. Den großen Zeitungsmachern Simavi und Karacan verkaufte er ihre ersten Offsetdruckmaschinen, den lasischen Bootsleuten, die ihn einfach »Boss« nannten, Schiffsmotoren und was weiß ich wem noch irgendwelche ersten Maschinen. Noch kurz vor seinem Tod knüpfte er im Namen der Gebrüder Burla Verbindungen zu Sony und organisierte den Import von digitalen Werkzeugmaschinen. Eines Tages erfuhr ich zu meiner Überraschung, dass die Person, die er zu seinem Nachfolger heranzog, Taci war, mein Klassenkamerad vom Gymnasium. Möglicherweise hätte er auch mich gern ausgebildet, doch ihm wird vermutlich seit langem klar gewesen sein, dass ich nicht zum Kaufmann tauge.

Bis zu einem bestimmten Alter denkt man nur an die Zukunft, die Vergangenheit fällt einem nicht im Traume ein. Auch mich interessiert sie erst seit kurzem. Warum hat mein Großvater sich nie darum bemüht, dass ich Polnisch oder Russisch lerne, mir der Familienwurzeln in Mitteleuropa bewusst werde und Bekanntschaft mit jener Kultur mache? Was ich hier niedergeschrieben habe, ist alles, was ich über Polen gehört habe und weiß. Dieses abstrakte Wissen hat so gut wie nichts mit mir zu tun. Dabei wäre es doch schön gewesen, den Sprachen, die ich beherrsche, noch eine weitere, meiner komplexen Kultur noch einen weiteren Aspekt hinzuzufügen.

Metin Kaçan

Die Ränder der Finsternis

Ein Tag mit sanftem Nieselregen. Die Regentropfen machen die Menschen nass, doch die kümmern sich nicht weiter drum. Der feuchte Geruch der Erde verändert die Atmosphäre der Stadt. Die Istiklâl-Straße erinnert sich an alte Zeiten. Die Geschäfte und ihre Waren in den Schaufenstern zappeln wie wild ... Sieh nur, wie die Sonnenbrille sich ärgert, was die Fettcreme, was die rote Schminke der Wimperntusche mitzuteilen haben und wie der Schminkstift und das Rouge den Salben all das weitererzählen, was da getuschelt wird. Die Utensilien fürs Make-up schreiben das Märchen einer Stadt auf Wangen, Lippen und Wimpern. Die Kerle mit den Regenschirmen, die dort umherspazieren, werden weniger und weniger; der Regenbogen legt sich auf die Stadt und verströmt den Duft nach Aprikosen, Pfirsichen und Feigen. Ich laufe einem Regentropfen hinterher, der in der Luft hängt. Mein Wegweiser ist der Regen, eifersüchtig ist er, doch nicht ohne Charme. Er macht den jungen Regentropfen Beine, die zwischen den Dachziegeln hängen geblieben sind, und sie folgen uns. Wir stehen an dem steilen Abhang der Sakızağacı-Straße. Die Katzen tanzen und singen miteinander. Eine alte Griechin füttert sie und beobachtet sie von weitem. Wer einen falschen Schritt macht, wird ermahnt: »Tanzt wie die rote Miez!«

Mit dem Piepsen des lästigen Dings an unserem Arm – wir hatten es ganz vergessen – kommen wir wieder zu uns. Vielleicht ist das ein Zeichen, das sagen will: »Reiß mich ab und wirf mich weg!« Und das tue ich dann auch. Nicht ohne nochmals draufzuschauen. Und blicke ihm doch noch einmal hinterher. Es ist fünf nach fünf. Ich beobachte die Frau, die wie verrückt mit den Hüften wackelt, und gehe gut gelaunt den Abhang hinunter.

Die Tischler zersägen das Holz, hobeln es zurecht, so wie sie es haben wollen, und wetteifern miteinander, ausgefallene Möbel herzustellen. Ein Stuhl wie ein Löwe, und ihm gegenüber ein Tisch wie ein Schwan. Die Kunden haben die Qual der Wahl. Der Tischlerlehrling hält den Stuhl für einen echten Löwen und flieht zum Schwan. Der Meister versetzt dem Löwen ein paar Hiebe mit dem Schmirgelpapier und lacht.

Endlich sind wir unten im Tal angekommen. Yenişehir, das ist ein Ort in Beyoğlu, wo die Zeit mit Geschwätz totgeschlagen wird. Jetzt treffen wir auf Krähen, Füchse und andere Schlitzohren. Da ist die Krähe, die den Menschen das Mausen beibringt, und da der Fuchs, der beweisen will: Das Leben ist ein Traum. Streunende Tauben haben früh mit dem Saufen angefangen. Kurz danach sind sie sternhagelvoll und brechen am Straßenrand zusammen. Die Bauern kommen mit Käfigen und stellen Fallen auf, um die betrunkenen Tauben zu fangen. Der Ton einer Geige ernüchtert die Vögel. Mit einem Brummschädel flattern sie aufs Dach und beobachten von dort die Dörfler beim Klang der Violinen.

Die beiden Gebäude – eins steht dem anderen gegenüber – fangen an zu tanzen und lassen ihre Erker knirschen. Ihr Alter hindert sie nicht daran, das Tanzbein zu schwingen. Eine Ratte läuft immerzu hin und her, schmeichelt: »Du hast Recht, mein Liebster!«, und fragt dann mit hämischem Grinsen: »Ach, mein Gebieter, was kostet der Schafskäse?«

Aus drei Blättchen dreht man sich einen Joint. Darin steckt das Geheimnis der Nacht.

Tagsüber tat man so, als würde man arbeiten und vertrödelte so die Zeit bis zur Wiederkunft des Propheten. Jetzt wird man Geschichten über die Stadt erfinden – ach, Mütterchen, ach.

Einer der Kerle vom Dorf hat einen Mord begangen, auf Bestellung. Wenn er Ehre im Leib hat und ein Sonderling ist, dann wird er einer von uns. Andernfalls soll er sich aus dem Staub machen. Und der Dörfler, dem zehnjährige Kinder eine schlechte Note gegeben haben, da ihnen der Stil des Mordes nicht gefiel, hat seinen Koffer gepackt, auf zu Gegenden, wo es sich leichter leben lässt.

Ein neuer Mord wird begangen; grundlos, ohne jede Logik, doch er ist nötig, denn hier ist das der Lebensstil, als gehöre es zur Folklore. Am allerwichtigsten: Es ist eine arrogante Haltung.

Die Stimmung verdichtet sich, geht ins Tiefblaue über: ein Bier, noch ein Bier, ein Rakı, geschmortes Fleisch, Schafskäse, ein paar Scheiben Tomaten und: »Bitte, noch ein großes Bier für unseren Tisch!« Jetzt rauchen wir einen weiteren Joint aus drei Blättchen und werden noch in der Nacht hier sitzen.

Lachend bricht die Nacht an.

Einer, der früher Philosophie studiert hat, tritt an den Tisch. »Na, ihr Hübschen«, sagt er. »Wo sind eure Frauen?«, fragt er.

Die Leute am Tisch beginnen zu lachen, brechen in schallendes Gelächter aus.

Der Philosoph antwortet: »Lacht nur!« Die Leute am Tisch halten den Mund. Einer von ihnen weint aus Spaß. Der Philosoph zieht los nach Kurtuluş, in eines der angenehmsten Stadtviertel, um ein Glas Tee zu trinken. Während er Tee trinkt, ruft er: »Ich sehe, also weiß ich!«

In den engen Straßen und vor allem in den Sackgassen holt man wie bei einem langen, durchdringenden Seufzer Atem. Nass und trocken, egal, Tag und Nacht gehen ineinander über, und das süße Nachtleben fängt erst an. Musikanten bringen die Nacht auf die Straße. Junge Roma, Griechen, Assyrer, Tataren, Kurden, Tscherkessen, Armenier und Türken heben alle zusammen die Gläser. Der größte Clown, die Nacht, ist eben angekommen. Jetzt hat jedes Atemholen den gleichen Wert wie das Ausatmen. Zwischen Traum und Wirklichkeit beobachtet uns die Zeit wie der große Bruder, schaut zu, wie wir mit dem, was wir Geschwätz nennen, durch sie hindurchgleiten.

Die Musik ist wie Frau und Mann, und ihre Chiffre ist neun zu acht. Sie passt gut zur Nacht. Betrunkene gehen in den Hamam und schwitzen, baden stundenlang und essen Yoghurt mit Knoblauch; sie fallen in Ohnmacht, kommen wieder zu sich und sind unversehens Seiteneinsteiger der Nacht. Ein Bär, den sein Besitzer freigelassen hat, untersucht alles, was passiert, und macht sich Notizen.

Du bist verliebt, wie schön, und bist traurig.

Die Zeitungen klären nicht darüber auf, was Mode ist, und das Fernsehen kann nichts ändern, hier flüstert der Modeschöpfer die Mode. Und dieses Geflüster heißt Tasula. Wenn die anderen Modeschöpfer auf der Welt die Kleider sehen, die sie näht, geben sie ihren Job ganz bestimmt auf: Zweiteiler mit Kordeln, Röcke aus braunem und sandfarbenem Stoff, kanariengelbe wattierte Jacken, rote Seidenhemden darunter, Schuhe, Größe fünfunddreißig, die Seiten aus Waschleder, die Farbe: lachsrosa.

Die Frauen stehen vor Tasulas Tür Schlange. Parfum aus Blüten dringt in die Haut ein. Erinnerungen an die Geliebte, schöner als ihr Kommen. Die Frauen: geheimnisvolle Geschöpfe in der Schwebe zwischen Traum und Illusion.

Und dein Geliebter klopft an die Tür, er ist betrunken. Du lächelst ihn an.

Du zeigst ihm dein schönes Kleid. Es gefällt ihm sehr, aber weil er betrunken ist, schläft er sofort ein. Du legst dich neben ihn. Er stinkt wie die Pest nach Alkohol. Du willst dich mit ihm streiten, bringst es aber nicht übers Herz. Beim Flüstern eines Geigentons aus der Ferne, weit aus der Ferne, schläfst du ein. Der Morgen steht vor der Tür. Dein Geliebter hat deine schönste

Jacke angezogen und ist zur Arbeit gegangen. Du bist wütend, willst zu seinem Arbeitsplatz gehen und ihm eine Szene machen. Er arbeitet an der Drehbank. Die Jacke steht ihm prächtig; du kehrst nach Hause zurück, kochst ihm ein traumhaft gutes Essen und wartest auf ihn.

Hier lebt die schönste der alten Frauen der Stadt. Sie ist so schön, weil all die Falten ebenmäßig auf ihrem Gesicht verteilt sind. In Kupfereimern schöpft sie Wasser aus den Brunnen und trägt es zu den schönen Frauen.

Sie spotten über den Zauber, sagen wahr und machen selbst die Zeit zum Schabernack. Sie schenken der Stadt aus vollem Herzen das Gefühl der Nichtigkeit, in niedliche Päckchen verpackt.

Tagsüber gehst du nach Kasımpaşa hinunter. Gewalt, Zärtlichkeit und Wollust. In diesen Gefühlen bist du gefangen, du überlässt dich den stillen Wassern am Goldenen Horn und erfindest Geschichten, die du erleben willst. Du fragst die alte Landungsbrücke, was denn Lust sei, und fragst das junge Boot, was für ein Geschöpf die Scham sei. Keine Antwort, weder von der Brücke noch vom Boot.

Du wirst wieder nüchtern und gehst zur Arbeit. Noch nicht einmal die Regentropfen, die, inzwischen gewitzter geworden, zwischen den Pflastersteinen spazieren gehen, glauben, dass du zur Arbeit gehst. Du bist im Haschischrausch, gehst ins Stadtviertel, drehst dir einen Joint aus nur einem Blättchen und rauchst ihn. Du bestellst Tee im Café der Musikanten und vergisst ihn zu trinken. Die Farben der Häuser ringsum begeistern dich. Ein segensreicher Regen geht nieder, du wirst patschnass und rufst: »Das Wetter ist wunderbar!« Die ganze Gegend beginnt mit dir zu lachen. »Fein ist diese Gegend, genau wie deine Fersen.«

Aziz Nesin

Die Märchenfee

Die Kneipe lag in einer der engen Seitengassen zwischen der Tarlabaşı- und der Istiklâl-Straße. Es war ein kleines Lokal mit einer niedrigen Decke, drinnen standen sechs kleine Tische und eine Theke. Schob man sich in der Abenddämmerung Istanbuls durch das Gedränge, kamen die ersten Gäste in jenen Stunden, in denen man sich unwillkürlich an die endlose Einsamkeit erinnerte. Sobald es dunkel wurde, füllte sich das Lokal und leerte sich erst weit nach Mitternacht. So klein die Kneipe auch war, es passten unglaublich viele Menschen hinein.

Fast jeden Abend kamen dieselben Leute, und alle kannten einander. Was heißt hier, kannten einander? Das war keine oberflächliche Bekanntschaft, sondern sie wussten von den Sorgen und Problemen, den Geheimnissen und Enttäuschungen des anderen. Wenn einer von ihnen ein paar Abende hintereinander nicht in der Kneipe aufgetaucht wäre, würden sie sich so um ihn sorgen wie andere um einen Angestellten, der nicht an seinem Schreibtisch im Büro erschien. Doch alles, worüber sie einander ihr Herz ausschütteten, ihren Kummer, ihre Interessen und Liebschaften, blieb im Lokal. Kaum hatten sie die Schwelle nach draußen überschritten und waren die beiden Stufen der Kneipe – sie lag im Souterrain, etwas unterhalb der Straße – wieder hochgeklettert, vergaßen sie alles. Die Kneipe war eine andere Welt. Sie kamen jede Nacht, um ein paar Stunden in einer anderen Welt zu verbringen, die nichts mit dem Alltag zu tun hatte. Wenn das Lokal »Schenke der Unglückseligen« hieße, würde das ganz gut passen. Alle Gäste waren zwar unglücklich, aber sie jammerten nicht und fanden ihr glückloses Schicksal ganz natürlich, selbst wenn sie sich nicht damit ausgesöhnt hatten. Es schien, als wäre es ihnen vorbestimmt, unglücklich zu sein.

Kurz nach Einbruch der Dunkelheit wurde es brechend voll. Sie saßen so dicht nebeneinander, dass sie sich mit den Ellenbogen anrempelten. Wenn sie redeten, aßen oder ihr Glas hoben, streiften ihre Arme einander. Diese drangvolle Enge schien sie ganz und gar nicht zu stören. Statt gereizt zu reagieren, weil sie so dicht auf dicht saßen, machte ihnen das sogar Spaß. Dieses enge Beisammensein, die Gemeinsamkeit zu fühlen, das Einswerden miteinander und die Aufrichtigkeit, das alles war ihnen jede Nacht für ein oder zwei Stunden Ausdruck ihrer Solidarität – gegen ihren ärgsten Feind, die Einsamkeit. Gerade wegen des Gedränges fanden sie sich jeden Abend in dieser winzigen Kneipe ein.

Da sie einander seit langem kannten, würden sie sofort schweigen, wenn jemand, den sie nicht kannten – das heißt, jemand, der ihnen fremd war –, die Kneipe beträte, was hin und wieder, wenn auch selten, vorkam. Sie würden den Fremden mustern, als ob er ein Spion wäre, der ihnen ein Staatsgeheimnis abluchsen oder geheim gehaltene Familienprobleme belauschen und darüber klatschen würde. Natürlich würde den Fremden die Spannung, die mit Händen zu greifen war, beunruhigen, und er würde sich gar nicht erst setzen, sondern auf dem Absatz kehrtmachen.

An jedem Tisch saß eine Gesprächsrunde für sich, auch an der Theke. Die Gespräche dröhnten durch einen Schleier von Zigarettenrauch und Anisgeruch.

In dieser Kneipe wurde viel getrunken. Man trank sich auch einen Rausch an. Darüber herrschte Einigkeit: Wozu sollte man denn dieses Gesöff trinken, wenn man sich nicht besaufen will? Natürlich wollten sie sich besaufen und legten es genau darauf an. Mehr als ein Glas über den Durst kippen, bei jedem Schritt torkeln, beim Sprechen lallen und sogar am Tisch einnicken und ab und an einmal losheulen, dafür brauchte man sich nicht zu schämen. Überall sonst galt es als schändlich, aufdringlich zu sein und andere zu behelligen, aber hier verdarb das keinem die Laune.

In manchen Nächten, jeweils ein- oder zweimal im Monat, flossen die einzelnen Gespräche an den Tischen und an der Theke in ein einziges zusammen, einer von ihnen erzählte, die anderen hörten zu, ab und zu einmal stellte man ihm auch Fragen und diskutierte miteinander. Diese Gespräche aller mit allen waren nicht geplant, die ergaben sich von selbst, je nachdem, wie die Stimmung war, und solche Nächte sehnten sie herbei.

Eines Nachts, als die »Schenke der Unglückseligen« noch nicht ganz voll war, trat ein Fremder ein. Nur an zwei Tischen war noch Platz. Der Fremde bat die Gäste an einem der Tische um Erlaubnis und setzte sich auf einen freien Hocker. Es war ein ziemlich dicker, weißhaariger kleiner Mann mit Brille, etwa sechzig Jahre alt. Rechts von ihm saß einer der Stammgäste des Lokals, ein Gemüsehändler mit einem lahmen Bein. Seine Frau war seit vielen Jahren bettlägerig. Links saß der Meister einer kleinen Çörek-Bäckerei. Er hatte nie geheiratet. Und gegenüber vom Fremden ein griechischer Fischer. Die Frau des Fischers hatte ihre beiden Kinder im Stich gelassen und sich aus dem Staub gemacht; seit drei Monaten war sie spurlos verschwunden. Der Mann am Nebentisch, dessen Ellenbogen immer mal wieder den Fremden streiften, war Meister in einer Druckerei. Alle Kneipengäste wussten, dass seine Frau ihn betrog, aber keiner sagte ihm das ins Gesicht, niemand machte Anspielungen oder kritische Bemerkungen. Er tat ihnen leid, aber nicht nur er, sie hatten alle Mitleid miteinander.

Als der Fremde die Kneipe betreten hatte, waren die Gespräche plötzlich verstummt, wie jedes Mal, wenn so etwas passiert, und alle starrten ihn an. Andere hätte diese gespannte Atmosphäre nervös gemacht, sie hätten sich gar nicht erst gesetzt, sondern wären gleich wieder gegangen. Aber dieser Fremde trank ungerührt seinen Rakı; außerdem trank er den Rakı ohne Wasser; er mischte ihn nicht und trank auch kein Wasser nach. Das war ein gutes Zeichen, er würde ihnen den Abend nicht vermasseln. Kurz darauf tat jeder wieder, wonach ihm der Sinn stand. Die Kneipe wurde im Laufe des Abends immer voller. Den Fremden schien man vergessen zu haben. Er hätte jetzt irgendein Gast der Schenke sein können, das heißt, auch er gehörte nun zu den Unglücksraben.

An dem Tisch, an dem der Fremde saß, sprach der Bäckermeister mit dem griechischen Fischer über das Glück. Auch der lahme Gemüsehändler war mit von der Partie. Dann mischte sich der Drucker vom Nebentisch ein. Und es kam zu einer Diskussion, an der sich auch Gäste der anderen Tische beteiligten. Was ganz selten passierte, in dieser Nacht geschah es: Einer redete, die anderen hörten zu, und dann ergriff der Nächste das Wort.

Der Bäckermeister, der nie geheiratet hatte, sagte: »Im ganzen Leben kriegt man dreimal eine große Chance; und eine davon packst du am Schopf, wenn du das nicht schaffst, na bitte, wie ich zum Beispiel, dann bist du aufgeschmissen.«

»Ich hatte nicht drei, nein, ich hatte dreihundert Chancen, aber ich habe alle verpasst, dem Glück bin ich immer hinterhergehechelt und habe eine miese alte Hexe erwischt, und die hat mich auch noch kaputtgemacht«, meinte der griechische Fischer.

»Soweit ich weiß, ist das, was ihr Chance nennt, der Glücksvogel«, gab nun der Gemüsehändler zum Besten. »Im ganzen Leben setzt er sich einem dreimal auf den Kopf. Und wenn du ihn auch beim dritten Mal nicht packst, fliegt er für immer davon. So war das bei mir; der Glücksvogel hat sich mir nicht nur auf den Kopf gesetzt, sondern auch noch sein Nest dort gebaut, und trotzdem konnte ich ihn nicht erwischen.«

»Ob Glücksvogel oder schlauer Fuchs, ob Glück oder Chance, nenn es, wie du willst …«, murmelte der Bäckermeister.

Ob Glücksvogel oder Chance, es ging um das Glück, und das war eine Frau, aber keine Frau aus Fleisch und Blut, sondern die Märchenfee ihrer Träume.

Der griechische Fischer fragte den Fremden mit der Brille, der die ganze Zeit geschwiegen hatte: »Was sagen Sie dazu, mein Herr?«

Der Fremde, der ihnen seit geraumer Zeit mit einem freundlichen Lächeln zuhörte, erwiderte: »Ich weiß nicht, wie oft sich der Glücksvogel einem auf den Kopf setzt, aber bei mir hat er sich bis heute nur einmal niedergehockt.«

»Haben Sie ihn am Schopf gepackt?«, fragte der Druckermeister vom Tisch nebenan.

»Ob es überhaupt jemanden gibt, der das schafft? Bis jetzt konnte ihn noch kein Jäger fangen.«

»Aber Sie haben ihn gesehen, nicht wahr? Was für ein Vogel war das?«, fragte spöttisch ein anderer, der ziemlich jung wirkte.

Ohne sich um den Spott zu kümmern, antwortete der Fremde ganz im Ernst: »Ja, ich habe das Vögelchen gesehen. Seine Haare waren von einem hellen Kastanienbraun, die Augen graublau, die Wangen hatten Sommersprossen, gelb und orange, wie Aprikosen, es war ein Mädchen von zweiundzwanzig Jahren. So schön wie nur im Märchen!«

Die Fragen hagelten jetzt auf den alten Mann nieder: »Wie kam es dazu?«

»Warum haben Sie das Mädchen nicht festgehalten?«

»Erzählen Sie, wie geht die Geschichte?«

Der alte Mann goss sich Rakı ein, trank ihn und fing an zu erzählen: »Wir waren drei Freunde und trennten uns nie – ein Herz und eine Seele.«

Mucksmäuschenstill wurde es in der winzigen Kneipe, die Gäste lauschten dem alten Mann. Kein Gabelklirren, kein Tellerklappern war zu hören.

»Einer von uns war ein Gefühlsmensch und höchst empfindsam. Über die geringsten Kleinigkeiten regte er sich auf, alles nahm er sich zu Herzen und weinte dann wie ein kleines Mädchen leise vor sich hin. Was er am meisten liebte, war die Poesie. So viele Gedichte kannte er auswendig ... Er schrieb auch selbst welche.

Eigenlob stinkt zwar, aber von uns dreien war ich der Klügste, na ja, sagen wir, fast schon ein Intellektueller. Wohlgemerkt, nur unter uns dreien. Die anderen beiden wussten das, und was auch immer wir vorhatten, sie fragten mich stets um Rat.

Unser Freund, der Dichter, und ich, wir hatten beide zwei linke Hände. Egal, was wir machten, nichts wollte uns gelingen. Aber unser dritter Freund war weder besonders klug noch ein Intellektueller, er war auch nicht empfindsam oder sensibel, aber clever und erfolgreich. Alles, was er anpackte, klappte. Wir drei ergänzten uns vorzüglich. Jeder von uns hatte Fehler, aber wenn wir zusammenhielten, konnten wir überleben.

Unser Freund, der Dichter, hatte damit angefangen: Wir würden hier vor Langeweile noch verrückt werden. Wir sollten in die Welt hinausziehen, andere Menschen kennen lernen und Neues sehen. Alles Unbekannte, sagte er, zieht mich an.

Das sagte er nicht einfach so daher wie ich. Er schmückte alles in den leuchtendsten Farben aus, sodass wir schließlich auch vom Reiz des Unbekannten, von dem er erzählte, fasziniert waren und dem dämlichen Dichter hinterherdackelten. Er hatte sowieso das Talent, die Leute durch Zauberworte nach seiner Pfeife tanzen zu lassen. Wir machten uns auf den Weg und reisten mit allen möglichen Verkehrsmitteln, mit Flugzeugen, Bussen und Bahnen, mit Dampfern und Autos ... Es kam vor, dass wir tagelang zu Fuß gingen. Manchmal ging es uns verdammt dreckig, aber wir haben auch wunderschöne Tage erlebt. Mal übernachteten wir in Luxushotels, mal schliefen wir in Parks, in den

Wäldern, ja sogar auf der Straße. Es war immer der Dichter, der uns von einem Ort zum anderen schleppte. Seinetwegen blieben wir nie irgendwo länger. Denn wo er ein schönes Mädchen sah, verliebte er sich sogleich und lief dem Mädel hinterher. Und wenn er ihm hinterherlief, mussten wir mit. Wir konnten ihn doch nicht allein lassen! Denn er wäre vor Hunger gestorben, dämlich und tapsig, wie er war. Ja, ich war zwar auch ein Tollpatsch, aber der Klügste. Wenn einer von uns dreien etwas auf die Beine stellte, es zu Ende führte und zum Erfolg brachte, dann war das immer der andere. Aber er holte sich bei mir auch Rat, wenn es darum ging, was er tun und, vor allem, wie er es anstellen sollte.«

Einer, der an der Theke stand, fragte den Fremden: »Verzeihung, mein Herr, woher kam denn das Geld? Wie sind Sie über die Runden gekommen?«

Der Fremde wiederholte die Frage: »Wie wir über die Runden kamen? Wir machten etwas, was die Welt noch nicht gesehen hat. Ich glaube, niemand ist je auf so was gekommen. Wir kamen zu Geld, indem wir Wetten abschlossen. Wohin wir auch reisten, wetteten wir mit den Leuten um Dinge, von denen sie glaubten, dass sie am besten darüber Bescheid wüssten, über Fragen, bei denen sie felsenfest von ihrem Wissen überzeugt waren. Ihr wollt ein Beispiel? Es kam darauf an, wen wir trafen. Wir bummelten den ganzen Tag durch die Stadt und guckten jemanden aus, der mit uns wetten würde. Wir fragten beispielsweise jemanden, wie breit der Fluss da drüben sein könnte. Oder etwa, wie alt Yusuf, der Prophet, geworden sei. Oder ich behauptete, in einer Stunde würde es regnen, und wenn es nicht regnete, würde ich soundso viel Geld darauf wetten. Alles, was uns gerade einfiel, auch solche Sachen wie: ›Was meinen Sie, wie hoch ist das Gebäude dort? Wie viele Meter?‹«

»Haben Sie immer gewonnen?«, fragte der Bäckermeister.

»Ja, fast immer. Es kam ganz selten vor, dass wir verloren. Wir haben gewonnen, denn wir wetteten nur dann, wenn wir das Ergebnis absehen konnten. Wir profitierten davon, dass die Leute meinten, nur sie wüssten Bescheid, und also machten wir uns diese Besserwisserei zu Nutze. Da sind wir zum Beispiel in einem Park und stehen vor einem riesigen Rosenstrauch. ›Was meinen Sie, wie viele Rosen könnten da dran sein?‹ Egal, was für eine Zahl der Mann nennt, er ist reingefallen. Unser Gewinn hing vom Einsatz ab: ein Essen, ein Paar Schuhe, ein Anzug oder auch nur eine einzige Zigarette. Warum sollten wir eine Wette eingehen, die wir verlieren würden! Wir waren schließlich keine Amateure, sondern arbeiteten professionell. Themen oder Fragen legte ich fest. Und ich sagte, wo es langging.

Und so zogen wir denn weiter durch die Lande. Irgendwann einmal kamen wir in eine wunderschöne Stadt. Der Dichter, der sonst immer gleich weiterreisen wollte, sagte: ›Das hier ist die schönste Stadt der Welt, hier bleiben wir.‹ Haben Sie verstanden, warum das die schönste Stadt war? Weil das schönste Mädchen der Welt dort lebte. Wir hatten Geld und nahmen uns Zimmer in dem gleichen Hotel, in dem auch die junge Frau übernachtete.

Wir verliebten uns alle drei sofort in sie und waren verrückt nach ihr, alle miteinander Feuer und Flamme. So lange waren wir nun zusammen durch die Welt gezogen, aber nachdem wir diesem Mädchen unser Herz geschenkt hatten, begriffen wir, dass es – um seinetwillen – Zeit war, uns zu trennen, und das tat uns allen bitterlich weh. Wir mussten entweder auf die junge Frau oder auf unsere Freundschaft verzichten.

Und wir drei erklärten ihr unsere Liebe und redeten uns den Mund fusselig, um sie für uns zu gewinnen. Der Dichter schrieb die schönsten Gedichte für sie. Unser cleverer Freund versprach ihr ein prächtiges Haus auf dem schönsten Platz der Stadt, wenn sie ihn heiraten würde. Und ich? Ich könne weder Gedichte schreiben noch ein Haus bauen, sagte ich der jungen Frau, aber wenn sie mich heiratete, würde ich hier als Lehrer arbeiten und mich für ihr Leben verantwortlich fühlen. Etwas anderes konnte ich ihr doch nicht bieten.

Wie immer fragten mich der Dichter und mein geschickter Freund schließlich um Rat: ›Du weißt, was das Beste ist, gib uns einen Rat, und dann lasst uns danach richten.‹

›Da die Märchenfee nun mal nicht uns allen gehören kann, ist doch klar, dass wir uns hier trennen müssen, so bitter das für uns ist‹, riet ich. ›Das entscheiden nicht wir, sondern sie. Kommt nur, wir fragen sie einfach. Sie soll offen und ehrlich sagen, wen sie liebt. Und der Auserwählte, der bleibt dann hier bei ihr.‹

Wir gingen zu dritt zu ihr. Der Dichter, der am besten von uns dreien redete, trug unsere Bitte vor. In diesem Moment glaubte ich, das Mädchen würde uns allen den Laufpass geben. Aber es kam anders.

Die Antwort der Fee war ein tränenüberströmtes Gesicht. ›Kommt, wir verbringen diese Nacht im Wald, und dort entscheide ich mich dann.‹

Die schöne Stadt war fast ringsum von Wald umgeben. In der Abenddämmerung holten wir die Märchenfee ab und stiegen in einen Wagen. Wir nahmen auch Fresspakete und Getränke in Körben mit. Wenn ich sage, wir holten sie ab und nahmen etwas zu essen mit, muss ich mich korrigieren; es war unser Pfiffikus, der auf die Idee kam, den Wagen zu mieten. Von Balkons, Terrassen und Fensterbänken hingen Blumen in leuchtenden Farben herab, und wir fuhren zwischen Häusern hindurch, deren Mauern bis zu den Dächern hinauf mit Efeu überwachsen waren, wir passierten schattige Alleen und gelangten schließlich in den Wald. Der Waldweg war ganz eben, es gab überhaupt keine Schlaglöcher. Rechts und links waren immer wieder künstliche Fischteiche angelegt. Die Fische, die hier gezüchtet wurden, sprangen ab und zu mit einem Zischen an die Oberfläche und tauchten wieder ins Wasser. Unter dem Gezwitscher der Vögel und dem Sirren der Zikaden fuhren wir tief in den Wald hinein. Wir suchten uns eine herrliche einsame Lichtung und luden unsere Picknickkörbe ab. Dem Fahrer sagten wir, er solle uns nach Mitternacht abholen.

Wir breiteten Decken aus, sammelten Steine, bauten damit auf dem Waldboden zwischen zwei Fischteichen eine Feuerstelle und wanderten durch den Wald, um Reisig und trockenes Holz aufzulesen. Der Dichter stürzte in ein Dorngestrüpp, zerkratzte sich am ganzen Körper und blutete. Der Teich glänzte so sehr im Mondlicht, dass ich ihn nicht erkannte und hineinfiel. Unser geschickter Freund erledigte alles für uns und zündete das Feuer an. Ich legte mich der Länge nach auf den Boden, um mich von den Flammen trocknen zu lassen. Auf dem Waldboden war ein weiches Bett aus getrockneten Blättern, nicht besonders breit, aber bequem. Unser schlauer Freund hieß uns Zwiebeln und Kartoffeln schälen. Und er steckte die Fleischstücke auf den Spieß. Wir machten die Weinflaschen auf, das heißt, nicht wir, sondern unser Pfiffikus zog die Korken raus. Wir aßen, tranken und sangen Lieder. Grenzenlose Freiheit. Wir brüllten nur so drauflos.

Am Morgen nach dieser wunderbaren Nacht würde einer von uns glücklich sein, die beiden anderen aber zu endlosem Unglück verdammt. Aber wir waren so betrunken, so sehr außer uns, dass wir gar nicht an das schreckliche Ende dachten, das uns bevorstand. Als wir uns mit schallendem Gelächter auf dem Waldboden wälzten, strahlten uns zwei Scheinwerfer an. Der Wagen war gekommen. Ich blickte auf die Uhr, es war halb zwei. Die Märchenfee, die zu den Flammen des Feuers getanzt hatte, hielt inne. Wir waren alle in einer Märchenwelt versunken. Gespannt warteten wir darauf, was die Fee sagen würde. Und sie sprach:

›Ich kann keinen von euch aufgeben. Und da ich euch nicht allen auf einmal gehören kann, werde ich natürlich nur für einen da sein. Wer von euch mich am meisten liebt, der …‹

›Ich!‹, platzten wir gleichzeitig heraus.

Die Märchenfee sagte: ›Wer von euch das Leben für mich riskiert, dem werde ich gehören.‹

Ohne nachzudenken, sprang der Dichter auf: ›Ich!‹

Kurz darauf sagte unser geschickter Freund: ›Für dich würde auch ich in den Tod gehen.‹

Was hätte ich da noch sagen sollen? Natürlich das, was der Verstand mir eingab. Und daher meinte ich nur: ›Sag erst mal, wie wir für dich unser Leben riskieren sollen.‹

Die Märchenfee fuhr fort: ›Wer mich am meisten liebt, das wird sich in dieser Nacht klären. Mein Fenster lasse ich bis zum Morgen auf … die Tür schließe ich ab. Wer von euch durch mein Fenster steigt, die Mauer hochklettert und durch das offene Fenster hereinkommt, dem werde ich heute Nacht und mein ganzes Leben lang gehören. Wer in dieser Nacht in mein Zimmer kommt, der muss vor Sonnenaufgang auch wieder durch das Fenster verschwinden.‹

Die Fee hatte ein Zimmer im zehnten Stock des Hotels, und unsere Zimmer lagen in der neunten Etage …

Wir verstummten. Ich war sicher, unser flinker Freund würde das schaffen, und fragte den Dichter, was er dazu meinte.

›Da wir sie nun mal alle drei lieben‹, antwortete er, ›werden wir auch alle drei den Absturz riskieren, glaube ich. Wer von uns als Erster handelt, wird der Glückliche sein. Aber ich gehöre nun mal nicht zu den Schnellsten.‹

Wir suchten unsere Sachen zusammen und verstauten sie im Wagen; genauer gesagt, nicht wir, sondern unser pfiffiger Freund. Ich gab wie immer gute Ratschläge: ›Lasst uns bloß nicht abfahren, bevor das Feuer ganz gelöscht ist.‹

Wir waren alle betrunken. Der Dichter wäre fast in die Feuerstelle gefallen. Der Pfiffikus löschte das Feuer, und wir stiegen ins Auto. Unterwegs sagten wir kein einziges Wort. Im Hotel fuhren wir mit der Märchenfee im Fahrstuhl hinauf, brachten sie bis zu ihrer Tür im zehnten Stock und wünschten ihr eine gute Nacht. Wir hörten sie den Schlüssel umdrehen, als sie hinter der Tür verschwunden war, und gingen zu unseren Zimmern, die eine Etage tiefer nebeneinander lagen. Auch wir wünschten uns eine gute Nacht und gingen ohne jedes weitere Wort in unsere Zimmer. Ich machte das Fenster auf und blickte zuerst nach unten und dann nach oben. Bis nach unten waren es mindestens dreißig Meter, wer hinunterfiel, würde zerschmettert am Boden liegen bleiben. Ich blickte hinauf, um zu sehen, ob man ein Stockwerk höher klettern könnte. An der glatten Betonmauer waren ein Wasserrohr aus Eisen und andere Rohre angebracht. Sich daran zu wagen, wäre Wahnsinn gewesen, zumal wir so betrunken waren, dass wir noch nicht einmal auf ebener Straße laufen konnten, ohne zu torkeln. Ich zog mich aus, legte mich hin und knipste die Lampe aus. Aber im Bett wälzte ich mich von einer Seite auf die andere und konnte bis zum Morgen nicht einschlafen.

Das Blau des Morgens strahlte in mein Zimmer. Ich schaute auf die Uhr: Es war sieben. Ich konnte nicht länger warten und zog mich an. Zuerst klopfte ich an die Tür des Dichters, dann bei meinem flinken Freund. Als es hinter beiden Türen still blieb, geriet ich in Panik. Im Hotel war noch niemand wach. Ich ging in die obere Etage. Meinen Pfiffikus fand ich vor der Tür der Märchenfee. Er saß davor, flehte sie an, ihm zu öffnen, und erzählte mir, bis zum Morgen habe er sie angebettelt, aber die Fee habe kein Mitleid mit ihm gehabt.

Ich klopfte an ihre Tür und fragte sie, ob sie den Dichter gesehen habe. Sie öffnete mir. Sie war tausend Mal schöner geworden und erklärte, bis jetzt sei sie mit dem Dichter zusammengewesen und so, wie er gekommen sei, habe er ihr Zimmer bei Sonnenaufgang wieder verlassen und sei aus dem Fenster geklettert und daher werde sie ihr ganzes Leben lang ihm gehören.

In diesem Augenblick hörte man Lärm und Geschrei vom Parterre des Hotels und kurz danach Rufe des Entsetzens. Wir gingen hinunter und sahen jedermann in Panik. Vor dem Hotel gab es einen Menschenauflauf. Wir gingen dorthin. Auf den Steinen lag der Dichter in einer Lache von geronnenem Blut. Das Lächeln auf dem Gesicht des Mädchens erstarrte.«

Der Fremde schwieg. Von den Gästen in der Kneipe war kein Laut zu hören. Der Fremde fuhr fort: »Der Glücksvogel ist auf meinem Kopf gelandet, und mehr noch, er ist mir auf die Schultern gehüpft, hat mir das Gesicht mit den Flügeln gestreichelt und hockte sich mir auf die Knie. Aber ich konnte ihn nicht packen. Einmal in meinem Leben hatte ich die Möglichkeit, glücklich zu werden, und die habe ich dann verpasst.«

Die leeren Gläser wurden nachgefüllt und gehoben. Das Klappern von Messern und Gabeln erfüllte wieder den Raum.

Einer am Tisch des Fremden fragte: »Was ist aus Ihrem pfiffigen Freund geworden?«

»Offenbar gelang es mir nicht, das gut rüberzubringen«, antwortete er. »Die drei Freunde sind eine einzige Person. Der geschickte Freund, der Dichter oder der andere, das war immer nur ich.«

»Wie soll das denn gehen?«, fragte der griechische Fischer.

»In jener Nacht dachte ich bis zum Morgen im Bett darüber nach, ob ich aus dem Fenster klettern oder mich vor ihre Tür setzen und darum betteln sollte, dass sie mich reinlässt. Wäre ich aus dem Fenster geklettert, nun ja, dann wäre ich dreißig Meter tief gefallen und zerschmettert vor dem Hotel gelegen.«

Der Bäcker fragte: »Verzeihen Sie, mein Herr, was arbeiten Sie?«

»Zurzeit bin ich arbeitslos«, erwiderte der Fremde, »heute früh bin ich aus dem Gefängnis entlassen worden.«

Niemand fragte ihn, warum er im Gefängnis gesessen hatte. Er rief den Kellner, zahlte, wünschte den Gästen eine gute Nacht und ging.

Der Fremde hatte ihre Sympathie gewonnen. Und sie hofften, dass er bald wiederkäme. Jede Nacht, jedes Mal, wenn die Kneipentür aufging, schauten sie auf, um zu sehen, ob es der Fremde war. Aber er tauchte nicht wieder auf.

Eines Abends, als der lahme Händler Obst und Gemüse an seinem Stand verkaufte, stand der Fremde vor ihm und verlangte Orangen, Äpfel und Mandarinen.

»Damals haben Sie uns von den drei Freunden erzählt, nun ja, und von dem Mädchen ... Und dann sind Sie nie wieder aufgetaucht«, sprach ihn der Gemüsehändler an.

Mit einem Lächeln zog der Fremde eine Zeitschrift unter dem Arm hervor und gab sie dem Gemüsehändler. »Da steht die Geschichte vom Glücksvogel«, sagte er.

Als es dunkel wurde, packte der Händler wie immer seinen Stand zusammen, nahm die Zeitschrift, die der Fremde ihm gegeben hatte, und ging damit zur »Schenke der Unglückseligen«. Er hatte sich verspätet. Drinnen war es so voll wie eh und je. Kaum war er zur Tür herein, rief er allen zu: »Erinnert ihr euch? Da kam doch neulich einer, der uns was von einem Dichter und seinen Freunden erzählte. Den Kerl habe ich heute wieder gesehen.«

Die Stammgäste wurden neugierig.

»Schaut nur her, was er uns erzählt hat – hier stehts geschrieben. ›Die Märchenfee‹ nennt sich das. Das heißt, alles, was er uns damals erzählt hat, war von Anfang bis Ende erlogen.«

Der griechische Fischer sagte: »Das kann doch nicht sein. Nie im Leben war das eine Lüge!«

»Warum nicht?«

»Was einer erlebt hat, kann doch keine Lüge sein, deshalb. Was er uns damals erzählt hat, das haben wir doch alle schon mal erlebt.«

Sie schwiegen.

Und dachten nach.

Und tranken.

Und redeten.

Nahit Eruz

Adato

Wenn Sie abends die etwas zu hohe Stufe des alten Hauses mit den zugezogenen schwarzen Vorhängen emporsteigen und die Tür öffnen, empfängt Sie eine rauchgeschwängerte, fahle Atmosphäre. Der dampfige Geruch, der Ihnen entgegenschlägt, kommt von dem Wasser, das auf dem Holzofen in einem offenen Topf vor sich hin kocht. Erst wenn Ihre Augen sich an das Schummerlicht gewöhnt haben, erkennen Sie, wer zu beiden Seiten des Schankraumes an den Tischen sitzt.

In einer Ecke sitzt auf einem der Stühle, deren Beine mit Drähten zusammengehalten werden, wie eine Statue Monsieur Adato. Seit wie vielen Jahren er auf die Holztische seiner Schenke schon die Ellbogen stützt, seit wann er immer wieder volle Flaschen auf die Tische stellt und leere wieder abräumt, das könnte er wohl auf Anhieb selbst nicht sagen. Von der ursprünglichen Farbe der Tische ist kein bisschen mehr zu sehen, so gründliche Arbeit haben die Ellbogen geleistet.

Genau gegenüber der Tür hängt an der Wand ein Schild mit arabischen Schriftzeichen, das jüngere Leute meist für eine Gebetstafel halten. Die fragen sich, was an so einem Ort ein Gebet verloren hat. Die Älteren hingegen, die noch die arabische Schrift beherrschen, wissen, dass auf dem Schild nichts anderes steht als:

WINZEREI UND KELLEREI
YASEF ISRAEL ADATO

Das ist einfach nur Monsieur Adatos altes Ladenschild aus der Zeit vor der Einführung der lateinischen Schrift.

Adatos Schenke in Edirne, an der Straße nach Karaağaç. Ein

Ort, an dem Sie nicht einfach irgendein alkoholisches Getränk bestellen können. Denn hier gibt es einzig und allein den von Monsieur Adato eigenhändig gekelterten, jahrelang gelagerten karminroten Wein. Den Wein, den Monsieur Adato mit den selbst gepflückten Trauben aus seinem Weinberg bei Kırcasalih macht. Und wie lange soll er für die Herrschaften gelagert worden sein? Fünf Jahre? Zehn Jahre? Oder gar fünfzehn Jahre? Bei Frauen sei er ja nicht so für die reiferen Jahrgänge, beim Wein dagegen sehr, pflegt Adato zu sagen.

Wenn Sie lieber etwas anderes trinken, dann kommen Sie besser nicht in Adatos Schenke. Wenn Sie meinen, auf so wackeligen Stühlen könne man doch nicht sitzen, brauchen Sie ebenfalls nicht zu kommen. Und kommen Sie auch nicht, wenn Sie nicht gerne mit Zigeunern zusammensitzen oder sich mit deren Gegeige und Getrommel nicht anfreunden können. Denn erstens schmeckt Ihnen sonst selbst der Wein nicht und zweitens bringen Sie auch die Fuhrleute, die Zigeuner und alle Mitzecher um die schlichte Freude am Rebensaft.

Des weiteren serviert Adato keinerlei Imbiss, sondern stellt Ihnen nur den Wein auf den Tisch. Aber den guten Wein, und vom guten wiederum den besten Wein kredenzt er nicht etwa dem betuchtesten Gast, sondern dem geschätztesten. Wenn Sie zum Wein geröstete Erdnüsse oder Brot und Käse verzehren möchten, dann müssen Sie das schon selber mitbringen. Aber lassen Sie sich bloß nicht einfallen, sauer Eingelegtes auf den Tisch zu stellen, das räumt Ihnen Adato nämlich augenblicklich ab und kippt es raus auf die Straße. »Ich lass mir doch meinen Wein nicht versauen«, knurrt er dabei.

Als wir an einem Winterabend seine Schenke zum ersten Mal betraten, wurden wir von den Gästen misstrauisch beäugt. Es ist nun mal eine Stadt, in der jeder jeden kennt, und wenn man dann noch dazu in eine kleine Wirtschaft mit fast lauter Stammgästen geht, dann fällt man natürlich als Fremder erst recht auf. Aber wenn man sich schließlich hinsetzt und mit den Leuten ins Gespräch kommt, ist es mit der Schüchternheit und der Zurückhaltung gleich vorbei.

Wir grüßten in die Runde.

Alle Tische waren besetzt. Adato saß mit untergeschlagenen Beinen auf einem Stuhl neben dem Ofen. Unter seinen buschigen Augenbrauen hervor musterte er uns zuerst und ließ dann seine Blicke über die Tische schweifen. Schließlich sagte er zu einem Mann, der allein an einem Tisch saß: »Mach den Tisch frei, Hüseyin, und setz dich dorthin!«

Wortlos stand der Mann auf, nahm die vor ihm stehende Weinflasche und das halb volle Glas mit und setzte sich an den von Adato zugewiesenen Tisch.

Adato selbst stand nun schwerfällig auf. Er zog ein Tuch aus der Tasche und wischte den frei gewordenen Tisch damit ab. Dann rückte er die Stühle zurecht und bedeckte den Tisch mit einer alten Zeitung. Wir traten hinzu und legten unser Mitgebrachtes auf den Tisch, die frisch gerösteten Erdnüsse, den Käse und das Brot. Ohne unsere Mäntel auszuziehen, setzten wir uns.

»Trockener Wein?«

»Ja, trockener, Monsieur Adato.«

Die Gespräche ringsum wurden wieder lebhafter, und die an einem Ecktisch sitzenden Zigeuner begannen erneut aufzuspielen. Ob es nun daran lag, dass wir uns in einer Grenzstadt befanden, oder vielmehr an der Art, wie wir gleich beim Eintreten mit einem Balkanlied empfangen wurden, auf jeden Fall ging es uns sofort durch und durch. Unsere Volkslieder künden ja von uns selbst. In jeder Ecke unseres Landes erfüllen sie uns mit ihren ganz eigenen Worten und Weisen. In Edirne aber, wo die vom Balkan kommenden Flüsse Maritza, Tunja und Arda zusammenfließen, ergreift einen nichts so sehr wie ein Lied, das vom Leben an der Grenze erzählt.

Als an einer Stelle die ohnehin schon mitreißenden Musiker besonders feurig aufspielten, wurden an allen Tischen die Weingläser emporgereckt.

»Willkommen, die Herren!«

»Prost!«

»Zum Wohlsein!«

»Auf Ihr Spezielles!«

Obwohl: So wie die Musiker spielten, war feurig schon gar kein Ausdruck mehr. Sie intonierten eine Balkanmelodie nach der anderen. Wenn solche Lieder in Edirne und noch dazu in Adatos Schenke gespielt werden, dann hält es einen ganz einfach nicht mehr auf dem Stuhl. Und wer hat zu diesen Geigen- und Trommelklängen von fröhlichen Zigeunern nicht schon alles getanzt, nicht zuletzt Edirnes berühmter Truppenkommandeur. Wenn die Stimmung in der Schenke vor lauter Balkanmusik schier überschlägt und Ihnen jahrealter Traubensaft in Form von Adatos Wein Schluck für Schluck ins Blut rinnt, können Sie dann etwa ruhig sitzen bleiben?

Das Geheimnis seines Weines verrät Adato nicht. Selbst der Zigeuner Hüseyin, der seit zwanzig Jahren für ihn arbeitet, kennt nicht alle Feinheiten des Herstellungsprozesses. Nur einmal hat sich Adato entlocken lassen, dass er die Trauben höchstselbst an weniger besonnten Stellen seines Weinbergs pflückt und den Wein in riesigen Eichenfässern jahrelang reifen lässt.

»Ich stelle dir ein Weinchen hin«, sagt er, »ein Weinchen, neben dem französischer Champagner wie Eselspisse schmeckt.«

Am Nebentisch saß der Droschkenfahrer Cemal Ağa, seit fünfundvierzig Jahren Stammgast bei Adato. Er rauchte mit einer Zigarettenspitze und hatte ein Glas Rotwein vor sich. Mit dem Rücken an die Wand gelehnt, pflichtete er Adato bei. »Wo

Adato Recht hat, da hat er Recht. Etwas Besseres als dieser Wein hier ist mir noch nicht untergekommen. Wenn dir dieser Tropfen die Kehle hinuntergelaufen ist, dann lässt du hinterher das beste Essen stehen, damit dieses Aroma nur ja nicht verdorben wird. Und das sage nicht bloß ich, das sagt jeder, der Adatos Wein einmal gekostet hat. Bevor ich abends nach Hause gehe, schaue ich immer hier vorbei. Und das nicht erst seit drei, vier Jährchen, sondern seit geschlagenen fünfundvierzig Jahren!«

Das ging Adato runter wie Öl. Seine fleischigen Lider zuckten, und er strahlte übers ganze Gesicht. Und die Gläser wurden auf dieses Lob hin wieder in die Luft gestreckt: »Prost!«

Zu reichlich vorgerückter Stunde ging noch einmal die Tür mit dem schwarzen Vorhang auf, und herein trat ein Mann mittleren Alters mit rot gefrorenen Wangen und einer Mütze auf dem Kopf. Er ging zu dem Tisch, an dem Cemal Ağa und Adato saßen, und nahm vor Adato ehrerbietig die Mütze ab. Dann sagte er so laut, dass nicht nur Adato, sondern die ganze Schenke es mitbekam: »Haben Sie es schon gehört, Monsieur Adato?«

Adato, der dem Mann bis dahin noch keine Beachtung geschenkt hatte, hob nun sein kahles Haupt zu ihm empor und sah ihn misstrauisch an. »Was soll ich schon gehört haben?«

Der Mann breitete die Arme aus, ließ sie auf und nieder gehen und ahmte Flugzeuggeräusche nach. »Ja haben Sie denn heute keine Zeitung gelesen? Zwei israelische Flugzeuge haben zehn arabische Dörfer bombardiert. So richtig gezeigt haben sie es den Arabern, verstehen Sie? Alles dem Erdboden gleichgemacht!«

Adatos Augen begannen zu leuchten, und seine feisten Wangen glänzten. Um sich das Ganze noch einmal erzählen zu lassen, tat er so, als habe er nicht richtig verstanden. »Was sagst du da? Was war los?«

Wieder fuhr der Mann mit den Armen in die Luft. »Na, eure Leute haben arabische Dörfer bombardiert, und zwar so schnell, dass die Araber nicht mal einen Mucks von sich geben konnten. Das ist nicht auf meinem Mist gewachsen, Monsieur, das steht in allen Zeitungen. Wenn Sie wollen, bringe ich Ihnen die Zeitungen auf der Stelle. Es ist sogar das Bild von eurem Einäugigen drin …«

»Jetzt setz dich schon hin, du elender Kerl. Ich weiß doch, worauf du es abgesehen hast. Setz dich hin, ich bringe dir eine kleine Flasche Wein, deswegen saugst du dir doch dieses Zeug immer aus den Fingern.«

Der Mann riss die Augen auf: »Was denn, ich soll mir etwas aus den Fingern saugen? Ich? Ich schwöre, dass es wahr ist! Wenn Sie wollen, dann hole ich augenblicklich diese Zeitungen, und Sie sehen es mit eigenen Augen! Dann können Sie selber lesen, was Ihre Leute vollbracht haben. Also, was soll ich jetzt machen, soll ich schwören oder lieber gleich die Zeitungen holen?«

»Jetzt mach mal halblang und setz dich endlich! Du kriegst ja deine Flasche Wein, aber nicht mehr, haben wir uns verstanden?«

Der Mann setzte eine noch ungläubigere Miene auf. »Haben Sie eine Flasche gesagt, Monsieur Adato? Eine Flasche? Also nicht nur ein Glas? Ach, wenn eure Leute doch gleich zwanzig Dörfer bombardiert hätten! Dann würde ich zwei Flaschen bekommen, oder?«

»Spiel dich nicht so auf, ob zehn oder zwanzig, was tut das schon zur Sache. Setz dich brav in die Ecke da und wart auf deinen Wein.«

Der Mann war derart aus dem Häuschen, dass sich Adato, trotz seiner eigenen Freude, neben ihm geradezu wie ein Trauerkloß ausnahm. Nun, es war auch keine Kleinigkeit, dass der Mann eine Flasche Wein von demselben Adato bekam, der ihn sonst immer, sobald er zur Tür hereinkam, mit einem »Hau ab, hörst du, hau sofort ab!« empfing.

Während Adato hinter die Theke ging, um den Wein zu holen, sah der Mann triumphierend in die Runde. »Habt ihr's gehört? Ihr habt es doch gehört, oder? Eine ganze Flasche gibt er mir! Cemal Ağa, du hast es doch auch gehört?«

Cemal Ağa lachte. »Jaja, ich habs gehört. Das hast du ja wieder mal gut hingekriegt!«

Der Mann, der nun voller Vorfreude auf seinen Viertelliter Wein wartete, war niemand anderer als Jilet Necdet, der vor einiger Zeit in Adatos Weinkeller beim Ausbessern schadhafter Fässer dem Weine zu sehr zugesprochen hatte und in einer Ecke eingeschlafen war, worauf Adato ihn hochkant hinausgeworfen hatte. Als Jilet Necdet gehört hatte, dass da Fässer zu reparieren waren, war er sofort herbeigeeilt. »Damit kenne ich mich aus, Monsieur Adato«, hatte er gesagt, »und ich verlange auch nicht viel dafür. Wenn Sie wollen, mache ich es sogar umsonst.«

»Nun gut«, hatte Adato geantwortet, »an einem Fass will ich es dich versuchen lassen.« Darauf hatte Jilet Necdet sich eifrig ans Werk gemacht, aber als die Arbeit, für die eine Stunde veranschlagt war, nach einem halben Tag noch immer nicht beendet war, begann Adato Verdacht zu schöpfen. Und als er in den Keller hinabstieg, traf er Necdet tief und fest schlafend an. Nach diesem Vorfall ließ er Necdet lange Zeit weder in seinen Keller, noch servierte er ihm Wein in seiner Schenke, ja er duldete es nicht einmal, dass andere etwas für ihn bestellten. Und meistens verscheuchte er ihn schon an der Tür.

In Edirne erzählt man, Necdet sei früher einmal Unteroffizier in einer Panzereinheit in der Osttürkei gewesen. Eines Tages seien anlässlich des zum Ende des Ramadan gefeierten Festes die Generäle und Einheitskommandeure mit dem Auto in die nächstgelegene Stadt gefahren, während unser autoloser Unteroffizier, der mit seiner Familie in einer Militärunterkunft lebte, liebend gern auch seine Kinder zu den Verwandten und Bekannten in die Stadt gefahren hätte. Und als er so grübelte und sann, kam ihm plötzlich ein Einfall. Er schwang sich auf einen der Panzer, fuhr schnurstracks zu seiner Wohnung, ließ Frau und Kinder aufsteigen und hielt dann, an diesem hohen Festtag, einen viel beachteten Einzug in die Stadt, in der selbstredend nicht wenig gestaunt wurde.

Necdets Festtagsfahrt aber ging zu Ende, und auch der Festtag selbst, und unmittelbar darauf auch sein Dienst als Unteroffizier.

So einer war Jilet Necdet.

Als Adato in seinem bis über die Knie reichenden Mantel mit dem breiten Kragen zurückkehrte und den Viertelliter Rotwein in der Hand hielt, sprang Jilet Necdet auf und machte wieder einen Bückling. Wie gebannt sah er zu, wie die Flasche auf den Tisch gestellt wurde. Dann ließ er sich auf seinen Stuhl fallen, schenkte sich auf der Stelle ein Glas voll und stand wieder auf.

»Auf Ihr Wohl, meine Herren«, rief er aus. »Erst auf das Wohl von Monsieur Adato, und dann auf das Ihre!«

Zugleich mit Jilet Necdet erhoben auch die anderen Gäste ihr Glas. Dann tranken alle. Jilet Necdet kannte sich nicht mehr vor Freude. Wie lange hatte er von Adato keinen Wein mehr bekommen, und wie lange war nicht mehr auf sein Wohlsein getrunken worden!

Die Musikanten stimmten wieder ein Balkanlied an.

Jilet Necdet nahm so winzige Schlucke zu sich, dass es schon kein Trinken mehr war, sondern eher ein Hineinschnüffeln des Weines. Wenn er so weitermachte, würde er an seinem Viertel eine Stunde nippen oder gar zwei. Noch dazu hob er ständig sein Glas auf das Wohl des einen oder anderen Gastes.

Dem Wirt Adato, der am Tisch von Cemal Ağa saß, entging dieses Schauspiel nicht. Da brauchte ein Jilet Necdet eine Stunde für ein Viertelchen Wein. So etwas hatte die Welt noch nicht gesehen. Adato beobachtete ihn eine ganze Weile und musste schließlich schmunzeln. »Na trink schon, trink, damit ich dir noch einen Viertelliter hinstellen kann. Aber glaub ja nicht, das sei wegen der Araber!«

Jilet Necdet traute seinen Ohren nicht. »Ist das Ihr Ernst, Monsieur?«, fragte er und sprang dabei von seinem Platz auf. »Ich bekomme also tatsächlich noch einen Viertelliter? He, Leute, habt ihr das gehört? Habt ihr es wirklich alle gehört? Adato gibt mir noch einen Viertelliter!«

Und schon lief er Adato zum Tresen hinterher und rief dabei voller Inbrunst: »Das werde ich Monsieur nie vergessen!«

Dann ging er wieder zu seinem Tisch zurück. Das halb volle Glas, an dem er so lange genuckelt hatte, trank er nun in einem Zug aus.

Stehend erwartete er dann seine zweite Flasche.

Sait Faik Abasıyanık

Die Überschwemmung

Der Sakarya, ich weiß nicht, ist der Fluss überall so ungestüm? Bei uns hier nimmt er alle paar Jahre sämtliche Brücken mit, und jedes Stück Vieh schleift er davon, jede Gans ertränkt er. Eine halbe Stunde ist er von eurer Stadt entfernt, aber wir hier haben ihn direkt vor unseren Füßen, schau, wie er fließt, trüb, rot, tief und breit. Die Menschen an den Ufern wissen nicht, in welches Meer, ja nicht einmal, dass er in ein Meer fließt, und es gibt Dörfer, die ihn trotz seines Tobens und Wütens anbeten. »So ist der Sakari halt …«, sagen sie. Bei uns hier nennen sie den Sakarya nämlich »Sakari«.

Wenn sich im Sommer in seiner Mitte Inseln aus Sand anhäufen, erscheint der Sakarya kraftlos und ruhig, aber im Herbst zeigt er seine wahre Natur. Wirft man dann einen Stock ins Wasser, so wirbelt der hundertmal hin und her und ist blitzschnell aus dem Blickfeld verschwunden. Kein Wunder, dass wir nicht mehr ohne Furcht und Scheu ins Wasser schauen können. Denn da kommt uns der Gedanke, dass wir ihm jedes Jahr fünf oder zehn der unsrigen opfern. Die Dummköpfe nennen es die »Buße des Dorfes«, Schweine! Außerdem lassen wir nachts die Fenster auf, um auch in den Häusern sein Rauschen und Keuchen, fast wie diese dämonischen Geräusche der Maisfelder, zu hören; so kann man gut schlafen.

In manchen Jahren zieht er friedlich vorbei und tritt fast nirgendwo aus seinem vier bis fünf Faden breiten Flussbett heraus, und wenn man sich nur an den Rändern übers Ufer neigt, um seine Hände und sein Gesicht zu waschen. Dann strahlen alle. In diesen Jahren sagt keiner: Dieser wilde Sakari, dieser rasende

Sakari, dieser niederträchtige Sakari. Diese Jahre ohne Katastrophen, das sind die glücklichen Jahre. Manchmal im Herbst aber, nachdem es ununterbrochen geregnet hat, schleicht er sich wie eine Schlange heran und stößt die Zäune um. Er füllt die Hühnerställe und macht sich breit im unteren Teil der Häuser. Diese Überflutungen im Herbst sind aber nicht so schlimm. Denn zu dieser Jahreszeit ist der Sakari in einem sonderbaren Zustand. Er ist scheu, furchtsam und hinterhältig, der Gottlose! Überaus schwerfällig gleitet er dahin, steigt nur langsam an. Eines Morgens wacht man auf, und der untere Teil des Hauses steht unter Wasser. Die Bäume sind ganz kahl, die Felder erstrecken sich wie ein Meer, so weit das Auge reicht. Das Wasser steigt und steigt und steigt, aber es gibt keine Strömung, keine Ungebärdigkeit.

Ach, wie hinterhältig ist dieses Wasser! Als wären die Armen sein größter Feind. Der Sakarya sucht sie sich geradezu aus, ertränkt den Büffel im Haus der allein stehenden Witwe. Als würde es auf der Welt an schlechten Menschen fehlen, geht er zum unschuldigen dreizehnjährigen Kara Recep, holt sich einige von seinen Schafen; die Schafe des Ağa rührt er nicht mal an. Er ist ein sonderbarer Kerl. Ein blindes Ungeheuer ist er, grausam, niederträchtig, aber lautlos. Obwohl die Überschwemmungen im Herbst lästig und grausam sind, nehmen wir sie nicht recht ernst ... Ein, zwei Gänse sind ertrunken, ein, zwei Ställe eingestürzt, drei, vier Umzäunungen umgestoßen, und ein, zwei Joche sind abhanden gekommen. Wer hat schon Mitleid mit Kara Recep, dem Waisenkind?

Und plötzlich merkst du, dass er sich in aller Stille zurückgezogen hat. Weg ist er! Was für ein Rückzug! Glaub mir, das ist der Rückzug eines lebendigen Geschöpfes. Zum Beispiel haben sich durch den Regen vor den Häusern Wasserlachen gebildet, verstehst du? Selbst dieses Wasser ist noch an seinem Platz. Der Sakarya nimmt es nicht mit sich. Aber von dem, was er selbst mitbrachte, hinterlässt er keinen einzigen Tropfen, wenn er sich zurückzieht. So, als ob er ein Lebewesen wäre. Ein Dieb ist er, ein Mörder, der nicht eine einzige Spur hinterlässt.

Aber nun lass das Frühjahr kommen, die Frühlingsflut, nun, das ist eine Katastrophe. Eine echte Katastrophe ist das. Sie kennt nicht Arm, nicht Reich, und auch nichts dazwischen. Das Wasser reißt alles an der Wurzel aus und trägt es fort. Dann ist der Fluss nicht wie im Herbst hinterhältig, ängstlich und niederträchtig. Er ist ein ehrenhafter und offener Feind, der den Kampf von Angesicht zu Angesicht einfordert. Er sucht sich nicht den Waisen Kara Recep aus, auch nicht den Büffel der Witwe. Jetzt bleibt auch der Stall von Hüseyin Ağa nicht stehen, nicht das Zuchtvieh im Stall vom Gutsbesitzer Mehmet Bey ... Wahllos nimmt er und geht wieder.

Wenn du auf den Feldern arbeitest, hörst du ein Brummen. Es ist ein Brummen wie das Brummen eines Bären. Plötzlich merkst du, er drängt vorwärts und kommt heran. Sich windend, aufgewühlt, vernichtend ...

Mein Junge, eben bei so einer Überflutung im Frühjahr ließ er unser Lehmhaus zusammenbrechen. Ich hatte meine bettlägerige Großmutter nie tragen können, wie schaffte er es, sie davonzutragen? Nur Gott weiß es. Am schlimmsten war, als meine einjährige Tochter vor meinen Augen im Strudel versank und weggespült wurde. Wie viele Brücken hat er niedergerissen, aber siehst du diese Brücke da? Die kann er nicht mehr zu Fall bringen.

Letzten Winter ging er über sie hinweg, nichts konnte er ihr anhaben. Aus der Ferne, vom Hügel aus, mit Ramazan Beys Fernrohr haben wir es beobachtet. Welch ein Griff, mit dem Griff eines Ringers hat er die Brücke gepackt, wieder und wieder. Es schnürte mir das Herz zusammen. Aber sie stand fester als eine Eisenbrücke, Junge, als ich das sah, da schwoll mir die Brust. Siehst du, wir wissen auch, was unsere neuen Bauten wert sind.

Mein Junge, ich erzähl dir jetzt eine Geschichte, die Geschichte einer Überschwemmung im Frühling. Siehst du diese Berge da? Ganz grau. Damals waren sie schneeweiß. Es gab ziemlich viel Schnee. Die Dörfler, die vom Fuße des Berges kamen, sagten: Schnee, so hoch wie zwei Menschen. Ich weiß nicht, obs das gibt. Aber auch aus der Ferne war es ja deutlich zu sehen. Der Berg wurde vom Schnee erdrückt, als würde er unter der Last zusammenbrechen.

In jenem Jahr kam der Frühling beizeiten, alle strömten auf die Felder. Das Gras zeigte gerade seine Spitzen. Mein Kind, wie angenehm ist es, im Frühling zu arbeiten. Zwei Sachen gibts im Frühjahr: auf dem Feld arbeiten und sich lieb haben. Das Erste kennst du nicht, aber das Zweite, gibt es jemanden, der das nicht erlebt hat? Sicherlich hast auch du es schon erfahren.

In jenem Winter haben sie mich nach allerlei Flehen und Drohen endlich mit der Tochter von Ali Ağa, die seit Kindesbeinen an mein Augapfel war, verlobt. In unserem Dorf dauert die Zeit zwischen Verlobung und Heirat nicht so lange wie in der Stadt. Wir halten so eine Wartezeit nicht für gut. Aber was sollte ich tun, der reiche Vater ließ sich irgendwie immer noch nicht auf die Hochzeit ein. Der Kerl plusterte sich auf. Vielleicht findet sich ein Weg, und wir können das Mädchen noch davon abbringen, sagte er sich.

Während ich früher das Mädchen jeden Tag sah, bekam ich sie nach der Verlobung nicht mehr zu Gesicht. Es war ein wunderbarer Frühling. Unzählig viele Lieder habe ich gesungen! Es war ein strahlender Frühling. Mein Junge, die Blüten des Klees waren wie die Wangen der Mädchen. War ich etwa bettelarm? Bei Gott! Ich hatte eine Mutter, wir hatten einen Hühnerstall, acht Hühner, ein Feld von drei viertel Morgen. Immerhin, es gibt Ärmere, aber wer will das schon hören. Und dieser Kerl hatte siebzig Morgen Land, zwei Reitpferde, zwei Büffel mit einem

Büffelkalb, drei Kühe mit einem Kalb, eine Schafherde, ein entfernt gelegenes Waldstück und ein dreistöckiges Haus ... Gibt dir so einer seine Tochter zur Frau?

Ich bin dankbar für meine Lage. Für eine Mutter mit einem Sohn sind ein Garten von drei viertel Morgen an diesem Ufer des Sakari, ein Hühnerstall, acht Hühner und ein paar verschiedene Körner mehr als genug. Und wenn du dies nicht so siehst, dann verlierst du die Lebensfreude, deshalb sage ich es. Nimm nicht alles ernst, was ich sage!

Und jung war ich. Meine beiden Augen sollen mir ausfallen, wenn ich lüge, ich hatte wahrlich kein Auge aufs Hab und Gut des Kerls geworfen. Mein Junge, als Jüngling denkt man nicht an Besitztümer. Es gibt ja welche, die für ein Mädchen mitten in Istanbul aus lauter Wut Wohnungen und Häuser lichterloh brennen lassen, Recht haben sie!

Es gibt aber auch solche, die überlegt handeln. Die gibt es, aber erst im Alter. Auch ich habe eine Tochter. Nun gut, ich habe hin und wieder davon geträumt, sie einem Reichen zur Frau zu geben. Dennoch ist sie mit einem Habenichts, wie ich es bin, durchgebrannt. Eigentlich hat mir das auch gefallen.

Drei Monate waren wir wegen ihrer Mutter, meiner Ehefrau, mit den beiden verfeindet, aber als ich im Teehaus dem Jüngling zufällig begegnete, war es mir danach, ihn zu umarmen. Als ich aufstand, duckte er sich und flüchtete. Ich lachte ihm hinterher. Sie sagten ihm, dass ich gelacht habe. Eines Tages kam er dann plötzlich und küsste mir die Hand. Aber das ist eine andere Geschichte.

An jenem Tag habe ich also auf dem Feld gearbeitet. Seit einer Woche war es unglaublich heiß, man hätte gedacht, es ist Sommer. Die Alten aus dem Dorf haben dauernd auf diesen verdammten Berg geschaut. Geschaut und geschaut, aber was kümmerte es uns? Außerdem, was kannst du schon machen? Willst du vor den Berg einen Berg setzen? Mein Junge, dieses Wasser wirft auch ihn um. Es gibt kein Entrinnen. Im Winter davor hatten wir einen sogenannten Damm errichtet. Nicht mal eine Viertelstunde brauchte es, den Wall niederzureißen. An besagtem Tag habe ich auf dem Feld gearbeitet. Damals hatte ich einen Jagdhund. Der Steuereinnehmer hatte ihn mir gegeben. Ein schlaues Kerlchen war der. Während ich arbeitete, drehte er sich zum Berg und heulte, als ob da eine Leiche wäre. »Was heulst du, du gottloser Köter«, sagte ich. Ich blickte flüchtig auf und schaute zum Berg. Unglaublich! Er war grau, fast wie in der Erntezeit. Schnurstracks lief ich ins Dorf. Schnell ließ ich meiner Mutter die Nachricht zukommen, sie solle sich schleunigst aus dem Staub machen. Die Hühner scheuchte ich auf die Bäume. Den Büffel, den mir Hacı Bey aus der Provinzstadt überlassen hatte und dessen Milch wir uns teilten, vertraute ich Mehmet an. »Treib ihn«, sagte ich, »auf den Berg zu.« Noch war im Dorf nichts zu merken. Es dauerte lange, bis unter den Leuten Angst und Schrecken ausbrachen. Als es losging, da war aber alles schon zu spät.

Ich lief zu Hacı Alis Haus. Es ist am anderen Ende des Dorfes, sein Haus. So etwa zehn Minuten dauert es schon bis dorthin. Die Überschwemmung beginnt immer dort. Der Stall vom Hacı war schon eingestürzt. Das Wasser ging bis über die Hüften. Vom Dach des Hauses schrien sie: »Die Frau ist noch unten!« Die Tür war zerbrochen. Ich schwamm bis zur Treppe. Mein Lieber, das Haus knackte und krachte. Ich nahm Fadime auf meinen Rücken. Dahinter, da gab es so ein umgestochenes Feld von ein, zwei Morgen. Das Wasser reichte mir dort bis zu den Knien. Falls einer gesehen hat, wie ich dort mit ihr auf dem Rücken auf den Nussbaum geklettert bin, der weiß, dass es kein Fehler war, mir ihre Tochter zur Frau zu geben. Fadime strampelte heftig auf meinem Rücken. Sie war nicht so, wie sie jetzt ist. Prall und kräftig war sie. Volle vier Stunden zitterten wir auf dem Nussbaum. Was ich anhatte, zog ich aus und wickelte sie damit ein. Mir blieben zum Schluss noch eine Unterhose und ein Hemd. Wenn sie uns nicht mit einem Boot gerettet hätten, wäre ich an einer Rippenfellentzündung krepiert. Dem Hacı waren weder sein Stall noch sein Milchkalb, weder sein Büffelkalb noch seine Einzäunungen geblieben und auch nicht sein Haus. Einer seiner Söhne ging im Wasser unter und war tot. Nach dem Schrecken der Überschwemmung lebte sein Vater gerade noch drei Monate. Seine andere Tochter bekam epileptische Anfälle. Seine Frau weiß seitdem nicht mehr, was sie tut. Es war ziemlich schrecklich. So etwas haben wir seither nicht mehr erlebt. Selbst die Bäume im Wald wurden niedergerissen und waren weg. Von seinen siebzig Morgen Land verkaufte er die Hälfte, wovon er ein Haus bauen konnte. Das Wasser ging vier Tage lang nicht zurück. Am fünften Tag feierten wir die Hochzeit in unserem Haus. Den ganzen Sommer lang lebten wir alle in unserem Lehmhaus mit seinen zweieinhalb Zimmern. Neun Personen, die Kinder zähle ich nicht, für sie alle habe ich gesorgt. Deshalb habe ich so einen Zorn auf diesen Sakari, und zugleich liebe ich ihn. Mal ist er verblendet, mal ist er gerissen, das Schwein! Ein Kerl ist das, wie ein missratenes Kind.

Der alte Mann rief laut: »Fadime, Fadime!«

»Bitte, mein Herr«, sagte eine alte Frau.

Sie stand an der Schwelle des Stalles. In ihren Händen hielt sie eine Schüssel mit einem Kleiegemisch, das sie für die Hühner vorbereitet hatte. Bis zu den Ellenbogen hatte sie die Ärmel hochgekrempelt. Ihr ganzes Gesicht war mit Kleie beschmiert.

Der Alte sagte: »Ich habe dem Sohn von unserem Abasız erzählt, wie ich dich bei der Überflutung des Sakari auf meinem Rücken getragen habe.«

Die alte Frau sagte: »Ach, schon wieder. Du erzählst ständig die gleiche Geschichte.«

Orhan Duru

Wie Elvan seinen Schlüssel verlor

Alles ist beim Alten geblieben, sagte ich und freute mich,
Durch einen ihrer öden Vororte betrat ich die Stadt.
Turgut Uyar

Elvan atmete tief durch. Das sollte nun der Lohn für unsere völlige Erschöpfung sein. Ich lächelte. Elvans durchtriebener Blick erinnerte mich immer an meine Großmutter. Ob meine Großmutter denselben Blick hatte? Keine Ahnung. Wir bestellten beim Ober zwei Tassen Mokka, halbsüß. Elvan schlug mit beiden Händen auf den Tisch und rieb sie aneinander. Elvan: blond und aus Adana! Die aus Adana sind sonst nämlich alle dunkel. Elvan hat grüne Augen. Um Missverständnissen wegen des Mädchennamens vorzubeugen: Elvan ist ein Mann. Er hat nämlich so ein Ding zwischen den Beinen baumeln. Ich fragte: »Wie kommts, dass du blond bist?« »Einfach so«, antwortete er. Ja, richtig, einfach so, ich bohrte nicht weiter nach. Im Augenblick bräuchte es tausend Zeugen, die bestätigen könnten, dass er blond ist. Sein Nacken starrte vor Schmutz. Auch unter den Augen war er pechschwarz. Sogar die Farbe seiner Haare hatte sich verändert, sie sahen schlammgrau aus, von all dem Staub und Schweiß. Aber ich sah wahrscheinlich keinen Deut besser aus als er.

»Komm, lass uns in ein Lokal gehen und Kebab essen! Darauf freu ich mich schon lange«, schlug er vor. Ich hatte auch Appetit darauf. Wir brachen also auf und gingen in ein Lokal. Dort ließen wir uns üppig auftischen. Selbst einer, der in der Wüste am Verhungern und Verdursten gewesen wäre, hätte nicht mehr fressen und saufen können als wir. Als wir hinausgingen, begegneten wir Touristen. Wem auch sonst sollten Herumtreiber wie wir begegnen? Elendslangen Amerikanern, Deutschen mit sauertöpfischen Mienen, Frauen in Hosen, die ihre Hüften betonten, jungen Mädchen, bei denen ich hundert und Elvan tausend Eide darauf abgelegt hätte, dass sie keinen Büstenhalter trugen. Sie kamen mit dem Bus vom Berg Uludağ herunter. Andere stiegen schreiend aus einem Taxi. Elvan fluchte: »Geld müsste der Mensch haben, ja, Geld!«

Wir waren von ziemlich weit her nach Bursa gekommen. In unseren Taschen hatten wir genug Bares. Elvan arbeitete beim Straßenbau. Wir hatten uns für diesen Ausflug in einer kleinen Stadt getroffen. Dort gab es einen Stehausschank, wo man Wein trinken konnte. Merkwürdig. Man betritt ihn durch einen Vorhang aus Metallfäden. Eine düstere, muffige Kaschemme. Wir tranken beide ein Glas Wein. Danach stiegen wir in den Bus. Er schepperte an allen Ecken und Enden. Die Straßen waren miserabel. »Jetzt sind wir doch in Windeseile nach Bursa gekommen«, zog ich Elvan auf, der in einem fort den Fahrer, den Bus, das Schicksal und seine Mutter verflucht hatte. Sein Chef schuldete ihm noch Geld. Wir suchten ihn, fanden ihn aber nicht. Elvan überlegte sich, ob er kündigen und nach Adana fahren sollte. Der Sommer war schon fast vorbei. In Bursa regnete es alle drei, vier Stunden.

Schließlich fanden wir unsere Kollegen. Erst mal wollten wir eine Frau, dann in den Hamam, das war unser Plan und eine alte Angewohnheit. Wir waren so verdreckt, als kämen wir geradewegs aus dem Sumpf. Als erfreuliche Gestalten konnte man uns wahrlich nicht bezeichnen. Der Mensch erhofft sich immer irgendetwas, wenn er nach einer Reise in eine Stadt kommt. Aber schließlich findet er weder, was er gesucht hat, noch kann er tun und lassen, was er will. Wir sprachen uns ab und gingen zuerst etwas trinken. Dann waren wir im Puff bei einer Frau.

Ziemlich fad das Ganze. Nachdem sie uns rangelassen hatte, kaute sie ununterbrochen, wie eine Kuh. Sie steckte sich einen Kürbiskern nach dem anderen in den Mund. Außerdem hatte sie es furchtbar eilig. Wir nicht. Elvan brach einen gehörigen Streit vom Zaun.

Wir machten uns auf die Socken. Unterwegs schüttelte Elvan betrübt den Kopf. Im Hamam zogen wir uns aus, dazu brauchten wir ganz schön lange. Unser Geld legten wir ins Schließfach. Den Schlüssel dafür nahmen wir mit. Dann gingen wir hinein, schritten auf weißem Marmor. Über dem Becken schwebte eine Dampfwolke. Wie eine Traumszene im Film. Elvan setzte sich unter die Dampfwolke und starrte mit hochgezogenen Brauen und weit aufgerissenen Augen ins Becken. Er war nicht gerade schlank. Wir gingen in den Schwitzraum, und sofort traten uns die Schweißperlen auf die Haut. Aus einem Spalt in der Wand trat stoßweise schwefeliger Dampf aus. Wir waren sehr schmutzig. Überall juckte es. Er stand auf, um sich abreiben zu lassen. Wollte sich auch eine Massage genehmigen. Während ihn der Badediener abrieb, überließ er sich anderen, angenehmeren Gedanken. Er hoffte, mit dieser Abreibung mögen auch seine Sorgen verschwinden und bessere Tage anbrechen. Als würde sich mit dem Dreck, der in Rinnsalen von seiner Haut herabfloss, und mit den Giften, die sich in ihm aufgestaut hatten und nun als Schweiß aus seinen Poren drangen, auch das Verworrene und das ganze Elend in seinem Leben in nichts auflösen, als würden nun die angenehmen, schönen, heiteren Tage anbrechen und er endlich glücklich sein.

Später erzählte er mir: »Plötzlich dachte ich, das wäre alles wirklich. So was habe ich bis jetzt noch nicht erlebt. Vielleicht habe ich mir das eingebildet, wegen der Massage oder wegen des Alkohols. Aber es war so deutlich und klar, dass ich glaubte, es mit Händen greifen zu können. Als würde sich mit dem Schmutz die ganze Trübsal auflösen. Ich sagte mir, wenn die nur endlich weg wäre. Wenn ich sie los wäre. Wenn dieses ständige Zanken und Streiten endlich ein Ende hätte! Der Schlüssel in meiner Hand erschien mir wie der Schlüssel zu meinem Paradies. Vor mir sah ich eine Tür. Eine schlichte Holztür. Ich wollte sie öffnen und über die Schwelle treten. Plötzlich merkte ich, dass der Schlüssel weg war. Offenbar war er mir ins Becken gefallen. Das Wasser war sehr schmutzig. In dem Moment quetschte mir der Badediener die Schultern gegen meinen Kopf. Es tat schrecklich weh. Im Becken lebte ein Ungeheuer, eines, wie es in chinesischen Märchen vorkommt. Mit seinem Fuß stieg es auf den Schlüssel. Ja, es ist einfach auf den Schlüssel getreten.« So erklärte es Elvan, als alles vorbei war.

Ich hatte nur gesehen, wie Elvan plötzlich ins Becken sprang. Immer wieder tauchte er unter, durchsuchte das Wasser und schrie aus Leibeskräften: »Mein Schlüssel, mein Schlüssel!« Die anderen starrten uns an. Einige liefen herbei. Dann suchten wir alle miteinander nach Elvans Schlüssel. Ein grobschlächtiger Kerl beruhigte uns: »Keine Sorge, den finden wir schon wieder!« Ein anderer fragte: »Hattet ihr viel Geld dabei?«

»Was soll die Fragerei?«, lag es mir schon auf der Zunge, aber ich hielt dann doch meinen Mund. Das Wasser im Becken war trüb, man konnte den Boden nicht sehen. Elvan saß jetzt in einer Ecke und winselte ständig vor sich hin: »Ich hab meinen Schlüssel verloren. Ich hab meinen Schlüssel verloren.« Ich versuchte ihn zu trösten: »Hör doch auf zu flennen! Den kriegen wir schon wieder. Aber lass die Heulerei! Nimms nicht so tragisch! Er wird sich schon wieder finden.« Kurz darauf fanden sie ihn tatsächlich und händigten ihn uns aus. Elvan schaute sie zornig an und schrie: »Das ist er nicht. Gebt mir den Schlüssel zu meinem Paradies zurück!« Er stand auf und fluchte. Einer murrte: »Der ist ja sternhagelvoll. So besoffen geht man doch nicht in den

Hamam.« Ein anderer fragte: »Was soll das denn für ein Schlüssel gewesen sein?«

Wir mussten den Hamam verlassen, wer weiß, womöglich hätten sie uns sonst noch verprügelt. »Bist du wenigstens sauber geworden?«, fragte ich Elvan.

»Schon, aber nächstes Mal gehen wir in einen Hamam, in dem es keine Schlüssel gibt!«

Feyza Hepçilingirler

Saubohnenpaste

Die Bucht ist schön. Die Küste wie mit Spitze umhäkelt. Das Grün, das über Gelb bis ins Violette hinüberspielt, schillert in allen Farbnuancen. Sie kommen, schauen immerzu aufs Meer, beobachten den Sonnenuntergang, bauen Luftschlösser. Ferne, schimmernde, geschmückte, feudale Luftschlösser. Sie springen ins Meer und kraulen, legen sich in die Sonne und werden rot, gehen wieder. Jeder, der geht, glaubt, dass er dadurch das Leben hier unterbricht, es beendet. Ohne zu wissen und ohne daran denken zu wollen, dass das Leben hier wie früher weitergehen wird, so wie es war, bevor sie es entdeckt hatten. Dabei geht das Leben weiter. So wie es war, bevor sie gekommen sind. Oder verödet Ayvalık etwa mit dem Ende des Sommers? Die Sonnenuntergänge verlieren vielleicht ein wenig von ihrer Herrlichkeit, das sich kräuselnde Meer hält inne. Manche schreiben ihre Eindrücke hierüber nieder. Über die Palmen entlang des Weges, über die flimmernden Ufer: »Es war ein schöner Sommer.« Darüber, wie Ayvalık plötzlich vor ihnen aufgetaucht war, so nahe, wie einem die Schönheit sonst nur im Traum erscheint. Über die eigene – vermeintliche – Verstimmung. Ihre Krisen, Zweifel, überschatteten Freundschaften, ihr kalkuliertes Schweigen. Sie betrachten sogar den in den Olivenhainen wuchernden Ginster und Klatschmohn, aber sehen nicht die Wintermenschen, die genau wie Ginster und Klatschmohn mitten unter ihnen und olivengleich einfach so vor sich hin leben. Alles, was sie sehen, ist eine Frau mit Kopftuch, einen Mann mit sonnengebräuntem Gesicht. Die wunderbare Natur können sie mit diesen armen Menschen nicht in Einklang bringen. Eine Schönheit, die man erleben muss.

Und dann so unbedeutende Menschen. Ayvalık existiert nur im Sommer, im Winter stirbt es. »Wenn du im Winter herkommst, ist es tot, da gibt es nichts Besonderes.«

Dabei ist es doch genau das; das gegenwärtige Leben. Das weitergeht, schmerzt, zum Weinen bringt, Hände blau werden, Fersen aufplatzen lässt. Ungeschminkter Schmerz. Reinste Wirklichkeit. Das Leben ohne Luftschlösser, farblos, freudlos. Dabei werfen die Palmen im Winter ihre Blätter noch nicht einmal ab und auch die Fichten nicht ihre Nadeln. Aber es gibt keine Badekleider, keine Handtücher. Auch keine Frauen mit Strohkörben und riesigen Sonnenbrillen.

Purpurveilchen, Ginsterhecken,
Wer bleibt in euren Armen stecken?

Fatoş war eben noch hier. Sie hatte mir einen Mokka gebracht. In einer völlig leeren Tasse auf einem völlig leeren Teller. Ich trank ihn, gut war er gemacht, lobte ich meine kleine Tochter. Jetzt verlangt man nach Fatoş. Gleich wird sie Anlauf nehmen und da drüben zu der anderen Gruppe rennen. Und wenn es dem Kind wieder nicht bekommt? Letzten Sommer habe ich sie nicht davon essen lassen. Und den Sommer davor ... Sie war drei Jahre alt, als sie sich an den frischen Saubohnen vergiftete.

Hasan bringt die Ziegen. Er hat sie den ganzen Tag über die Wiesen geführt. Frische, grüne Kräuter haben sie gefressen. Das Läuten ihrer Glocken begleitet sie jetzt, wenn sie am Abend nach Hause zurückkehren. Immer fließt Wasser mitten über die Straßen. Doch entgegen der vermeintlichen Fruchtbarkeit, die Wasser verheißt, ist es dreckiges, dunkel schäumendes Abwasser: vom Wäschewaschen, Spülen und von Händen, die fettig von Oliven sind. In Çamlık, Sarımsak, Şeytan Sofrası fließt kein solches Wasser. Dort ist es blitzsauber. Für die Touristen auf Hochglanz gebracht.

Zuerst wurde das Kind quittengelb. Damals konnte sie nicht vom Spiel lassen und machte sich dabei häufig in die Hose. Sie konnte nicht so wie heute geschwind zu der kaputten Tür im winzigen Garten rennen. Klatschnass im Schritt, so kam sie nach Hause. Immer wenn ich in den Olivenhainen mal musste, dachte ich daran. Bis man ein entlegenes Plätzchen unter einem Baum, einen Graben gefunden hatte, könnte es passieren, dass man es beim Aufsammeln der Oliven so in der Hocke nicht mehr länger aushält, und die Pluderhose würde im Schritt auf einmal dunkler. Wie dreckig sie dann hinter einem herlachten. Immer lachen sie, wenn einem eigentlich zum Heulen zu Mute ist. Wie klein gewachsen, die halbe Portion, hahaha ... Hat sich angeblich mit grünen Bohnen vergiftet, ja ja, frische Saubohnen, hohoho ... Hast du nichts anderes zum Kochen gefunden? Hihihi ... Zurzeit gibt es ja auch keine frischen Saubohnen. Deshalb die getrockneten. Saubohnenpaste, Fava ... Sie wurde immer noch blasser, kreidebleich, leichenblass. Ihre Hände und Füße wurden schlaff, auf einmal konnte sie nur noch lispeln. Ich glaubte, es sei Gelbsucht, aber sie stirbt, sagte ich, was immer es ist, sie stirbt uns. Auf nach Izmir. »Also, junge Frau, getrocknete Saubohnen, frische Saubohnen, Kichererbsen, Bohnen und Linsen darf dieses Kind nicht essen. Verstanden? Wir haben ihr Blut ausgetauscht, so hat sie überlebt. Du wusstest es nicht, ja, das haben wir verstanden, nicht klagen, aber jetzt weißt du es. Lass sie das nicht noch einmal essen, ist das klar?«

Sommergäste ... Das soll der Fußabdruck des Teufels sein, wirf eine Münze, wünsch dir was. Vielleicht geht es ja in Erfüllung, Schatz. Schau, wie schön es hier ist. Die Inseln, die Buchten, die Sonne herrlich warm. Auch ihnen ist wohlig warm. Ihre Männer haben sich offenbar nicht davongemacht und sie ohne einen müden Kuruş zurückgelassen. Sie erleben ihr Unglück im goldenen Käfig, ihre kleinen unerfüllten Träume. Ist er in der

Nacht abgehauen oder in aller Frühe? Und nahm dabei das Geld mit, das ich in den Olivenhainen verdient hatte, indem ich mir die Fingernägel abwetzte und die Handflächen aufriss. Er hat also immer gewusst, wo ich es verstecke. Er wusste es, ohne bei mir einen Verdacht zu erwecken. Wenn ich jetzt gehe und sage: »Von dem Spinat da ein Kilo. Könnte ich später bezahlen?« Und wenn der alte Händler Ali wütend sein Gesicht verzieht, oder wenn er sanft sagt: »Geht in Ordnung, Kind«? Was dann? Ich zahle später. Wann? Wie viel später? Die Olivenernte ist vorbei, jetzt gibt es erst mal nichts mehr. Alleine kann ich kein Geld verdienen. Mein Mann? Auch der ist weg ... Er ist gegangen. Nein, ich kann nicht darüber reden. Und wenn ich tot umfalle, ich kann nicht. Soll ich denn bei fremden Leuten betteln gehen? Kichererbsen, Bohnen – geht nicht. Fatoş verträgt sie ja nicht. Ansonsten irgendetwas anderes. Was ihr gerade entbehren könnt ... Schrecklich ist das, schrecklich.

Draußen geht eine Dame vorbei, die so elegant gekleidet ist, wie man es in dieser Straße nicht gewöhnt ist. Die ganze Straße und auch ich von meinem Fenster aus mustern sie heimlich. Ständig bleibt sie mit ihren spitzen, hohen Absätzen zwischen den schiefen, krummen Pflastersteinen stecken. Die Dame stolpert.

Am Abend fühlte ich mich wie ein Stück Brennholz, das lange Zeit vor sich hin qualmt und dann plötzlich aufflammt. Ich brannte lichterloh. Ich ging nicht einfach so von heute auf morgen in Flammen auf, oh nein. Eines Tages konnte ich nicht mehr anders: »Ich werde einen Mantel kaufen«, sagte ich. »Was willst du mit einem Mantel?«, fragte er. Ich hielt meine Hände unter seine Augen. »Meine Fingernägel sind im Olivenhain geblieben. Ich lasse dir dieses Geld nicht.« Ich erinnere mich nicht, was ich ihm noch alles an den Kopf geworfen habe. Muss ich mich erinnern?

Touristen in kurzen Hosen betrachteten die Frauen, die in der Sommerhitze Kopftücher trugen, wie Überbleibsel aus fernen

Zeiten. Unbegreifliche Geschöpfe, die am Meeresufer fern dem Meer, unter der Sonne ohne Sonne leben. Ich werde einen Mantel kaufen, sagte ich. Für meinen Kopf ein grünes Seidentuch mit Häkelspitzen an den Rändern. Ich habe noch nie Schuhe mit hohen Absätzen angehabt. Ich will, dass auch meine Absätze zwischen den Steinen hängen bleiben. Ob ich wohl falle?

Fatoş ist am schönsten, wenn sie schläft. Ihre Wange in ihre Handfläche gelegt, den Daumen der anderen Hand im Mund. Endlose Abende, an denen ich Fatoş gerührt im Schlaf beobachtet habe. Einmal bekam sie Scharlach. Sie erblühte wie roter Klatschmohn und wälzte sich im Bett hin und her. Tagelang, tagelang. Wie lange das dauerte.

»Mama, ich habe Hunger.«

»Ich decke schnell, bin gleich fertig. Nimm das Tischtuch an den Enden, lass es uns auf den Boden legen. Ich bringe jetzt noch das Tablett. So, fertig. Schau, hier ist Brot und da sind Oliven. Iss von beidem. Iss auf keinen Fall von der Saubohnenpaste. Du weißt, die bekommt dir nicht. Ja, es ist lange nichts passiert, aber wer weiß? Hast du Izmir vergessen, wie wir von einem Krankenhaus zum nächsten gerannt sind? Sie haben dein Blut ausgetauscht, dein ganzes Blut. Wie bringe ich dich alleine dorthin und womit? Iss eben nicht davon, iss nicht, hast du verstanden?«

Dann verschwinde eben, habe ich gesagt. Wenn ich dich schon ernähren muss. Warum sollte ich dich ernähren? Ich sorge für mich und auch für das Kind. Immer nur das Auto, Achse, Federung. Du bist mir nur ein Klotz am Bein. Verschwinde. So weit weg, wie du nur kannst.

Was er gemacht hat, ist hinterhältig: Ob er gesehen hat, wie ich das Geld verstecke? Er hat es ja gefunden, als hätte er es selber hingelegt, ohne in der Kiste herumzuwühlen und alles durcheinander zu bringen. Dabei war dieses Geld meine einzige Sicherheit. Die einzige Sicherheit, die ich hatte.

Was hätte ich gemacht in meinem Mantel und meinen hochhackigen Schuhen? Wäre ich zu den Teekränzchen gegangen? War der wahre Grund für diesen Zornausbruch ein Mantel? War der Mantel ein Entschluss, den ich längst gefasst hatte, oder nur ein Anlass, der sich in jenem Moment bot?

»Ja, Apfelessig. Umsonst, Schätzchen. Isst du keine Äpfel? Wirf die Schalen nicht weg. Schneid das Faule weg, wasch sie, tu sie in ein Einmachglas. Füll es mit Wasser auf, und gib noch einen Löffel Zucker hinein. Nach einer Woche, zehn Tagen ist dein Essig fertig.«

Wer fragt dich danach, ob du was zum Kochen dahast? Isst du keine Äpfel, Schätzchen? Essen wir keine Äpfel? Wir essen Äpfel, klar.

»Iss bloß nicht von der Saubohnenpaste, Kind, iss bloß nicht davon. Ich weiß, sie ist sehr gut geworden. Ich war nicht zu sparsam mit dem Öl, hab es großzügig darüber gegossen. Du aber iss nicht davon. Warte, ich bringe dir noch eine Zwiebel. Iss auch nicht heimlich, hörst du? Ich habe eben gesehen, wie du davon genommen hast. Ich? Ich esse doch ... hab keinen großen Hunger.«

Ich rieche überall nach Ruß, Ruß vom Brennholz. Gut, dass er beim Weggehen das Brennholz der Oliven, die er verlesen hatte, nicht mitgenommen hat. Das ließ er uns da. Damit wir uns wärmen, wir, auch wenn wir Hunger haben, nicht erfrieren, damit wir langsam und unauffällig sterben.

War der Mantel wirklich so wichtig? Ich weiß, nichts hätte sich geändert. Ich hätte noch ein Kind gekriegt, dann vielleicht noch eins. Im Sommer wären wieder Touristen nach Ayvalık gekommen. Wir hätten sie und sie hätten uns wie Filme aus fernen fremden Ländern angeschaut. Und wenn sie gegangen wären, hätte es wieder mit den Oliven angefangen. Er wäre zum Schütteln gegangen, ich zum Aufsammeln. Und in ihm immer nur diese Sehnsucht nach diesem Auto, das er niemals bekommen würde. Auch wenn die Kinder erwachsen wären, würde sich nichts ändern. Die Söhne mit ihren Vätern zum Losschlagen, die Töchter mit ihren Müttern zum Aufsammeln. Wieder und wieder würde man aufbrechen. Irgendwann würden wir die Töchter und Söhne verheiraten, und auf einmal wären wir alt. Wir hätten nicht mehr arbeiten, kein Geld mehr verdienen können. Wir würden aufgeteilt: die Mutter zum Sohn, der Vater zur Tochter. Zuerst würde einer von uns sterben. »Die arme Seele hat nicht sehr gelitten.« Unter lauten Klagerufen hätten wir sie beweint, wild um uns geschlagen. Dann wäre der andere dran. Wieder würde geweint. Es würde Griesbrei und Reis gekocht, das Vierzig-Tage-Gebet gelesen. Das ist eben das Leben: Ehe, Kinder großziehen, das ist Atmen.

Wieso kommt mir all das wie aus heiterem Himmel in den Sinn? Feuchtes Brennholz, das ins Feuer geworfen wurde. Ich wurde rußig, dunkel, qualmte, loderte plötzlich auf. In einem unerwarteten Moment. Grundlos, ohne Absicht. Wozu ein Mantel? Was kann der schon richten? Bei wem kann ich mit diesem neuen Mantel angeben? »Die mit dem grünen Kopftuch und den hochhackigen Absätzen.« »Die? Die kommt im Winter zu uns in die Oliven.«

»Du isst wieder davon, Fatoş. Du hast wieder davon gegessen. Ich habe dir gesagt, du sollst das nicht. Was soll ich machen, wenn es dir wieder so geht? Zu wem soll ich laufen, wie bringe ich dich rechtzeitig dorthin? Du bist jetzt satt, ich räume ab. Setz du dich neben den Ofen. Ich wasche das hier ab und komme dann sofort. Mach die Tür hinter mir zu, es ist kalt draußen. Die Abendkälte macht sich richtig bemerkbar. Mach zu, mach zu, damit du nicht frierst.«

Nur meine Fatoş ist mir geblieben. Der andere da kommt auch wieder zurück. Wenn das Geld alle ist, kommt er. An einem frühen Abend. Er wird seine Augen aufreißen, einfach so in der Tür stehen und schauen. »Ist die Suppe heiß, Weib?« Pustest du in ein Streichholz, geht es aus, pustest du in ein Feuer, lodert es auf. Sieht wohl so aus, als werde ich diese Last innerlich glühend ertragen. Ist Fatoş eine Hoffnung? Wenn sie doch bloß größer werden würde, wenn ich sie mir schnappen und von hier verschwinden könnte! Nur wohin? Gibt es etwas Besseres? Etwas Besseres, Solideres, Sichereres als diese baufälligen Giaurenhäuser, als diese zusammengezimmerten Hütten, die beim ersten Windstoß einstürzen. Gleich wird es richtig dunkel. Draußen werden keine Leute mehr vorbeigehen. Später werden vereinzelt Schritte von Heimkehrern zu hören sein, die auf Besuch waren und ihre Kinder, die dort unterdessen vor dem Fernseher eingeschlafen waren, anschreien, wenn sie schlaftrunken nach Hause torkeln: »Mach die Augen auf, schau gefälligst nach vorn.« Ich bin heute überhaupt nicht rausgegangen. Ist auch niemand vorbeigekommen. Sie wissen nicht, dass er gegangen ist. Wenn er bloß zurückkäme, bevor es alle erfahren. Und wenn er sich das zur Gewohnheit macht? Sich daran gewöhnt, öfter so gewissenlos zu verschwinden. Wenn er jetzt käme, würde ich sagen, ich will keinen Mantel oder so was. Ich hatte es mir sowieso längst anders überlegt. Komm, dein Zuhause ist hier. Mit dem Geld kommen wir über die Runden, bis es wieder Arbeit gibt. Für alles Weitere vertrauen wir auf Gott. Gestorben sind wir ja nicht. Wenn zwei Pferde vor den Wagen gespannt sind, dann läuft er. Wir werden doch nicht unser Gespann trennen und auf die Sommerweide ziehen? Ob er kaputt ist oder nicht, gemeinsam werden wir den Wagen zum Laufen bringen. Für Fatoş, für unsere zukünftigen Kinder. Wir werden versuchen, es zu ändern. Auch wenn es unser Schicksal ist, wir werden uns bemühen, es zu ändern.

Wenn morgens die Traktoren vorbeifahren, bebt das Haus. Es wackelt wie ein Topf, dessen Deckel klappert. Noch nie waren wir beide allein. Ich nehme jetzt Fatoş, umarme sie, so fest ich kann, und lege mich ins Bett. Als Kind bin ich auch immer gerne zu meiner Mutter ins Bett gekrochen. »Ihm ist was dazwischen gekommen«, sage ich, wenn sie fragt. »Er kommt heute Abend nicht.« Ich steckte meine Füße immer zwischen die Oberschenkel meiner Mutter, und mir wurde wohlig warm. Ich werde Fatoş umarmen und ihr ein Märchen erzählen. Ich kenne nur *Rotkäppchen*. Das habe ich immer erzählt, wenn sie »Mama, erzähl mir ein Märchen« sagte und sich an meine Beine schmiegte. Ich werde es wieder erzählen, und sie wird wieder zuhören. Wir werden den Ofen ausmachen, die Tür verriegeln und ins Bett gehen. Wovor sollten wir uns fürchten?

Irgendwann wird sich das Schicksal schon wenden. In Ordnung, Mann, werde ich sagen, ich bin dir nicht böse. Wenn du das nicht noch einmal machst, werde ich mich überhaupt nicht ärgern. Sieh, wir haben ein wunderschönes Kind. Na schön, an mich hast du nicht gedacht, die Tochter eines Fremden, sie soll bleiben, wo der Pfeffer wächst, aber an dieses Kind? Dein eigenes Fleisch und Blut? Hat es dich nicht innerlich zerrissen, sie hungrig zurückzulassen? Schau, wie hübsch sie ist! Soll ich sie in Pflege geben? Ihre Augen ähneln meinen, himmelblau, aber ihr Mund ist genau wie deiner. Vor allem ihr Lachen, wie sie bei allem den Mund verzieht. Als gäbe es dich noch einmal in klein, siehst du das nicht? Schau dir ihre Haare an, die schwarzen kräftigen Löckchen. Wie kann man einfach so davongehen und ein so schönes und braves Kind allein lassen?

»Schau, Fatoş, da bin ich. Ich hab den Abwasch erledigt und die Küche aufgeräumt. Du schläfst doch noch nicht. Warum liegst du so da? Lass mich schauen, bist du etwa gelb geworden? Heb den Kopf hoch, Fatoş, nimm meine Hand. Dein Vater kommt gleich. Tock tock, wird er klopfen, und wir laufen los und machen auf. Wir werden ihm verzeihen, Fatoş, wenn er das nicht noch mal macht. Glaub mir, wir werden ihm verzeihen.«

Kemal Bilbaşar

Der Wankelmütige

Süleyman Çavuş verstaute die siebenhundertfünfzig Lira, die er von der landwirtschaftlichen Kooperative für seine Olivenernte ausgezahlt bekommen hatte, in seiner Brusttasche und wollte gerade zur Tür hinaus, als ihm der Sekretär hinterherrief: »An deiner Stelle würde ich mich jetzt nach Izmir aufmachen und mich an der Promenade, am Kordonboyu, so richtig amüsieren. Das Leben ist kurz, sollen wir denn immer nur an Kind und Kegel denken?«

Süleyman Çavuş hielt inne und wandte sich halb um. »Willst du damit sagen, dass ich meine Olivenbäume verscherbeln soll? Schau mich mal genau an, sehe ich etwa aus wie dieser Rıfat aus Çeşme?« Beinahe hätte er noch gesagt: »Glaubst du denn, ich bin so blöd wie der, der seine Habe dem Schwiegersohn überlassen hat?« Aber er ließ es bleiben. Wenn ich jetzt einen Streit vom Zaun breche, dann zieh ich eh den Kürzeren, dachte er bei sich. Der Sekretär der Kooperative ging auf seinen Einwand nicht ein, denn er hatte Süleymans wunden Punkt erwischt. »Gut, dann gib eben dein Geld für die Ersatzteile deiner Maschine aus! Nach ein paar Tagen wirst du es schon sehen. So gehts nun mal denjenigen, die unter der Fuchtel ihres Sohnes stehen. Ihr habt es ja nicht anders verdient. Na los, trag dein Geld zum Eisenhändler!« »Fang nicht schon wieder damit an! Wenn die Karre im Dreck steckt, kennt auf einmal jeder den Weg.« Der Sekretär runzelte die Stirn: »Aber nein, das darfst du nicht sagen, Süleyman Çavuş. Gott ist mein Zeuge! Ich hab dich schon immer gewarnt. Hab ich nicht gesagt: ›Überstürze nichts, Süleyman Çavuş! Irgendwann wirst du schon zu deiner Maschine kommen.‹ Hab ich denn nicht gesagt: ›Wir sind nicht mit Maschinen groß geworden und verstehen nichts davon.‹ Hab ich dir das nicht immer wieder gesagt?«

Süleyman antwortete nicht, nickte nur mit dem Kopf. Der andere fuhr fort: »Schau, du antwortest gar nicht. Du hast gedacht, ich bin nur neidisch auf dich.« Dann warf er ihm noch hin: »Die Maschine hast du aus Trotz gekauft. Was sollte ich da noch sagen als: ›Na dann, viel Glück damit!‹«

Süleyman Çavuş kratzte sich am Bart. »Ich wollte doch unseren Sohn nicht enttäuschen. Väter sind nun mal so, was soll man machen?«

Der Sekretär kam hinter seinem Schreibtisch hervor und ging auf Süleyman Çavuş zu. »Jetzt hör schon auf damit, ›ihn nicht enttäuschen‹! Gibs doch zu, dass dein Sohn dich gezwungen hat. Genier dich nicht! Du hast deinen Sohn zum Studieren in die Stadt geschickt, das hast du nun davon!«

Süleyman Çavuş überlegte hin und her, ob es nicht ratsam wäre, seine Schuld auf jemand anderen abzuwälzen. Er spuckte auf den Boden und meinte: »Was hätt ich denn machen sollen? Er ist doch der einzige Spross seiner Mutter. Sie hat ihn vollkommen verzogen. Gegen ihn bin ich machtlos.« Jetzt fühlte sich Süleyman schon wohler und holte aus: »Wenns nach mir ginge, wäre ich die Maschine schon längst los. Aber mein Junge sagte: ›Wenn die Maschine weg ist, dann bin ich auch weg!‹ Da war ich baff und wusste nicht mehr, was ich tun sollte.«

Der Sekretär steckte seine Hände in den Hosenbund: »Ach, seis drum. Du hast immer gesagt, wenn er was lernt, wird ein anständiger Mensch aus ihm. So, das ist er jetzt also geworden, ein anständiger Mensch. Warts nur ab, bald sind ihm seine Eltern nicht mehr gut genug. Wenn ich meinem Sohn etwas anschaffe, dann spurt er, ohne zu murren.«

»Meiner ist sonst auch nicht so aufsässig. Er ist nur ganz

vernarrt in Maschinen«, gab Süleyman Çavuş zurück, um sein Gesicht zu wahren.

Der Sekretär schwieg einen Moment und sagte dann: »Hättest du die Maschine komplett demoliert, wär ihm die Lust schon vergangen.«

Süleyman Çavuş nickte. »Als ich den Garten bewässern wollte, funktionierte sie nicht. Deshalb packte ich die Hacke und schlug wie wild auf sie ein. Der Junge hat Geld von seiner Mutter bekommen, brachte die Maschine in die Stadt und ließ sie reparieren. Also hab wieder ich dafür geblecht.«

Der Sekretär zuckte mit den Schultern: »Gott steh dir bei!«

»Amen! Also dann, auf Wiedersehen!«, erwiderte Süleyman Çavuş, der sah, dass alles gesagt war.

Um seinen Verdruss hinunterzuspülen, trank er beim Köfteverkäufer drei Glas Wein. Sein Selbstvertrauen war gestärkt, sein Kummer verflogen, er war wieder guter Dinge. Wie immer, wenn er auf den Markt ging, schaute er bei den Viehhändlern vorbei. Und wie immer wollte er sich auch dieses Mal die Tiere ansehen und, falls sich die Gelegenheit bot, das eine oder andere streicheln.

Einer der Händler war auf einen großen Stein gestiegen und versuchte den Bauern seine Tiere mit schönen Worten schmackhaft zu machen: »Die hier müssen nicht in die Werkstatt, die brauchen keine Ersatzteile. Wenn eure Maschine kaputt ist, dann müsst ihr sie wegwerfen. Aber wenn euer Ochse alt ist und zu nichts mehr taugt, könnt ihr ihn zum Metzger bringen. Dann bekommt ihr immer noch drei, vier Kuruş. Außerdem, meine Herrschaften, sind diese Tiere wahre Düngerfabriken. Kauft mal eine Warenladung Mist, dann seht ihr ja, wie viel ihr dafür hinblättern müsst. Und noch was: Kriegt eine Maschine Junge? Nein, natürlich nicht. Aber diese Tiere hier bringen jedes Jahr lebende Maschinen auf die Welt, mit oder ohne Hörner.«

Er sprang von seinem Stein herunter, ging zu einer wohl genährten Stute, klopfte ihr vergnügt auf die Kruppe und rief: »Los, her zu mir, wer was vom Vieh versteht!« Die Bauern drängten sich mit Kennerblick um die Tiere. Süleyman Çavuş gefiel die kräftige Stute sehr. Er streichelte über ihre Nüstern. Die Stute genoss die Liebkosungen. Sie streckte ihren Kopf vor und schnaubte Süleyman Çavuş ins Ohr. Dem lief ein Schauer über den Rücken. Er lächelte und klatschte dem Pferd ein-, zweimal auf den Hals.

Der Viehhändler näherte sich Süleyman Çavuş. »Ein erstklassiges Pferd! Noch keine fünf Jahre alt. Lass dir diese Chance nicht entgehen! Die Stute mag dich, sie wird dir Glück bringen. Ich geb sie dir auch billiger.«

Diese Worte weckten in Süleyman Çavuş einen lang gehegten Wunsch. Er streichelte in einem fort die Nüstern des Tieres. »Eigentlich bin ich nicht auf den Markt gekommen, um ein Pferd zu kaufen. Ich streichle nur die Tiere so gern.«

Dennoch witterte der Händler ein Geschäft und wich nicht von Süleymans Seite. »So was bietet sich nicht alle Tage, mein Freund. Lass dir diese Gelegenheit nicht entgehen! Später wirst du es bereuen. Das Pferd steht gut im Futter. Schau dir diese Kruppe an. Wie rund und fest, einfach großartig! Die Stute zieht den Pflug ganz allein, und ans Geschirr ist sie auch gewöhnt.«

Süleyman Çavuş wich einen Schritt zurück, ließ seinen Blick eingehend übers Pferd gleiten, prüfte die Beine und sagte: »Ja, wirklich! Ein schönes, ein gesundes Tier! Aber ich brauch kein Pferd. Wir erledigen unsere Arbeit jetzt mit der Maschine. Den Stall haben wir schon abgerissen und eine Scheune gebaut.«

»Verlass dich nicht auf diese Maschinen! Schon morgen kann irgendwas kaputt sein, du kannst keine Ersatzteile auftreiben und stehst hilflos da. Kauf dir dieses Pferd, davon hast du immer was! Wenn du es irgendwann mal wieder verkaufst, bekommst du dein Geld zurück. Übrigens, in sechs Monaten wirft es ein Fohlen. Es wurde gedeckt.«

Der Händler sah, dass seine Worte ihre Wirkung nicht verfehlt hatten, und um Süleyman dahin zu bringen, wo er ihn haben wollte, tat er so, als würde er aufgeben: »Aber das musst du selbst wissen. Ich zwinge niemanden zum Kauf. Doch der Tag kommt, an dem du es bereust.« Dann wandte er sich von Süleyman Çavuş ab.

Der ging wieder zum Pferd. Es reckte ihm den Kopf entgegen und fuhr ihm mit den Nüstern übers Gesicht.

Was wäre, wenn ich dieses Pferd hier kaufe, überlegte er. Einen Moment lang stellte er sich vor, wie er die Maschine zertrümmern, wegwerfen und stattdessen das Pferd an das Rad des Ziehbrunnens spannen würde. Der Gedanke stimmte ihn froh. Er hörte schon förmlich das Singen des Wasserrades. Aber wenn der Junge seine Drohung tatsächlich wahr macht? Wenn er wirklich das Dorf verlässt und weggeht? Fest und wohlig warm fühlte sich die Kruppe unter seiner Hand an, wie die Schenkel eines jungen Mädchens; ja, ganz warm. Er will gehen? Soll er doch! Wenn er sein Dorf liebt, wenn er Vater und Mutter achtet, dann kommt er schon wieder zurück. Wir Bauern gehören nicht in die Stadt. Nun, bevor ich meinen Sohn ganz verliere, soll er seinen Vater noch mal richtig kennen lernen!

Er rief dem Viehhändler nach: »Was willst du für das Pferd, mein Freund?«

Tarık Dursun K.

Imbat

Die Abenddämmerung hatte sich über die Stadt gesenkt, als der 17-Uhr-40-Dampfer gemächlich an der alten Holzanlegestelle in Alsancak anlegte. Salim wartete am ersten Poller auf die Leine. Kocabaş, der Vertäuer des Dampfers »Neunter September«, schmiss mit einem Wurf das Tau in Salims offene Arme. Hurtig warf dieser die Leine über den Poller und wickelte sie zweimal herum; der Dampfer kam beinahe zum Stehen, geriet aber durch die Strömung in der Bucht wieder in Bewegung, das dicke Seil spannte sich, knirschte, befreite den Dampfer aus der Strömung und zog ihn zurück auf gleiche Höhe mit der Anlegestelle. Wir alle applaudierten.

Drei Personen stiegen vom Dampfer und verließen die Anlegestelle, ohne irgendjemanden anzusehen. Einer stieg in den Bus nach Konak, der gerade an die Haltestelle gekommen war, die beiden anderen verschwanden in der gegenüberliegenden Straße.

Der Kapitän grüßte uns mit seiner Schiffshupe. Salim ließ die Leine los, der Dampfer legte ab; wir waren wieder unter uns.

Es war heiß. Wir schwitzten alle.

»Gut, dass du das Mädchen verlassen hast«, sagte Ziya und schaute Kerim ins Gesicht. Bedrückt ließ Kerim seinen Finger über den gesprungenen Rand seines Weinglases kreisen. Er hielt inne. Sie schauten einander an.

»Sie passte nicht zu dir«, bedrängte Ziya ihn weiter.

Kerim erwiderte nichts, er führte nur sein Glas an den Mund und trank zwei Schlucke Wein.

Ziya tat es ihm nach. Er schüttete die gerösteten Kichererbsen aus seiner rechten Hand in seine linke. »Mädchen wie sie gibt es viele auf der Welt«, sagte er, »wie Sand am Meer.«

Ohne ersichtlichen Grund stand Kerim auf, ging zu Salim und steckte sich an dessen Zigarette seine an.

»Was willst du von dem Burschen?«, fragte Hasan.

»Wenn er nicht herauskommt aus diesem Zustand, als sei er ein getretener Straßenköter ...«, meinte Ziya.

Kerim kam zurück, ich leerte mein Weinglas in das seine. Er trank es in einem Zug aus.

»Lasst uns gehen«, sagte er. Er hatte genug, ich sah es.

Wir erhoben uns, und ich zahlte die Rechnung. Salim begleitete uns bis zum Ausgang der Anlegestelle und verabschiedete sich.

Wir hielten vor der Bushaltestelle und sahen uns um. Es war immer noch heiß. Ich spürte, wie unter meinen Haaren der Schweiß meinen Nacken hinunterrann. Ein kräftiger Meeresduft schwebte in der Luft. Die über Tuzla untergehende Sonne war feuerrot und spiegelte sich in den Fenstern eines dreistöckigen Hauses am Kordonboyu.

Kerim schlug die Richtung nach Gazikadınlar ein, und wir folgten ihm. Er ging mit hängenden Schultern, die Abendsonne beschien eine Seite seines Gesichts.

Hasan hielt Ziya auf. »Bedränge ihn nicht zu sehr. Er leidet schon genug, siehst du das nicht?«

»Sollen wir ihn einfach so lassen?«

»Es gibt doch nichts, was wir tun könnten«, sagte ich.

Kerim lief in einiger Entfernung weiter.

»Mir geht das an die Nieren«, wimmelte Ziya Hasan ab.

»Der Vater des Mädchens ist ein richtiger Esel«, meinte Muhtar.

»Und dabei hat sie ihn geliebt«, fügte Hasan hinzu.

»Gut, sie hat ihn geliebt, sie hat aber nicht ihre Siebensachen geschnappt und ist mit ihm durchgebrannt, oder?«, ließ Ziya nicht locker.

»Ah«, rief Muhtar und lachte laut. »Glaubst du wirklich, ein Mädchen wie sie könnte einfach ihre Habseligkeiten zusammenpacken und sagen, los, Kerim, lass uns ausreißen?« Ganz leicht boxte er gegen Ziyas Kinn. »Du wirst nie erwachsen«, sagte er und lachte wieder.

Kerim sprach mit einigen Leuten, die ihre Beine ins Meer baumeln ließen und nach Meeräschen angelten. Als wir uns ihnen näherten, gab Kerim einem Mann eine Zigarette. Sie zündeten sich gegenseitig eine an. Er wandte sich von ihm ab und schloss sich uns an.

»Es ist immer noch heiß!«, sagte er.

»Ja«, erwiderte ich, »der Imbat hat sich heute verspätet.«

»Wenn er nicht kommt, dann sind wir arm dran.«

Ziya hakte sich bei ihm unter. »Lasst uns zum Krämer Necati gehen«, schlug er vor. »Mein Mund ist schon wieder ganz ausgetrocknet.«

»Haben wir Geld?«, fragte ich.

»Ich hab welches«, antwortete Hasan. »Für zwei Gläser für jeden reichts.«

Muhtar hielt mich am Arm fest. Leise fragte er: »Ist es richtig, wenn wir zu Necati gehen?«

Ich verstand zunächst nicht, was er meinte. »Warum?«

»Mensch, hast du denn vergessen, dass das Haus des Mädchens in der gleichen Straße liegt?«

»Ja, aber doch am anderen Ende der Straße ...«

Necati saß auf einem Stuhl, den er vor die Tür gestellt hatte. Er bewegte sich nicht vom Fleck. »Es ist heiß«, sagte er. »Was zum Teufel treibt ihr denn hier? Wärt ihr bloß zu Yasef gegangen, in der Synagogenstraße weht bestimmt ein angenehmes Lüftchen.«

»Es ist überall gleich«, gab Ziya zurück. »Der Imbat ist tot, und wir trauern. Gib uns Wein.«

»Bei dem Wetter? Ihr seid verrückt geworden!«, meinte Necati.

»Auch Verrückte trinken Wein«, erwiderte Muhtar und lachte leise vor sich hin.

Mühsam erhob sich Necati, ging rein und reihte vier leere Gläser auf der Marmortheke auf. Er füllte sie mit dem Ausschankwein Kordon Güzeli. »Soll ich euch Brot und Schafskäse dazu geben?«

»Unser Geld reicht vielleicht nicht«, zögerte Hasan, »wir kommen von der alten Anlegestelle.«

»Ich gebe euch trotzdem was«, meinte Necati, schnitt vier Scheiben Weißbrot ab und legte noch vier Stück Schafskäse dazu, die er von einem Riesenwürfel abgeschnitten hatte.

Wir tranken gemächlich. Zum Brot aßen wir den Käse. Draußen ging der Tag zu Ende, die Nacht war hereingebrochen, die runde Laterne an der Straßenecke brannte. Einige Kunden betraten den Laden, wir zogen uns hinter die Theke zurück und machten Necati Platz.

»Dann mach ich halt den Ventilator an«, sagte er und schaltete ihn ein. Die heiße Luft im Laden wurde uns ins Gesicht geweht. Sofort drückte Ziya auf den Knopf und stoppte den Ventilator wieder.

»Oh Mann!«, fuhr Necati hoch. »Du bist aber heute wieder ganz schön fies. Wir schmoren hier!«

Die Nachrichten im Radio gingen zu Ende, und jemand, der als Berühmtheit angekündigt wurde, fing etwas Fremdartiges zu spielen an. Zunächst schenkten wir der Musik kein Gehör. Doch dann begann das, was da gespielt wurde, uns alle zu beeindrucken. Gelegentlich mischte sich ein Klavier unter die Geigen, verstummte, und an seine Stelle traten wieder eine ganze Menge Geigen.

Wir hatten auch die zweite Runde ausgetrunken. Necati nahm die Flasche und füllte unsere Gläser erneut. »Das geht auf mich. Dem Imbat, diesem Schurken, zum Trotz, trinke ich mit euch.«

Da es kein leeres Glas mehr gab, setzte er die Flasche an die Lippen. Die Schweißperlen auf seiner Stirn wurden größer, die Spitzen seines Schnauzbartes länger.

Als niemand mehr auf der Straße war, rafften wir uns auf. Gemeinsam ließen wir Necatis Gitter herunter. Er steckte den Schlüssel in seine Hosentasche. »Machts gut«, verabschiedete er sich und ging davon.

Ohne zu merken, was Ziya im Sinn hatte, folgten wir auf der anderen Straßenseite dem Weg, den er eingeschlagen hatte. Er war vor einer blau gestrichenen, eisernen Haustür stehen geblieben und wartete auf uns.

Muhtar verstand und wandte sich an Kerim. »Lass uns weitergehen, der Wein ist dem Halunken zu Kopf gestiegen.«

Ziya stellte sich unter den Erker des Hauses. Wir beobachteten, was er wohl tun würde. Kerim rührte sich nicht vom Fleck. Ziya hustete und machte seine Kehle frei. Zuerst atmete er tief ein. Mit seiner tiefen Albanerstimme begann er: »Als Freude herrschte in deinem Garten ...«

Wir blieben wie angewurzelt stehen. Ziyas Gesang erhob sich zum Erker, drang durch das offene Fenster nach drinnen, stieg die Treppen hinab und erreichte die Diele; er umkreiste die Zimmer, die Küche, den kleinen Wandschrank, die Fuchsien in Blechbüchsen, die an die eisernen Gitterstäbe vor der Holzvergitterung des ersten Stocks angelehnt waren; das Foto eines Paschas aus vergangenen Zeiten, das im Esszimmer an der Wand hing; die Spuren der Teller auf dem Tisch, die noch nicht erkaltet waren; den Steinfußboden, der wegen des ausbleibenden Imbat vielleicht zehnmal mit dem Schlauch abgespritzt worden war, sich aber nicht abgekühlt hatte; die geputzten Holztreppen und kam wieder zurück: »Ach, was wird aus mir, was wird aus mir!«

Muhtar verschlug es beinahe die Sprache. »Mein Gott«, stammelte er, »mein Gott ...«

Ziya schüttelte sich und machte sich von Muhtar los. Er sang weiter: »Zeig nicht dein Gesicht ...«

Hasan trat zu ihm. Sie standen Schulter an Schulter. Bevor Ziya mit der zweiten Zeile beginnen konnte, fiel Hasan mit schräger Stimme ein: »Zeig nicht dein Gesicht ...«

Dann sangen sie beide gemeinsam: »... versprich mir nicht ...«

Am Fenster eines der Häuser erschien eine junge Frau. Sie hatte riesige Brüste. Muhtar lächelte und winkte ihr zu. Er hatte Mut gefasst und stellte sich neben Ziya. Zu dritt stimmten sie nun die nächste Zeile an, jeder auf seine Weise: »Kummer nagt an mir.«

Ziya gab ihnen den Ton an. Wieder begann er: »Zeig nicht dein Gesicht ... versprich mir nicht ...«

Hasan und Muhtar sangen ihm sofort nach: »Kummer nagt an mir, ach, Kummer nagt an mir!«

Ein alter Mann stand in der Tür. Er machte den Mund auf, vielleicht wollte er etwas sagen, konnte aber nicht begreifen, was hier vor sich ging. Er kehrte in sein Haus zurück und knallte wütend die Tür hinter sich zu.

Auf einmal wurde unser Trio besser, die Stimmen passten sich einander an. Ziyas Stimme hob sich von allen anderen ab: »Oh meine Seele, Kummer nagt an mir! Kummer nagt an mir!«

Mehr und immer mehr Köpfe erschienen an den offenen Fenstern. Ein älterer Mann im Unterhemd schrie: »Bravo, ihr Burschen!« Er erhob das Rakıglas in seiner Hand und fing ebenfalls an zu singen: »Als Freude herrschte in deinem Garten ...«

Als er nicht weiterwusste, übernahm Ziya: »Wenn du in meiner Seele ...« Hasan und Muhtar beeilten sich: »... nicht zur Qual wirst ...«

Der Mann im Unterhemd lehnte sich noch weiter aus dem

Fenster und wiederholte fast wiehernd: »… nicht zur Qual wirst …«

Zu beiden Seiten der Straße hatten sich an den Fenstern Menschen aufgereiht. Männer, Frauen, Kind und Kegel. Eine unangenehme Stimme brüllte auf uns hernieder: »Verdammt, haltet die Klappe! Ihr habt aus der Straße ein Kasino gemacht!«

»Macht euch nichts daraus«, rief der Mann im Unterhemd und erhob sein Glas. »Auf euer Wohl!«

Trotzig nahm auch ich meinen Platz zwischen den Jungs ein. Am Ende der Zeile »… nicht zur Qual wirst …« stimmte ich mit ein. Zu viert sangen wir mit weinerlichen Stimmen: »… was wird aus mir, ach!«

Am Fenster über uns öffneten sich die Vorhänge einen Spalt breit. Wir konnten es aus den Augenwinkeln beobachten. Kerims Mädchen war zu sehen. Das Licht im Zimmer war ausgeschaltet, eine Hälfte ihres Gesichts glänzte im Licht, das von einem Nachbarhaus herüberschien. Sie machte eine Geste, als wolle sie sagen: »Macht das nicht, geht!« Wir beachteten sie nicht weiter. Ziyas Stimme flog, stieg zum Himmel hinauf und gelangte über die Häuser hinweg ans Meeresufer, hängte sich an den Alsancak-Konak-Bus, und als würde sie von Gazikadınlar in Richtung Heykel davonschweben, entfernte sie sich von uns.

Jemand warf uns eine leere Flasche vor die Füße. Ich bückte mich und hob sie auf. Nur der Hals war zerbrochen. »Ruft die Polizei«, krächzte eine Frauenstimme, »die sind alle betrunken. Ruft die Polizei!«

»Halt den Mund, du alte Hexe!«, rief der mit dem Unterhemd. Und an uns gewandt: »Nochmal von vorne, Jungs. Vergesst sie, die innerlich verdorrt sind! Alle zusammen!«

Kerims Mädchen wusste nicht, was es tun sollte. Sie hielt ihre Hand vor den Mund.

»Wenn du in meiner Seele nicht zur Qual wirst«, sangen wir zu ihrem Fenster hinauf. »Wenn du in meiner Seele nicht zur Qual wirst.« Dann stimmte Ziya alleine an: »Was wird aus mir, ach ...« Und dann wieder alle gemeinsam: »Ach, was wird aus mir!«

Der Mann im Unterhemd ließ uns nicht allein. »Zeig nicht dein Gesicht ... Auf gehts, Jungs, alle zusammen!«

Alle zusammen sangen wir: »Zeig nicht dein Gesicht ... Versprich mir nicht ...«

Genau in diesem Moment spürten wir im Rücken eine kühle Brise. Der Schweiß, der uns im Nacken und von den Schläfen die Hälse hinunterlief, begann zu trocknen. Unsere Haare wellten sich, unsere Muskeln spannten sich an. Das heftige Klopfen unserer Herzen, von denen wir dachten, sie seien stehen geblieben, hämmerte in unseren Ohren.

»Es lebe der Imbat!«, schrie der Mann im Unterhemd. »Menschenskinder, der Imbat kommt auf, der Imbat kommt auf!«

Jene junge Frau, die ganz am Anfang ans Fenster getreten war, warf Kerim eine dunkelviolette Geranie in die Arme. Kerim fing die Blume in der Luft auf, und ihr herber Geruch umfing uns zusammen mit dem Imbat. Wir atmeten tief ein. Es war wirklich eine mit dem Imbat erfüllte Geranie.

Tarık Dursun K.

Es gab einmal eine Stadt ...

War diese Stadt vor tausend Jahren auch schon so? Sprengten schon damals am frühen Abend die Händler und Handwerker, deren Geschäfte sich auf beiden Seiten der steilen Straße von Mezarlıkbaşı hinauf nach Eşrefpaşa reihten, die Wege mit Wasser aus einer blechernen Gießkanne, deren Hals kürzer war als der einer Gans? Stellten die stattlichen jungen Männer aus ihrem Stammkaffeehaus Mumcu schwungvoll die Stühle paarweise vor die Tür und schauten von dort auf die Straßen von Heykel? Spielten an jedem Nachmittag, den der Herrgott uns schenkte, sobald die Uhr fünf geschlagen hatte, sämtliche Radiosender Lieder von der immer gleichen Fasıl-Gruppe? (Ach, diese Tristesse! Ach, dieses Lied: »Wieder gingst du, ließest mich allein so früh an diesem Abend ...« Der in den tiefen Männerstimmen entfernt mitschwingende Schmerz vom Verlassenwordensein, diese langsam abklingende Resignation ...)

Wer könnte die Schar junger Mädchen vergessen, die auf ihren weichen Holzpantinen daherschlurften auf der Flucht vor einer trostlosen Langeweile? Diese jungen Mädchen, in die sich bis zu den Haarwurzeln Gerüche von getrockneten Feigen, Rosinen und frischen, gepressten Tabakblättern, vermischt mit dem benebelnden Duft von billigem Goldtropfen- und aufdringlichem Geheimblumenparfum, eingenistet hatten. Vergessen, wie sie die steile Straße hinaufgehen und diese dabei mit Leben füllen?

Sie kamen und drängelten sich auf der freien Fläche von Mezarlıkbaşı; furchtsam und scheu wie Regenpfeifer sammelten sie sich und strömten dann wie eine riesige Flutwelle herbei. Und beachteten den aus den knackenden Lautsprechern des Asri-Kinos dröhnenden Tango *Deine schönen Grübchen tief eingeprägt in meinem Herzen* gar nicht, für den Şecaeddin Tanyeri dem berühmten Banditen Pépé Le Moko in *Im Dunkel von Algier* seine Stimme lieh.

Auch wenn die Mädchen gegangen waren, so lag doch ihr Duft noch lange in der Luft. Ein seltsamer, provozierender Geruch, der sofort den Wunsch aufkommen ließ: »Jetzt aber schnell einen Rakı.« Die Fenster der Kneipen wurden weit aufgerissen, und die Luft drinnen vermischte sich mit der Luft draußen. Plötzlich tauchten an den Tischen vor den Fenstern Männer mittleren Alters mit langen Schnauzbärten auf, deren Augen vom Alkohol blutunterlaufen waren – alle Bonvivants. Auf den Tischen standen neben ihren vollen Rakıgläsern Eis und Schälchen mit frischen grünen und sauren Pflaumen. Sie tranken einen Schluck Rakı und bissen einmal in diese knackigen Pflaumen. Eine würzige Soße aus Brot, Olivenöl und Nüssen und mit wildem Thymian bestreuter Yoghurt, in den Gurken untergemischt waren, warteten mit einem blitzsauberen frischen Löffel, bis die Reihe an ihnen war.

Dann kamen die Kokoreç-Köche. Auf dem Holzkohlengrill brieten sie Lammdärme, rohen Kokoreç. Hurtig schnitten sie ihn mit den Messern aus Menemen in kleine Scheiben und verteilten ihn in Windeseile auf Pergamentpapier. Dann wurde der Kokoreç mit einer Mischung aus Kreuzkümmel, wildem Thymian, getrockneter Minze und etwas getrocknetem Senfkraut bestreut und flink zu den Tischen gebracht.

Die Nussverkäufer häuften mit ihren fingerhutgroßen Messbechern geröstete Haselnüsse auf jeden leeren Teller, den sie finden konnten. Der Geschmack der gerösteten und gesalzenen Haselnüsse wurde nur noch von den Eismandeln an Spätsommertagen übertroffen. Diese Mandeln liegen zunächst im Schoße des Eisblocks, quellen dann auf und lösen sich widerstandslos aus ihren Schalen, wenn man sie zwischen Daumen und Zeigefinger nimmt und drückt. Die Eismandeln waren immer das Erste, was aufgegessen wurde, gefolgt vom Lattich aus Güzelyalı mit seinem in Öl getränkten, aromatischen Herz.

Mein Onkel Ismail pflegte zu sagen: »Das verflixte Ding liebt Schlamm! Du kannst ihn wässern bis zum Gehtnichtmehr, das macht ihm einfach nichts aus. Das Herz wird größer und größer und entwickelt ein derartiges Aroma, dass sein Geschmack unübertrefflich wird.« Im Garten meiner Großmutter wurde im Frühjahr immer eine Ecke für die Lattichsaat frei gelassen. Mein Onkel Ismail säte anstatt im März den Lattich lieber Ende April, Mitte Mai aus. Ein wenig entfernt von den Tomatenpflanzen (denn Tomaten sind eifersüchtig auf Lattich) pflanzte er die Setzlinge in Reihen, hackte die Erde und leitete dann das überbordende Wasser, das ein müdes, altes Pferd mit verbundenen Augen durch Drehen eines Wasserrades schöpfte, von den Tomaten zu den Lattichen. Mein Onkel hüpfte barfüßig, um seinen Kopf ein erdfarbenes Tuch wie zu einem Turban gewickelt, von einer Wasserrinne zur nächsten, lenkte das heraussickernde Wasser um und behielt dabei immer auch die Sonne im Auge. Erst später lernte ich, dass Lattich genauso gierig nach Wasser und Schlamm ist wie Reis. Ja, das ist lange her.

Doch nun weiter im alten Izmir: Die Synagogenstraße heißt auch heute noch so. Nur hat sie etwas von ihrer früheren Fröhlichkeit eingebüßt. In der Zeit, in der man, von einer geradezu verrückten Idee getrieben, nach Israel zog, war auch Meister Yasef, ohne sich mit uns zu beraten, ja sogar ohne Bescheid zu sagen, plötzlich einfach so weggegangen.

Aus diesem Grund blieben wir eines Abends auf dem halben Kilo frischer Sardinen sitzen, das ich und Ziya am unteren Ende der Straße gekauft hatten. Langsam senkte sich die Dämmerung herab. Die Juweliere hatten die Gitter an ihren Läden heruntergelassen, die Kleiderhändler im Kestane-Basar ihre Waren hereingetragen. Die Hammerschläge in den Vierteln der Handwerker waren verstummt. Wir atmeten den schweren Kleistergeruch ein, den der Wind herübertrug.

Da kam Ali uns entgegen. Er trug sein Jackett in der Hand, die Zigarette in seinem Mund war ausgegangen, er war unrasiert.

Von ihm erfuhren wir, dass Meister Yasef verschwunden war. »Mensch, ich habe auch noch den Grill bei ihm stehen«, sagte er. Ali hatte seinen Grill direkt am Eingang der Kneipe von Yasef. Seit ich denken kann, hat er Sardinen für uns gegrillt. Wenn die Asche im Grill erloschen war, reinigte er stets den Rost mit einem Schwamm und Seife, wischte ihn ab und setzte sich dann mit uns an den Tisch. Jeden Abend trank er seine halbe Karaffe Rakı. Dazu gehörten als Vorspeise eine Scheibe Honigmelone und ein Scheibchen löchriger Schafskäse.

Während wir gemeinsam auf die anderen warteten, stieß Cengiz zu uns, nach ihm Ali Rauf, nach ihm Galip der Blinde, nach ihm Şevkis Vater, ein pensionierter Lehrer. Es kamen eine Menge Leute zusammen. Der Abend hüllte uns von allen Seiten ein, Lichter fluteten von den Häusern auf die Straße. Der Wächter Rıza machte seine erste Runde und fragte, als er uns sah: »Was ist los? Ist bei den Juden etwa einer gestorben?«

Allmählich erschienen dann auch all die anderen Stammgäste auf der Bildfläche. Der Busfahrer Emin Ağa und sein Schaffner Hasan, der Gießer Kirkor, der Kupferstechermeister Muzaffer, sein Geselle Remzi, Etem aus Karşıyaka, Hasan aus Buca, der Bäcker Tanko und noch andere, die wir nicht kannten.

»Also diesen Meister Yasef würde ich am liebsten …«, schimpfte Hasan aus Buca. »Menschenskind, stinkt ihm auf einmal etwas hier in der Synagogenstraße?«

Alle hatten die Hände voll mit Essen. Der Krämer Kâzım sah

das und verstand sofort. »Ich mach zu«, sagte er, »aber mir bricht es das Herz. Ich hätte nie im Leben gedacht, dass ich diesen Juden schon am ersten Tag vermissen würde.« Er löschte die Lichter vor dem Laden, die drinnen ließ er an.

Wir versammelten uns vor dem Laden. Der Wächter Rıza schleppte Seifenkisten heran. Aus den größten, denen von Hacı Şakir, bauten wir Tische, aus denen von Mis Hocker; Ziyas Knie drückten gegen seine Brust, aber der Bursche gab keinen Mucks von sich.

Wir öffneten unseren Yeni Rakı. Den Weintrinkern schenkte der Krämer Kâzım den Tropfen Kordon Kızı ein.

Ali seufzte: »Ach ja, wenn wir jetzt bloß unseren Grill hätten ...« Unsere Augen trafen sich. Ich schüttelte den Kopf.

Ali Rauf sagte: »Mach dir nichts draus. Alles ist vergänglich. Stell dir einfach vor, der Kerl sei tot.« Dann schwieg er. Auch wir sagten kein Wort.

Als Kâzım seinen Laden schloss, war es weit nach Mitternacht. Ali trat gegen die Gitter der Kneipe. »Mistkerl«, sagte er, »Mistkerl! Mistkeeerl!« Er fand einen Stein, setzte sich mit seinem Hintern drauf und begann zu weinen.

Mit Mühe und Not flüchteten wir uns unter das Zinkvordach des Häuschens vor dem Aufzug, der die beiden Straßen Mithatpaşa und Halil Rifat Paşa miteinander verband, um den Bewohnern die hundertfünfundfünfzig Treppenstufen zu ersparen. Wir beobachteten den Regen.

»Hört es auf?«, fragte sie.

»Ich weiß nicht«, erwiderte ich.

Der Bahribaba-Park lag genau neben uns. Ein Dampfer aus Karşıyaka näherte sich der Anlegestelle in Konak. Aus weiter Entfernung warf jemand, den man nicht sah, eine Leine zum Poller der Anlegestelle, irgendein anderer, den man wieder nicht sah, fing sie auf, legte sie um den Poller und wickelte sie, so schnell er konnte, darum herum. Die Leine spannte sich.

»Lass uns mit dem Aufzug fahren«, schlug ich vor.

Sie sah mir ins Gesicht. Ihre Haare waren nass vom Regen. »Fährt er denn noch?«

Der Aufzugführer saß in seinem gläsernen Fahrkartenhäuschen und rauchte eine Zigarette, während er den Regen betrachtete.

Ich kaufte die Fahrscheine, wir gingen hinein und warteten.

»Deine Füsse sind nass geworden!«

»Ich habe meinen Schirm vergessen«, sagte sie.

»Und wenn du frierst und krank wirst …«

Sie lachte. »Ich friere nicht.«

»Wieso nicht?«

Sie antwortete nicht. Ich dachte, sie sagt vielleicht: »Du bist doch bei mir, deswegen«, aber das tat sie nicht, sie schwieg.

Im Aufzug war es gemütlich. Es war warm, kein Regen, außerdem waren wir allein.

Der Aufzugführer stand auf und drückte dabei seine Knie durch, sein Rheuma machte ihm zu schaffen.

»Kommt wohl keiner mehr«, sagte ich.

»Nein, ist sowieso unsere letzte Fahrt.« Er schloss die Türen seines Fahrkartenhäuschens, ließ das Fenster herunter, verschloss jede einzelne Schublade seines Tisches und schlurfte in den Aufzug. Sein Atem roch nach Wein. Er drückte auf den Knopf. Anfangs hörten wir ein Brummen, dann wurden wir geschüttelt, begannen zu steigen, eine riesige Hand packte uns und zog uns nach oben.

Der Beamte war alt, er war verheiratet und hatte eine Tochter und einen Sohn in unserem Alter. Deshalb schaute er uns kein einziges Mal in die Augen.

Ja, meine Herrschaften, so war einmal Izmir.

Halikarnas Balıkçısı

Kancay

Die Bauern fanden die Zigeunerin Kancay auf einem Felsen, am Gipfel des Berges. Sie war tot. Es hieß nicht etwa: »So ein dreckiges Zigeunerweib kann man doch nicht auf einem muslimischen Friedhof begraben.« Nein, sie errichteten ihr sogar einen Stein an ihrem Grab, auf den schrieben sie: »Hier ruht die Zigeunerin Kancay, betet die Sure Fatiha für ihre Seele!« Sie gehörten nicht zu jenen einfältigen Bauern, die nur Augen für Rettich und Mohrrüben hatten, wie manche vielleicht glauben. Für sie war Kancay ein Mensch, der die Macht herausforderte, die sowohl Kancay wie sie selbst zu unterdrücken drohte. Und auch wenn sie Kancay in der Öffentlichkeit als »Zigeunerweib« beschimpften, so fühlten sie sich doch mit ihr verbunden.

Kancay hatte die siebzig schon überschritten. Sie war ein Mensch, unüberwindlich wie eine Felswand. Eigentlich hieß sie »Ay«, also »Mond«. Und trotz ihres von der glühenden Sonne gegerbten Gesichtes nannte man sie immer auch noch mit ihrem Beinamen »Genç«, jung, weil sie sich ihre Jugend bewahrt hatte. Im Laufe der Zeit wurde dann aus »Genç Ay« irgendwann »Kancay«.

Seit je wurden Wörter wie Freiheit, Gleichheit und Gerechtigkeit in Marmor gemeißelt, mit schwarzer Tinte auf weiße Buchseiten geschrieben, ja sogar auf Geldscheine gedruckt, die dann als gültiges Zahlungsmittel von Hand zu Hand wanderten. Kancay hatte das Wort Freiheit noch nie in den Mund genommen, sie kannte nicht einmal seine Bedeutung. Aber Kancays Seele verkörperte die Freiheit selbst. Frei sein heißt, zu leben wie Leoparden, wilde Katzen, Adler, Falken und Habichte. Auch

Kancay genoss unermessliche Freiheit, in Gemeinschaft mit ihrer großen Familie: ihren Brüdern, den Bergen, und ihren Schwestern, den Bäumen.

Mit ihren alten braunen Fingern flocht sie Körbe und verkaufte sie. Sie aß nur, wenn sie etwas fand. Wenn nicht, dann steckte sie sich Sträuße von Wildblumen ins Haar. Sie begnügte sich mit Birnen, Brombeeren, Erdbeeren und Pomeranzen, sie beklagte sich nie, und niemals ruhte sie sich aus. Die reichen Grundbesitzer, die die Bauern als Feldarbeiter ausbeuteten, schafften es nicht, Kancays aufrechten Rücken unters Joch zu beugen. Sie hätte gerne gearbeitet, etwas geschaffen, aber wie hätten dann ihre Seelenruhe, ihre Lebenskraft gestärkt werden sollen, die sie brauchte, um ihre Freiheit vor denen zu schützen, die diese missbrauchen wollten? Sollte sie sie dafür opfern?

Vor mehr als siebzig Jahren, als Kancays Mutter eines Nachts ganz allein in den Bergen unterwegs war, setzten ihre Wehen ein. Im gleichen Moment brach der blanke Mond hinter einem Gipfel hervor. Er löste die Berge aus ihrer Finsternis und ließ sie weiß aufleuchten wie Schnee. »Ich komme nieder!«, rief sie dem Mond zu. Mit beiden Armen hielt sie sich an zwei Baumstümpfen fest und kniete sich auf die Erde. Der herzzerreißende Schrei, den die Mutter ausstieß, und das Weinen des neugeborenen Kindes hallten in den Bergen wider. So wurden die Berge und Felsen zu Kancays Geburtsstätte und Wiege. Das Kind strotzte vor Freude und Heiterkeit. Es wuchs heran, wurde ein Schmetterling, ein Spatz, eine Schwalbe. Und wie ein Vogel mit seinen Flügeln, so flog Kancay mit ihren Liedern. Dann war sie erfüllt von Musik, und wenn sie ganz in ihr aufgegangen war, sah sie die uns verborgene Zukunft. Das also war ihre ursprüngliche Heimat. Ein Lied war für sie wie eine Freudenbotschaft von zu Hause. Denn ihre Seele war ihr Lied und ihr Lied ihre Heimat.

Kancay hatte sich nie im Spiegel betrachtet. Aber sie sah sich auf den Lippen derer, die sie anlächelten, und in den Augen jener, die sie anblickten. Und immer, wenn sie vor lauter Freude und Heiterkeit nur so sprühte, war sie so vergnügt, als wäre sie gerade dem Kerker entronnen. Sobald sie den Klang eines Tamburins, einer Cura am Wegesrand hörte, pochte das Blut in ihren Adern, und in ihrem Kopf schlugen die Schellen. Dann konnte sie sich nicht mehr zurückhalten, und mitten auf der staubigen Straße feuerte sie sich selbst an, »hopp, hopp, hopp«. Und wenn sie so mit ihren nackten Füßen stampfte, sich drehte und den Staub aufwirbelte, loderten ihre Haare wie schwarze Flammen. Habenichtse, Arme, Tagelöhner, Bauern und Landarbeiter machte sie für Augenblicke froh und brachte sie zum Lachen.

Häufig gesellte sie sich zu den Schäfern, die oben in den Bergen vor ihrem Lagerfeuer saßen und auf ihren eigentümlichen Hirtenflöten spielten. Das Licht, das im Umkreis des Feuers leuchtete, suchte Kancays Beine einzufangen, und nur schon dadurch brachte sie ein wenig Freude in die Einsamkeit der Schäfer.

Wenn aber einer daherkam, ihr anzügliche Blicke zuwarf und dabei bedeutungsvoll zwinkerte, erfuhr er sogleich, dass sie nicht zu kaufen war. Solch einen überhäufte sie mit bissigen Spottliedern. Doch mit leidenschaftlichem Sehnen und mit brennendem Herzen erwartete sie den, den sie liebte.

Die durchlöcherten, verschlissenen Zelte der Zigeuner überschatteten nie länger als zehn Tage den gleichen Platz. Weder Kancay noch ihre Mutter waren versessen auf Bequemlichkeit. Die Schönheiten der Natur waren keine Qual für sie. Bei Eiseskälte beobachteten sie den Sonnenuntergang oder lauschten in sengender Hitze dem Gurren einer Taube.

In jenem Winter suchten sie in einer stockdunklen Nacht Zuflucht in einer warmen Berghöhle. Die Mutter lag im Sterben. Kancay nahm je zwei Löffel in die Hände, schlug klappernd den Takt, tanzte und sang. Sie wollte nicht, dass ihre Mutter so endete wie all die Normalsterblichen, die zwischen den kalten Tränen und dem Gewimmer ihrer Erben dahinsiechen. Die Mutter forderte dank ihrer frohsinnigen Tochter den Tod, der Besitz von ihr ergriff, fröhlich heraus, starb, aber hatte dem Tod dadurch letztlich einen Sieg abgerungen.

An Markttagen schaute Kancay manchmal in der Kreisstadt vorbei. Eines Tages blieben ihre Blicke sehnsuchtsvoll an den Waren hängen, die auf dem Marktplatz feilgeboten wurden: bunte Stoffe, aus denen Pluderhosen geschneidert werden, alle möglichen Dinge für die Aussteuer und Brautschmuck.

»Ich lebe, das Wetter ist schön, und hier gibt es so viele schöne Dinge, von denen ich nicht einmal geträumt habe. Aber woher soll ich das Geld dafür nehmen?«, fragte sie sich.

Also ging sie in die Stadt, um Geld zu verdienen. Dort sang sie Lieder und spielte dazu. Wenn der lang ersehnte Tag für die Mädchen gekommen war, sagten die Leute nun nicht mehr, wie das Sprichwort hieß: »Keine Hochzeit ohne Kamber«, sondern »Keine Hochzeit ohne Kancay«. Inzwischen hüllte sie sich in Seide, trug Armreifen und Ohrringe.

Eines Tages kam sie wieder am Markplatz vorbei. Wieder gab es bunte Stoffe für Hosen, Dinge für die Aussteuer und Haarschmuck. Und wieder strahlte der Himmel blau. Diesmal hatte Kancay auch genug Geld, um all das zu kaufen, was ihr Herz begehrte. Doch jetzt fragte sie sich: »Nun habe ich Stoffe, Perlen und Geld. Aber wo ist die alte Kancay geblieben?« Mit Tränen in den Augen schaute sie zu den Bergen, die in der Ferne blau leuchteten. Doch es war, als kehrten ihr die Berge den Rücken zu. Ja, sogar die Sonne schien es leid zu sein, auf diese Welt zu scheinen.

Seit einem Jahr herrschte Krieg. Es wurde gewuchert und gehamstert. Die Reichen nannte man »Kriegsgewinnler«. Man vergnügte sich in Saus und Braus. Unzählige Hochzeiten wurden gefeiert, eine nach der anderen. Und Kancay wurde mit Geld nur so überhäuft.

In der Provinzstadt ging wieder einmal die Mutter eines dieser Neureichen in den Çarşı-Hamam, wo sie eines der Mädchen, die sie dort nackt gesehen und genau in Augenschein genommen hatte, auswählte, als Weib für ihren Sohn und um sie dann selbst herumscheuchen zu können. Damit auch alle ihren Reichtum sahen, packte man die Truhen, die mit der Aussteuer des Mädchens prall gefüllt waren, auf Kamele und ließ sie von morgens bis abends durch die Gassen führen. Das Geld, die Ursache für Ängste und Hoffnungen, Liebe und Hass, verpflichtet traditionsgemäß dazu, ein rauschendes Hochzeitsfest auszurichten. Und Kancay sollte die Gäste dieser Hochzeitsfeier mit Gesang und Bauchtanz unterhalten.

Fatma, die Kancay dabei half, das Bauchtanzkostüm anzuziehen, bemerkte, wie schwermütig sie war, und fragte nach dem Grund. Kancay antwortete: »Einst sagte man zum Mädchen: Tanz! Und es sagte: Meine Ärmel sind zu eng! Und man sagte dem Mädchen: Zieh dir ein Kleid mit weiteren Ärmeln an! Dann sagte das Mädchen: Der Platz ist mir zu eng! Sie sagten: Wir finden einen größeren! Aber sie sagte: Mein Herz ist mir zu eng!«, dann fügte sie noch hinzu: »Ach, Fatma, Geld hab ich jetzt genug, aber wo ist die alte Kancay geblieben?«

Die Gäste waren mit verschiedenen Goldmünzen und Mahmud-Talern behängt, aber nicht um sich zu schmücken, sondern um den Nachbarn ihren Reichtum vorzuführen und sie vor Neid platzen zu lassen. Im Hof des Hauses, in dem die Hochzeit stattfand, hatte man Kelims ausgebreitet. Die Hochzeitsgäste stellten sich im Kreis auf. Die Mutter des Bräutigams ließ sich wie ein madiger, zerfurchter Fleischkloß auf dem Ehrenplatz nieder. Immer wenn Gäste eintrafen, verneigten sie sich erst vor ihr und küssten ihr ehrerbietig Hand und Rocksaum. Und sie hockte da, wie eine antike Göttin, der die ganze Welt huldigt, und ließ ihren stumpfen Blick umherschweifen, einen Blick, der einem Ring ähnelte, aus dem der Brillant herausgebrochen war. Kancay wurde aufgefordert, sich zu erheben und zu tanzen. Aber sie, die sonst mit ihrer Fröhlichkeit nicht nur selbst wie ein Vogel durch die Luft wirbelte, sondern auch die Eseltreiber der Bergpfade, die Bauern, Tagelöhner und Schnitter mitriss, hatte keine Lust, auch nur den kleinen Zeh zu rühren. Ihre Beine schlurften am Boden entlang, als hätte man ihr Leim unter die Füße geschmiert. Sie konnte sie nicht heben und sich nicht von der Stelle bewegen.

Widerwillig schwang Kancay ihre Hüften, und als sie vor die Mutter des Bräutigams kam, zückte diese aus dem Gürtel – als würde sie eine Pistole ziehen – ihren Geldbeutel, nicht etwa, weil die Alte so spendabel gewesen wäre, sondern um mit ihrem Vermögen zu prunken. Sie spuckte auf einen Fünf-Lira-Schein und klebte ihn mit einem heftigen Schlag an Kancays Stirn. In Kancays Augen loderte etwas auf. Aber blitzschnell fasste sie sich wieder und dachte: »Wenn jemand einen Esel, der am Wegesrand steht, malträtiert und der Esel daraufhin ausschlägt, trifft doch nicht den Esel die Schuld, oder? Du wolltest doch Geld, dann nimm es auch! Nun also spucken sie auf das Geld und drücken es dir auf die Stirn wie ein schwarzes Brandmal.«

Aber dies war nun mal die Rolle, die ihr der Brauch zuwies. Und mit jeder Hüftbewegung bestätigte sie diese Rolle. Sie tanzte weiter im Kreis, und als sie wieder vor die Alte kam, nahm sie den Geldschein von der Stirn und ließ ihn langsam in deren Schoß fallen. Diejenigen, die das beobachtet hatten, tuschelten: »Es war ihr zu wenig!« Vor Wut zitterte und bebte der Mutter des Bräutigams das Kinn. Als Kancay nach einer weiteren Runde wieder vor ihr tanzte, spuckte die Alte mit einem verächtlichen »Pfft« auf eine Zehn-Lira-Note und klatschte sie ihr so heftig auf die Stirn, dass Kancay beinahe das Gleichgewicht verloren hätte.

Dabei fauchte sie: »Da, nimm, du niederträchtiges Zigeunerweib!«

Kancay verlor die Beherrschung wie eine Schauspielerin, die auf der Bühne urplötzlich aus der Rolle fällt. Jetzt war sie nicht mehr die Tänzerin, sondern die Zigeunerin Kancay. Sie verpasste der Alten eine Ohrfeige, dass es knallte wie ein Revolverschuss. Mit der rechten Hand riss sie ihren linken Ärmel ab und wischte sich damit über die Stirn. Dann schleuderte sie der Alten den Ärmel, das Geld, die Halskette, die Ohrringe und ihre Armbänder ins Gesicht.

»Ahh, sie hat Hafize Hanım geohrfeigt, diese undankbare Zigeunerin!«, riefen die Gäste bestürzt. Das ganze Haus war in Aufruhr.

Alle stürzten sich auf sie. Doch plötzlich baute sich Kancay, die Frau der Bergpfade, dunkel vor ihnen auf. Die Gäste wichen vor ihr zurück, so wie Wasserringe auseinander laufen, wenn man einen Stein in einen Teich wirft. Im Hof herrschte Grabesstille. Wie ein angeschossener Bär, der sich mit bedächtigen Schritten aus der Schusslinie trollt, damit der Jäger nicht ruft: »Passt auf den Bären auf, er haut ab!«, so wiegte auch Kancay stolz ihre Hüften, stahl sich über die Schwelle davon und verschwand.

Und von diesem Tag an hat sie in der Kreisstadt keiner mehr gesehen.

Noch lange erzählte man sich, dass sie in Izmir, in Gaziemir, der jungen Elif, die gerade Sultaninen trocknete, wahrgesagt und ihr die frohe Botschaft verkündet hatte, dass sie noch vor der nächsten Dreschzeit heiraten werde; dass sie, als der Honig aus den reifen Feigen tropfte, bei Onkel Hasan, der gerade die Bewässerungsgräben seines Gartens ausbesserte, vorbeischaute und sich dann auf den Weg nach Aydın machte; dass sie damals, als die Sonne die Böden wie ein Kalkofen ausbrannte und die

Mäher der Balat-Ebene im Schatten Schutz suchten, die Menderes-Brücke überquerte; dass sie, als die untergehende Sonne die Beşparmak-Berge in einen schwarzen Schattenriss verwandelte, zufällig Ismail aus Serçin traf, der im Bafa-See mit dem Wurfnetz Meeräschen fischte; dass sie, als der Sturm in der Tiefebene den Staub auf der Straße nach Milâs aufwirbelte, gegen Abend nach Akyol ging; dass sie, als der Wind den Duft der von der Sonne erwärmten wilden Minze von den Berghängen mit sich nahm und mit dem kräftigen erdigen Geruch des Bodens vermischte, dem Hirten Ali, der sein Vieh in der Varvil-Ebene weiden ließ, begegnete; dass, als sich in Bodrum die Mimosen mit ihren gelben Quasten schmückten und es Orangen und Mandarinen regnete, Onkel Hasan aus Akçaalan sie auf der Straße von Gökçeler singen hörte; dass sie sich, als in den Bergen von Datça das Laub der Eichen im Sommerwind raschelte, neben den Tabakpflückerinnen niederließ und ihnen vorsang; dass sie, als die Morgendämmerung über den Sadıraz-Berg kroch und seinen Fuß erreichte, von der Nomadin Hatça Bacı gesehen wurde, wie sie durch die Wälder zog, in denen das Harz der Tannen wie Moschus roch.

Aber das alles war nur Gerede. Niemand wusste wirklich, wo Kancay lebte und wo sie sich herumtrieb …

Kancay spürte, dass sie sterben würde. Aber sie hatte keine Tochter, die ein Lied für sie hätte singen können. Also sang sie selbst. Den Körper, den sie von der Natur erhalten hatte, wollte sie dieser nun wieder überlassen. Sie wusste nicht, was die Natur und was sie selbst war. Aber wenn es etwas gab, was sie wusste, dann, dass die Natur auch die Sonne mochte. An jenem Tag war das Licht so hell und klar, dass die Blumen in ihrer ganzen Farbenpracht strahlten, ihre Köpfe nach vorne neigten und Honig spendeten.

Kancay war vom Anblick der Sonne, die sie nun zum letzten Mal sehen sollte, wie verzaubert. Ein Leben lang war für sie die

Sonne das in der Ferne verblauende Gebirge; die Zikaden, die an heißen Sommertagen unermüdlich in Berg und Tal zirpten; der Vogel, der alleine im dunklen Gestrüpp zwitscherte; der Adler, der einsam in den Weiten des Himmels seine Kreise zog; der Bach, der im Schatten der Bäume gurgelte; die Hand voll Wasser, die man am Ufer dieses Baches schöpfte; die Ebene, die sich mit ihrem goldenen Weizen erstreckte, und das Lied, das in dieser Ebene verhallte; die zahllosen Wellen, die das Meer stetig wogen ließen; der Schweiß, den sich ihr Geliebter mit dem Handrücken wegwischte; der Traum, den sie ihm ins Ohr flüsterte; überschäumende Freude und ein Sieg, der ihre Brust schwellen ließ. Die Sonne war ihre Nacht, war ihr Schlaf, ihr Wunschtraum – das Licht ihrer Augen und ihrer Seele, kurzum: Ihr Leben war die Sonne und die Sonne ihr Glück. Deswegen strahlten ihre offenen Augen mit der Sonne um die Wette, noch nachdem sie ihren letzten Atemzug getan hatte.

Orhan Duru

Die Flasche

Önay Sözer gewidmet

Erst konnte sich niemand einen Reim darauf machen, als Ismail Usta mit dieser riesigen Flasche, gefüllt mit einer klaren Flüssigkeit, auftauchte. Aber Naturkatastrophen kündigen sich dem Menschen nun mal nicht an. Vor einem Erdbeben ergreifen Katzen die Flucht, Hunde jaulen, ein dumpfes Grollen ist zu vernehmen, aber wer nimmt dies alles wirklich wahr? Der sechste Sinn des Menschen ist offenbar verkümmert.

In einem Lokal, einer ehemaligen Karawanserei, deren Hof beim Umbau erhalten wurde, saßen sie wie auf einer Hühnerstange an der Theke und drehten die Köpfe herum. Was war das? Was war das, was sich da kopfüber in ihren Augen spiegelte, dann in ihren Gehirnen verarbeitet und schließlich eingeordnet wurde? Ismail Usta trat ein mit einer riesigen Flasche. Mit einer Hand hielt er sie unten fest, mit der anderen den Flaschenhals. In der Flasche schwappte etwas. Das wars, mehr fiel ihnen nicht auf. Und deswegen waren sie auch nicht in der Lage, die Bedeutung und Tragweite dieses Tages zu begreifen. Sie ahnten nicht, was sich da über ihren Köpfen zusammenbraute.

Ismail Usta war ein alter Fischer, aber keiner von der Sorte, wie ihn Hemingway beschreibt. Man konnte ihn täglich bedächtigen Schrittes am Kai entlanggehen sehen, wo Schoner, Segelschiffe, Boote mit ausladendem Heck, Ein- oder Zweimastjachten unter fremder oder heimischer Flagge lagen. Irgendetwas schien in ihm erloschen zu sein. Vielleicht war er auch einfach nur müde. Müde vom Lebenskampf. In ihm brannten weder die Leidenschaft noch der Ehrgeiz, die Natur besiegen zu wollen, und auch nicht der Wunsch, seine Überlegenheit über die übrigen Geschöpfe auf dieser Welt zu beweisen. War das eine Folge des Alters? Gut möglich, vielleicht wollte er nur noch eines: in Harmonie leben mit allem Existierenden, allem Leben und der Natur. Möglicherweise schritt er deswegen so bedächtig einher. Dabei könnte er, wenn er wollte, wie eine Ziege die Steilhänge hinaufklettern, einen Anker mit einem kraftvollen Ruck aus dem Meer ziehen, die ganze Nacht fischen und am nächsten Morgen zur Anlegestelle der Kooperative fahren und dann mit stolzgeschwellter Brust ausrufen: »Makrelen, Makrelen!« Vor einigen Jahren aber hatte sein Herz der Hauch des Todes gestreift. Seit jener Zeit schien er sich dem langatmigen Rhythmus der Natur angepasst zu haben, der alle Zivilisationen und Zeitalter überdauert. Sein Gesicht war in den Augenwinkeln, an den Schläfen, an Stirn, Kinn und Nacken faltig und zerfurcht. Zuweilen funkelten unter seinen schweren Lidern die schwarzen Augen wie Onyx. Das Weiß seiner Augen war gelb verfärbt, aber das konnte man nur aus der Nähe sehen. Seine Haut war dunkel und ledern, wie die eines Sägebarschs, vielleicht weil sie jahrelang der sengenden Sonne, dem Meersalz und den Stürmen ausgesetzt war. Seine Finger waren dick und vernarbt von all den Wunden. Und zwischen seinen Fingern hatte er Schrunden, die nie verheilt waren. Fingernägel waren abgefallen, neue wuchsen nach, seine riesigen Hände waren mit der Zeit krumm geworden und verwachsen und sahen aus wie Klauen.

»Das ist das Aus für den Fischfang!«, hatte Ismail Usta gesagt. Er war zwar arm, aber Gott gewährte ihm doch ein Auskommen. Und hat es ihm auch in der Vergangenheit immer gewährt. Es stimmt schon, seit die Stadt Kut für den Tourismus erschlossen wurde, gibt es neue Einnahmequellen. Außerdem haben sich die Fische auf den Meeresgrund zurückgezogen. Als mit Fisch noch mehr Geld zu machen war, waren auch die

Fischkutter größer, die mit ihren riesigen Netzen den Meeresboden abfischten. Inzwischen belächeln alle diese Fischerboote mit ihren Zweitaktern. Die Zeiten haben sich geändert, aber Ismail Usta machte weiter wie bisher. Die Fische wanderten auf die Märkte der großen Städte und von dort in die Mägen betuchter Leute. Ab und zu bäumte sich das Meer auf. Die Küsten waren verdreckt, Plastiktüten und Styroporschachteln über den Sand verstreut. Immer mehr Abwässer flossen ins Meer. Aus den kleinsten Feldern am Ufer ließen sich große Gewinne schlagen. Reiche Geldsäcke ergatterten die alten Häuser. Später sanierten sie diese und machten Ferienhäuser daraus. Die jungen Kerle aus der Stadt vergnügten sich hier mit ausländischen Blondinen. Die Sitten verfielen. Statt sich das Geld im Schweiße seines Angesichts zu verdienen, musste man nun kaum einen Finger rühren. Die Preise stiegen. Das Geld verlor an Wert. Ehrenhaftigkeit bedeutete nichts mehr. Früher gab es keine Gaunereien, heute wurde gestohlen. Wer bisher kein Türschloss hatte, brachte jetzt eines an. Aus den Großstädten kamen berühmte Persönlichkeiten, aber auch zweifelhafte Gestalten. Feriendörfer wurden aus dem Boden gestampft, Geld gegeben und genommen. Jeder legte jeden herein. Die Gerichte befassten sich mit einer Flut von Klagen zu Eigentum und Nutzungsrechten. In den Moscheen bemühten sich die Imame mit aller Kraft, Sitte und Moral zu lehren, aber niemand richtete sich danach. Sie beklagten das Schrumpfen ihrer Gemeinden. Über Lautsprecher wurde zum Gebet gerufen, und die Touristen, die zur Erholung gekommen waren, wurden aus dem Schlaf gerissen, standen dann senkrecht in ihren Betten. Irgendetwas war geschehen.

Ismail Usta sah, dass es so nicht weitergehen konnte, und verschrieb sich ganz den Wellen. Er konnte sich nicht vom Meer losreißen. Nachdem die Fischerei sowieso am Ende war, wollte er wenigstens die Wellen erforschen. Er saß auf der Mole und schaute dem Auf und Ab der Wellen zu. Er spürte ihnen nach. Spürte den Wellen nach, wie sie schlugen, wie sie manchmal schäumten, wie eine der anderen folgte. Wenn ihm an ruhigen Tagen danach war, fuhr er aufs Meer hinaus und gab sich ganz den sanften Wellen hin, die sich hoben und senkten, als würden sie ein- und ausatmen. Die Wellen allein waren bedeutsam, sie hatten Persönlichkeit, Charakter. Manche schlugen mit voller Wucht ans Ufer. Andere streichelten die Küste wie eine zärtliche Frau. Und manchmal kamen Wellen aus den Tiefen des Meeres. Dann erschrak Ismail Usta. Das spiegelglatte Meer erzitterte, und seine Oberfläche bekam eine Gänsehaut. Das waren faszinierende Ereignisse. Vorgänge, deren Sinn man nur schwer verstehen konnte.

Sobald die Leute erfuhren, dass sich Ismail Usta ganz den Wellen hingegeben hatte, erlangte er in der Stadt das Ansehen eines Heiligen. Die, die ihn kannten, gaben ihm den Beinamen »Der Wellentrunkene«. Manche vermuteten gar, er rauche Haschisch. Aber das echte Volk, Frauen, Kinder, also Menschen, die sich noch ein wenig Glauben bewahrt hatten und bereit waren, Legenden zu schaffen, begegneten ihm teils ehrfürchtig, teils ängstlich. Die Taktik, sich ein wenig verrückt zu stellen, lässt einen zumindest in so einem kleinen Städtchen am Meer unbehelligt leben. Aber selbst darum kümmerte sich Ismail Usta nicht wirklich. Alles kam so, wie es kommen musste. Und wenn er eines Tages stürbe, bräuchte man sich nicht zu wundern, wenn sie ihm Wunschbänder ans Grab knoteten.

Ismail Usta stellte die große Flasche mit der rätselhaften Flüssigkeit auf die Theke und schaute sich um. Die ganze Gaststätte war voller Menschen, die aus den großen Städten hierher gekommen waren und sich krampfhaft bemühten, den Sommer oder ihre Ferien hier zu verbringen. Die Frauen liebten das Städtchen Kut, denn nirgends sonst konnten sie Kleider tragen, unter denen sich ihre Brüste und Hüften abzeichneten und diese sogar betonten.

»Willkommen, Ismail Usta! Wir haben dich vermisst. Wie lange haben wir uns jetzt nicht mehr gesehen?«, begrüßte ihn Koray Bey, der wohl erzogene, höfliche Enkel eines alteingesessenen, reichen Provinz-Ağas. »Ich musste mich um meine eigenen Angelegenheiten kümmern«, antwortete Ismail Usta und starrte wieder griesgrämig auf seine Flasche. Korays Verlobte Sevgi säuselte: »Ah, Ismail Usta, freut uns, dich zu sehen. So ein Glück. Los, Koray, spendier Ismail Usta doch einen Drink!« »Ich wusste ja gar nicht, dass sich Sevgi so für Ismail Usta interessiert. Haben die beiden sonst irgendetwas miteinander zu tun?«, warf Korays Freund, der Bauunternehmer Metin, ein. Eigentlich war Metin ein wenig in Sevgi verliebt und dachte darüber nach, wie er sie Koray abspenstig machen könnte. Koray hatte von Sevgi die Nase voll und sie von ihm. Mittlerweile ließ Koray keine Gelegenheit aus, um Ayşe, der zeitweiligen Geliebten Metins, nachzustellen. Besagte Ayşe war die Tochter einer wohl situierten, bodenständigen und bürgerlichen Familie. Irgendwie gelang es ihr nicht, sich von diesem Windhund Metin loszusagen. Und jetzt saß sie schweigend in ihrem langen Seidenkleid mit den Schlitzen an der Seite da und beobachtete ihre Umgebung und die Flasche mit der Flüssigkeit neugierig, was wohl passieren würde.

Wahrscheinlich bildete sich Metin etwas auf sich ein, weil er so viel Geld verdiente und so viele Aufträge hatte. »Nicht nur Sevgi, wir alle interessieren uns für Ismail Usta. Der Usta ist doch unser Ein und Alles, unser Herzensfreund«, entgegnete Koray. Es dauerte nicht lange, und noch mehr Leute aus der Stadt kamen hinzu: Sekretärinnen, Stewardessen, Schriftsteller, Dichter, einsame Witwer, Homos und Heteros, Spezialisten und

Laien, und schließlich stießen noch unbedarfte Einheimische hinzu.

Ayşe, die etwas bekümmert dasaß und der Metins Anmache auf die Nerven ging, fragte, als hätte sie nur auf die Gelegenheit gewartet: »Was ist denn das für eine Flasche, Ismail Usta?« Diese Frage sollte ihrem Schicksal eine ganz neue Wendung geben. Der Usta durchdrang Ayşe mit seinen kohlrabenschwarzen Augen und knurrte: »Wir haben noch nichts getrunken, lasst uns doch erst mal die Kehlen befeuchten!« Einer der Dichter, die sich in Kut niedergelassen hatten, konnte Ayşes Schönheit und Charme nicht widerstehen, und flüsterte: »Was soll an so einer Flasche schon dran sein? Das, was ihr Flasche nennt, ist doch nichts weiter als ein Phallussymbol, mehr nicht.« Ayşe würdigte ihn keines Blickes und sagte nur: »Behalt deinen Quatsch für dich!« Ein Schriftsteller und Verleger, den es auf der Flucht vor den Wirren der Großstadt hierher verschlagen hatte, gab Ismail Usta das erste Glas aus. Der Barkeeper Süleyman warf Eis in ein Glas und goss großzügig Yeni Rakı darüber. Sogleich trübte sich der Rakı durch das schmelzende Eis, dann schenkte er Wasser nach und schob Ismail Usta das Glas hin. Der nippte daran mit seinen aufgesprungenen Lippen und lächelte ein wenig: »Gute Geschäfte!«

Der Dichter, einer von diesen Systemgegnern, die normalerweise im Knast versauern, wollte von Ayşe wissen: »Haben Sie denn ihr Leben nie ausgekostet?« Ayşe murmelte: »Was will denn der?« Koray gab dem Dichter einen Schubs, beugte seinen Kopf zu Ayşe und flüsterte: »Nimm ihn nicht so ernst!« Der Dichter rief laut in die Menge: »Also gut, was ist das für eine Flasche?« Auf die Frage des Dichters wurden unterschiedliche Antworten gegeben: »Das ist eine Dreiliterflasche!« »Nein, eine Gallone!« »Das ist eine von diesen neuen, großen Weinflaschen, die es jetzt überall gibt!« »Eine Ballonflasche!« »Ach was, als hätten wir noch nie eine Ballonflasche gesehen.« Als die Diskussion beendet war, sagte Ismail Usta, der gerade sein erstes Glas ausgetrunken hatte: »Es geht nicht um die Flasche, sondern um den Inhalt!« Der Schriftsteller griff sogleich diese Worte auf und wandte sich an seinen Nachbarn: »Ja, ja, wie wahr, nicht die Form, der Inhalt ist wichtig. Wir hingegen halten das Äußere für wichtig, wie dumm von uns.« Ein Freund des Schriftstellers, ein Kritiker, schlug vor: »Es wäre sinnvoll, wenn wir das Ganze konstruktiv diskutieren würden.« »Mensch, wir wollen uns hier amüsieren«, warf Koray ein und zog Sevgi an sich. Sevgi machte sich von ihm los. Plötzlich stellte sie Ismail Usta eine zweite Frage: »Also, was ist in der Flasche?«

In der Flasche befand sich eine Flüssigkeit. Diese Flüssigkeit schien lebendig, so als könne sie sich jeden Augenblick bewegen. Der Boden war ein wenig mit Algen bedeckt. Alle plapperten drauflos. Jeder gab seinen Senf zum Thema Alkohol dazu. Manche schrien: »Rakı«, manche »Wodka«, oder »Nein, nein, es ist Rum«, »Aber nein, Cuba Libre«, »Nein, Tequila«, »Gin«.

»In der Flasche ist Wasser«, sagte Ismail Usta sachlich. Enttäuschung machte sich breit. »Mensch, Donnerwetter noch mal, wenns nur Wasser ist, warum trägst du es dann mit dir herum?«, oder »Willst du uns etwa veräppeln?«, solche Sprüche waren nun zu hören. Ismail Usta entgegnete: »Wenn nur euer Leben so kostbar wäre wie Wasser!« Dann fügte er noch hinzu: »Dieses Wasser ist nicht geheuer. Man weiß nie, was es tut.«

Zunächst sank die Stimmung derer, die um den Usta herumstanden, auf den Nullpunkt. Aber sie schlug schnell wieder um. Ayşe drückte ihre straffen Brüste an Ismail Ustas Rücken, ergriff den Flaschenhals mit ihren schlanken Fingern und bat: »Erklär es uns!« Alle starrten wie gebannt auf das Wasser in der Flasche.

»Im Augenblick ist es ruhig«, erklärte Ismail Usta und nahm einen Schluck vom frisch nachgeschenkten Rakı. »Wenn sich das Meer aufbäumt, dann werdet ihr es sehen! Habt nur ein wenig

Geduld!« »Ah, mir wird schlecht«, rief Sevgi. Metin eilte herbei, um die Gelegenheit beim Schopf zu packen, und brachte sie zur Toilette, vielleicht ergab sich ja was. Koray murrte.

Kurz darauf stieg der Wasserspiegel in der Flasche. Erst zitterte die Wasseroberfläche. Eine Weile später hob sich das Wasser, stieg höher und höher. Die Kämme der Wellen schäumten, eine Woge jagte die andere.

Ismail Usta fragte schmunzelnd: »Habt ihr das gesehen? Nach vielen Jahren ist es mir endlich geglückt, einige meiner geliebten Wellen in diese Flasche einzusperren. Es waren die Ungebärdigsten. Nur mir haben sie sich gebeugt.«

Es wurde gelacht und gekichert. Der Barkeeper Süleyman stand wie versteinert da. Andere schienen ungerührt. Der Schriftsteller rezitierte: »Damit das Meer stillstehen kann, muss es erst Wellen geben. Morgen fahr ich aufs Meer hinaus.« Der Dichter kroch auf allen vieren an Ayşe vorbei, hob den Kopf und spöttelte: »Wahrlich, du bist ein Dichter, Ismail Usta. So etwas kann doch nur einem Dichter in den Sinn kommen. Sie können selbst die Wellen bändigen.« Ayşe fragte: »Wenn es so leicht ist, warum hast du es dann nicht gemacht?« Sie verachtete den Dichter. Gerade deshalb war er so vernarrt in sie. Egal! Ein Maler, der viele Jahre in Paris gelebt hatte und nun wieder in seine Heimat zurückgekehrt war, schlug unverzüglich seinen Zeichenblock auf und skizzierte erst die Flasche, dann Ismail Usta, Ayşe, Koray und den Schriftsteller. Später verkaufte er die Zeichnung an einen Postkartenverlag.

Jemand rief: »Oh, mein Herr, bitte sehr!«, und die Menschen bildeten eine Gasse vor Ismail und seiner Flasche. Durch diese Gasse kam plötzlich, begleitet von seiner Geliebten, ein reicher Geschäftsmann, der in jüngster Zeit Preise an Schriftsteller, Dichter und Künstler verliehen und Gemälde gekauft hatte, um Abbitte für seine Sünden zu leisten. »Ich kaufe die Flasche«, sagte er. »Einen Teufel wirst du tun«, entgegnete Ismail Usta und gestikulierte heftig. »Hier entdecke ich eines der besten Beispiele Konkreter Kunst«, kommentierte ein Kritiker, der in der Jury saß. »Ich zahle zehntausend Lira«, bot der Geschäftsmann. »Ah, welch ein großzügiger und spendabler Mensch«, rief pathetisch die Geliebte an seiner Seite, die im Allgemeinen gar nicht wusste, worum es ging.« »Ja, so ist er«, stimmte der Chor der Speichellecker zu.

»Ich bin ja kein Fanatiker, aber ich bin fest davon überzeugt, dass die Privatwirtschaft ihren Beitrag zum Aufschwung des Landes beisteuern kann«, tat ein Professor aus der Menge seine Weisheit kund. »Unter welches Pack sind wir hier nur geraten«, beklagte sich eine junge Revoluzzerin. Sie trieb sich mit diesem Maler herum, der erst vor kurzem aus Paris gekommen war und diese revolutionären Blumen- und Fischbilder malte. Wie auch immer.

Der Professor setzte seine Ausführungen fort, da er nun schon mal eine so große Zuhörerschaft gefunden hatte. »Die Bürokratie im Land ist schuld daran, dass nichts vorwärts geht. Am besten wäre es, den ganzen Apparat aufzulösen und alles den Privaten zu überlassen. Die stellen sich doch viel geschickter an. Auch wenn sie stehlen und klauen, wenigstens würden sie Devisen ins Land bringen.« »Mensch, du Hornochse«, brauste der Schriftsteller auf, »was hat denn diese Flasche mit der Privatwirtschaft zu tun?« Kurz bevor wegen dieser Flasche ein Bürgerkrieg auszubrechen drohte, wurde der Notstand ausgerufen.

In diesem Moment war ein Boot zwischen den Wellen zu sehen, leicht wie eine Nussschale tauchte es mal auf und verschwand wieder. Es versuchte sich den Wellen zu widersetzen. Die Lage war ernst. Der Nordwestwind tobte. Von Steuerbord her nagten bösartige Wellen am Schiff, es trieb ab, machte keine Fahrt mehr. Ununterbrochen mühte sich der Kapitän ab, stemmte sich mit dem Fuß gegen das Ruder, schrie herum. Die Gischt schlug ihm ins Gesicht.

Alle, die jungen Mädchen, die Frauen, die Ayşes, Sevgis, Korays, Metins, die Schriftsteller, Dichter, Kritiker und Professoren brüllten los: »Um Himmels willen! Oje! Da! Eine Welle hat das Boot erfasst, es wird sinken! Rette es, Ismail Usta!« »Das ist Sache unseres Schöpfers!«, erwiderte Ismail Usta unbarmherzig. Die Wellen trieben das Boot ins offene Meer hinaus. Beinahe wäre es dabei gegen die Felsen geprallt. Aber der Kapitän war wirklich außerordentlich geschickt und kämpfte unermüdlich gegen den Sturm.

»Ich zahle hunderttausend für die Flasche«, steigerte der Geschäftsmann sein Gebot. Ein Rufen und Raunen ging durch die Runde. »Auf hunderttausend ist er raufgegangen!« War das ein Hasardspiel? Die Menschenmenge um Ismail Usta und seine Flasche schwoll immer weiter an. Onay setzte sich ans Klavier und spielte alte Tangos. Keiner scherte sich darum. Die Flasche brachte alles durcheinander. Gerade in diesem Moment betrat eine Gruppe internationaler Berühmtheiten die zum Lokal umgebaute Karawanserei: Unter ihnen waren zum Beispiel Rudolf Nurejew, Jean-Pierre Rampal, Madame Trudeau, Ira von Fürstenberg und Melina Mercouri. Aber sie interessierten sich nicht für das, was da vor sich ging, bestiegen ihre Jachten und entschwanden auf die griechischen Inseln. Und deshalb werden wir sowieso nie etwas am Tourismus verdienen.

Ein junger Revolutionär zitierte angesichts der misslichen Lage des Schiffes den Refrain aus dem Lied des Dichters Nâzım Hikmet: »Hoch hebt sich das Boot ... Das Boot fällt herab ...« Zülfi Livaneli begleitete das Gedicht im Radio Köln mit seiner Saz und nahm später dieses Stück auf seine LP auf. Der Kapitän segelte indessen auf die anatolische Küste zu und legte in einer kleinen Bucht an. Er war nochmal mit heiler Haut davongekommen. Er warf den Anker und vertäute ihn am Heck. Alle atmeten erleichtert auf. Draußen heulte der Nordwestwind ungezügelt weiter.

Die Flasche war zugekorkt. Alles war unter Kontrolle. Jeder genehmigte sich noch ein Glas, man war erleichtert und glücklich. Wir wissen heute nicht einmal mehr, wer es zuerst gesagt hatte, aber irgendeinem entwich der Satz, der die Katastrophe schließlich heraufbeschwor: »Mach die Flasche auf!« Ismail Usta wurde kreidebleich: »Unmöglich«, sagte er, »auf gar keinen Fall, bei allem, was ich schon durchgemacht habe, um diese Wellen zu bezwingen. Das ist ganz ausgeschlossen. Dann bricht ein Unglück über uns herein!« Der Geschäftsmann fiel ihm ins Wort: »Mach auf, mach schon! Zieh den Korken raus!« Die betrunkene Menge stimmte im Chor mit ein: »Mach auf! Mach auf!« Nicht nur die an der Theke, sondern das ganze Lokal, die Stadt Kut, der Mittlere Osten, der Balkan und die Vereinten Nationen – sie alle forderten lautstark dasselbe und veröffentlichten Kommuniqués. Ismail Usta blieb hartnäckig. Manche versuchten ihn aus der Reserve zu locken. »Was soll schon passieren? Das ist doch nur ein Sturm im Wasserglas.« Aber Ismail Usta ließ sich nicht beirren: »Seht es doch ein, das ist kein Spiel!« Metin und Koray packten Ismail Usta, der versuchte die Flasche in Sicherheit zu bringen. Feierlich, als würde er einen wichtigen Handel abschließen, ging der Geschäftsmann auf die Flasche zu, fasste den Korken und öffnete die Flasche, in der die tosenden Stürme und Wellen gefangen gehalten waren: Es war, als öffnete er die Büchse der Pandora. Plötzlich ging alles drunter und drüber. Gigantische und schäumende Wellen, Wirbelstürme, Orkane, Tornados, Südwest- und Nordwestwinde peitschten mit voller Wucht über das Lokal, die Mole, die Liegeplätze hinweg. Sie wüteten und machten alles dem Erdboden gleich: die Geschäftsleute, die Arbeitslosen, die Schriftsteller und Schreiberlinge, die

Zeichner, die Maler, die Homosexuellen, die Bankbeamten und Bankbeamtinnen, die Dichter auf Sommerfrische, die Erzähler, Kritiker, Journalisten, Schauspieler und Schauspielerinnen, die Huren und die, die so taten, als ob sie keine wären, die lustigen Witwen, die Schiffe, Jachten und Boote, die im Hafen lagen, die Pensionen, diejenigen, die aus den großen Städten gekommen waren und Boutiquen eröffnet hatten, die Grundstücksspekulanten, die Makler, alles wurde durch die Gegend geschleudert. Und wie eine Sintflut begrub das Meer alles unter sich.

Etwa neunzig Personen ertranken, nochmal so viele konnten sich nur mit Mühe, leicht oder schwer verletzt, retten. Der Sachschaden belief sich auf mehrere Millionen. Während dieser Naturkatastrophe und Verwüstung stand Ismail Usta mit wachsbleichem Gesicht unerschütterlich da wie der Gipfel des Ararat, und als sich die tosenden Wellen gelegt hatten, steckte er sie wieder in die Flasche und drückte den Korken hinein. Dann schob er die Flasche unter den Arm, ging zur Anlegestelle und sagte: »Ich hatte sie gewarnt!«

Fakir Baykurt

Ayşe Perlchen

»Ayşe Perlchen, Ayşe Perlchen«, riefen die Händler auf dem Markt von Havran. Ich trat heran: Sie verkauften grüne Bohnen. Früher hießen die doch »Frau Ayşe«. »Nein, das ist eine neue Sorte!«, erwiderten sie. Ich sah die Leute an: »Kennt ihr Akçaköy? Kennt ihr Ayşe Perlchen aus Akçaköy?« Sie schauten mich leeren Blickes an wie ein Acker, der seit dreißig Jahren nicht bestellt worden ist, weil die Eigentümer nach Deutschland ausgewandert sind. Nein, woher sollten sie das wissen? Ich ärgerte mich darüber: »Mein Gott, wie kann es sein, dass ihr die Geschichte von Ayşe Perlchen aus Akçaköy nicht kennt?«, wollte ich schon fragen, tat es dann aber nicht. Es hätte ja doch keinen Sinn gehabt.

Ayşe Perlchen aus Akçaköy war eine Halbwaise. Ihre Mutter zog sie zusammen mit ihren übrigen Kindern unter tausend Schwierigkeiten groß. Sie ließ sie zu Hause, wenn sie zum Holzholen in die Berge ging, sie ließ sie zu Hause, wenn sie zum Pflügen auf dem Feld war. Ihre große Schwester Zekiye passte auf sie auf. Die war aber selbst noch klein. Kaum konnte Ayşe einigermaßen laufen, nahm sie nun ihre jüngere Schwester unter ihre Fittiche. Sie waren sechs Waisenmädchen. Elif aus der Familie der Karaalis heiratete nicht mehr: »Meine Lieblinge sollen keine Schläge bekommen.« Wo sollten auch sechs Waisen schon unterschlüpfen, falls sie wieder heiratete?

Ayşe kümmerte sich schon früh um die Hausarbeit. Sie knetete Teig und backte Brot. Sie füllte das Wasser auf. Sie spülte das Geschirr. Auch das Waschen und Flicken übernahm sie bald. Ihre Altersgenossen gingen zur Schule, sie nicht. Wenn das Korn ausgesät wurde, war sie zwar noch nicht auf dem Feld, aber wenn es geschnitten wurde, ging sie jeden Tag mit. Der Mensch klammert sich an jeden Strohhalm. Wer kräftig genug ist, schafft es; doch wenn du zu langsam bist, treiben die Hirten schon ihr Vieh auf das Feld. Und wenn die nach der Ernte ihre Tiere auf den Stoppelfeldern fressen lassen, bleibt auch von dem Korn, das noch nicht geschnitten wurde, kein Halm mehr übrig.

Jetzt beginnt die Arbeit am Dreschplatz. In Akçaköy gibt es keine einzige Dreschmaschine. Hier wird die Landwirtschaft nicht mechanisch, sondern noch von Hand betrieben, und dazu braucht es starke Arme und einen kräftigen Körper: Der Dreschplatz ist ein Ort der Tat. Wenn der richtige Wind zum Heumachen weht, rufen sie einander zu: »He, Süleyman, blas!« Einer worfelt auf dich, du worfelst auf einen anderen. Wer weiß schon, wie viele Karren Staub ein Bauer an einem Dreschplatz so schluckt?

Dann ist es Zeit, Bohnen zu pflücken und Kartoffeln auszugraben. Die Tomaten schlagen Wurzeln und werden an Stangen gebunden. Karaalis Elif ging auch Bohnen pflücken. Sie nahm die Kinder mit auf das Feld. Lässt denn eine Henne ihr Küken allein? Der Herbstfrost hat schon eingesetzt. Doch wenn die Sonne aufsteigt, wird es ihnen warm. Ihr Bohnenfeld liegt auf dem Asar-Ardı-Hügel, ist keinen Morgen groß und liegt nahe am Weg.

Elifs Bruder Osman war weggezogen, hinunter in die Nähe von Aydın, und hatte sich dort, in dem Dorf Ortakçı bei Nazilli, niedergelassen. Alle zwei Jahre steigt er in den Zug und fährt nach Hamdiye Çardağı. Im Dorf Çaltı übernachtet er. Dann mietet sich Osman einen Pferdewagen und fährt damit nach Akçaköy. Immerhin leben ja seine Geschwister hier: seine große Schwester Elif, seine ebenfalls ältere Schwester Zeynep und früher auch sein großer Bruder Necip. Der ist allerdings im Krankenhaus von Burdur gestorben; auch sein Grab liegt dort. Im Dorf leben also zwei Schwestern und einige andere Verwandte. Als auf dem Weg neben dem Bohnenfeld plötzlich ein Wagen heranklapperte, rief Elif: »Hey, das ist Osman!« Und er war es.

»Lauft ihm entgegen!« Elif stürzte los und stellte sich ihm in den Weg. Sie brachte den Wagen zum Stehen und fragte: »Osman, bist du endlich wieder da?« »Ja, Schwester, hier bin ich wieder. Pflückt ihr Bohnen?« »Osman, fahr nicht bis ins Dorf. Lass den Wagen wenden und steige ab. Oder wenn du nicht zu uns herabsteigen willst, verbringe wenigstens den Abend bei uns. Komm schon, Bruderherz, kränke mich nicht.«

Wie könnte er ihr etwas ausschlagen? Er nahm also zwei, drei Gepäckstücke – Körbe, Taschen und einen kleinen Sack – und stieg ab. Dann zahlte er und entließ den Kutscher. Die Kinder küssten ihrem Onkel die Hand. Bis zum Abend war es noch Zeit. Das Dorf lag in der Nähe, denn niemals würden sich die Dörfler weit von ihrem Schlafplatz entfernen. Bis zum Abend erntete Osman mit der Familie seiner großen Schwester Bohnen. Dabei erzählte er, wie es dort ist, wo er lebt; wie viele Kinder er hat; ob die Weberei, die er gelernt hat, etwas abwirft; ob er ohne fremde Unterstützung auskommt. Mittags nahmen sie auf dem Feld ihr Mahl zu sich, dann machten sie sich wieder an die Arbeit, noch am selben Tag würden sie damit fertig werden. Als es Nachmittag wurde, rief Elif ihrer kleinen Tochter zu: »Ayşe, meine Tochter, los, sammle die frischesten Bohnen zusammen, lauf und koch sie. Dein Onkel soll den Abend bei uns verbringen. Geh und schau nicht so dumm in der Gegend herum!«

Elif erzog ihre Kinder streng. Doch Ayşe war ein zartes Kind. Schlägt man denn so ein Mädchen? Bei ihrer Geburt legten Elif und ihr Mann ihren Namen gemeinsam fest. Ihr Mann, der Soldat aller Kriege und Mobilmachungen, im Suezkanalkrieg

Kriegsgefangener der Engländer, im Jemen Siegelschneider, in Inönü bei der Invasion der Griechen verwundet, am Durchbruch von Dumlupınar beteiligt, begann seine Geschichten immer mit dem Spruch »Und dann aber, Kamerad ...« Die Bauernschuhe, Pantinen und Pantoffeln der Besucher, die kamen, um ihm zuzuhören, stapelten sich vor der Tür. »Und daaann, Kamerad ... Elif, lass uns das Mädchen Ayşe nennen; dann liebst du sie wegen deiner Großmutter und ich wegen meiner Mutter!« Das Neugeborene trug somit den Namen einer Mutter und den einer Großmutter. Noch dazu war es ein Kind wie ein Honigtöpfchen: Wie könnte man so ein Kind nicht ins Herz schließen? Erst recht ein Kind mit solchen Augen? Ihre Augen waren grün und schimmerten ein wenig blau. Und sie hatte große Augen. Ihr Gesicht war schön und rund wie der Mond. Deshalb nannten die Leute sie schon als kleines Baby »Ayşe Perlchen«. Als Baby schon so schön, wurde sie immer schöner, je größer sie wurde. »Mein Honigtöpfchen! Mein Süßrahmmädchen, Süßrahm von braunen Schäfchen!« So herzte der Vater seine Tochter. Heißt es nicht, große Liebe bringt schnelle Trennung? Kara Veli verließ sie schnell. Wenn Elif ihre Lippen auf Ayşes Augen legte, konnte sie sie eine Weile lang nicht mehr von ihnen lösen, sie küsste sie heiß und innig; dann schnüffelte sie, als rieche sie an einer Hyazinthe. Sie litt an der Arbeit, an der Plackerei auf dem Land, vor allem aber an der Armut. Ab und zu schlug sie ihre Tochter, aber sie liebte sie wirklich sehr.

Ayşe fürchtete wegen jeder Kleinigkeit, ihre Mutter werde sie schlagen, und deshalb war sie übervorsichtig. Auch als es hieß: »Ayşe, meine Tochter, los, sammle die frischesten Bohnen zusammen, lauf! Und koch sie! Dein Onkel soll den Abend bei uns verbringen«, packte sie sogleich die Angst: »Und wenn ich es nicht schaffe, sie zuzubereiten? Oder wenn sie mir nicht gelingen?«

Zekiye war älter als Ayşe. Dennoch hatte die Mutter Zekiye nicht mit dem Abendessen betraut. Diese schnürte stattdessen die Bohnen zu Bündeln. Sie würde noch zum Beladen des Ochsenkarrens gebraucht werden – selbst auf diesem Acker, der nicht sonderlich groß war, gab es jede Menge zu tun. Aber heute würden sie es schaffen, denn Elifs starker Bruder Osman war da und half.

Ayşe sammelte die frischesten Bohnen zusammen und brachte sie in ihrem Rock unter. Dann machte sie sich auf den Weg ins Dorf. Während sie ging, überlegte sie: »Und wenn ich es nicht fertig bringe, sie zu kochen? Oder wenn sie mir nicht gelingen?« Sie konnte auch keinen um Rat fragen, denn wer war um diese Zeit schon im Dorf? Jeder war bei seiner Arbeit. Außerdem bekäme sie Schläge, wenn Mutter erführe, dass sie andere Leute fragte. Sie fühlte sich wie jene neu vermählte Braut aus der uralten Geschichte, die nicht weiß, wie Paluze gekocht wird und sich nicht erinnert, ob Salz hineinkommt oder nicht. Als sie zu Hause war, nahm sie zuerst die Wasserbehälter, ging zur Quelle und füllte sie auf. Dann brach sie die Bohnen und zog die Fäden ab. Mittlerweile war es später Nachmittag geworden.

»Ach, ob ich denn wohl Zwiebeln schneiden sollte? Und ob ich die Zwiebeln dünsten soll?«, grübelte sie. »Nein, ich werde sie nicht dünsten! Fett werde ich natürlich dazugeben, aber soll ich auch Tomaten hineinschneiden? Im Korb liegen welche. Ich schneide zwei Stück. Darüber gieße ich dann etwas Wasser. Das Ganze decke ich mit den Bohnen ab.« Der kleine Topf fasste jedoch nicht die ganze Menge, deshalb schüttete sie alles in einen großen Topf. Sie gab noch etwas mehr Fett dazu und schnitt eine weitere Zwiebel hinein. Um den großen Topf zu füllen, schnitt sie noch zwei Tomaten aus dem Korb hinein und außerdem zwei grüne Pfefferschoten. Dann schloss sie den Topf mit einem Deckel. Damit der Topf beim Kochen nicht überlief, holte sie einen Salzstein und legte ihn auf den Deckel.

Das Feuer brannte schwach. Sie ging hinaus, um die Hühner zu füttern. Fremde Hühner, die draußen herumliefen, vertrieb sie. Sie kam zurück und warf einen Blick hinüber zum Feuer. Der Stein lag noch immer auf dem Deckel, im Topf aber blubberte es schon. Sie fegte das Haus und die Veranda. Soll Onkel Osman denn den Staub zu Gesicht bekommen? Sie schaute, ob noch genügend Brot ins Tuch geschlagen war. Sie feuchtete noch etwas mehr von den dünnen Fladen an. Sie schürte das Feuer. Sie probierte, ob die Bohnen gar waren. Hei, sie waren genau richtig. Sie nahm sie herunter und kochte etwas Weizengrütze. In diese schnitt sie noch ein paar Zwiebeln, Kartoffeln und grüne Pfefferschoten.

Als der Hoca mit »Allahüekber – Gott ist erhaben« zum Abendgebet rief, erschienen die Mutter und die anderen. Die Sachen von Onkel Osman hatten sie auf den Ochsenkarren gepackt. Im Hof luden sie diese wieder ab und trugen sie herauf. Die Ochsen brachten sie in den Stall und gaben ihnen Futter. Sie hatten ein paar weißgefleckte Bohnen mitgebracht, die sie auf der Veranda ausbreiteten. Ihre Mutter wollte gerade Wasser holen gehen, als sie sah, dass alle Behälter bereits aufgefüllt waren. Zekiye half ihrem Onkel Osman, Hände und Gesicht zu waschen. Elif schaute sich den Topf an und fragte: »Wofür ist denn dieser Stein?« »Damit der Deckel nicht herunterrutscht, wenn es kocht, Mama.« »Wunderbar! Hast du gut gekocht?« »Hab ich, Mama.« »Hast du Zwiebeln hineingeschnitten? Ohne Zwiebeln bekommt das Essen keinen Geschmack!« »Hab ich, Mama.«

Wenig später breiteten sie das Essen auf dem Boden aus. Elifs jüngere Schwester Zeynep, eine ältere Schwester Osmans also, hatte von dem Besuch erfahren und eilte herbei. Sie umarmten und herzten sich. Dann vergossen sie noch ein paar Tränen. »Setz dich, Zeynep, setz dich doch! Du kommst gerade richtig zum Essen, isst du mit uns?« »Wie kann ich denn jetzt essen, Schwester, ich hab doch die Kinder alleine gelassen! Ich geh gleich wieder. Die weinen sonst ... Ich füttere sie erst, dann komm ich wieder!« Auch sie war Witwe, auch auf sie warteten Waisenkinder. Die Menschen starben an Kleinigkeiten. Burdur ist weit weg, und der Weg dorthin führt steil bergab. Selbst wenn man es bis zu den Ärzten schafft, bekommen sie nicht alle Schmerzen in den Griff. Zeynep trocknete sich ausgiebig die Augen, drehte sich um und ging.

»Also gut, alle Mahlzeiten sind vorüber, aber das Abendessen liegt noch vor uns! Los, greift zu«, forderte Elif sie auf. Osman holte aus seinem Sack drei Kilo Feigen hervor und bot sie ihr an: »Schwester, es ist nicht viel, aber es kommt von Herzen!« Er hatte noch Betttücher aus Buldan und Handtücher aus Babadağ dabei. Auch die zog er heraus und gab sie ihr. Karaalis Elif erwiderte: »Wir wollen doch keine Geschenke von dir, du seltener Gast. Es reicht uns, wenn du bei uns bist!« Und gleichzeitig rief sie: »Los, wir verhungern ja sonst noch«, und zog die Stehenden auf den Boden herunter, wo das Essen auf einem Tablett ausgebreitet war.

»Ayşe, hast du das Brot angefeuchtet, Töchterchen?« Sie war nun ein wenig besänftigt und zeigte sich zufrieden mit ihrer Tochter. »Hab ich, Mama.« Sie schütteten die Bohnen in zwei riesige Schüsseln und drehten das runde Messingtablett, sodass jeder der Reihe nach dran kam. »Entschuldige, Osman, heute Abend müssen wir dich mit Bohnen bewirten, die ein kleines Kind gekocht hat.« Sie langten zu.

Osman fasste die grünen Bohnen mit dem Brot aus Blätterteig auf und schob sie sich in den Mund. Seine Hand bewegte sich geschickt und schnell. Immer wieder streichelte er Ayşe zärtlich über Kopf und Hals. »Wunderbar, ganz wunderbar. Toll hast du gekocht, Ayşe, Mädchen!« Dann rief er: »Schwester, bring doch noch die Weizengrütze, mit den Bohnen schmeckt es besser.

Maşallah.« Die grünen Bohnen schmeckten zusammen mit der Weizengrütze wirklich fantastisch. »Ayşe, Mädchen, du hast ja Paprika hineingeschnitten! Mmmh, Schwester, sie hat ja noch Kartoffeln hineingetan. Wahrhaftig, dein Ayşe Perlchen ist schon eine Wucht, eine tolle Köchin! Wirklich, Schwester, tausendmal Maşallah für diese Ayşe!«

Ayşe hielt es nicht mehr länger an ihrem Platz aus und rutschte unruhig hin und her. Schüchtern senkte sie ihren Kopf und kauerte sich zusammen. Weil ihr Onkel zufrieden war, lächelte auch ihre Mutter und sagte voller Stolz: »Gott schenke ihr ein langes Leben und beschere ihr eine gute Partie! Meine Tochter ist tüchtig, Onkel Osman!« Es dauerte nicht lange, da hatten sie die Bohnen und die Grütze aufgegessen. Osman schlug vor: »Schwesterchen, lass uns was Süßes essen und nett dazu plaudern!« Sie aßen also alle Feigen aus Ortakçı auf, ganz weiche, handverlesene kleine Feigen. Dann spülten beide, Elif auf der einen und Zekiye auf der anderen Seite, geschwind das Geschirr. Ayşe machte den Platz sauber, wo sie gerade gegessen hatten.

Osman rief noch einmal »Wunderbar«. Dieses Mal lobte er auch Zekiye ein bisschen, damit sie nicht beleidigt war. »Die tragende Säule des Hauses ist doch Zekiye, oder nicht? Sie ist doch die wahre und erste Helferin ihrer Mutter!«, sagte er. »Schwester, los, bring das Messingtablett, lass uns tanzen!« Der älteste Sohn des Hauses, Gazi Mehmet, brachte das Tablett und legte es vor den Onkel. Osman drehte das Tablett um und schob es vor ihn hin. »Hei, Mehmetchen Mehmet! Gazi Mehmet! Spiel du, ich werde als Erster tanzen! Auf, auuuf!« Dabei erhob er sich und zog aus seiner Jackentasche ein hellblaues Taschentuch hervor. Wie ein »L« knickte er in der Hüfte ein wenig nach vorne, sang und tanzte gleichzeitig. Und Gazi Mehmet trommelte im Takt auf das Tablett.

Hinter die Tür hängt sie das gröbste Sieb, ach, gröbste Sieb,
so vieler junger Männer Schlaf sie vertrieb,
der Tod wird mich retten vom Bann dieser Lieb.
Ach, Mädchen, ach, Mädchen, wie fern ist dein Haus,
im Arm eines andern, ich halt es nicht aus.
Gott bewahr, das soll keiner erfahren.

Osman lockte noch einmal: »Auf!«, rief er, »auf!« Eine noch nie da gewesene Fröhlichkeit erfüllte das Haus. Die Freudlosigkeit und diese Leere ohne Vater, Mann und Gast – diese Leere der letzten Jahre füllte sich langsam wieder. Dann fasste Osman plötzlich seine Schwester an der Hand: »Schwester, auf! Und du, Mehmetchen Mehmet, trommele schön auf das Tablett! Auf, auf! Hoch mit den Armen, Schwesterchen!« Elif sträubte sich: »Mensch, Osman, du glaubst doch wohl nicht, dass ich tanze?« Osman zog auch Zekiye und Ayşe mit. Die eine hielt er vor sich, die andere hinter sich und drehte sich um das Messingtablett, schwenkte sein himmelblaues Taschentuch wie die Fahne der Armen und sang gleichzeitig sein Lied weiter:

Hinter die Tür hängt sie das feinste Sieb, ach, feinste Sieb,
Ayşe Perlchen, Akçaköys Engelchen blieb,
der Mutter ihr Wunsch, sie hat dich so lieb.

Ach, Leute, wer hütet die Waisenkinderschar?
Ayşe Perlchen, auf, auf, geh nach Başpınar!
Gott bewahr, das soll keiner erfahren.

Osman tanzte und dachte dabei: »Ich singe immer von Ayşe, da wird Zekiye noch ganz sauer werden.« Deshalb änderte er einige Verse:

Zekiye Hanım, der Engel ihrer Mama,
ihr Engelchen, ach, ihr Engel ist da.

Während er so sang, beugte er sich zuerst nach vorne und öffnete sich dann wieder weit nach hinten. Er tanzte voller Wonne und Glück mit seinem gut gesättigtem Bauch und trieb auch Zekiye und Ayşe zum Tanzen an.

Später verheirateten sie Ayşe Perlchen mit Ibrahim Çakır aus dem Viertel Aşağı. Weil sie ja nun mit Nachnamen Çakır hieß, wollten sie nicht mehr ihren alten Namen verwenden und stattdessen »Ayşe Çakır« sagen. Dieser Name setzte sich aber nicht durch, als ob ihr der Name Ayşe Perlchen an einem Glückstag gegeben worden wäre. So war es ja auch, hatten ihr doch beide, ihre Mutter und ihr Vater, sich diesen Namen mit vereintem Atem zugeflüstert.

Nachdem ich gesehen hatte, wie unwissend die Händler auf dem Markt von Havran waren, ging ich nach Istanbul, um das Paar im Stadtviertel Acıbadem zu besuchen. Zwei Tage lang war ich ihr Gast. Ayşe Perlchen stand am Morgen als Erste auf und röstete Auberginen und Paprikaschoten. Während ich auf der Matratze, die sie für mich ausgebreitet hatten, noch vor mich hin döste, zogen die allersüßesten Düfte an meiner Nase vorüber. Ich kniff meine Augen zusammen und spitzte die Ohren. Erst nach einer Weile kam ich drauf, was da gebrutzelt wurde, und sprang auf. Tatsächlich, sie röstete Paprikaschoten und Auberginen, die sie dann der Länge nach nebeneinander auf einen ovalen Teller legte. An jenem Morgen frühstückte ich dort wie ein Fürst.

»Geh nicht fort, bleib noch einen Tag, ich will dir noch grüne Bohnen kochen«, bat sie. Ich blieb, und so haben wir also auch noch grüne Bohnen gegessen. Dabei gedachten wir lange unseres Onkels Osman: Ihm hätten die Ohren geklungen! Unser Mütterchen Elif war schon vor zwanzig Jahren gestorben. Wie ich schon erzählte, war Ayşe Perlchen nie zur Schule gegangen, Lesen und Schreiben hatte sie sich selbst beigebracht. Sie liest gerne Bücher und bringt auch ihrem eigenen Kind und ihrem Enkelkind das Lesen bei. Ich habe zusehen können, wie geschickt sie das macht. Glücklich und zufrieden bei diesem Anblick und noch mit angenehm vollem Magen setzte ich mich hin, schrieb diese Erzählung nieder und nahm sie in die Sammlung *Geschichten aus Akçaköy* auf. Ich wünsche mir, dass die Händler, die auf dem Markt von Havran Bohnen verkaufen, eines Tages darauf stoßen und sie lesen werden. Dann werden sie auch erfahren, wer Ayşe Perlchen in Wirklichkeit ist.

Müge İplikçi

Dort irgendwo war der Wind

Ihre Hand liegt in meiner. Eine heisere Stimme durchdringt die Kabine, in der wir sitzen: »Bitte machen Sie den Weg frei!« Als Blaulicht unsere Gesichter streift. Du. Der Herzanfall. Meine Mutter. Duygus Anruf: »Komm!« Während ich gelaufen kam, versuchte ich, nicht an die zu denken, die von uns gingen, die von uns gehen würden. Meine Mutter. Die Stimme des Mannes im Krankenwagen, die in der Straße, am Himmel, in den anderen Straßen widerhallt: »Bitte machen Sie den Weg frei!« Mitten im größten Verkehrschaos warten wir. Die allabendliche Rushhour. Meine Hand liegt in ihrer. Die gleiche Angst wie damals, als du mich zur Grundschule gebracht hast, die gleiche Unruhe, ich schwitze. Die Kabine, in der wir sitzen, ist winzig. Das weiße Licht in der Kabine trügerisch. Bald verfärben wir uns tiefblau, bald wieder weiß. Manchmal laufen wir rot an, leuchtend rot. Dass wir vergänglich sind, wussten wir schon. Doch heute Abend ist nicht der Moment, in dem wir mit diesem Wissen konfrontiert werden wollen. Dies ist kein Moment, in dem ein Herzanfall uns das klar machen muss, der mitten in die Rushhour fällt, während draußen der Regen prasselt. Dies sollte nicht der Moment sein, das zu erkennen. Er sollte es nicht sein. Das Hupen der Autos. Weiter vorne die leuchtenden Ampeln. Überall Fußgänger. Ich kann ihre Atemzüge nicht zählen, ihr Gesicht nicht erkennen. Der Fahrer nimmt eine Abkürzung. Ich kenne diesen Weg. Aus meiner Kindheit kenne ich ihn. Meine Wut auf dich, die Augenblicke, in denen ich dich verfluchte, Mutter, ich kenne diesen Weg, ich kenne ihn. Alle Abkürzungen führen eines Tages ans Ziel.

Wir wohnten viele Jahre in Şerbetçi. Das war damals ein hoch gelegener, abgeschiedener Ort inmitten von Wiesen. Während meiner Gymnasialzeit traf ich frühmorgens immer die Wahl zwischen zwei Schulwegen. Der eine führte über Yelkovankuşu nach Poligon und schließlich hinunter ins Zentrum bis zur Schule, der andere durchs Grüne: erst nach Koçan, dann weiter. Ich liebe diese Gegend, aber das soll das Thema eines späteren Lebens sein, jetzt bin ich völlig am Ende, vollkommen ausgelaugt, nicht in der Lage, an spätere Leben zu denken, wirklich nicht, ja, ich würde gerne vom Leben sprechen, aber nein, es geht nicht.

Duygu fand meine Route über Yelkovankuşu immer zu lang, immer. Meine Klassenkameradin, Freundin und Schwester Duygu hatte Recht. Das Leben gibt ihr ohnehin stets Recht. Sie hatte Recht, und doch war es – wie soll ich sagen – vergebens. Wenn ich mich für die Route über Yelkovankuşu entschied, sagte sie immer: »Machs gut«, und ging die kürzere, eintönigere Strecke weiter. Ich aber machte mich auf den langen, beschwerlichen Weg hinab zur Uferstraße, betrachtete jene schönen Häuser, die Teil eines bunt zusammengewürfelten alten Museums hätten sein können, und blickte schläfrig auf die frühmorgens noch ähnlich verschlafene Stadt. Wenn Sie aus einer Stadt kommen, die dem Meer eine Küste geschenkt hat, die ihm zum Festland geworden ist, dann wissen Sie, wie nachgiebig das Wasser zu dieser frühen Stunde ist. Durch die Vergangenheit hindurchzufahren und das Wasser so zu sehen, erinnert einen, wenn auch nur für einen sehr kurzen Augenblick, an die Unsterblichkeit. Ist das wichtig? Nur in jenem Augenblick. Dann findet man sich plötzlich in einer geschäftigen Menschenmenge wieder, und die Stadt verschluckt einen. Aber das nimmt man gar nicht mehr wahr. Man denkt an das Kopfsteinpflaster der Straßen von Yelkovankuşu. Man denkt an die feuchte Einsamkeit dieser Straßen. An die Straßen des Stadtteils Yelkovankuşu, durch die ich, von Neugier getrieben, in jenen Morgenstunden lief. Dieser steile Abhang, der mich immer an Traurigkeit und Einsamkeit erinnert. Was folgte … An das, was folgte, zu denken, scheint für diesen Moment bestimmt. Jetzt erinnere ich mich wieder an Yelkovankuşu.

Die zarte Hand meiner Mutter, die in meiner Hand zu schmelzen scheint. Wie viele Plätzchen hast du mit diesen Händen gebacken, wie viele Röcke und wie viele Hemden genäht, ja sogar eine Satteltasche. Du hast Pullover gestrickt und Kragen bestickt.

»Gott sei Dank!«, sagt Duygu. »Hier sind die Straßen leerer.«

Von Yelkovankuşu fahren wir hinunter nach Poligon. Ich schaue Duygu in die Augen. Ihr Blick ist wirr, die Augen trübe. Doch man sieht, dass sie nach einem ruhigen Hafen sucht.

Wir kommen jetzt besser voran. Sollen wir schon Hoffnung schöpfen? Mutter, halt durch, du bist eine starke Frau, halt durch.

Zwischen den Landestegen von Mavera und Poligon liegt eine Bucht. Eine Bucht, die sich wie eine Uferstraße in die Stadt hineinzieht. Dieses trunkene Yelkovankuşu, das zusammen mit anderen Vierteln den Bezirk Tümbekpaşa bildet, mit der Mayi-Straße im Westen und Mavera im Osten …

Dann war da Ekrem. Es war morgens. Diese unbestimmte Zeit wie bei allen Liebesgeschichten: morgens. Und dann Ekrems Augen, die vom Grün unreifer Mandeln ins Honigfarbene spielten. Sein tiefer Blick. Als wir gemeinsam den Abhang bei Yelkovankuşu hinabrutschten, war da Ekrem. Ekrem war vorher, war überall, war immer, war nie. Er war ein historischer Einschnitt, er ist meine Geschichte. Wie heißt es doch: Seit dem 15. Jahrhundert war Yelkovankuşu mit seinen türkischen und griechischen Bewohnern ein Ort des Weinanbaus und der Nutzgärten. Danach gab es nur noch Ekrem. Yelkovankuşu, dieser entrückte, verschlafene, trotzige Stadtteil. Überall Ekrem. Die frühere Garnisonsstadt der nach Anatolien abkommandierten Soldaten. Unser kollektives Gedächtnis. Der Stadtteil, dessen Gesicht im 18. Jahrhundert geprägt war von sich drehenden Windmühlen, in denen jahrhundertelang das Mehl für Heer, Sultanshof und Volk gesiebt wurde. Ekrem, Ekrem, Ekrem. Das traurige Yelkovankuşu, dem die Schiffe morgens ihr erstes Tuten schickten und dem sie abends, wenn sie an diesem traurigen Ufer vertäut wurden, einen letzten Gruß sandten. Danach war Ekrem, danach. Und dann, plötzlich ...

Dann war da Tolga. Aber das war nur eine Episode. Aber Ekrem. Ekrems gebrochenes Herz. Ekrem! Das unregelmäßige Schlagen meines Herzens. Wie ich mich ohne Ekrem, ohne Halt, in Ekrem verlor. Wie ich schwieg – ohne Ekrem aus dem Gleichgewicht gebracht.

Zwischen 1789 und 1807 wurde Yelkovankuşu auf Befehl Sultan Selims des Dritten für Neuerungen geöffnet. Dann kam eine Zeit der Unbeständigkeit und des Wankelmuts. Mit Yelkovankuşu ging es bergab. Yelkovankuşu, der Wetterhahn, drehte sich nach dem Wind. Ohne Tolga, ohne Ekrem ...

Bis ...

Bis es 1885 plötzlich in Randa brannte. Die Juden aus Randa mussten sich neue Häuser suchen und entdeckten Yelkovankuşu. Unser Stadtteil wurde mit einem Mal mit Fröhlichkeit erfüllt, es roch nach Leben. Ich veränderte mich, konnte einfach nicht anders als mich verändern. Ich wuchs und gedieh. Neue Freunde, neue Erwartungen. Aber der größte Bevölkerungszuwachs vollzog sich Anfang des 20. Jahrhunderts. Geschichte wurde neu geschrieben. Es war die Zeit der ersten großen Mietshäuser. Die Zeit brachte frischen Wind, doch sie vermochte weder diesen Stadtteil mit seinem religiösen und kulturellen Mosaik noch unsere erhabene Stadt Küsuf vor den Bränden der Sonnenfinsternis zu bewahren. Das Erwachsenwerden konnte die Erinnerung nicht verhindern. Ekrem ... Fast dreihundert Holzhäuser brannten nieder, Grünflächen wurden zerstört. Die Straßen, die direkt auf das Meer zuliefen, und die Straßen, parallel zum Meer gelegen, die anderen scharf durchschnitten, sahen plötzlich so trocken aus. Die Häuser waren jetzt aus Stein gebaut und hatten keine Gärten. Und sie waren verlassen. Ihre Höfe waren Geschichte. Doch wirkten diese Häuser, als forderten sie die Geschichte heraus, und zwar so sehr, dass man Lust bekam, stehen zu bleiben und sich mit ihnen zu unterhalten. Irgendwie verfielen sie einerseits, entstanden aber gleichzeitig neu, mit anderen Worten: Sie bezogen ihre Kraft zu existieren aus ihrem Verschwinden.

Die Liebe ist ein Vorwand, doch verdanken wir ihr unsere größte Hartnäckigkeit. Eines Nachmittags unterhielt ich mich mit meiner Mutter. »Trenn dich von meinem Vater«, riet ich ihr.

Mit Schnitzarbeiten und Reliefs waren die Häuser in Yelkovankuşu geschmückt, die Geländer aus Schmiede- und aus Gusseisen, die Fenster- und sogar die Türstürze mit Linien und Reliefs verziert, flach und gewölbt. In die Mauern neben den Fenstern waren glatte und mit Kannelüren versehene Säulen eingelassen.

»Nein«, entgegnete meine Mutter. »Nein, du verstehst nichts davon. Nein«, sagt meine Mutter. »Nein.« Bis wir verstehen, dass viele Neins eigentlich Ja bedeuten, brauchen wir noch viele, viele Jahre.

Duygu und ich beschlossen von zu Hause fortzugehen. Die Häuser in Yelkovankuşu mit ihren sich wandelnden Gesichtern … Und sonst? Dreieckiger Fassadenschmuck, Blumensträuße an den Türfüllungen, neogriechischer, barocker Stil. Yelkovankuşu …

Ihre Hand liegt in meiner. Meine Mutter. Meine gute alte Mutter. Die heisere Stimme bringt mich wieder zu mir: »Bitte machen Sie den Weg frei.« Wir stecken jetzt im Abendverkehr von Poligon und haben keine Chance. Fahrt zur Seite, fahrt doch, fahrt! Regen. Ein feiner Sprühregen. Wir halten an. Tauchen kurz ins Licht ein, dann sind wir wieder draußen. Weiß, blau, rot. Wie die Flagge von Numen. Die Postkarte, die Ekrem mir Jahre später aus Labada schickte. Vor mir Duygus Augen, die nichts mehr fragen. Duygus Sprachlosigkeit. Das teuerste Gut, das mir anvertraut wurde, das ich in der Hand halte, meine Mutter. Das teuerste Gut des Lebens, meiner Jugend, aller Dinge. Mein Bruder ist wieder nicht dabei. Haben wir nicht auch meinen Vater so verloren? Nein, mein Vater ist in einem Hotelzimmer gestorben, mutterseelenallein. Im Fieberwahn nach seinen Kindern rufend. Meine Mutter. Wir kommen nicht weiter. Kommen nicht einen Millimeter voran. Der Fahrer versucht sich durchzuschlängeln. Meine Mutter. Blaues Licht. Duygu. Weißes. Vor mir die Krankenschwester, die Notärztin, die Notfallhelferin, wie auch immer.

Rot.

Wir kommen nicht voran. Er sei sehr glücklich in Numen, schrieb Ekrem. Was bedeutet das, *sehr* glücklich, Ekrem? Wenn du glücklich bist, bist du glücklich, das ist doch schon viel. Das hat meine Mutter vor langen, langen Jahren einmal gesagt. Wenn du glücklich bist, bist du glücklich, dafür braucht es keine Worte, sagte sie.

Nun haben sich ihre Haare gelöst und liegen auf der weißen Decke. Ich erinnere mich daran, wie sie einen Haarknoten getragen hat. Wie sie, als junge Mutter von drei Kindern, von Yelkovankuşu hinunter zum Markt von Poligon gegangen ist. Ich muss die Abkürzung von ihr kennen, ohne mir dessen bewusst gewesen zu sein.

Die Lektionen des Lebens hingen an den Stickereien eines gelben Kopftuchs. Ich muss sie stets von ihr gelernt haben, ohne es gewusst zu haben. Ich war immer ahnungslos. Wie sehr betete sie meinen Vater an! Wie sie so mit dem gelben Kopftuch traurig lächelnd in der Küche stand, hatte ich jederzeit damit gerechnet, sie würde ihre Seele dem Teufel verkaufen. Nein, sie hat sie nicht verkauft. Kraft, Wissen und Jugend sind gefährlich, hat sie immer gesagt. Nein, so hat sie es nicht gesagt. Ich habe mir immer gewünscht, dass sie so kluge Dinge sagen würde. Ich habe sie mir immer klug, stark und jung gewünscht. Jetzt kämpfe ich um ihr Leben. Doch sie macht still und leise ihre Tomatensuppe in einer Ecke der Küche, irgendwo in ihrer Seele.

Um zu gewinnen, muss man nicht stark sein. Wenn du stark bist, bist du eben stark. Meine Mutter. Meine Mutter.

»Lassen Sie's gut sein«, sage ich zu der Krankenschwester mir gegenüber. »Nehmen Sie ihr dieses Ding von dem Sauerstoffschlauch aus dem Mund.« Ich will ihre Lippen sehen, solange sie noch warm sind. Ich will mir ihr Grübchen vorstellen können, das sich direkt neben ihren Lippen bildete, wenn sie lachte, wenn sie zum Beispiel mit ihrem Kopftuch aus der Küche kam und mit ihr der Duft gebratener Fische. Als Lichter und Jahreszeiten über uns hinwegzogen.

Duygu fängt an zu schluchzen. Sie weint, ich weine. Wir schluchzen beide. Wir sind in einem Krankenwagen. Wir sind zu schwach.

Wir sind weniger geworden.

Wir sind immer zu wenige.

Wir sind alt geworden.

Der aus Holz erbaute Stadtteil, die Seele einer bekannten Stadt. Jener Stadtteil mit seinen Moscheen, Kirchen und Synagogen, mit seiner Architektur, seinem Geruch nach Feuchtigkeit, seinen restaurierten Häusern, mit seinen Straßen, die den ganzen Tag mit Leben erfüllt sind, dieser Stadtteil, der für jeden etwas zu bieten hat, liegt jetzt hinter uns. Wir fahren schneller und verlassen Yelkovankuşu. Es ist, als würde meine Mutter Nein sagen. Nein. Haben wir die vielen, vielen Jahre noch, um zu verstehen, dass die vielen Neins eigentlich Ja bedeuten?

Nein.

Doch kann uns das nicht davon abhalten, jenes Grübchen zu lieben, das wir uns vorstellen. Nein, niemals.

Ülkü Tamer

Asım, der Bonbonmacher

1 Der Süßwarenverkäufer Asım spuckte mal wieder große Töne: »Jeder von euch kriegt eine Tüte Süßigkeiten von mir. Ihr müsst dafür nur beten, dass die Sache klappt.«

Welche Sache er meinte, wusste keiner von uns. Nur eins war klar: Selbst wenn besagte Sache tatsächlich klappen sollte, würde Asım keinem von uns auch nur ein einziges Bonbon geben, geschweige denn jedem eine ganze Tüte.

So war Asım nun mal. Er gönnte einem zwar die Vorfreude, die Freude selbst jedoch nicht. Sein Wort gab er alle Tage, aber dass er es auch einmal gehalten hätte, das hatte noch keiner erlebt.

Asım, der Bonbonmacher. Seine Launen machen ihn zum Narren.

2 Ali hatte Asım eines Tages beim Baden im Alleben beobachtet, einem Bach, der durch Gaziantep fließt.

»Geht der als Erwachsener einfach da baden, wo sonst wir immer baden! Da habe ich mich hinter einem Gebüsch versteckt und ihm zugeschaut. Aber der hat ja gar nicht gebadet, der hat auf das Wasser geschlagen! Mitten im Bach hat er gestanden und mit beiden Fäusten auf das Wasser eingedroschen. Dazu hat er geschrien: ›Wo ist Sabahat, wo ist Sabahat?‹ Vielleicht eine halbe Stunde hat er so gewütet. Dann ist er rausgegangen, hat sich angezogen und gebetet. Und ich habe mich davongemacht.«

3 »Ich soll das Wasser geschlagen haben? Und so einen Mist glaubst du?«

»Man hat dich gesehen. Eine halbe Stunde sollst du draufeingedroschen haben.«

»Ja bin ich denn verrückt? Statt das Wasser zu schlagen, schlage ich doch lieber den, der so was behauptet. Also, wer soll mich gesehen haben?

»Ali.«

»Schau einer an. Was der Hausierer schwätzt, das glaubst du nicht, aber was der Esel schreit, das glaubst du gleich.«

4 Asım drückte mir einen Umschlag in die Hand. »Damit gehst du jetzt zum Hotel Gül Palas, setzt dich gegenüber vom Eingang hin und wartest. In etwa einer halben Stunde muss Sabahat herauskommen. In dem Moment, in dem sie in die Droschke steigt, gibst du ihr den Umschlag. Gib ihn ja nicht einem der anderen Mädchen, hörst du? Du kennst doch Sabahat, oder?«

»Ja.«

»Also, du gibst ihr das, aber ohne etwas zu sagen. Gib ihr einfach den Umschlag, das reicht.«

5 Ich muss vor dem Hotel eingeschlafen sein. Asım war stinksauer. »Du Tölpel!«, schrie er mich an. »Du bist doch so dämlich, dass du nicht einmal mit einem Stück Brot einen Hund anlocken kannst!«

Dann fragte er mich nach meinem Alter.

»Elf«, antwortete ich.

Er schnaubte. Dann ging er eine Weile in seinem Laden hin und her. Schließlich füllte er vier Bonbons in eine Tüte und reichte sie mir. »Jetzt steh hier nicht herum wie ein begossener Pudel. Dann gibst du ihr den Umschlag eben morgen.«

6 »Wie heißt du denn?«, fragte mich Sabahat.

»Şahin.«

Sie steckte den Umschlag in die Tasche. »Komm morgen zur gleichen Zeit wieder hierher, dann gebe ich dir die Antwort mit.«

7 Als ich in den Laden kam, saß Asım mit dem Mattenflechter Hamdi beim Teetrinken.

»Und?«, fragte mich Asım.

»Sie gibt morgen eine Antwort.«

Darauf wandte sich Asım zu Hamdi: »Lass uns doch ins Musiklokal gehen heute Abend.«

»Jetzt mach aber mal langsam«, sagte Hamdi. »Denk an dein Alter.«

»Was soll denn mit meinem Alter sein?«

»Mensch, schau doch nur, wie du dich von diesem frechen Luder verrückt machen lässt!«

»Nenn gefälligst Sabahat nicht ein freches Luder!«

»Und ob ich das tue! Ich bin seit fünfundvierzig Jahren dein Freund, und wenn ich es nicht sage, wer dann? Du bist doch ein Mann, der schon einiges hinter sich hat. Du hast dein Glück in Istanbul versucht, hast alles verkauft, bist zurückgekehrt und hast hier den Laden aufgemacht. Lass es jetzt lieber ruhig angehen, und hals dir nicht so eine Sache auf.«

»Was geht es dich an, was ich mir aufhalse?«, rief Asım laut.

Dann stand er seufzend auf. »Was soll ich sagen, Hamdi. Vielleicht hast du ja Recht. Aber wer A sagt, muss auch B sagen.«

8 Asım: Bonbonmacher und Schaumschläger. Hoch und heilig versprach er, wenn es mit seiner Angelegenheit klappen würde, dann werde er sich den Schlauch des Sorbet-Verkäufers Hıdır umhängen und an seiner Stelle einen ganzen Tag lang vor dem Kino von Macı Hüseyin Lakritz-Sorbet verkaufen und dann am Abend vor dem Camlı-Café sogar welches umsonst verteilen.

»Was für eine Angelegenheit meint er denn?«, fragte Ömer.

Ich als Einziger war auf dem Laufenden und sagte den anderen Bescheid.

Ömer fragte: »Die aus Istanbul?«

»Ja, Sabahat.«

»Der gehts doch blendend, was soll sie denn mit Asım?«

Lakritz-Sorbet wollte Asım verteilen! Ali meinte dazu, das sei doch nur ein Gackern über ungelegte Eier.

9 Als Asım am Istanbuler Bahnhof Haydarpaşa aus dem Zug stieg, hatte er zwanzigtausend türkische Lira in der Tasche. Er fuhr hinüber nach Karaköy und nahm in einem Hotel ein Zimmer mit Blick aufs Meer. Dann zog er sein weißes Hemd an. Pro Tag drei Lira; wenn ich einen Monat bleibe, dann macht das neunzig Lira. Bei zwei Monaten hundertachtzig Lira. Gut. Mensch, Asım, du bist doch ein Teufelskerl. Bei drei Monaten sind es zweihundertsiebzig. Er fragte den Hotelbesitzer, wie man in das Vergnügungsviertel Beyoğlu kommt. Dann fuhr er mit der Tram los. Am Taksim-Platz stieg er aus und lief ein wenig herum. Schließlich kehrte er zu Fuß zurück zum Hotel. Am nächsten Tag ging er zum Beyazıt-Platz. Im Küllük-Café, von dem er schon gehört hatte, trank er einen Kaffee. Nach zehn Minuten war ihm dort bereits langweilig. So ging er über Laleli bis ins Aksaray-Viertel und von dort wieder zurück zum Beyazıt-Platz. Mit der Tram fuhr er wieder zum Taksim-Platz. Wenn er schon hier war, dann musste er doch auch mal ins Kino! Ins Yıldız. Nein, lieber in ein anderes. Er löste eine Karte im Ipek. Die Sessel waren durchaus bequem. Mal sehen, ob der Film reißen würde. Nein, tat er nicht. Aber er war nicht auf Türkisch. Wer sollte denn diese Untertitel lesen? Nach der Vorstellung stand er wieder auf der Straße. Ob er in ein Musiklokal gehen sollte? Dazu war es noch ein bisschen früh. Und außerdem hatte er keine Krawatte um. Ohne Krawatte kommt man da nicht rein, so viel wusste er ja nun doch über das Großstadtleben. Dann eben morgen. Er ging zurück ins Hotel. Und am Abend darauf in das Musiklokal. Der

Blumenfrau am Eingang kaufte er eine Nelke ab und steckte sie sich ins Knopfloch. Drinnen gab er sieben Lira aus. Beim Rausgehen plauderte er noch ein wenig mit der Blumenfrau. Müzeyyen hieß sie.

Zwei Tage später gingen sie in Müzeyyens Wohnung. Dort lernte er Sabahat kennen. Ein sechsjähriges Mädchen. Am Abend darauf brachte er Sabahat aus dem Japan-Laden eine Puppe mit. Einen Monat später telegrafierte er seinem Vater: »Brauche dringend Geld.« Dabei hatte er noch eine ganze Menge. Am Abend fand er im Hotel ein Telegramm vor, das ihn über den Tod seines Vaters unterrichtete. Am nächsten Morgen bestieg er den Zug. Er kam aber nicht mehr rechtzeitig zur Beerdigung. Zehn Tage später war er wieder in Istanbul. Diesmal hatte er fünfzigtausend Lira dabei. Er kaufte Müzeyyen in Soğanağa eine kleine Wohnung. Was war er doch für ein Mordskerl! Nun hatte er in Istanbul nichts mehr zu tun. Er kehrte in seine Stadt zurück. Und wurde Bonbonmacher.

10 Kaum traf ich am Gül Palas ein, da kam Sabahat heraus. »Ich warte schon seit heute Morgen auf dich.«

»Du hattest doch gesagt, um die gleiche Zeit.«

Ihr Gesicht und ihre Augen waren ungeschminkt. Ömer und Ali waren auf die Schulmauer geklettert und beobachteten uns von dort.

»Wo hat der Absender dieses Briefes seinen Laden?«

»Gib mir einfach die Antwort, ich bringe sie schon hin.«

»Bring lieber mich hin.«

Aha, so weit waren wir also schon! Ich ging ihr bis zu Asıms Laden voraus. Und zwar möglichst schnell, um als Erster anzukommen. Von wegen! Ums Haar hätte sie mich überholt. Vor dem Geschäft blieb ich stehen.

Sabahat ging sofort hinein. »Onkel Asım!«

Onkel? Dieser Asım war doch wie eine ungeöffnete Wassermelone: Nie weiß man, was innen drin ist.

11 Nachdem Asım seinen Süßwarenladen verkauft hatte, bekam keiner von uns Sabahat mehr zu Gesicht. Osman behauptete einmal, sein Onkel habe sie gesehen. Asım habe sie in Narlı zum Zug nach Istanbul gebracht. Aber nicht mit dem Bus. Wer weiß womit. Heimlich. So wie sich ein Hund in ein leeres Haus schleicht.

12 Nun hat Asım doch Wort gehalten. Letztes Wochenende, am Freitagnachmittag, hat er sich den Schlauch vom Sorbet-Verkäufer Hıdır um den Hals gehängt und vor Macı Hüseyins Kino Sorbet verkauft. Danach ist er zu Hıdırs Haus, hat den Schlauch wieder gefüllt und vor dem Camlı-Café Sorbet umsonst verteilt. Dann ist er wieder zurück zu Hıdırs Haus, hat den Schlauch erneut gefüllt und ist zum Alleben gegangen. Und hat den ganzen Schlauchinhalt in den Bach geleert. Einundvierzig Tage lang führte der Alleben daraufhin kein Wasser, sondern Lakritz-Sorbet.

Erhan Bener

Şevket aus Antep

Es war vor vielen Jahren. Man hatte mich zu Steuerprüfungen in die südanatolische Stadt Iskenderun geschickt, und da sie im Zusammenhang mit einer juristischen Untersuchung standen, musste ich Konten einer Firma in Gaziantep gegenprüfen. An einem ziemlich lauen Wintertag brach ich bei Nieselregen von Iskenderun auf. Mir drehte sich der Magen um, als ich auf einer kurvenreichen Straße fuhr, die noch aus der Zeit der Franzosen stammte, und gegen Abend kam ich bei Schneegestöber im eiskalten Antep an, wie man kurz zu Gaziantep sagt.

Damals fing Gaziantep erst an, eine Großstadt zu werden; mit anderen Worten, die Stadt hatte sich noch nicht in einen Betonhaufen verwandelt. Als einziges Hotel, in dem man übernachten könne, empfahl man mir ein Hotel namens Gül Palas, das vor kurzem erbaut worden war. Ich begriff sofort, warum man mir dieses Hotel empfohlen hatte, denn dieser »Palast« hatte einen unschätzbaren Vorzug: eine Zentralheizung. Die Zimmer waren zwar winzig wie Nussschalen, aber ziemlich sauber, die Hotelleitung und das Personal in der Tat höflich und zuvorkommend.

Am nächsten Morgen ging ich zu der Firma, bei der ich die Untersuchung durchführen sollte. Kaum hatte ich einen Blick auf die Bilanzen geworfen, wurde mir klar, dass ich drei bis vier Tage würde hier bleiben müssen. Nachdem ich an jenem Tag in einem Lokal, das mir vertrauenswürdig erschien, zu Mittag gegessen hatte, war ich gerade auf dem Weg zurück zum Hotel, um mich eine Weile auszuruhen, als ich hinter mir jemanden rufen hörte. Ich schaute mich um. Ein ziemlich dicker Mann, ungefähr in meinem Alter, aber mit ausgefallenem Haar, tiefen Falten im

Gesicht und einem Spitzbauch, kam im Laufschritt auf mich zu, umarmte mich, und wir küssten uns.

Der Mann kam mir wirklich nicht fremd vor, ich glaubte ihn zu kennen, aber mir fiel nicht gleich ein, woher und wer es war. Ohne irgendwo Platz zu nehmen, unterhielten wir uns im Stehen. Da ich mir keine Blöße geben wollte, versuchte ich ihn geschickt zum Reden zu bringen, um mehr über ihn herauszufinden. Er wusste genau über mich Bescheid und kannte meinen Beruf. Da er nicht dumm war, merkte er sofort, dass ich mich bei diesem Gespräch nicht wohl fühlte, weil ich über und über rot wurde. Schließlich klärte er mich auf: Ich erfuhr, dass er Şevket hieß. Wir waren tatsächlich Klassenkameraden gewesen, hatten dasselbe Gymnasium in Istanbul besucht.

»Du hast dich überhaupt nicht verändert, aber ich mich sehr. Kein Wunder, dass du mich nicht erkannt hast«, sagte er. »Ich habe früh geheiratet und zwei Kinder bekommen. Als mein Vater starb – er war noch jung –, musste ich das Studium abbrechen und in die Heimat zurückkehren. Hier haben wir eine Fabrik, die ich mit meinem Onkel als Partner betreibe. Ein hoher Beamter wie du konnte ich nicht werden, aber Gott sei Dank schlagen wir uns irgendwie durch. So ist es eben nun mal in Antep.«

Şevket war dagegen, dass ich im Hotel übernachtete, und wollte mich unbedingt bei sich zu Hause unterbringen. Ich aber wich höflich aus, schließlich würde ich nur ein paar Tage bleiben und das Zimmer im Hotel hätte ich schon reserviert. Nun bestand er darauf, dass wir wenigstens zusammen zu Abend essen sollten. Das konnte ich ihm nicht abschlagen. Wir verabredeten uns für etwa sieben Uhr abends im Club der Kaufleute und verabschiedeten uns.

Dann erinnerte ich mich wieder an Şevket. Im Gymnasium waren wir zwar keine besonders engen Freunde gewesen, aber ich hatte ihn als ehrlichen, gutherzigen und aufrichtigen Jungen im Gedächtnis. Er war ein mittelmäßiger Schüler, und wir waren beide im Internat untergebracht; für ihn zahlten die Eltern, und ich hatte ein Stipendium. Trotz allem freute ich mich, dass er mich in dieser Stadt, in der ich fremd war, auf der Straße erkannt und so herzlich begrüßt hatte. Ob man eine Stadt gern hat oder nicht, hängt eher von den persönlichen Beziehungen ab als davon, was die Stadt zu bieten hat. Wenn man einsam ist, würde einem noch nicht einmal Paris gefallen.

Am Abend ging ich gegen sieben zum Club der Kaufleute. Der Mann an der Tür musste so genaue Anweisungen erhalten haben, dass er noch nicht einmal fragte, wer ich war. Als ich eintrat, schaute ich mich nach allen Seiten um. Es war fast niemand da, auch Şevket nicht. Ich nahm mir eine der Zeitungen, die auf einem kleinen, mit einem filzartigen Stoff bedeckten Tisch lagen, ging zu einem der Tische weiter hinten und setzte mich. Damals kamen die Zeitungen aus Istanbul mit einem Tag Verspätung in Gaziantep an; da ich jedoch in diesen Tagen noch nicht einmal Radio hören konnte, las ich die Nachrichten vom Vortag so, als wären sie ganz aktuell.

Mitten im Saal wurde ein ellenlanger Tisch gedeckt. Insgeheim zählte ich die Stühle. Es war eine Tafel für vierundzwanzig Personen, und man hatte sie mit Blumen geschmückt. Zwei Kellner eilten zwischen dem Saal und der Küche hin und her und stellten Teller mit Vorspeisen auf die Plätze. »Da wird wahrscheinlich ein Minister oder ein anderes hohes Tier erwartet«, dachte ich. Ich fühlte mich nicht ganz wohl in meiner Haut. Hätten wir uns doch irgendwo draußen in einem Restaurant getroffen, sagte ich mir.

Kurz danach tauchte Şevket an der Tür auf, und als er sich suchend umblickte, winkte ich ihm. Außer Atem entschuldigte er sich für seine Verspätung. Den ganzen Tag, den ganzen Nachmittag habe er sich die Hacken abgelaufen, weil er die Honoratioren der Stadt hatte treffen müssen. Was er damit meinte, verstand ich erst später.

Während Şevket und ich miteinander plauderten, kamen die ersten Gäste und begrüßten ihn mit Verbeugung und Handkuss, wie das im Südosten unseres Landes üblich ist. Prahlend stellte Şevket mich ihnen vor, nannte ihnen meinen Beruf und betonte, wir seien »enge« Schulfreunde. Zu den Besuchern des Clubs gehörten der Vorsitzende der Anwaltskammer, der Finanzdirektor, der Präsident der Handelskammer, ein Richter, der Gymnasialdirektor, ein paar bedeutende Geschäftsleute und Landwirte. Das waren die Gäste der langen Tafel in der Mitte des Saals.

Allmählich wurde mein Gespräch mit Şevket über Erinnerungen an die Schulzeit und ans Militär immer angeregter. Zwischendurch berichtete er mir auch ein wenig von Antep und erzählte Anekdoten. Die Leute in Antep würden nicht besonders alt, da sie vom vielen Trinken jung sterben würden! Kein Hund habe je einen Mann aus Antep gebissen, denn vom vielen Rakı-Trinken würden die Leute rasch altern und Tag und Nacht mit dem Stock herumlaufen. Solche Geschichten gab er zum Besten!

Irgendwann einmal sagte er: »Es heißt, du seist wegen einer Untersuchung in der Fabrik der Familie Fuat hierher gekommen, stimmt das? Warum hast du mir das nicht gesagt?«

Auch wenn wir alte Freunde waren, wurde ich plötzlich misstrauisch; in Situationen, die das Berufsethos in Gefahr bringen, ist äußerste Vorsicht angebracht. Entweder wollte er mir indirekt eine Bestechung anbieten, oder er würde mich denunzieren.

Der Schuh schien ihn jedoch anderswo zu drücken!

»Wir machen dieselbe Arbeit wie die Fuats. Daher bitte ich dich um einen Freundschaftsdienst. Ich möchte, dass du auch unsere Konten prüfst. Wir sind Konkurrenten. Wenn du die Fuats prüfst, uns aber nicht, dann ist es mit unserem Kredit aus und vorbei. Hinterher würde alle Welt ihren Spott mit mir treiben:

Der Herr Inspektor hat es noch nicht einmal für wert befunden, dich zu prüfen.«

Ich erwiderte ihm, ich sei nicht für eine normale Untersuchung nach Gaziantep gekommen, sondern um die Konten eines Geschäftsmanns in Iskenderun zu kontrollieren. In der Fabrik der Familie Fuat würde ich nur die »Gegenprobe« machen. Er schien das zu verstehen, ich merkte jedoch, dass er verletzt war.

In diesem Augenblick nahmen die Gäste an der langen Tafel in der Mitte des Saals Platz. Şevket forderte mich auf: »Na, komm endlich, setzen wir uns dazu!«

Mir war nicht wohl dabei, und ich erwiderte: »Ich nehme nicht gern an so einem offiziellen Gastmahl teil, Şevket, und würde lieber allein mit dir essen.«

Er riss die Augen auf: »Das darf doch nicht wahr sein! Dieses Essen gebe ich dir zu Ehren! Heute bin ich den ganzen Nachmittag den Großkopferten, die du da siehst, hinterhergerannt, um sie alle hier zu versammeln!«

Ich war tief beschämt. Anscheinend war das in Antep so Sitte. Ging es um einen wichtigen Gast eines der Honoratioren der Stadt, lud jener ihm zu Ehren Freunde und Bekannte ein und gab ein solches Bankett. Vielleicht war das manchmal auch ein Vorwand für die Herren der Stadt, in eine Gaststätte zu kommen.

Da man mich mit fast allen Gästen am Tisch gleich nach ihrer Ankunft im Club bekannt gemacht hatte, musste ich der Runde nicht noch einmal vorgestellt werden. Wir begannen alle mit dem Essen. Das Bankett dauerte bis in die Nacht hinein, bis elf oder halb zwölf. Verschiedene Vorspeisen – ich kannte weder ihren Namen noch ihren Geschmack – wurden gereicht, fast alle scharf gewürzt und sehr lecker, und am Spieß geröstetes Fleisch; Rakı trank man wie Wasser aus großen Gläsern, und allen schwirrte der Kopf.

Als es Zeit wurde, sich vom Tisch zu erheben, bestand Şevket darauf, mich in das Musiklokal zu bringen. Viele Gäste am Tisch entschuldigten sich, es sei zu spät und am nächsten Tag müssten sie zur Arbeit gehen. Wir waren etwa sieben oder acht Leute, die sich auf den Weg machten.

Das »Musiklokal« war ein ziemlich großes Café mit einer Bühne. Als wir eintrafen, waren die Musiker schon auf der Bühne. Die Sängerinnen – von der Debütantin bis hin zur Berühmtesten – traten der Reihe nach auf und sangen. In dieser Hinsicht unterschied sich das Café hier kaum von den Restaurants mit Livemusik Alaturca in Istanbul.

Als wir Platz nahmen, traten bereits die Solisten auf. Şevket hatte vermutlich schon vorher einen Tisch direkt bei der Bühne reserviert. Das schien der Ehrenplatz zu sein. In diesem Lärm und wegen des Getöses aus den Lautsprechern, die bis zum Anschlag aufgedreht waren, konnten wir kein Wort miteinander wechseln.

Gleich kam auch schon ein Kellner mit einem Tablett in der Hand an unseren Tisch. Darauf lagen Zigaretten verschiedener Marken, schön aneinander gereiht. Anscheinend war das hier so üblich. Die Leute, die vor uns gekommen waren, schienen uns die Zigaretten als Willkommensgruß zu schicken. Obwohl die Marke, die ich rauchte, nicht dabei war, nahm ich mir auf Şevkets Rat hin – um keinen Fauxpas zu begehen – auf gut Glück eine Zigarette und zündete sie an.

In diesem Augenblick wurde den Sängerinnen von den Tischen eine Flasche Rakı nach der anderen geschickt, und die Flaschen wurden auf der Bühne zu ihren Füßen aufgereiht. Şevket erklärte, das Ansehen einer Sängerin werde an der Zahl der Flaschen gemessen. Daher sollte es sogar Sängerinnen geben, die sich selbst Flaschen schicken ließen!

Obwohl wir uns kurz vorher im Club satt gegessen hatten, bestellten auch wir Essen und Getränke, um nicht unangenehm aufzufallen, und wir wurden weiter von den Gästen an den anderen Tischen bewirtet. Wahrscheinlich maß man unser Ansehen auch an diesen Gaben! Getränke, verschiedene Zigaretten – und diesmal nicht etwa einzeln, sondern päckchenweise! –, Vorspeisen ... Jemand schickte uns sogar Blumen! Plötzlich tauchte ein Kellner mit einer Flasche Whisky in der Hand auf. Ich merkte, dass Şevket ärgerlich wurde: »Von wem kommt das?«, fragte er.

Der Kellner zeigte hinüber zu einem Tisch auf der anderen Seite der Bühne: »Von Fuat Bey.« Fuat Bey war der Inhaber der Firma, deren Konten ich prüfte. Diesmal ärgerte ich mich nicht nur, sondern wurde sogar wütend, und gerade, als ich dem Kellner mit der Hand zuwinken wollte, er solle die Flasche zurückgehen lassen, hielt Şevket mich davon ab, indem er mich am Arm packte. Er flüsterte mir zu: »Sag bloß nichts. Ein Geschenk hier im Nachtclub, vor den Augen der Frauen, zurückgehen zu lassen, das ist die schlimmste Beleidigung. Das könnte sogar zu Blutvergießen führen! Schließlich bist du mein Gast, und der Typ glaubt doch tatsächlich, er könnte mich herausfordern!«

Dann flüsterte er dem Kellner, der die Flasche auf den Tisch stellte, ein paar Worte ins Ohr. Auf einmal brachte der Kellner dem anderen Tisch zwei Flaschen Whisky, und sogar Chivas Regal! Diesmal ging es an dem anderen Tisch recht lebhaft zu, und etwas später kletterte ein anderer Kellner auf die Bühne, stellte der Sängerin drei Flaschen Whisky zu Füßen und verkündete: »Von Fuat Bey – zu Ehren des Gastes von Şevket Bey!«

Daraufhin spitzte sich der Wettkampf zu. Şevket konnte doch nicht hinter den anderen zurückbleiben! Im Namen von Fuat Bey schickte er zu Ehren der Gastfreundschaft, die jener dem Gast erwies, vier Flaschen Whisky auf die Bühne!

Kaum war eine halbe Stunde um, da stapelten sich fast zwei Kästen Whisky auf der Bühne. Auch die Inhaber des Cafés ließen die Kellner um die Wette rennen und stachelten den Wettstreit an. Ich bat Şevket damit aufzuhören: »Ich bin müde, und mir ist schlecht, komm, lass uns endlich gehen!« Diesen sinnlosen Wettbewerb, den man vor allem meinetwegen veranstaltete, fand ich wirklich widerwärtig, und ich war erschöpft. Zu allem Übel hatte ich auch noch Magenkrämpfe bekommen! Şevket wollte jedoch nichts davon hören. Er war total betrunken und stand weder auf, noch ließ er mich los, und mit dem Wetteifern hörte er erst recht nicht auf. Auch wenn ich ihm wieder und wieder erklärte, wie primitiv ich das alles fand, ließ er meine Worte nicht gelten, sondern meinte ganz im Gegenteil: »Wenn du morgen nicht in unsere Fabrik kommst, bin ich am Boden zerstört, und Fuat, diese Kanaille, macht mich zum Gespött der ganzen Stadt.« Nun versuchte er auch noch mich ganz und gar in den Wettkampf zu verwickeln.

Irgendwann einmal fing mein Magen an zu revoltieren, und ich ging so schnell wie möglich zur Toilette. Dort war es so dreckig, dass mir noch übler wurde. Während ich auf dem Klo fast um mein Leben kämpfte, schwoll das Stimmengewirr im Saal an, das Lärmen, Schreien und Hin- und Herrennen, kurz danach hörte ich Schüsse und Trillerpfeifen der Polizei. Kaum war ich wieder einigermaßen hergestellt, eilte ich in den Saal zurück.

Was aber sah ich da? Ein wüstes Durcheinander, Tische und Stühle über den Haufen geworfen. Fünf oder sechs Polizisten schleppten ein paar Leute mit Gewalt hinaus, an unserem Tisch saß niemand mehr, und auch der Tisch von Fuat Bey und seinen Freunden in der anderen Ecke war leer.

Zum Glück dauerte das Chaos nicht lange, die Polizisten gingen, die Herumstehenden setzten sich wieder, und die Musik begann von neuem. Ich wusste nicht, was ich tun sollte, denn weder Şevket noch die anderen Gäste unseres Tisches waren irgendwo zu sehen. Ich rief den Kellner und fragte ihn, was passiert sei.

»Şevket Beys Leute und die Freunde von Fuat Bey sind übereinander hergefallen«, erzählte er. »Şevket Bey, aber auch Fuat Bey – beide sind zur Polizei gegangen, um ihre Leute freizubekommen.«

Es durchzuckte mich, und ich fragte den Kellner: »Und die Rechnung?«

»Mit der Rechnung ist alles schon geregelt«, antwortete er.

Ich versuchte ihm nicht zu zeigen, wie erleichtert ich war, gab ihm ein ziemlich hohes Trinkgeld, holte Hut und Mantel von der Garderobe und kehrte ins Hotel zurück.

In meinem winzigen Hotelzimmer quälte ich mich bis zum Morgen, in Schweiß gebadet, mit Albträumen herum, zum einen waren es der Alkohol, den ich fast literweise getrunken hatte, und die scharf gewürzten Speisen, die mir schwer im Magen lagen, zum anderen die enorme Aufregung, die ich durchgemacht hatte, und das Herzklopfen; zu allem Unglück war das Zimmer auch noch völlig überheizt, da die Heizung auf der höchsten Stufe stand.

Als ich am Morgen aufwachte, fühlte ich mich wie betäubt. Das Aufstehen fiel mir schwer. Ich zog mich an. Der Magen tat mir immer noch weh, und wieder meldete sich der Brechreiz. Ich trank nur eine Tasse Kaffee, und da ich es nicht wagte, zu Fuß zur Firma zu gehen, bei der ich die Untersuchung machte, ließ ich ein Taxi rufen.

Wie ein begossener Pudel stand Fuat Bey vor mir und hörte gar nicht auf, sich zu entschuldigen. Eigentlich war er kaum in einer besseren Verfassung als ich.

»Und was ist mit Şevket?«, fragte ich.

»Wir sind verwandt, aber auch Freunde seit unserer Kindheit. Seien Sie uns nicht böse, wir haben ab und zu mal solche Auseinandersetzungen. Wahrscheinlich denken wir in solchen Momenten an unsere Kindheit, und wenn wir dann auch noch betrunken sind … Şevket ist das so peinlich, dass er heute früh bei mir vorbeikam. ›Ich kann meinem Freund nicht in die Augen sehen‹, sagte er, ›bitte entschuldige mich bei ihm. Ich setze mich jetzt ins Auto und fahre nach Antakya.‹ Weil ihm das alles so peinlich ist, wird er sich tagelang nicht hier blicken lassen!«

Am nächsten Tag hatte ich alles erledigt und fuhr nach Iskenderun zurück. In Antep hatten wir in jener Nacht so viel getrunken und so viele scharfe Sachen gegessen, dass ich völlig am Ende meiner Kräfte war: In Iskenderun lag ich eine Woche lang krank im Hotelzimmer.

Yeşim Dorman

Vollmond über Harran

Ich bin nicht mehr da

Waren es die Schweißperlen, die sich an meinem Haaransatz sammelten? Oder das plötzliche Bremsen des Fahrers? Was auch immer mich weckte, dem sei Dank! Nur wenig später und mein Nacken und meine Knie wären so steif geworden, dass ich sie nie wieder hätte lockern können. Gegen Morgen war es abgekühlt, ich hatte meine beiden Pullover übereinander angezogen und die Beine untergeschlagen. Vermutlich war deshalb mein linkes Fußgelenk eingeschlafen. Ich versuchte mich zu recken, doch mein schweißüberströmter Nacken war steif wie ein Stahlseil. Während ich ihn mit beiden Händen massierte und wieder weich knetete, schaute ich, nachdem ich den vor Dreck starrenden Vorhang zur Seite gezogen hatte, aus dem Fenster. Der Bus fuhr auf einer wie mit dem Lineal durch die hügellose Ebene gezogenen, schnurgeraden, schmalen Straße dahin. Es musste etwa sechs Uhr sein. Da die Sonne schräg auf uns fiel, folgte uns der lange Schatten des Busses. Nur ein, zwei Stunden hatte ich schlafen können. Ich vermisste meine Uhr. Die normalerweise unter dem Armband verborgenen Härchen waren noch platter gedrückt als die anderen. Warum hatte ich, bevor ich das Haus verließ, die Uhr vom Arm genommen und auf das Bett geworfen? Die Antwort, die ich in der vorangegangenen Nacht auf diese Frage gefunden hatte, wollte mir nicht wieder einfallen. Eine ungeduldige Reisende war ich. Zuerst hatte ich mich über die Enge meines Sitzplatzes beklagt, war dann schließlich doch noch eingeschlafen, und jetzt wollte ich wissen, wie spät es war. Ich sollte endlich aufhören, unnütze Fragen zu stellen. Was würde es schon ändern, wenn ich wüsste, wie viele Stunden bis Urfa noch vor uns lagen oder wie diese Ebene hieß, durch die wir gerade fuhren? Was ich wusste, sollte mir vorerst genügen. Ich näherte mich der Stadt, in der ich von nun an mein Leben verbringen wollte, und würde nicht wieder an meinen Geburtsort zurückkehren. Mehr in Erfahrung zu bringen, war im Augenblick ohnehin nicht möglich. Am Telefon war ich nicht in der Lage gewesen, Haydar zu sagen, dass ich nicht wieder zurückfahren würde. Normalerweise hielt ich mit nichts hinterm Berg, nur angesichts ungeheuren Kummers pflegte ich zu schweigen. Dennoch hatte ich Haydar nicht sagen können, dass ich bleiben würde. Als ich in der Nacht zuvor ein paar Kassetten, die Gedichtbände Atilla İlhans und ein, zwei Kleidungsstücke in meine Tasche packte, um nach Harran zu gehen, hatte ich mir keine Fragen gestellt. Mir blieb nur eine Möglichkeit, und dieser fügte ich mich gehorsam. In jenem Augenblick war ich davon überzeugt, fortzugehen sei das, was meiner Natur, meinem Wesen entspräche. Diese Überzeugung hatte sich nicht etwa abgeschwächt, trotz des strengen Geruchs im Bus, der an jeder Abzweigung hielt und auf Reisende wartete. Mein zukünftiges Leben würde ich in Haydars Dorf in Harran verbringen. Sähe Haydar erst meine traurige Lage, würde er mich verstehen. »Oje!«, hatte er geseufzt, als ich ihm eröffnete, meine Arbeit aufgegeben zu haben. »Keine Angst«, sagte ich, »ich werde schon zurechtkommen.« »Das verstehe ich nicht, doch komm erst mal her!«, gab er zurück. Wie seltsam das Leben war! Wie selten hatte ich von Leuten in meiner Umgebung je gehört, dass sie etwas nicht verstehen würden. Nachdem er aufgelegt hatte, küsste ich den Hörer. Wie eine Mutter, die ihr Kind weckt, flüsterte ich: »Ich möchte in Harran sterben, Haydar. Nimm mich auf im Land deiner Vorfahren!«

Als wir an einem unmittelbar an der Straße liegenden Dorf vorbeifuhren, sah ich einen Mann vor seinem Haus auf dem Erdboden sitzen. Dieser alte Mann war sicher in diesem Dorf geboren, und er würde hier auch sterben. Dieser Anblick strahlte eine Sicherheit aus, die einen wärmte. So als würde man sich mit sechzehn verlieben und mit dem Partner alt werden. Es käme nicht einmal Langeweile auf, denn man kannte und wüsste ja nichts anderes. Es gäbe kein Leben ohne ihn. So wie es außer diesem Ort keinen anderen Ort gäbe, keinen anderen Körper als nur diesen einen, kein anderes Mahl als dieses, keinen anderen Mond … Wie oft jedoch hatte sich mein Leben gedreht und gewendet, wie viele Gesichter, wie viele Erinnerungen blieben mir, wenn sie inzwischen auch ihre Bedeutung verloren haben, und wie viele Monde. Ich hatte mich nie an etwas Einzigem und Ewigem festhalten können. Kaum waren meine Wasser der Quelle entsprungen, da verliefen sie sich auch schon in hunderte winziger Arme. Jeder strömte woandershin. Ein Teil von mir war auf unfruchtbarem Boden verdunstet, ein anderer hatte sich unter reißende Ströme begeben. Kaum hatte ich mich an den Geruch eines Hauses gewöhnt, begann Mutter von einem größeren Haus zu träumen; kaum gewöhnte ich mich an den Charakter eines Freundes, da brach Streit zwischen uns aus. War meine Natur denn so sehr verschieden von der des alten Mannes? Beide waren wir geboren worden, beide wussten wir nicht warum, beide lernten wir laufen und wuchsen heran, vermehrten uns und würden sterben. Er würde auch vor der Tür seines Hauses sitzen, wenn der Tod käme. Ich hingegen wusste nicht, wo ich sein würde. Obwohl unsere Wasser aus derselben Quelle stammten, sprudelte er in der erstbesten Höhlung vor sich hin, während ich mir den Kopf an allen möglichen Steinen stieß und weiterfloss. Hatte nun ich einen Mangel oder er? Oder lebten wir beide genau das, was zu uns passte? Ich wusste es nicht, wusste nur, dass ich mich von einer Schuld befreit hatte, als ich diesen Bus bestieg. Als hätte ich an der Schwelle kehrtgemacht. Wäre ich noch ein wenig in jener

Wohnung geblieben, hätte mich ein grausames »Schicksal« gepackt. Seinen Atem hatte ich schon gespürt, im letzten Moment war ich seinem Griff entkommen. »Gott sei Dank!«, sagte ich mir, »ich bin der Schuld von der Schippe gesprungen.« Und beruhigte mich. Unschuldig und kläglich schaute ich aus dem Fenster und konnte nicht umhin, an den Tag zu denken, an dem ich mich zum Aufbruch entschlossen hatte.

Bevor ich die Tür abschloss, hatte ich die Vorhänge meiner Wohnung fest zugezogen und mich eine Weile umgeschaut. Wie sehr hatte ich sie einst geliebt, tagelang hatte ich, ohne mich entscheiden zu können, überlegt, welche Farbe die Wände bekommen sollten, hatte häufig die Vorhänge gewaschen. Nun jedoch wünschte ich sehnlichst fortzukommen. Wie eine Mutter, die sich von ihrem Kind trennt, aber von einem Kind, das sie unter Zwang zur Welt gebracht hatte. War es Schmerz, was ich fühlte, als ich in der Tür stand und die Wohnung betrachtete? Auch das zu wissen, war mir unmöglich. Es war lediglich eine Situation, die keinen Trost verhieß. Die Möbel, die Bilder und die Häkeldecken, die unter jener Nadel entstanden, die Mutter mir in die Hand gedrückt hatte, als ich zwölf war, um mich von den ungezogenen Kindern auf der Straße fern zu halten, blickten mich unverschämt an. Sie hatten mich verraten, hatten meine Lage nie verstanden. Wäre ich gestern Nacht daheim geblieben, hätte ich jene Möbel zertrümmert und wild die Häkelarbeiten zerfetzt. Ich war eine Raupe, die sich wand, um ihren Kokon zu zerreißen, jene Gegenstände hingegen hatten sich nicht verändert. Die Sessel, die kräftige Träger nach dem Tod meiner Großmutter aus ihrem Haus geschleppt hatten, waren immer noch dieselben. Wütend hatte ich sie angesehen, denn egal, ob ich froh oder am Boden zerstört war, sie standen nur ungerührt da. Würde ich Jahre später nach Hause zurückkehren, fände ich sie in derselben dreisten, schwerfälligen Haltung vor. Dabei müsste doch auch ein Heim zusammenbrechen wie sein Bewohner; war er erschüttert, müsste eigentlich auch das Heim von Schürfwunden übersät sein.

Nachdem ich die Tür abgeschlossen hatte, steckte ich den Schlüssel achtlos in die Tasche, als wollte ich ihn nicht wieder finden oder als kehrte ich schon kurz darauf vom Einkaufen zurück, und schon war ich einer Schuld entronnen. Auch wenn ich es gerne getan hätte, musste ich doch nichts zerstören, musste die Häkelarbeiten nicht zerfetzen. So wie man sich, mag es auch niederträchtig erscheinen, von seinem Kind lieber fern hält als ihm zu schaden. Ich hatte das Bestmögliche getan, hatte mein Zuhause mit seinen Geheimnissen eingeschlossen. Rachegefühle waren stets nur schwach ausgeprägt bei mir. Mich von meinem Heim zu trennen, Frieden in der Ferne zu suchen, das war auch schon die einzige Feindseligkeit, die ich ihm anzutun vermochte.

Auch von ihm hatte ich mich so getrennt. Wie mein Zuhause hatte ich auch ihn ungestraft verlassen. Auch ihn hatte ich mit seinen Geheimnissen und seinen Erinnerungen eingeschlossen. Auch ihn hatte ich nicht zerstört und zerfetzt. Niemand konnte sagen, ich hätte Trümmer hinterlassen. Ich hätte mich vor ihn hinstellen und einzeln aufzählen können, was ich unserer Beziehung zuliebe auf mich genommen hatte, hätte ihn an seinen empfindlichen Stellen treffen können. Doch die einzige Feindseligkeit, die ich ihm anzutun vermochte, war Trost in der Ferne zu suchen, deshalb schickte ich mich selbst in die Verbannung. Alle Drohungen, die er ausgestoßen, alle Wörter, die er gesagt hatte, um mich zu verletzen, hatte ich mit hochmütiger Entschlossenheit unerwidert gelassen. War es Schmerz, was ich fühlte, als ich mich von ihm trennte? Ja, aber es gab keinen anderen Weg für mich. Ich tat, was meine innere Stimme mir befahl. War ich auch innerlich zerrissen, so packte ich doch meine Tasche mit gemeiner Kaltblütigkeit, ohne zu weinen. In jenem Moment wusste ich nur, dass es meinem Wesen entsprach. Ich gehorchte niemandem außer meinem Herzen. Nicht um etwas zu gewinnen, wollte ich die Scheidung. Ich war auch nicht entschlossen, mein Schicksal zu ändern oder dergleichen. Es fiel mir nicht im Traum ein, ihn zu verspotten. Mein Gott, wie gern wollte ich gehen! Ich wusste oder ahnte doch zumindest, dass meine schlaflosen Nächte sich vervielfachen würden, dass ich mich darüber wundern würde, warum ich kein Geld in der Tasche hatte, dass es schwierig sein würde, sich daran zu gewöhnen, kein Geld zu haben, dass das Schlechte und die Schakale sich mehren und meine Wunden ärger würden, wenn ich ginge. Dennoch bereute ich kaum.

»Adieu«, sagte ich in der Tür, »ich bin nicht mehr da. Etwas starkes, einem göttlichen Befehl Vergleichbares trennt uns und hindert mich jetzt am Sprechen. Adieu.«

Dieser »Weg«, den ich zu gehen gezwungen war, dieser »Gipfel«, den ich erreichen sollte, war also nichts als »meine Einsamkeit«. Dafür, dass ich mich jahrelang von ihr fern gehalten und eine behagliche Obhut vorgezogen habe, hatte ich gebüßt, indem ich weder die Tür meines Hauses öffnete noch ans Telefon ging. Die Einsamkeit, die mich lehrte, vor meinem Ich, meiner Natur davonzulaufen, und dafür sorgte, dass ich meine Seele wie eine kahle Ebene vor mir sah. Endlich war ich nicht mehr gezwungen zu schwören, ich sei glücklich, während meine Seele doch blutete. Ich war es leid, in einem Palast, in dem ich Sklavin war, wie eine Prinzessin herumzulaufen, künstliche Heilmittel für meinen Kummer zu suchen, in einem Film von Pasolini nicht losheulen zu können, als einzige Maßnahme gegen die Armut den Sozialdemokraten meine Stimme zu geben. Wenigstens stand in diesem Haus niemand auf, um den Fernseher einzuschalten, während ich mit den mir unverständlichen Bereichen meines Selbst in Verbindung trat. Die Einsamkeit meiner Seele war schöner, als an seiner Seite zu leben. Als ich meine Tasche die Treppen hinunterschleppte, war ich ganz im Einklang mit mir. Wie ein kleines unglückliches Kind lehnte ich den Kopf gegen die Scheibe des Busses, und wieder betrübte es mich, dass er dachte, ich hätte ihm einen anderen Mann vorgezogen.

Weiter ging die Fahrt, wir hielten an und fuhren wieder los, Leute stiegen ein und aus. Es kostete viel Zeit, jedes Mal den Gepäckraum zu öffnen und wieder zu schließen. Einmal dauerte es mehrere Minuten, ehe eine Frau mit Dutzenden ineinander verkeilten Sieben auf ihrem Sitz Ruhe fand. Ich bemühte mich, nicht ungeduldig zu sein. Die Tücher, die sich die Leute um den Kopf geschlungen hatten, faszinierten mich. Sobald wir in Urfa waren, musste ich eines von den roten besorgen und es ihnen nachtun. Jeder hatte seine eigene Art zu wickeln. Zuerst würde ich es so ausprobieren, wie ich es gesehen hatte. Später würde ich dann zu ihnen gehören und das Tuch auf meinem Kopf einfach vergessen. Wie lange würde es wohl dauern, bis ich als Einheimische galt? Frauen in schwer zu schätzendem Alter, die mit Kindern auf dem Arm einstiegen, setzten sich schweigend auf den Platz, den ihnen der Busbegleiter zuwies. Die Abgeklärtheit in ihren Gesichtern und die auffällige Teilnahmslosigkeit der Kinder brachten mich auf den Gedanken, für sie sei diese Reise eine Notwendigkeit. Sie waren so versunken und still, als sei ihnen etwas Katastrophales zugestoßen und sie müssten aus ihrer Heimat flüchten. Die Kinder schliefen oder zerflederten die Teigfladen, die ihre Mütter ihnen in die Hände gedrückt hatten, und kauten lustlos darauf herum. Die Frauen hatten Tätowierungen auf Stirn und Kinn und hatten die Tücher fest um den Kopf geschlungen, sodass nur die Augen sichtbar waren. Die Frau auf dem Nebensitz hatte drei, vier Kinder auf dem Schoß. Die Kinder taten mir leid. Ich lachte sie an, streckte die Hand aus und ließ meine Finger auf ihren Beinen bis zum Bauch hochkrabbeln mit dem Reim: »Es kommt ein Bär, der tritt so schwer, du spürst ihn auch auf deinem Bauch.« Doch sie verbargen das Gesicht an der Brust der Mutter und spielten nicht mit. Wann würden sie wohl auf meine Spiele eingehen? Wenn ich ein Tuch um meinen Kopf schlänge und ein langes violettes Seidengewand trüge? Oder erst, wenn ich mein Leben vollkommen dem ihren anpasste, wenn auch in meinen Augen wie in denen ihrer Mütter das Unglück wie ein Feuer brannte? Solange ich mich nicht um sie kümmerte, beobachteten sie mich scharf wie Jäger aus ihren kleinen Äuglein. Aufmerksam betrachteten sie mein kurzes Haar, meine kleinen Hände, meine Zigaretten, alles, was ihre Mütter eben nicht hatten. Als wollten sie sich von einer Fremden nicht verleiten lassen, so ließen sie sich von meinen Spielen auch nicht verführen. Zunge und Herz regten sich mir, wollten den Kindern etwas sagen, worüber sie lachen würden, doch wieder waren sie darauf bedacht, nicht meinem Blick zu begegnen. Das LEBEN ... Was uns zum Schweigen verurteilte, war unser Leben. Unser Leben, das sichtbar und zum Greifen nah zwischen uns stand. Ihre Blicke, mit denen sie mich anschauten, erinnerten an einen Albtraum, bedrückten mich, doch sie hatten ja Recht. Ich lehnte den Kopf an die Scheibe und wiederholte meinen Schwur: »Ich werde mein Leben dieser hügellosen, gelben Ebene anpassen. Ich werde zu einem winzigen Teil dieser Ebene werden.« Da schauten die Kinder mir auf einmal wie einem süßen Traum ins Gesicht. Ich vertraute auf meinen Verstand. Wenn es notwendig sein sollte, zu verwildern, um mich meiner Umgebung anzupassen, dann würde ich es tun. Wäre es notwendig, dass ich mich langsamer bewegte und mein Gesicht runzlig würde von der Sonne, dann würde ich dafür sorgen. Um mich diesem Leben anzupassen, das Jahrhunderte vor mir geformt worden war, vertraute ich auf meinen Verstand. Ich war bereit zu tun, was auch immer nötig war, denn dies war meine letzte Flucht. Ich ließe zu, dass Urfa mich betäubte, würde ein winziges Teilchen dieser platten, gelben

Ebene werden. So überschäumend und ungeduldig, wie ich war, konnte ich hier indes lediglich ein flüchtiger Gast sein. Doch ich wollte um Vertrauen heischen, damit die Kinder im Bus nicht mehr fremdelten. Ich wollte keine Fremde sein, vor der Kinder und Katzen auf der Hut waren und die sie vorsichtig musterten. Ich wollte wie ein matter Punkt auf einem Bild werden, ja, ein völlig lebloser Punkt. Punkt auf einem Bild, den niemand wirklich wahrnahm. Ich floh nach Harran. Dies sollte meine letzte Flucht sein. Ich würde mich daran gewöhnen, fortan jeden Morgen meine Augen in dieser ruhigen Welt zu öffnen, würde mich an ihre Trockenheit gewöhnen, an dieses gelbe Licht, diese staubigen Farben und diese Reglosigkeit. Als mir die Tango-Kassetten in meiner Tasche einfielen, musste ich lachen. Diese zauberhafte Musik aus Buenos Aires, begleitet von leidenschaftlichem Bandoneon- und Klavierspiel in Stakkato. Kühne, impulsive Leidenschaft. Tango Argentino, die rastlose Musik des Feuers, des funkelnden Rots. Ein männlicher Körper, wie ein Bogen gespannt, ein konzentriertes dunkles Gesicht, lüsterne Augen voller Fantasie und Ungeduld ... Unerschrockenen Schrittes die Frau gejagt, unversehens übers Knie gelegt, schamlose Worte ins Ohr gehaucht ... Lust, Lust. Astor Piazzolla in Harran ... Tango in dieser gelben, stillen Welt. In welch kläglicher Lage war ich doch! Mit meinen Tangos in der Tasche floh ich nach Harran. Ich machte mich daran, meinen Schwur zu wiederholen: Um in Harran zu existieren, um wieder leben zu können, würde ich zerstören müssen, Astor ebenso wie die Häkeldeckchen.

Der Bus bog rechts auf den Weg zum Busbahnhof ein. Auf dem Platz standen nur zwei Minibusse. Mich zu finden, würde nicht schwierig sein. Als ich an meiner Tasche zerrte, die ich mit Mühe ins Gepäckfach oben gezwängt hatte, kam mir aus den hinteren Reihen ein junger Mann zu Hilfe.

»Darf ich, Schwester?« Er befreite meine eingeklemmte Tasche nicht nur, sondern trug sie auch noch hinaus. Ich hatte gar nicht bemerkt, dass wir schon in Urfa waren, weshalb ich jetzt eilig alles zusammenpackte. Brille, Notizheft, Zigaretten und Feuerzeug stopfte ich in meine Taschen und stieg aus dem Bus. Der junge Mann wartete, meine Tasche in der Hand. Als ich ihm ins Gesicht schaute, merkte ich, dass er sich den ganzen Weg über Gedanken über mich gemacht haben musste.

»Wir können dich mitnehmen, wohin du auch willst. Wir haben einen Wagen hier.«

»Danke, ich werde abgeholt.«

»Wenn die, die dich abholen kommen, auch fremd hier sind, kennen sie den Weg vielleicht nicht, dachte ich.«

»Die kennen sich aus, sie sind aus Harran.«

»Wie du willst, Schwester.«

Es war der ödeste Busbahnhof, den ich je gesehen hatte. Nichts hatte sich verändert in all den Jahren. Ich betrat das Büro des Reiseunternehmens und schaute mich um. Haydar war nicht da. Kein Grund zur Aufregung, er würde schon noch kommen. Ich zündete eine Zigarette an und nahm den Tee, den mir der kaum halbwüchsige Teejunge reichte. An der Wand gegenüber hing ein großes Plakat mit der Aufschrift »Urfa – Stadt der Propheten«. »Auf gehts«, sagte ich mir, »viel Erfolg!« Vor der Wand saßen drei Frauen inmitten zahlreicher Kinder. Auf den ersten Blick bildeten sie einen reglosen Haufen aus wirren Farben und Stoffen. Alle richteten ihre Blicke auf mich. Vor Schlaflosigkeit war ich genauso apathisch wie sie; ohne die Augen zu senken, starrten wir einander an. Was machten die bloß mit so vielen Kindern? Vielleicht dachten sie im selben Augenblick: »Ist das eine Frau oder was? Wenn sie eine Frau ist, wo sind ihre Kinder?« Diese Frauen hörten nichts außer Kindergeschrei, und sollten sie doch etwas hören, so nahmen sie es nicht wahr. Zwei Männer traten hinzu, zeigten ihnen die Fahrkarten, und die Frauen begannen ihre Sachen zusammenzusammeln. Einer der Jungen verlor seinen Plastikschuh. Er legte sich auf den Boden, fischte den Schuh unter einem Stuhl flink wie eine Katze hervor und zog ihn wieder an. Meine erste Lehre erhielt ich von diesem Kind. So funktionierte es hier: Da das Leben schwer genug war, bereitete man niemandem Kummer; was man verlor, holte man sich wieder und lief den anderen nach. Niemand bleibt hier stehen, um auf dich zu warten. Im Gegensatz zu der Stadt, aus der ich kam, bestand hier die Kunst darin, nicht aufzufallen. In kurzer Zeit hatten sie ihre Bündel beisammen und gingen hinaus. Ich blieb mit dem verschlafenen jungen Mann, der die Fahrkarten verkaufte, allein zurück.

»Fahren die nach Adana?«

»Woher wissen Sie das?«

»Ich bin nicht zum ersten Mal hier. Vor rund sechs Jahren arbeitete ich an einem Projekt über landlose Bauern. Wenn ich sie mir genauer ansehe, kriege ich sogar heraus, zu welchem Clan sie gehören.«

»Alle Achtung!« Er nickte. »Ja, die fahren nach Adana. Um diese Zeit fahren sie hin, und in vier Monaten kehren sie in ihr Dorf zurück. Es sind Zaza-Kurden aus Siverek.«

»Die haben vielleicht viele Kinder!«

»Umso besser, die Kinder helfen ja bei der Baumwollernte.«

Seid gegrüßt, ihr Baumwollsaisonarbeiter! Die Hälfte aller Türken kennt euch von Fikret Otyams Fotografien. Durch welches Objektiv nahm er eure extreme Armut auf? Seid gegrüßt, ihr stillen Frauen, ohne Stimme, die ihr auf den Feldern gebärt! Ich habe Zeit, erzählt mir lange, traurige Geschichten, ich werde euch zuhören. Auch mag ich eure tätowierten Kinne, eure Talismane, eure prächtigen violetten Gewänder. Märchen und Mythen, den faden Pflichten eures Alltagslebens widerstrebend, sollt ihr mir erzählen. Jemandem, der plötzlich in eure Welt eingedrungen ist, werdet ihr die Aufnahme doch nicht verweigern, oder? Es wird nicht vergebens sein, denn dieser jemand ist von weit her gekommen, freiwillig und ohne Zwang. Ihr werdet mir eure Talismane zeigen und Geduld mit mir haben, wenn ich mich bemühe, eure Sprache zu lernen, nicht wahr? Selbst wenn ihr nicht sprechen solltet, werde ich euch mit euren Kindern, euren Körben und Bündeln bewundern, als wärt ihr ein vollkommenes Denkmal. Sei gegrüßt, vergangene Schönheit! Sei gegrüßt, Nisa, die Schuldlose! Sei gegrüßt, Nimet, die Gleichgültige!

»Herzlich willkommen, Abla!«

»Grüß dich, Haydar!«

»Du hast gar nicht geschlafen, das sieht man sofort.«

Komm und heile meinen Schmerz

Ich fand das Dorf vor, wie ich es verlassen hatte. Die Bewohner des Hauses, die ich vor Jahren wegen meiner Studie besucht und mit denen ich anschließend viele Briefe gewechselt hatte, hatten geheiratet und Kinder geboren, glücklicherweise war niemand gestorben. Schon zwei Wochen waren seit meiner Ankunft verstrichen, doch zur Ruhe gekommen war ich noch nicht. In meinem Körper schienen bedeutende Veränderungen vor sich zu gehen. Zuweilen zog sich mein Blut zurück, verspannte sich mein Rücken, mehr noch: wuchs eine Leere in mir. In jenen Tagen nannte ich das »Seelenfrieden«. Meine Umgebung betrachtete ich wie durch ein einfarbiges Kaleidoskop. GELB. Alles gelb. Die Sonne ging auf, und ich erwachte, man trug mir Speisen auf, und ich aß, und abends wartete ich auf Haydars Heimkehr aus Urfa. An das üppige Sonnenlicht konnte ich mich nicht gewöhnen; trat ich in den Hof, nieste ich jeden Morgen drei Mal hintereinander. Ich machte es mir zur Gewohnheit, zeitig zu Bett zu gehen. Abends spielte Haydar die Saz. Niemand hatte mich gefragt, warum ich gekommen war. Nach den ersten Tagen schon legte sich meine Panik bei dem Gedanken, was ich ihnen erzählen sollte, wenn sie denn fragten. Haydars Stimme entrang sich so schmachtend seiner Brust, dass es für mich mehr war als das übliche Schmachten: der Schrei einer Seele. In allen Sprachen gleich, bedurfte er keiner Übersetzung. Nachts kühlte es kaum ab, obwohl die Sonne doch untergegangen war, und meist schlief ich auf einem Hochbett im Hof. Gegen Ende der ersten Woche hatte ich gelernt, den Hof »hayat« statt »avlu«, das Bett »taht« statt »yatak« und die Großmutter »bibi« statt »babaanne« zu nennen. Wenn ich nachts an meinen Vater dachte, schauderte ich. Dieser schöne Mann aus Thrazien mit den wassergrünen Augen. Ob mein Vater ein solches Dorf je gesehen hat? Sähe er, wie der Mond über Harran aufginge, würde nicht auch er schaudern wie ich und seine Augen schließen und »traumhaft« sagen? Lebte Vater noch, erzählte ich ihm ungehindert und uneingeschränkt alles von mir. Von meiner Flucht, meinen unannehmbaren Seiten, meinen Fehlern, meinen Rückschritten würde ich ihm nacheinander berichten. Vielleicht würde er, aber nur er, mich mit mir selbst konfrontieren. Unsere Nächte vergingen still und dunkel, ich sprach mit meinem verstorbenen Vater. Die Frauen und Kinder saßen in dem geräumigen Zimmer, in dem der Fernsehapparat stand. Wenn ich die fünfzehn Schritte über den Hof ging, um zu ihnen zu gelangen, nahm ich die Lampe mit. Der Boden war nicht vollkommen eben, weshalb ich stolperte. Trat ich in den Raum, standen alle auf.

»Lasst das bitte, wenn ihr das tut, scheue ich mich hereinzukommen.« Die jungen Leute, von denen ich noch immer nicht wusste, wer mit wem und wie verwandt war, obwohl bereits mehrere Wochen verstrichen waren, blieben stehen, die Hände vor dem Bauch verschränkt, bis ich Platz genommen hatte.

Die Augen von Haydars Mutter lächelten. »Wir sind es so gewohnt. Lass dich davon nicht stören, meine Liebe.«

Da sie früh aufstand und zum Arbeiten in die Reben gleich in der Nähe des Dorfes ging, schaute die alte Frau nur die Nachrichten an, zog dann ein, zwei Enkel auf ihren Schoß und schlief ein. Sie musste an die achtzig sein. Noch immer arbeitete sie wie ein junges Mädchen und interessierte sich rege für alles, was in der Welt geschah. Als Bangladesh überschwemmt wurde, schlug sie sich vor Kummer auf die Knie, bei der Geburt eines Pandas im Zoo von Florida freute sie sich. Ihre Worte hatten Gewicht. »Ohne ›Muhabbet‹, ohne die Liebe, mein Kind, hätte es auch Muhammet nicht gegeben«, hatte sie mir einmal gesagt. An ihrer Seite fand ich Vertrauen und Frieden. Meine kurzen Haare gefielen ihr nicht. Sie zeigte mir ihre langen dünnen Zöpfe.

»Das ist der Schmuck einer Frau, lass nie wieder die Schere daran!«

Morgens, wenn die Männer zur Arbeit, die Kinder zur Schule und die Frauen mit den Babys auf dem Rücken zur Gerstenernte auf die Felder gingen, blieb ich mit den Staren im Hof zurück. Meinen Schatten und den der Vögel betrachtete ich im Hof. Hände und Lippen waren mir von der Sonne aufgesprungen, und die Haut im Gesicht spannte. Täglich warf ich mehrfach die Motorpumpe an und hielt meinen Kopf unter den Schlauch. Haydars Mutter nannte mich »Wasservogel«, weil ich mich so oft wusch. Kaum war ich fertig, lief ich auch schon ins Zimmer und zog den Stecker der Pumpe aus der Steckdose. In Harran ist Wasser so wertvoll wie Gold.

Monate waren inzwischen verstrichen, doch ich war noch immer nicht aus dem Haus gegangen. Haydar hatte mir aus Urfa Stoff mitgebracht, violette Blüten auf schwarzem Grund, und seine Schwägerin hatte mir mit Mühe und Sorgfalt eine Pluderhose genäht. Versonnen betrachtete ich die Blumen darauf. Dass die Zeit verging, merkte ich vor allem daran, dass meine Fingernägel länger wurden. Ich schnitt sie kurz. In der Ferne hörte ich

Kühe muhen, mitunter auch Kinder weinen. Ich saß im Hof in der Sonne und beobachtete, wie die Zeit gemächlich verstrich. Meine Vergangenheit wurde gelöscht. Ich lebte, ohne zu überlegen, warum ich hier war oder wie lange ich noch bleiben würde. Mittags kamen die Kinder aus der Schule, und wir aßen in Teigfladen gewickelten Käse aus Magermilch. An scharf Gewürztes hatte ich mich gewöhnt. Für mein Leben gern aß ich Teigfladen mit scharfem Paprikamark bestrichen. Unter den Kindern war mir die etwa zehnjährige Hüsniye am liebsten. Ich nahm sie auf den Schoß und herzte sie. Wenn Teigfladen gebacken wurden, zogen wir gemeinsam los, um Reisig zum Anfachen des Feuers zu sammeln. Sie zeigte mir ihr Dorf und was hier hergestellt wurde.

»Zu dicht gesäter Weizen bleibt kraftlos. Die Schmetterlinge schwärmen im Frühling aus. Geh nie barfuß über lockere Erde, die Disteln stechen.«

Ich mochte sie sehr. Sie legte mir ihren nach Staub und Wärme riechenden Kopf an die Schulter und verweilte so. Meine Teilnahmslosigkeit hatte das Mädchen jedoch angesteckt: Statt mit ihren Freundinnen zu spielen, setzte sie sich auf meinen Schoß und sang die Lieder, die sie in der Schule gelernt hatte. Mit den Fingern zwirbelte ich ihr Haar, gemächlich verstrich die Zeit. Ging die Sonne unter, horchten meine Ohren, ob der Bus Haydar bald bringen würde. Haydar hatte mir beigebracht, mit den Fingern zu knacken. Während ich einfach so dasaß, knetete ich meine Finger so lange, bis ihre Gelenke fein knackten.

In diesem Haus herrschte eine Einigkeit ohne viel Aufsehen. Gefühle, Gedanken und Kinder richteten sich nach ein und demselben stummen Gesetz. Niemand machte Schwierigkeiten, widersprach oder war vorlaut. In diesem Haus erholte sich meine Seele. Wie ein Weg durch einen grünen Wald, dessen Verlauf ich nicht kannte, war das Glück. Was erwartete mich an seinem Ende? Ich wusste es nicht, wusste nur, dass nichts geschehen war, seit ich hier war, was mich gereizt, erschreckt oder in Zweifel gestürzt hätte. Mit meinem verstorbenen Vater und dem Schöpfer hielt ich häufiger Zwiesprache. »Ich danke euch! Ihr habt mich vor einer Schuld bewahrt.« In Harran alterte ich rasch, aber dass mein Körper durchaus noch jung war, riefen mir erotische Träume, die ich allerdings nur selten träumte, in Erinnerung. »Das geht vorbei«, sagte ich mir. »Es ist ja keine unheilbare Krankheit, mit der Zeit wird auch das vergehen.« Ich konnte am Geräusch unseren Traktor von dem der Nachbarn unterscheiden, ich lief zur Tür, um die aus den Reben Heimkehrenden zu begrüßen. Dann sah ich die anderen Häuser im Dorf, sie glichen unserem. Einstöckig und mit Lehmdach. Wie ein seinen Herren treu ergebener Hund tat ich keinen Schritt aus dem Hof hinaus. Ich half Haydars Mutter, wenn sie vom Traktor herunterkletterte, und reichte der von Erschöpfung und Hitze betäubten Frau eine Schale Wasser. Mit Frieden im Herzen schaute ich ihr ins Gesicht, als betrachtete ich das Bildnis einer Heiligen. Nichts als Seelenfrieden, alle anderen Gefühle hatten sich gelegt. Wenn ich ganz in den Anblick ihres Gesichts versank, konnte ich sie und mich nicht voneinander unterscheiden. Als sähe ich statt meines Gesichts dasjenige von Haydars Mutter, hielte man mir einen Spiegel vor.

Ereignislos vergingen die Tage. Ich war in einen so stillen Hafen eingelaufen, dass ich nicht den Mut hatte, mich wieder in den Kampf gegen schäumende Wellen und Stürme zu werfen. Die Knie angezogen und den Kopf auf die Arme gelegt, lauschte ich Haydars Stimme. Ich zählte die Tage und Wochen nicht mehr. Auch die Leute im Haus richteten sich nach keinem Kalender, man begann von meiner Ankunft wie vom Beginn der Zeitrechnung zu sprechen. »Das muss kurz vor der Ankunft meiner

Abla gewesen sein.« Mein Verstand schien stillzustehen, am Ende waren sogar die Telefonnummern, die ich mir überflüssigerweise gemerkt hatte, gelöscht. Unbewusst betonte ich das »K« in den Wörtern härter. Wenn das nicht der Stempel war, den Harran meiner Sprache, meinem Körper, meiner Seele aufdrückte, was dann? In meinem Kopf zogen die Gedanken ohne jede Erschütterung gemächlich ihre Kreise.

Der Vollmond stand über Harran. Steine und Brunnen im Hof waren in kühles Weiß getaucht. Ich setzte mich auf die Stufe vor der Tür. Neben mir tauchte Hüsniye auf.

»Soll ich dir deine Zigaretten holen?«

»Gern.«

Gern, mein Schätzchen. Mein elfenbeingesichtiges, schwarzäugiges Mädchen. Der Herbst kündigte sich an, die Gräser welkten, und der Wind frischte auf. Hüsniyes Rock wellte sich, als sie lief. Über dem dunklen, eingeschossigen Haus stand kugelrund der Mond. Als sie sah, dass ich meine Augen nicht von ihm abwenden konnte, legte sie den Kopf auf meine Knie und hauchte: »Liebst du den Mond so sehr?«

Mir liefen Tränen leise über die Wangen. Der Vollmond über der Einöde von Harran war so wunderschön. Frieden ringsumher. Das Kind an meiner Seite war verständig, ewig der Tod, überflüssig die Worte und strahlend der Mond. Fledermäuse flatterten über unseren Köpfen. In jenem Augenblick war ich wunschlos glücklich. Jener Augenblick war schöner als jedes Märchen, jede Fantasie und jeder Roman. Ein funkelnder Ball in schwarzer Nacht, weiche Teigfladen zum Essen, Fledermäuse, die geräuschlos über uns hinwegglitten, und ein empfindsames Mädchen, das mir seinen Kopf auf die Knie legte. Mein Herz erinnerte sich nicht daran, je so glücklich gewesen zu sein. Das Glück rann mir warm ins Herz wie die Tränen aus meinen Augen.

Ich machte mich zurecht. Hüsniye hielt mir geduldig den Spiegel vor. Seit langer Zeit schaute ich mir zum ersten Mal wieder ins Gesicht, umrandete meine Augen mit einem schwarzen Stift.

»Das ist wunderschön, mal dir doch immer die Augen an!«

»Wie es die arabischen Bräute tun, von denen du mir gestern erzählt hast?«

Auf Einladung eines Arbeitskollegen von Haydar gingen wir an diesem Abend aus. Ich hatte die weiße Seidenbluse gebügelt, die in meiner Reisetasche völlig zerknittert war. Zu faul war ich, die violette Pluderhose auszuziehen, außerdem gefiel ich Hüsniye auch so. Ich würde sie mitnehmen, weshalb sie seit Tagen vor Freude ganz aus dem Häuschen war. Ungläubig hatte sie immer wieder nachgefragt: »Du lässt mich nicht hier, ja? Vergiss nicht, du hast es versprochen!« Ein Verwandter sollte uns mit seinem Wagen in das eine halbe Stunde entfernte Dorf bringen.

»Abla, schnell, der Wagen ist da!«

Hüsniye trug ein zu klein gewordenes Kleid mit Puffärmeln. Goldene Ohrringe, von der Mutter geliehen, hingen an ihren Ohren. Ihre Ohrläppchen waren rot geschwollen, doch aus Angst, man könnte ihr die Ohrringe wieder abnehmen, beklagte sie sich nicht.

»Wenn ich groß bin, will ich so werden wie du.«

»Das kann ich dir nun gar nicht empfehlen, mein Kind.«

Sie schwieg. Kurz bevor wir in den Wagen steigen wollten, zog Haydar mir das Tuch vom Kopf.

»Wenigstens heute Abend solltest du das nicht tragen.« Dann blinzelte er und lachte: »Deine Haare sind ja gewachsen!«

Ich fasste an meinen Kopf und fühlte es gleich. Wir staunten wie Kinder angesichts des Alphabets. Meine Haare waren länger geworden, wie Weizenähren würden sie sich im Wind wiegen. Als der Fahrer die Geduld verlor und hupte, liefen wir aufgeschreckt zum Wagen. Wir waren zu acht. Ich nahm meine Hüsniye auf den Schoß, und als ich erfuhr, dass ihr das Fahren nicht bekam, öffnete ich das Fenster. Es war ein warmer Herbstabend.

»Atme tief ein und schau bloß nicht auf den Weg!«

»Wohin soll ich denn sonst schauen?«

»In die Ferne.«

»Es ist dunkel, man sieht nichts in der Ferne.«

»Dann schau auf meine Fingerspitzen!«

Die halbstündige Fahrt wurde auch mir sehr lang. Um die Schlaglöcher zu umfahren, riss der Fahrer das Lenkrad immer so hart nach links und rechts, dass auch mein Magen rebellierte. Hüsniye und ich starrten wortlos auf meine Fingerspitzen, so kamen wir endlich im Dorf an. Flink wie ein Rebhuhn hüpfte Hüsniye aus dem Wagen und lief zum Haus, an dessen Tür uns die Bewohner erwarteten. Der Hausherr Ibrahim, mit großen dunklen Augen und langen Wimpern, begrüßte uns an der Haustür, bat uns in den mit Teppichen ausgelegten Hof und befahl gleich den Kindern, uns Kissen zu bringen. Links und rechts von mir packte man Kissen hin. Eine nackte Glühbirne zwischen den Ästen des Baumes schwang sacht im Wind. Unverzüglich bot Ibrahim Zigaretten an und gleich darauf Kölnischwasser. Die Leute im Haus hießen mich der Reihe nach willkommen und küssten mir die Wangen. Von der Fahrt war ich noch wie benommen. Die Augen der Hausbewohner, die mir gegenüber auf den Knien hockten, strahlten. Ibrahim fragte, wie es in Ankara stünde.

»Keine Ahnung«, entgegnete ich, »vermutlich gut.« Bei der Erwähnung Ankaras fiel mir nur die Wohnung ein, die ich zurückgelassen hatte. Das Bett, die Schreibmaschine, die gehäkelte Tischdecke, die ich als Letztes betrachtet hatte, bevor ich abschloss. Leblos und eiskalt. Dass Ankara mich so wenig kümmerte, freute Haydar, ja es störte ihn geradezu, als nach meiner Wohnung und Arbeit gefragt wurde. Ibrahim öffnete die Rakı-

Flasche und sagte: »Bleiben Sie doch ganz hier, gehen Sie nie mehr fort!« Dabei lachte er und warf Haydar aus den Augenwinkeln einen Blick zu. Haydar senkte den Kopf.

In den letzten Wochen pflegte er zeitiger heimzukehren und aß auch weniger. Seit meiner Ankunft hier war ich so sehr mit mir selbst beschäftigt, dass ich gar nicht bemerkt hatte, wie ich den Mann neben mir in eine unglückliche Liebe stürzte. Ich fühlte mich unbehaglich. Zum ersten Mal, seit ich nach Harran gekommen war, fühlte ich mich unbehaglich. Um des Friedens an jenem Abend willen würde ich schweigen, doch bei der ersten Gelegenheit musste ich ihn mir vorknöpfen. Ohne Schuldzuweisungen, noch wichtiger aber, ohne ihn zu verletzen, musste ich ihm erklären, dass diese Liebe unmöglich war. Bis zu jenem Augenblick hatte ich von seinen inneren Kämpfen nichts mitbekommen. Er saß so traurig da, dass einem das Herz brechen konnte. Schweigend starrte er vor sich hin, es war ihm anzumerken, dass es ihm nicht gelang, damit fertig zu werden. Erst als er die Saz zur Hand nahm, hörten wir seine Stimme wieder. Ich hatte lange keinen Rakı getrunken, jetzt stieg mir gleich das erste Glas zu Kopf. Vielleicht könnte ich ihn über kurz oder lang überzeugen, wenn ich nur geduldig mit ihm spräche? Es musste ja nicht unbedingt ein Sturm sein, oder? Und kam der nicht sogar viel schneller auf mich zu, als ich gedacht hatte? Innerlich zerrissen war ich hergekommen. In erbärmlichem Zustand war ich aus dem Bus gestiegen. Würde ich, wenn ich fortginge, jemanden voller Kummer zurücklassen? Würde ich tatsächlich fortgehen? Während ich gerade begonnen hatte, mich an diesen Frieden, der mir zuerst so fremd vorkam, zu gewöhnen, mich mit all seinem Staub und seiner Dürre an Harran zu binden, während meine Seele sich unter der Sonne entspannte, hatte ich da unbemerkt Haydar in Bedrängnis gebracht? Hatte ihm die weite Ebene unerträglich gemacht? Würde ich mit ihm reden können, ohne ihn zu erschüttern, ohne seine Gefühle zu verletzen? Oder würde, wenn ich aus diesem Hafen ausliefe, das Wasser meinen Platz einfach auffüllen?

»In der Großstadt ist das Leben schwer«, sagte Ibrahim. »Ich war mal für zwei Tage in Ankara und habe es kaum ertragen können.«

»Ja, es ist unerträglich.«

Mir war nicht zum Reden zu Mute. So ging es mir stets, wenn sich der Kummer riesengroß vor mir türmte. Ich richtete den Blick auf einen Punkt und schwieg. Würde ich die Kraft haben, mich mit Haydar auseinander zu setzen? Hätte ich die Kraft, ihm zu sagen: »Du machst einen Fehler«? Es brach mir das Herz, mit anzuschauen, wie Haydar still neben mir saß; wie eine Insel, die auf ihre Entdeckung wartet.

»Unser Direktor hat keine Ehre im Leib. Er hat Spitzel unter den Angestellten, und die tragen ihm alles zu, was wir sagen. Ich habe ja diese lockige Sekretärin im Verdacht.«

»Nein, die kann es nicht sein. Ich glaube, der Herr aller Spitzel ist Bekir, dieser niederträchtige Kerl.«

Sie erzählten mir alles lang und breit, doch ich war außer Stande, ihnen zuzuhören. Der Rakı in meinem Glas hatte mir die Freunde ins Gedächtnis gerufen. Ob sie meine Briefe bekommen hatten? War mein Fortgang wohl eine Überraschung für sie gewesen, oder hatten sie aufgrund meiner Klagen in den vorangegangenen Monaten mit einem so plötzlichen Verschwinden gerechnet? Ob sie wussten, dass sie für mich inzwischen der Vergangenheit angehörten? Oder dass mein Vorleben nun vielmehr ausradiert war? In dieser lauen Herbstnacht mochte ich nicht an sie denken. Ich fürchtete mich davor, sie zu vermissen oder mir vorzustellen, dass auch mein Platz unter ihnen längst weggefallen war.

»Haydar, nimm doch endlich die Saz!«

Komm und heile meinen Schmerz
Auf dass aller Welten Schmerz geheilt sei
Komm und befiehl du über mein Herz
Auf dass allen einsamen Herzen befohlen sei …

Wie viele Gläser hatte ich schon getrunken? Mir war so schwindlig, dass ich die Gesichter der Leute nicht mehr ausmachen konnte, wenn ich den Kopf hob. Haydar spielte all die Lieder, die ich liebte.

Wie sehr ich ihm vertraut und ihn gemocht hatte! Er war damals fast noch ein Kind, als ich für meine Studie ins Dorf gekommen war. Um alles hatte er sich gekümmert und war stets aufmerksam darum bemüht gewesen, zu helfen. Um ihn in der Einrichtung unterzubringen, in der er jetzt arbeitete, hatte ich ein paar Anrufe getätigt, weshalb er mir noch jahrelang Tomatenmark und Weizengrütze nach Ankara schickte.

So still wie heute habe ich ihn noch nie gesehen. Er war so ernst geworden, als gingen ihm schlimme Dinge durch den Kopf. Zerbrach etwas in ihm? Wenn er sich ausgerechnet mich für die Liebe ausgesucht haben sollte, was mich belastete, musste ich ihm sagen, dass seine Wahl ihn nicht glücklich machen würde.

Gott, geschähe doch ein Wunder und wir könnten die Zeit zurückdrehen, damit ich wüsste, wann ich mich falsch verhalten habe! Wer weiß, was ich versprochen hatte, ohne mir dessen bewusst zu sein? Warum hatte ich ihn an der Tür begrüßt, wenn er von der Arbeit heimkehrte? Woher sollte er denn wissen, dass der Preis für seine Liebe Unglück wäre, hörte er nicht auf, mich zu lieben? Wie sollte ich ihm klar machen, dass ich unfähig war, mich an irgendjemanden zu binden? Oder würde Haydar Kızılkaya sich damit abfinden?

An wen nur soll ich meine Klage richten?
Über die mit den honigbraunen Augen klag ich.
Sie quält mich und wird mich noch ganz vernichten.
Über die mit den honigbraunen Augen klag ich.

Bekümmert und die Augen geschlossen, wie jemand, der eine Strafe verdient hat, spielte er auf der Saz. Drängte ich in ihn, würde er sicher gleich alles gestehen und zu weinen anfangen. Wie sollte ich dieser Qual entrinnen? Wer auch immer dieses Unglück namens Liebe erfunden hat, hätte alle erdenklichen Höllenstrafen verdient! Ich trank unablässig weiter und war drauf und dran, meine Gelassenheit zu verlieren. Ich begann Haydar, der mir dieses Ungemach bereitete, feindselig zu mustern. Dieses Unbehagen würde weiter wachsen, das spürte ich. Ich war so töricht gewesen, mir zu wünschen, der Frieden möge ewig dauern, doch wie konnte ich vergessen, was ich erlebt hatte? Waren nicht die verlässlichsten Freundschaften durch ähnliche Qualen in die Brüche gegangen? Da zeigten sich wieder einmal die Folgen einer unerwiderten Liebe. Um ihretwillen würde ich sterben und wieder auferstehen.

Der Erpel, verlassen und verwundet,
Klagt und klagt und wird in den See verwandelt.
Keinen Gefährten fand mein Herz, das wunde,
Die Tränen meiner Augen werden in Flut verwandelt.

Dass Haydar ein anständiger Junge war, machte alles nur noch schwieriger. Er war ein beständiger junger Mann, in seiner Liebe verlässlich, und glaubte an die Liebe »bis zum Tod«. Ohne einen Gedanken daran, ob seine Gefühle nützlich oder tödlich waren, verbrannte er sich das Herz. Behutsam musste ich mit ihm reden, denn er würde kein einziges meiner Worte vergessen. Mir war gerade noch eingefallen, wie er mir einmal erzählt hatte, mit fünf Jahren habe er, damit ihm ein aufgeschnapptes Gedicht nicht wieder entfiele, es selbst des Nachts in seinen Träumen auswendig gelernt. Ein Gefühl wie der Glaube an Gott war die Liebe. Seine Seele, die er darauf verwandt hatte, sich von Hass zu reinigen, hatte er also nicht vor der Liebe bewahren können. Haydar glaubte seit seiner Geburt an hehre Werte und hegte eine uneingeschränkte Anbetung für alle, die er liebte. Die Liebe, mit der er liebte, war in ihrer Art verborgen. Er versuchte nicht, die Geliebte zu verändern, ärgerte sich nicht über sie, grollte ihr nie. Sagte ich ihm, er sollte mich aufgeben, würde er mir womöglich verblüfft ins Gesicht schauen und erwidern: »Aber das bist ja gar nicht du, sondern ich.« Unruhig begann ich hin und her zu rutschen. Diesen Abend würde ich meine Zähne noch zusammenbeißen, meine finsteren Albträume aber würden nur um Haydar kreisen.

»Offenbar fühlen Sie sich hier bei uns nicht wohl, das tut uns leid.«

»Ich habe wahrscheinlich ein bisschen zu viel getrunken, ich bin nicht mehr an den Rakı gewöhnt. Wollen wir nicht gehen, Haydar?«

»Wie du willst.«

Seine Ergebenheit heizte meine Höllenqualen nur noch an. Hände und Zunge band er mir mit diesem »Wie du willst«.

Ich hätte vor Haydar nicht davonlaufen können. Wohin auch? Er jagte mich ja nicht. An der Tür hängte sich Hüsniye an meinen Arm: »Nimm mich doch wieder auf den Schoß!«

Komm, mein elfenbeingesichtiges, lammäugiges Mädchen! Setz dich auf meine zitternden Knie, lehn deinen Kopf an meine Schulter, auf dass ein süßer Engel mich auf seine Flügel nehme! Lass mich deinen zarten Körper in die Arme nehmen, dass sich das Feuer in mir an deinem Atem kühle! Komm, mein braves Lämmchen, sag mir, wo hatten sie sich in den friedvollen Tagen verborgen, diese Flammen? Ich lehnte meinen Kopf an Haydars Arm, ein Schauer durchfuhr ihn, als sei er tödlich getroffen. ›Ach, Haydar, warum hast du nur dieses Geschwätz von Liebe vor mich gezerrt?‹, wollte ich ihm sagen, als er sich zu mir beugte.

»Wenn du magst, nehme ich Urlaub, und wir zwei fahren nach Antep.«

Wir zwei

Die Tage verbrachte ich im Haus. Ich streckte mich auf den Kissen aus und zählte die Latten an der Decke, den ganzen Tag lang. Die Motorpumpe schaltete ich ein und wieder aus. Mein Tempel hatte Risse bekommen, in keinem Winkel des Hauses fand ich mehr Ruhe. Immer wieder sah ich auf die Uhr an der Wand, die Zeit verging einfach nicht. Ich hatte begonnen, mich selbst zu attackieren, stieß Tiraden von Verwünschungen gegen mich aus und Selbstvorwürfe. Als stünde mir der Teufel gegenüber, den man nicht reizen durfte, sprach ich nur sehr wenig mit Haydar. Selbst der Mond nahm ab, und Harran versank im Dunkeln. Nur die Fledermäuse blieben sich treu, flogen fröhlich über unsere Köpfe hinweg. Eines Abends verirrte sich eine in den Raum, in dem wir saßen. Sie versuchte sich an den Latten an der Decke festzukrallen, schwankte, als stürze sie gleich, fing sich aber sofort wieder und flog weiter. Hüsniye und ich liefen ihr hinterher, wir wirbelten durch den Raum, droben das Tier und drunten wir. Die Teegläser, die wir dabei umstießen, verärgerten Haydar nicht. Lachend sah er uns zu. Als die Fledermaus zwischen den Latten der Zimmerdecke verschwand, freuten wir uns, dass sie offenbar erschöpft war. Hüsniye bat mich, sie zu fangen, sie wollte sich ihre Krallen aus der Nähe ansehen. Ich stieg auf einen Stuhl.

»Fall bloß nicht runter!«

Mit meinem Kopftuch wedelte ich unter der Decke und versuchte das Tierchen in seinem Versteck aufzustören. Hüsniye spitzte die Ohren und deutete die Laute. »Da, hör doch: ›Oje, sie kommen näher‹, zirpt die Fledermaus.«

Ich holte eine Schaufel vom Hof. Mit Schlägen gegen die Holzbohlen versuchte ich die Fledermaus zu erschrecken und hervorzulocken. Putz und Lehm bröselten von der Decke herab und rieselten mir in die Augen, doch ich gab nicht auf. Es würde mich so glücklich machen, als stillte ich Hüsniye, wenn ich diese Fledermaus nur erst in Händen hielte. Je nachdem, wie sich das Tier oben bewegte und einen anderen Schlupfwinkel suchte, verrückte ich unten den Stuhl.

»Und wenn sie stirbt, denkst du daran gar nicht? Dann trägst du die Schuld.« Haydar hatte sich der Länge nach auf das Sitzkissen gelegt. Auf seinem Gesicht lag ein Lachen von solchem Glück und Frieden, dass lichter Geist aus seinen Augen strahlte.

»Es gibt doch genug davon«, sagte Hüsniye ärgerlich ob der Unterbrechung unseres Spiels. »Du tust ja so, als seien wir grausam. Dabei wollen wir das arme Tier doch nur seiner Heimat wiedergeben.«

»Woher weisst du, dass es für Fledermäuse Heimat und Fremde gibt?«

Hüsniye druckste herum, fuhr sich mit der Zunge über die Lippen und begann zu sprechen. Wenn sie log, wurde sie immer so ernst und blinzelte. »Der Fledermausmann hat doch bestimmt eine Frau. Wenn er so spät kommt, macht die sich Sorgen. Meine Abla soll sie nur erst mal fangen, dann lassen wir sie gleich wieder fliegen, Onkel.«

Haydar lachte lauthals. »Fledermäuse kennen keine Sehnsucht wie Menschen.«

Ich konnte ihm nicht in die Augen sehen. Aus seinen Worten sprach die Sehnsucht. Ich wünschte, nichts stünde länger verborgen zwischen uns, um alles in der Welt sollte es endlich an den Tag kommen! Was auch immer da herumspukte, sollte endlich herauskommen. Da war nun also endlich der geeignete Moment da, doch ich war außer Stande, vom Stuhl herabzusteigen, geschweige denn, ein Gespräch anzufangen. Mit der Schaufel in der Hand stand ich wie erstarrt da. Auf welch ein meisterhaftes Duell mit mir hatte er sich da eingelassen! Ein heimliches, stilles Duell, dessen Attacken tief ins Innere drangen. Seit ich hinter seinen Worten stets einen anderen Sinn herauszuhören vermeinte, konnte ich ihm nicht mehr in die Augen sehen. Vor allem war ich nun davon überzeugt, dass er mich aus tiefstem Herzen liebte. Wenn sich abends die Stunde seiner Heimkehr näherte, wurde ich furchtbar aufgeregt.

»Ich bin kein guter Mensch, Haydar. Selbst wenn ich diese Fledermaus mit Engelszungen überreden könnte, würde das noch lange keinen guten Menschen aus mir machen.«

Das Lachen auf seinem harmlosen Gesicht gefror. Eine Weile runzelte er die Stirn und schwieg. Weder war es meine Absicht, ihn zu verurteilen noch ein Geständnis zu erzwingen. Doch so, wie sich jetzt alles entwickelte, war es schmerzlich, unerträglich schmerzlich.

»Du bist also ein schlechter Mensch, ja?«

»So schlecht wie andere und so gut wie andere auch.«

Abrupt erhob er sich. Ich konnte nur auf seine Hände starren, die die Rückenlehne des Stuhles umklammerten.

»Niemand auf der Welt könnte dich je ersetzen.« Er rannte aus dem Raum.

Als das eiserne Gartentor zuknallte, sprang Hüsniye auf. »Was hat er denn?«

»Nichts.«

»Er ist dir böse. Aber was hast du ihm denn getan?«

Er ertrug es nicht, dass ich mich selbst schlecht machte, er dachte, ich wertete mich absichtlich ab. Ich hatte nicht mehr das Recht, grausam gegen mich selbst zu sein, denn es gab jemanden, der mich liebte. Würde ich mich immer so leichtfertig mit den Wünschen, den Ängsten, den Fantasien und Freuden derer zufrieden geben, die mich liebten? Stets hatte ich geglaubt, sie seien es wert, geliebt zu werden, nur weil sie liebten. Ich sehnte mich so sehr danach, zu lieben, verliebt zu sein. Die fiebrige Lust, zu lieben, eifersüchtig zu sein, sich zu sorgen und sich wie wahnsinnig zu sehnen, hatte ich jedoch nie kennen gelernt.

In jener Nacht stürmte es. Eine draußen vergessene Plastikschüssel flog im Hof scheppernd von einer Ecke zur anderen. Ich fand keinen Schlaf. Ich konnte nicht vergessen, wie er, bequem ausgestreckt, gesagt hatte: »Sehnsucht kennt nur der Mensch.« Aus jedem seiner Sätze sprach seine Sehnsucht. Ich fürchtete mich vor Haydar. Dieser junge Mann, der noch nie eine Frau berührt hatte, wusste sehr viel mehr über die Liebe als wir verkommenen Städter. Während ich stolperte, lenkte er mit ruhiger Hand. Jemanden, der ihm eine Lehre erteilen wollte, brachte er in kürzester Zeit dazu, ihn um Hilfe zu bitten. Ich war verwirrt. Während ich meinen Verstand als Komplizen gebrauchen wollte, schlug der mir vor, es mit Kühnheit zu versuchen. Ich sollte mich vor ihm aufbauen und fragen: »Was geht hier eigentlich vor?« »Nein, selbstverständlich nicht. Was hast du denn erwartet? Steigere dich nicht länger in unpassende Fantasien hinein, lass meine Seele in Ruhe! Du enttäuschst mich, und nachher sind wir beide enttäuscht.« Mein Verstand redete mir ehrloses Zeugs ein. »Schütz dich selbst! Du bist doch nicht hierher gekommen, um dich noch weiter zerreißen zu lassen. Denk doch daran, wie dein Herz blutete, als du jenen Mann für liebenswert hieltest, nur weil er dich liebte, und wie du geschworen hast, deshalb glücklich zu sein! Du bist ihm nichts schuldig. Wenn er jammert, dann soll er jammern!« Ich fand keinen Schlaf. Ich konnte Haydar nicht wehtun. Sein Gesicht kam mir in den Sinn, das sich belebte, wenn er mich sah – wie eine welke Pflanze bei der Berührung mit den ersten Wassertropfen. Ich dachte daran, wie seine Finger über die Saiten der Saz stolpern würden, wenn ich ginge. Ich konnte ihm nicht wehtun.

Gegen Morgen, als der Himmel über und über in Rot getaucht war, kam er zurück. Er schlurfte in das Zimmer nebenan. Müde war er, vielleicht war er bis zum Sonnenaufgang über die Felder gelaufen. Seine Heimkehr löste mich aus den Klauen meines unerbittlichen Verstandes. »Willkommen, Haydar«, sprach ich zu ihm in Gedanken. »Leider glaubst du, ich sei dein Mädchen, mit dem du im Heu herumtollen kannst. Doch das bin ich nicht. Ich bin nicht deine Frau, die deinen Kindern beibringen wird, auf Obstbäume zu klettern. Ich bin nicht deine Geliebte, die Rosen zwischen ihren Brüsten trocknen, die Augen schließen und darauf warten wird, dass du dich auf ihr ausstreckst. Du irrst dich, Haydar. Niemand ist unersetzlich. Ich weiß, es ist die Liebe, die dich solch hochtrabende Worte sagen lässt. Doch ich werde dir nur Zweifel bringen, werde mit meinen Fragen deinen Glauben zerstören, werde mich entziehen, wenn du mir den Arm um die Schulter legst. Wie hast du deine Herzenswärme nur der falschen Frau schenken können? Wie konntest du nur das Unglück treffen, während du doch auf das Glück zähltest? Mein bedauernswerter, kleiner Haydar, mitunter sehne ich mich nach den Zweigen des Kastanienbaumes, wie soll ich sie dir beschreiben? Mitunter sehne ich mich nach den kupfernen Wellen am Meer, wenn sie langsam ans Land rollen. Wie soll ich dir von Anadolu Hisarı erzählen? Ich sehne mich nach einsamen Räumen, nach Tristan, nach den Brücken, selbst nach den Nächten, in denen ich hartnäckig daran arbeitete, eine wichtige Frau zu werden.« Ich schleuderte die Decke von mir und stand auf. Wie ein Dieb, der zu seinem alten Beruf zurückkehrt, weil es ihm nicht gelang, ein ehrliches Leben zu führen, begann ich zu packen. Mein

Nachthemd, meine Jacke auf dem Bügel, meine Brille auf dem Tisch, die ich seit meiner Ankunft in Urfa nicht getragen hatte, stopfte ich in meine Tasche, die wie eine finstere Leiche hinter der Tür stand. Ich zitterte, als tobte draußen ein Unwetter. Diesmal war meine Flucht kein Sieg, kein Triumph. Ich weinte wie eine Verzweifelte. Meine Gefühle stockten, denn ich würde ihn sehr vermissen. Die Jacke, die ich in die Tasche gepackt hatte, holte ich wieder heraus, zog sie über, zog sie eine Sekunde später schon wieder aus und stopfte sie in die Tasche zurück.

Als ich zur Seite blickte, ohne den Kopf zu wenden, sah ich seinen schmalen, dunklen Schatten. Er lehnte an der Tür und schaute mir zu. Auf frischer Tat war ich ertappt. Bei Hüsniyes Kopf schwöre ich, schlimmer als alles, was er hätte tun können, war sein Schweigen. »Bedauernswert bin nicht ich, sondern du.« Hätte er nur gesagt: »Läufst du wieder davon? Lasst du mich für die Trennung bezahlen, weil du deinen Frieden nicht bewahren konntest, die Schmerzen in deinem Herzen übermächtig geworden sind? Bist nur du es, die leidet? Willst du auch mich leiden lassen? Doch ich besitze genug Anstand, dich zu nichts zu zwingen. Gibt es Anstand in jenen Affären, die du in der Stadt erlebt hast? Wenn wir nicht aus freien Stücken einwilligen, wäre es doch ohnehin sinnlos mit uns. Läufst du davon, oder wartest du auf den richtigen Augenblick für eine Revanche?« Er schwieg. Vielleicht wartete er auch nur darauf, dass ich mich verteidigte. Ich hörte, wie er tief einatmete.

»Morgen nehme ich zehn Tage Urlaub. Wir zwei fahren nach Antep. Da kaufe ich dir Ohrringe mit roten Steinen.«

Dieser Augenblick gehörte uns beiden allein. Die Sonne hatte ihre goldene Pracht erlangt und durchflutete das Zimmer. Seine Stimme hatte mich mit solcher Zärtlichkeit umfangen, dass ich nur noch sagen konnte: »Gut, Haydar, wie du willst.«

Mıgırdiç Margosyan

Das Heidenviertel

Es war ein Wintertag. Schnee, der die schmalen Gassen Diyarbakırs zugedeckt hatte, übte allseits ungebrochen seine Herrschaft aus. Schnee, weiß wie der Weißbart des Heiligen Sarkis, erstreckte sich entlang des Wegs, kletterte dann die Stufen vom Vorhof hinauf zur Kirche, um hoch auf dem Glockenturm das Kreuz, das von dort oben die Stadt segnete, zu umarmen und zu küssen.

Uso war der Küster der Kirche. Auch verrückter Uso genannt. Eigentlich wäre es richtiger ausgedrückt, ihn als ein bisschen schwach im Kopf zu bezeichnen. Bevor Uso mit dem Dienst an der Kirchenglocke betraut wurde, arbeitete er an der Seite seines drei Jahre älteren Bruders Sabro, des Schmiedes, und betätigte den Blasebalg. Als Uso sich dann mit seinem beschränkten Verstand anschickte, von Zeit zu Zeit dem Schmied Sabro – Spitzname Nervenbündel – Ratschläge zu erteilen, brach die Hölle los: Die Brüder vergaßen, dass sie Brüder waren, und der Streit artete in einen Kampf Meister gegen Lehrling aus. Nur weil sich die Nachbarn einmischten, konnte verhindert werden, dass Blut floss, und sie konnten die beiden überzeugen, die Waffen niederzulegen. Wutschnaubend riss sich Uso die Lederschürze vom Leib, schmiss sie seinem Bruder an den Kopf und verkündete, dass er hier nicht mehr länger arbeiten werde: »Ich fick meine Mutter, wenn ich noch einmal diesen Schuppen betrete«, schrie er, schleuderte noch eine Reihe von Flüchen hinterher und ging, wie er es schon zuvor nach ähnlichen Auseinandersetzungen getan hatte, vier Werkstätten weiter, zur Eisenschmiede seines Zwillingsbruders Rizgo, und stürzte sich dort geradewegs auf den Blasebalg.

Uso pendelte zwischen seinen Brüdern Sabro und Rizgo, das war zu einem normalen und gewohnten Anblick geworden. Es gab auch niemanden mehr, den diese Streitigkeiten verwunderten. Sabro und Rizgo waren verheiratet und hatten jeder einen eigenen Hausstand gegründet. Nachdem der Vater gestorben war, lebte die Mutter Rehan Baco mit ihrem Sohn Uso in einem kleinen Schuppen im Hof der Kirche. Die Entscheidung, nach dem Tode des Küsters Zifkar Uso auf die verwaiste Stelle zu hieven, wurde vom Kirchenrat mit bis dahin unübertroffener Einigkeit bestätigt. Die armenische Gemeinschaft begrüßte mit Beifall den Entschluss, den die Leitung gefasst hatte, weil so zwei Fliegen mit einem Streich erledigt wurden. Erstens wurden auf diese Weise blutige Auseinandersetzungen verhindert, in denen die Brüder vielleicht einmal mit Sichel oder Schmiedehammer aufeinander losgehen würden, und Uso würde schließlich mit seinen vierzig Jahren aufhören, Schmiedelehrling zu sein. Und zweitens, was noch wichtiger war: Vielleicht würde ihn die Ernennung in sein Amt in Zukunft daran hindern, immer dann, wenn es ihm einfach in den Sinn kam, aus reinem Spaß an der Freude wie ein Verruchter am Glockenstrang zu ziehen. Vielleicht würde seine Aufgabe zur Folge haben, dass er in der Kirche, also zu Hause, blieb und keiner ihn mehr aufziehen und sich an den erlesensten Exemplaren seiner unglaublichen Flüche ergötzen könnte.

An jenem Tag, jenem strahlend weißen Tag, als Uso zu Ohren kam, dass Meryem, diese junge Schönheit, gestorben war, war er zutiefst getroffen. Jedem Verstorbenen weinte er hinterher, seine Augen waren ohnehin schon wie zwei Quellen. Nachdem er um Meryem geweint und seine Pflicht erfüllt hatte, sagte er in einem fort zu sich selbst: »Da ist die Hıçe immer noch gesund und lebendig, und Meryem, diese blühende Rose, musste sterben. Wie kann so was sein?«

Ungeachtet seiner Verrücktheit oder, besser gesagt, seines zu kurz gekommenen Verstandes, übernahm Uso, nachdem er Küster geworden oder vielmehr offiziell dazu ernannt worden war, seine Arbeit mit großem Eifer. Nachdem er in ausreichendem Maße Tränen für Meryem vergossen hatte, erinnerte er sich seiner heiligen Pflicht und rannte eilig los, band das Seil der Kirchenglocke vom Haken, mit dem es an der Wand befestigt war, hängte sich mit aller Kraft daran und begann die Glocke zu läuten. Weit wogte das Bimbam, Bimbam der Glocke durch die Gassen der Stadt, hallte von den Schneeschichten auf den Hausdächern zurück, und zusammen mit dem Läuten der Glocke sang er immer vor sich hin:

Die Schwiegermutter lebt, und die Braut ist tot,
die Schwiegermutter ist gesund,
die Braut hat den Abgang gemacht.
In diesem Winter! Kann das angehen?
Gott hat wohl völlig daneben gegriffen.
Vergebung, Vergebung, Vergebung.

Der Muezzin der nahen Şeyh-Matar-Moschee wartete geduldig, während Uso kein Ende fand mit seinem Glockengeläute. Aber schließlich machte auch er sich an seine Pflicht und rief vom historischen viereckigen Minarett:

»Allahu ekber, Allahu ekber!« »Bim bam, bim bam!« »Allahu«

»Bim …
Ekber …
Bam …«

Als Muezzin Nusret, dessen große Nase vom Frost rot wie eine Tomate war, vom Minarett herabstieg, hing Uso immer noch, kurz gewachsen und rundlich wie er war, am Seil der alten Glocke und strahlte vor Freude, dass der Muezzin endlich doch aufgegeben hatte und vom Minarett herabgestiegen war. Der Klang der Glocke breitete sich immer mehr aus bis in den letzen Winkel und blieb fragend an den rot gefrorenen Ohrläppchen aller Armenier hängen: »Gütiger Gott, Onkel Bedo, um diese Zeit dieses Glockengeläute, warum bloß?«

»Von wegen gütiger Gott, die schöne Meryem ist gestorben!«

»Sie ist gerettet, sie hat keine Sorgen mehr.«

»Aber wie jung sie noch war!«

»Bei so was schaut Gott nicht darauf, ob jemand jung oder alt ist.«

»Auch wieder wahr!«

»Möge Gott ihre Sünden vergeben und ihrer Seele gnädig sein.«

»Amen.«

Der Schmied Dikran war mit einem Ohr beim Klang von Usos Glocke, mit dem anderen bei seinem kurdischen Kunden, während er immer wieder seinem Lehrburschen am Blasebalg zurief: »Na los, Bursche, blas zu, blas zu!«

Der Schmied bemühte sich, den Grund für das Glockengeläut herauszufinden, das sich in die Hammerschläge mischte, mit denen Dikran das glühende Eisen bearbeitete, das er gerade aus dem Feuer geholt hatte.

Der Schuhmacher Tumas rief, sobald er das unzeitgemäße Glockenläuten hörte, seinem Lehrling zu: »Gırbo! Lauf hin zur Kirche und schau nach, warum der verrücke Kerl wieder nicht von der Glockenstrippe loskommt!«

Der Lehrling Gırbo, der gerade überlegte, wie er aus der Werkstatt schlüpfen und auf der Straße mit seinen Kameraden Würfel spielen könnte, ließ sich das nicht zweimal sagen. Sofort band er seine Lederschürze ab und schoss wie ein Pfeil auf die Straße hinaus. Gırbo spielte Würfel mit seinen Kameraden, und nachdem er haushoch gewonnen und abgewogen hatte, wie viel Schläge er wohl würde einstecken müssen, kehrte er schweißgebadet zurück in die Werkstatt, wo er sich die Rüffel des Meisters anhören musste: »Wo bist du zwei Stunden lang gewesen, du Hundsfott?«

»Meister, die schöne Meryem ist gestorben!«

Dem Meister hatten jedoch schon Zinngießer Sago, Turbanmacher Samo, Arbeiter Siko, der schielende Dono und der geizige Nono erzählt, warum die Glocke läutete.

Uso, noch den Geschmack seines Sieges über den Muezzin Nusret, nachdem dieser vom Minarett gestiegen war, auf der Zunge, wickelte die Glockenschnur wieder um den Haken an der Wand und sprang sogleich eilig hinaus auf die Straße. Er machte sich auf, den Tod Meryems denen zu verkünden, die die Glocke nicht gehört hatten, denen in den entfernten, den weit entfernten Vierteln, den tauben Menschen dort, die keinen Glockenton hören konnten.

Allen Armeniern, die er auf dem Wege traf, teilte er die Neuigkeit mit anderen Worten mit. »Die schöne Meryem ist tot!«

»Onkel Dikro, die schöne Meyro, die Schwiegertochter der Hıçe, hat das Zeitliche gesegnet!«

»Onkel Saho! Hast du gehört? Nun ist auch die wunderschöne Meyro gestorben!«

Der kurz geratene Körper Usos rollte durch den Schnee. Er rannte und fluchte über seine Pantoffeln, die immer wieder im Schnee stecken blieben und von seinen Füßen glitten, sodass er an dem kalten Wintertag schweißtriefend im entfernt liegenden Heidenviertel ankam.

In dem einst so berühmten Heidenviertel, aus dem so viele in die verschiedensten Länder ausgewandert waren, wohnten nur noch vier oder fünf armenische Familien. Der alte Name war trotzdem geblieben: Heidenviertel.

Im ruhigen Gewissen, seine Pflicht ausreichend erfüllt zu haben, machte Uso sich wieder auf den Weg zur Kirche, während die Nachricht von Meryem schon in Häusern, Geschäften, Werkstätten in aller Munde war.

»Die Schönste der Schönen!«

»Armes Ding!«

»Möge Gott ihr alle Sünden vergeben!«

»Nein, nein, nein! Sie war doch noch nicht an der Reihe!«

»Die Alten bleiben, und die Jungen sollen gehen?«

»So eine Schande!«

»Und was für schöne Augen sie hatte!«

»Was für eine Figur, was für einen Körper!«

»Diese Augenbrauen, diese Augen!«

»Und ihre Art zu gehen?!«

»Wie sie auf den Hochzeiten den Halay getanzt hat, diese Blicke, diese Gesten!«

»Jetzt hinterlässt sie zwei Waisen ...«

»Hıçe wird sich um sie kümmern.«

»Hıçe kann sich nicht mal um sich selbst kümmern.«

Die Bemerkungen und Kommentare dauerten an, bis Meryem begraben wurde. Die Kirche war brechend voll. Uso schrieb dies zum großen Teil sich selbst zu und dem Klang der Glocke, die er mit so großem Genuss zum Läuten gebracht hatte. So gut wie jeder der Armenier hatte sich in die Kirche gezwängt. Der Einzige, der nicht gekommen war, war Vanes, von dem man sagte, dass er eine Schraube locker habe, und der von allen »Vanes mit dem Sprung in der Schüssel« genannt und als solcher akzeptiert wurde. Ausgenommen an den Sonntagen schloss der niemals seine Werkstatt, in der er Sattel für Esel, Maultiere und Pferde nähte. Nie schloss er ab und überließ alles dem Gesellen, nie ging er zur Kirche, zu einer Beerdigung oder sonst wohin. Von ihm wurde ohnehin nichts weiter erwartet. Wenn jemand seinen

Beruf nicht kannte, welche Arbeit er verrichtete und ihn danach fragte, bekam er überheblich grinsend die Antwort: »Ich bin Schneider für Esel.« Welch andere Eselei konnte man schon von so einem Manne erwarten?

Sie brachten Meryem zum Friedhof und begruben sie neben dem Grab ihrer Tochter. An der Seite ihrer kleinen Tochter, die ein halbes Jahr vorher gestorben war. Ein paar Tränen, etwas Weihrauch und die ausgiebigen Gebete des Priesters Arsen.

Die frommen Taten des ersten Tages wurden mit der Verteilung von Sesam-Helva und Brot an die verwahrlosten, armseligen kurdischen Kinder abgeschlossen, die sich um das Geschehen versammelt hatten und mit Staunen und Neugier Priester Arsens Bart, seine schwarze Robe und das silberne Kreuz in seiner Hand beobachteten.

Sobald die schöne Meryem in die Erde gebettet war, begann der Pantoffelmacher Eğuş wieder Pantoffeln zu machen, der Schmied Mero Wolfsfallen zu schmieden, der Schreiner Niso, der verkrüppelte, aus Holz vom Pflaumenbaum Schäferflöten zu schnitzen, der Hufschmied Henuş Hufe zu biegen, also kurz gesagt: Ein jeder kehrte zu seiner Arbeit zurück. Und der dem Stamm der Chaldäer zugehörige Drogist Yusuf und sein Ladennachbar, der Frisör und Assyrer Yakup, setzten ihr Damespiel dort fort, wo der letzte Zug gemacht worden war.

Zwei Menschen gab es, die in der Nacht ohne Schlaf blieben: Der eine war Meryems Ehemann, Maurermeister Sıke, die andere Hıçe, der auf der Seele lastete, dass sie nicht vor ihrer Schwiegertochter gestorben war, und die an einem hässlichen Gefühl litt, als ob sie eine Schuld träfe.

Als sich Sıke in jener Nacht auf seiner Bodenmatte ausstreckte, waren sein kleiner Sohn Seto und seine achtjährige Tochter Teko längst eingeschlafen. Sıke und seine Mutter Hıçe betrachteten im fahlen Licht der Lampe das Mädchenfoto an der Wand, auf dem Meryem lächelte.

Während in dieser Winternacht draußen in den schmalen Gassen von Diyarbakır der Heilige Sarkis über seinen schneeweißen Bart streichend vorüberging, sehnte sich Meryem nach ihrem warmen Bett und der behaarten Brust ihres Mannes Sıke.

Tomris Uyar

Festungsmauern

Jahre später, beim erneuten Betrachten, ist man irritiert.
Auf einem Schwarz-Weiß-Foto sitzt sie an einem Holztisch in einem Teegarten. An den Tischen hinter ihr Männer in dunklen Jacketts. Einer raucht Wasserpfeife, vor allen stehen Teegläser. Die Fontäne des Springbrunnens verwischt die Gesichter im Hintergrund: Spricht Wut aus ihren Blicken oder Scheu? Ein Café in Mardin, zu dem Frauen eigentlich keinen Zutritt haben. Es muss an einer zugigen Stelle des Langen Marktes liegen. Eine leichte Brise bewegt die Luft, wie am Kräuseln und Schwingen des Seidenkleides zu erkennen ist, das die junge Frau trägt. Weil sie mit der Kraft ihrer Jugend den linken Arm aufgestützt hat – »warum auch immer«, fragen wir uns nicht, denn die Gründe werden wir noch erfahren –, ist das wattierte Polster der rechten Schulter nach hinten verrutscht. Hätte sie nicht zwei Jahre nach jenem Mittag die Verbindung zum Normalleben vollkommen abgeschnitten und lebte sie noch heute, wäre es dieses Detail in seiner Lieblosigkeit, das sie am meisten ärgern würde. Doch das verrutschte Polster ist nun ein Makel, den sie nicht mehr mit eigener Hand korrigieren kann, er lebt auf dem Foto fort.

Wenn es ihr schon gelungen war, in dieser schweißtreibenden Mittagsstunde dieses Café in einem Seidenkleid zu betreten, das in den 1930ern in Mode war, dann trug sie sicher Pumps dazu, mit Knöchelriemen und flachem Absatz, doch ihre Füße sind – für uns Betrachter – nicht zu sehen. Das grelle Sonnenlicht überflutet ihr Haar, setzt Flecken auf ihre linke Wange, hellt ihre honigfarbenen Haare ein wenig auf und lässt die Locke à la Veronica Lake, die ihr in die Stirn fällt, dunkler erscheinen. Stützt ihre linke Hand unter dem Kinn – gleich einem leichten Tuch, eben noch vom Wind gebläht und nach innen geschwungen – den Kopf auf einen nicht vorhandenen Halt? Oder berührt sie das Kinn, um die sinnliche Existenz des Körpers wahrzunehmen? Das ist – für uns Betrachter – nicht ersichtlich. Doch der Lufthauch hat sie für einen Moment belebt. Schau, mag er ihr zugeflüstert haben, du bist hier, du hast es geschafft, hierher zu kommen. Und da hat sie wohl lächeln müssen.

Es ist das zwiespältige Lächeln einer Frau, die, verliebt in einen Mann, der über Leichen geht, diesem folgte und vielerorts vielerlei durchgemacht hat: Sie erscheint so trübsinnig wie trunken, rot geschminkt und blass zugleich, kränkelnd wie gekränkt, unbeugsam und ungestüm, doch stets nur halb.

Der erste Funken

Als sie vor Jahren zum ersten Mal in diese alte Stadt kam, klangen die Namen der Bauwerke, die sie sah, und der Stadtviertel, der Straßen und Menschen für sie wie das Alphabet einer fremden Sprache, vermutest du. Jenes aufregende und zugleich irritierende Erstaunen angesichts der unbekannten Dinge hatte sie genossen, ebenso die Bewunderung in den Augen jener Männer, die sich umdrehten und sie einen Moment lang anstarrten. Das glich der Erregung, die ein fantasiebegabter Schriftsteller bis ins Mark spürt, wenn er aus ihrer Silhouette die Geschichte einer ihm vollkommen unbekannten Stadt zu erschließen versucht.

Ihr neues Zuhause fand sie »originell«, solange sie nicht bemerkte, wie sehr das Lehmdach sie bedrückte. In den Nachmittagsstunden, wenn ihr Sohn schlief, saß sie an einem Tisch und zeichnete, wie sie es seit frühen Mädchentagen getan hatte, mit der immer gleichen Sorgfalt Kleidermodelle. Unermüdlich. Sie lauschte den Schritten, die draußen von Zeit zu Zeit in den kühlen, sonnenlosen Gassen erklangen und nicht preisgaben, zu wem sie gehörten. In jenen Tagen, da sie noch gehofft hatte, irgendwann einmal auf der Straße mit jemandem reden zu können, als Einheimische betrachtet und akzeptiert zu werden, hatte sie versucht, irgendeine der Sprachen der Passanten – Kurdisch, Armenisch, Assyrisch –, zumindest ein paar Wörter der jeweiligen Sprache, aufzuschnappen. Doch das Zimmer blieb leer und still. Eine Uhr tickte, und irgendwo tropfte ein Wasserhahn. Ab und an betrat ihr Mann diesen Raum, doch die meisten Nächte verbrachte er nicht daheim. Kam er, so brachte er Gäste mit und bewirtete sie in seinem Teil des Hauses. Mit den ungewohnten Vorspeisen, zubereitet von ihr, seiner Istanbuler Gattin, auf den Spitzendecken ihrer Mitgift und mit dem Besteck aus seinem Familiensilber.

Wenn sie wenigstens mit der kurdischen Kinderfrau ihres Sohnes reden könnte! Aber im Haus war es verboten, eine andere Sprache als Türkisch zu sprechen. Wie sehr mag sie in jenen Tagen von bekannten Wörtern aus dem Brunnen des Vergessens und unterdrückten neuen Wörtern ausgefüllt gewesen sein? Niemand mochte glauben, dass sie fähig sei, sich dieser Stadt anzupassen. Deshalb hielt man sie auf Abstand, sperrte sie in ihrem Zimmer ein. Sie durfte ihre Tugenden nicht zeigen, und man klagte sie dafür noch an. Aus den lautlosen Wörtern destillierte sie dieses Lächeln.

Sie zogen in ein Haus aus Stein, in ein modern gebautes. Ihr Sohn war herangewachsen, sie aber hatte aufgegeben. Das Gefühl vornehmer Festungshaft, das ihr dazu gedient hatte, sich mit der Burg im Bunde zu wissen und so ihre Persönlichkeit zu schützen, war ihr abhanden gekommen. Die Wunden der erlittenen Peitschenhiebe waren verheilt. Sie hatte sich daran gewöhnt, sich einzugewöhnen, und fand nichts Ungewöhnliches mehr daran. Sie war es leid, sich Jahr für Jahr wie ein fremdartiges Schmuckstück herumschleppen zu lassen. Sie hörte auf, Schnittmuster für Kleider zu entwerfen, die sie nie tragen würde. Auch bat sie ihren

Mann nicht mehr um Ausgang. Sie verschloss sich, errichtete ihre eigene Festung und Unberührbarkeit. Und somit ihre neue und diesmal bewusste Festungshaft. Mit der Zeit verlor sie das Gespür dafür, dass sie dieser grauen Stadt, die hie und da im Licht ihrer Scherben funkelte, ähnelte.

In einem Geschichtswerk liest du: *»Doch diese Stadt, die im Laufe ihrer Geschichte immer wieder Belagerungen standhielt, Hungersnöte durchmachte, mal heldenhaft widerstand und mal erbarmungslos gedemütigt wurde, erlebte auch Freundschaften, wie sie in der Geschichte ihresgleichen suchen. 1197 drang der Ayyubide Melik Adil bis an die Stadtmauern vor, musste die eigentliche Belagerung jedoch nach einem Jahr aufgeben. Später entsandte er seinen Sohn Eşref nach Mardin. Da Zahir, der Sohn des Ayyubiden-Herrschers Saladin aus Aleppo, zwischenzeitlich gute Beziehungen zu den Söhnen Artuks geknüpft hatte, rührte Eşref … die Stadt nicht an.«*

»Im Jahre 1261 tötete Muzaffer, der Sohn des Fürsten, seinen Vater Necmeddin Gazi, da er das Leid, den Hunger und die Krankheiten der Bevölkerung von Mardin, die der achtmonatigen Belagerung trotzte, nicht länger ertrug, und übergab die Stadt dem Feind Yaşmut. Ein Volk, das selbst Timur nicht anzurühren gewagt hatte. Eine Festung.«

Also, was ist es eigentlich, das dich an diesem Foto so anzieht, so berührt, fragst du dich. Weich nicht aus!

Du weißt, dass diese Männer in ihren dunklen Jacketts schon bald darauf den Bey informieren werden. »Hätte der Bey nicht eine Neue, würde er die hier nicht so allein herumlaufen lassen. Schon zum zweiten Mal innerhalb einer Woche sitzt sie hier im Café.«

Diese Hand, die sie sacht an ihr Kinn geführt hat, nachdem sie mit ihr zuvor auf die Festung gewiesen hatte, die nichts preisgibt und sich ihr nie öffnete, löst sie Fragen bei dir aus?

Tut es dir leid, dass du sie im Irrenhaus, in das sie zwei Jahre später abgeschoben werden sollte, nicht aufsuchen konntest, um dich nach ihrem Befinden zu erkundigen? Dass du sie nie kennen lerntest und ihre ausgestreckte Hand nicht ergreifen konntest? Dass du eine Tradition so leicht aufgabst?

Erinnere dich am besten einmal daran, wie du selbst mit dreizehn Jahren warst.

Welche Bedeutung hat es schon, in welchem Jahr es war? Es war jedenfalls wieder im Sommer.

Und er war zweiundzwanzig Jahre alt.

Als er ins Abteil trat, waren seine Füße nass und seine Haare auch. Er krempelte die zerknitterten, durchnässten Aufschläge seiner Jeans herunter. Die festen, wohl geformten Füße, wie sie Männern zu eigen sind, die gern barfuß laufen, streckte er aus dem Zugfenster, damit der Wind sie trocknete.

Hatte er nicht einmal ein Handtuch in seiner kleinen Reisetasche? Oder nur keine Lust, es herauszuholen? Oder hielt er einfach nur gern seine Füße in den Wind, und das Waschen war lediglich ein Vorwand? Waschen auf der Zugtoilette.

Als sein hoch aufgeschossener blonder Freund, der neben ihm saß, im Bahnhof von St. Quentin den Zug sah, der dicht vorbeifuhr und wie von selbst zu rollen schien, sprang er auf und zog seine Füße ins Abteil zurück. Der junge Mann nahm das übel, schrie und schimpfte, um dann abrupt zu schweigen, wie ein Kind, das sich schnell wieder beruhigt, wenn man eine Tollerei doch nicht durchgehen lässt. Er hielt es für nötig, den Mitreisenden eine Erklärung abzugeben. Er sei lange in Afrika gewesen, in den Ferien, mit dem Zelt. Alles war wunderbar, die Einheimischen, die er antraf, waren sehr gastfreundlich gewesen, doch die Mücken hätten ihm keine Ruhe gelassen. Seine Beine seien völlig zerstochen. Er krempelte die Hosenbeine wieder hoch und zeigte auf die Mückenstiche. Einen Monat lang habe er Wasser entbehrt. Daheim in München wollte er als Erstes in die Badewanne steigen, gefüllt mit heißem Wasser.

Wenn er sprach, überzeugte er jeden. Mit seiner entwaffnenden und munteren Offenheit machte er sich rasch beliebt. Ein sonniges Lächeln, über alle Zweifel erhaben, fehlte nie auf seinen Lippen. Braun, kaffeebraun schaute er aus seinen Augen, in denen hin und wieder kleine grüne Sonnen schwammen. Rabenschwarz sind die Haare, er selbst ist von mittlerer Statur.

»So deutsch ich auch bin und sosehr ich auch aussehe wie ein Deutscher«, lachte er laut auf, »so habe ich doch stets im Himmel gelebt. Zuerst war ich Fallschirmspringer, dann habe ich mir als Fensterputzer mein Geld verdient, und auch jetzt arbeite ich als Fensterputzer. Sie verstehen schon, Fliegen ist mein Ding. In jeder Hinsicht.«

Mit seinen vollen Lippen und den sich leicht übereinander schiebenden weißen Schneidezähnen, die Spitzen schartig, wirkte er noch ein wenig kindlich. Doch wie er die Rotwein-Flasche mit den Zähnen entkorkte, an die Lippen setzte und sie anschließend an die Mitreisenden weiterreichte, das war eindeutig das Gehabe eines Erwachsenen.

»Ist türkischer Tabak gelb oder schwarz? Und der Wein? Ist der Bosporus wirklich so schön, wie man sagt? Mein Weg hat mich nie dorthin geführt. Vielleicht nächstes Jahr ...«

Er hielt sich nie lange in alten Städten auf, selbst die Gewässer und Berge dort sah er nur – im Vorbeifliegen – vom Himmel aus. Ein Landstreicher, noch nie in Schranken gewiesen. Leben heißt Fortgehen für ihn. Land ist ein Punkt zwischen zwei Meeren, eine Station zwischen zwei Städten. Er trägt keinen Schmuck, nicht um den Hals und nicht an den Händen. Nicht einmal ein Medaillon oder ein Kreuz. Dabei hatte er irgendwann erwähnt, seine Mutter sei katholisch. Nichts Überflüssiges ist an ihm.

»Wollen Sie als Gegenleistung für Ihre delikate Zigarette nicht diesen Wein annehmen? Es ist der gleiche wie der, den wir vorhin tranken. Er schmeckte Ihnen doch. Verzeihen Sie, ›als Gegenleistung‹ wollte ich nicht sagen. Mein Englisch ist nicht so besonders. Es soll mein Geschenk für Sie sein. Sie haben es doch nicht mehr weit, es lohnt sich, ihn mitzunehmen.«

Der zweite Funken

Als du das Abteil betratst, war weder er da noch sein Freund. Auf einem der Sitze lagen drei Flaschen Wein und zwei Schachteln Gauloises, das waren die einzigen Spuren, und doch wähltest du diesen Waggon. Deine kleine Reisetasche verstautest du im Netz über dem Sitz, achtetest darauf, dass sie nicht zu viel Platz einnehme. Dann hocktest du dich in eine Ecke, setztest deine Brille auf und begannst, in der Zeitschrift in deiner Hand zu lesen, wie eine Dame, wie eine Frau mittleren Alters. Warum? Wo du doch selbst jenes Abteil gewählt hattest?

Kehr am besten zurück zu der Zeit, da du selbst erst dreizehn Jahre alt warst. Zu jenem Sommer. In dem Hotel, in dem ihr mit der Familie abgestiegen wart, hattest du dich heftig in einen Kellner verliebt, mit jener düsteren Leidenschaft, deren Vorbilder du in Büchern und Filmen so oft gesehen hattest und die du Jahre später auf dem Gesicht einer jungen Frau erkennen solltest, abgelichtet auf einem Foto. Doch selbst in jenem Alter wusstest, ahntest du, dass dieses Gefühl vorübergehen würde und auch seine Folgen. Möglicherweise hatten sich deine Gefühle mit dem Wunsch verbündet, Verrat an deiner Familie oder deiner Klasse zu üben. Nachdem du vierzehn geworden warst, brachtest du dir selber bei, dich jenen, in die du dich verliebtest, stets mit Verständnis, Freundlichkeit und Freundschaft zu nähern. In Sommernächten gingst du spazieren, dein Schwarm mit seiner Freundin immer mindestens zwanzig Schritte vor dir. Wenn sie sich küssten, hocktest du dich auf eine Gartenmauer und wartetest ab, die Sommernacht und den Sommerhimmel genießend. Du dachtest damals, nur in das Meer könntest du dich wahrhaft verlieben und nur diese Liebe würde von Dauer sein, und warst glücklich damit. Das war kein Opfer, wie du dachtest. Tatsächlich fürchtetest du dich vor Verletzung und vor der Zügellosigkeit der Leidenschaften.

Als du das verstanden hattest, trugst du die unverzichtbaren Teile deiner eigenen Überlieferung, die Überbleibsel deiner Vergangenheit – ein Bett, eine geliebte Uhr, eine Karaffe – wie mahnende Erinnerungsstücke mit dir herum. In jede neue Wohnung, jeden neuen Tag. So glichst du Tage und Wohnungen einander an.

Sag die Wahrheit! Hast du etwa versucht, die Münchner Freiheit deiner zweiundzwanzig Jahre neben die Mardiner Festungshaft deiner zweiunddreißig Jahre zu stellen, weil du dich vor dem Auf und Ab fürchtetest?

Doch als du bald darauf mit dem jungen Mann im Zug – mit deinem belgischen Ich – auf den Gang hinaustratst, um die Felder zu betrachten, die sich dahinzogen, berührte etwas deine Haut, das du nicht benennen konntest und seit langem vergessen glaubtest. So massiv die Mauer auch sein mag, die du um dich herum errichtetest, stets hast du doch eine Bresche offen gelassen. Dies zu begreifen, war dir anscheinend unangenehm, denn du entzogst deine Augen dem jungen Mann an deiner Seite, richtetest sie stattdessen auf die Felder vor dem Fenster. Du tatest so, als ob du seine leidenschaftlichen Blicke, die er auf die empfindsamsten Stellen deines Körpers geheftet hatte, als kenne er dich seit langem, nicht sähest.

Mit welchem Recht? Weich nicht aus! Habt ihr nicht gemeinsam die starren Richtlinien der Zugbourgeoisie verletzt? Indem ihr rauchtet, eine Zigarette nach der anderen, und Wein aus der Flasche trankt? Stand nicht die Freundschaft über allem?

Hattest du jenes Abteil nicht von vornherein mit dem Gefühl betreten, *so einen* zu treffen?

»Nur bei Frauen in Ihrem Alter findet man diese Abgeklärtheit, diese Milde«, sprach er zu dir. »Wissen Sie, manchmal, also hin und wieder, möchte ich lange leben.«

Er streckte den Arm aus, streichelte dein Haar, nahm deine linke Hand, die an die Scheibe gelehnt unter deinem Kinn lag, und küsste sie leicht. Mit zitternden Fingern steckte er sich die nächste Zigarette an.

Wenn du aus diesem Zug nie ausstiegest? Wenn du dich wieder auf den Weg machtest? Er las auf deinem Gesicht, wie es dich hin und her riss.

»Auch ich«, sagte er, »auch ich bin der Gefangene meiner Freiheit.«

An einem strahlenden Nachmittag gegen Ende des Sommers war sie im Erdgeschoss einer Bank, das in die Unterwelt führte, wieder an der Arbeit. Die Wolkenkratzer dieser Stadt ließen das Licht nicht auf die Straßen durch, und es war stets dämmrig; ohne den Wind, der das Kreischen der Kräne am Kai, das Tuten der Frachtkähne und den Rostgeruch von der Mole herantrug, lebte man hier fast in einer anderen Welt. Sie war eine riesige schwarze Frau, einschüchternd auf den ersten Blick. Die Augen vor schlechter Ernährung gelb, die Wangenknochen fliehend, Fleisch- und Fettbeulen quollen hervor. Im Licht der auch tagsüber brennenden Lampen wirkten das Gelb, das Schwarz und ihr riesiger Körper noch gewaltiger. Vielleicht warf sie deshalb nie einen Blick in die Spiegel, die von oben bis unten die ganze Wand bedeckten.

Beim längeren Hinschauen gewöhnte man sich an ihre Hässlichkeit, und es schwand das Erschreckende. Eine riesige Wärterin war sie: Wärterin der Unterwelt, Wärterin des Abschaums, des schmutzigen Geldes und des in die Unterwelt sickernden Blutes von Chicago. Mit ihrem gewaltigen Besen kehrte sie aus, richtete den Schlauch auf die Steine, war unablässig beschäftigt.

Die meisten Frauen, die diese Toilette aufsuchten, waren schwarz. Gehörten der jungen Generation von Afroamerikanern an, übertrieben geschminkt und genauso übertrieben gekleidet, oder der alten wie sie und waren undefinierbaren Alters, plump und arm. Letztere nahmen ihre Handtaschen nicht mit in die Kabine, sondern ließen sie draußen stehen, vor den Spiegeln. Und kamen sie heraus, hatten sie keinen einzigen Blick für den Spiegel, musterten aber die jungen Frauen, die sich ausgiebig schminkten, mit einer Mischung aus Verachtung und Abscheu.

Richtete die riesige Schwarze sich auf, stand sie da wie eine Statue. Als sei sie seit Anbeginn der Welt hier und würde auch nach dem Jüngsten Gericht noch hier sein, die Toiletten putzen, Papier und Handtücher wechseln und nachlegen, den Boden wischen, die in den Ecken herumliegenden schmutzigen Binden, das zerknüllte Toilettenpapier und die überlaufenden Mülleimer entsorgen.

Eine ihrer Ahninnen war auf einem Sklavenschiff aus Afrika hergeschafft worden. In den Süden und später an wer weiß welchen Weißen verkauft. Auf seinen Baumwollfeldern schuftete sie, ihm gebar sie ein Mischlingskind, das später Schriftsteller wurde, ihrem eigenen Kind diente sie nur als Amme und Kindermädchen. Mit Abzählreimen, Wiegenliedern und Blues tröstete sie es.

Später, noch gar nicht mal so lange her – nach dem Zweiten Weltkrieg –, fand ihr Vater, froh, freigelassen zu sein und sich doch sogleich in eine neue Versklavung begebend, eine Stellung im Westen – im »Westen«, da sich der Osten dieses Landes gleich nach Westen öffnet.

Sie heiratete einen schwarzen Arbeiter in dieser Industriestadt. Nach der Geburt etlicher Kinder vergaß sie ihre Wiegenlieder, ihre Gesänge und eigenen Wörter. Um ihren Mann und ihre Familie zu unterstützen, hatte sie unter vielen Mühen die Stellung der Toilettenfrau in diesem riesigen Stahlbau errungen. Eine ihrer Töchter war als Kellnerin in einem Restaurant nebenan beschäftigt. Nach Feierabend kam sie herüber und nahm sie mit, wenn sie nicht gerade Nachtschicht hatte. Denn sie traute niemandem: weder den Schwarzen noch den Weißen.

In bestimmten Abständen legte sie Papier auf dem Boden aus. Schneeweißes, strahlendes Papier. Um den Boden zu trocknen. Anschließend kehrte sie mit ihrem Besen und ihrer riesigen Schaufel alles zusammen und warf ihn weg, den Dreck und Speck, sommers wie winters.

Der dritte Funken fällt auf den Boden. Der Sommer ist da.

Der dritte Funken

Du mochtest sie. Das merkte sie. In gewisser Hinsicht war sie dein Chicagoer Ich.

Doch sie kam dir in keiner Weise entgegen, du warst ja eine Weiße. Sie hatte ihre Farbe mit Stolz zu tragen. Das verstandst du.

Warum du das auf dem Boden ausgelegte Papier, jene Bogen glänzenden Papiers, das niemand an einem Tag zu füllen im Stande gewesen wäre und das du nicht einmal anzurühren gewagt hättest, mitleidig ansahst, warum dir Tränen kamen, wenn es nass wurde und verrutschte, das konnte sie nicht verstehen. Dabei war es das wichtigste Bindeglied zwischen euch.

Zum Beispiel folgende Geschichte, die nie geschrieben wird:

Wenn ein pensionierter Beamter, in Anzug und Krawatte mit Taschenuhr und Filzhut, auf dem Eminönü-Platz plötzlich zusammenbricht, wem fallen dann seine Habseligkeiten zu – seine Vergangenheit?

Sein Feuerzeug und die Lederbörse gehören dem, der zuerst zugreift. Die später kommen, bieten die Drahtbrille und die beiden Familienfotos in Sepia aus seiner Tasche auf dem Flohmarkt feil.

Die Serkisoff-Uhr und die Schnupftabakdose befinden sich zunächst bei einem Antiquitätenhändler im Großen Basar und später bei einem Neureichen, der sich eine Vergangenheit zu schaffen sucht und ein an einem Verkaufsstand auf dem Beyazit-Platz erstandenes Foto vom »Pascha und seiner Frau« an den Ehrenplatz im Wohnzimmer hängt.

Man muss weiter zurückgehen im Leben dieses Mannes, da gäbe es sicher zahlreiche Details auszubreiten, von denen du nichts weißt, sagtest du dir. Wie diese ausufernde Stadt: ausgestellt an Straßenständen und auf Handwagen eine Flut von Postkarten, Fotos von beliebten Sängern und Schauspielern, zwischen Import-Aspirin, Phasenprüfern, Messern, Rasierklingen und Präservativen.

Vergebens, scheint die Riesen-Putzfrau zu sagen, ohnehin fege ich am Ende alles weg. Ich breite unberührtes und ewig unberührt bleibendes weißes Papier auf dem feuchten Fußboden aus. Ich werde noch hier sein, wenn ihr alle längst fort seid. Versucht bloß nicht, aus diesen sinnlosen Einzelheiten ein Ganzes zu machen. Ich habe Recht.

Jahre später, beim erneuten Betrachten, wird man irritiert sein.

Anmerkung der Übersetzerin:
Nach anatolischem Volksglauben findet im Vorfrühling eine Erwärmung in drei Schritten statt, versinnbildlicht durch drei Funken Glut, die nacheinander in die Luft (am 20. Februar), ins Wasser (am 27. Februar) und auf den Boden (am 6. März) fallen.

Bekir Yıldız

Der Damaszener

Nicht mehr lange, und Onkel Vakkas würde mit dem Vogelzüchter Mansur am Himmel abrechnen. Sie waren Feinde. Und sie waren beide bereit, Unmögliches zu vollbringen, um nicht zum Gespött der Dorfbevölkerung zu werden.

Onkel Vakkas war auf dem Hauptplatz des Dörfchens Kertuşe gerade mit dem Dreschschlitten zugange, als er den Blick zum Himmel hob. Dem Stand der Sonne nach zu urteilen, war die Zeit für das Nachmittagsgebet gekommen. »Es ist so weit«, dachte er und rief seiner Frau, die einige Meter von ihm entfernt Weizen worfelte, zu: »Komm, drisch du weiter, ich gehe.« Die Frau eilte hinüber und sprang auf den Dreschschlitten, den ihr Mann verlassen hatte.

Mit langsamen Schritten marschierte Vakkas los, wobei er seinen mächtigen Körper hin und her wiegte. Er verspürte nicht die geringste Furcht, denn er hatte volles Vertrauen in seinen Damaszener. Als er noch etwa ein Dutzend Schritte von seinem Haus entfernt war, begegnete ihm Haşım, der wandernde Händler. Seit Tagen schon war der nun unmittelbar bevorstehende Kampf das einzige Gesprächsthema im Dorf. Mit öliger Stimme fragte Haşım: »Wollt ihr euch nicht auf ein Unentschieden einigen?«

Doch Onkel Vakkas, der seinen Gang verlangsamt hatte, polterte los: »Unentschieden gibts bei mir nicht. Nur Sieg oder Tod ...« Darauf wusste Haşım nichts zu erwidern. Ein so abgrundtiefer Hass machte ihm Angst. Und er lief davon in Richtung des Olivenhains, wo die geplante Vergeltung stattfinden sollte.

Onkel Vakkas betrat den Hof. Als Erstes ging er zur Vorratskammer. Er nahm einen großen, flachen, aus Schilfrohr geflochtenen Korb, ging damit zum Vogelkäfig hinüber, der im Hof stand, und kniete sich hin. Mit einem Mal packte ihn Furcht. Ihm war ganz heiß geworden. Er stand auf und sah sich um, als wolle er herausfinden, ob den anderen aufgefallen war, dass er es plötzlich mit der Angst zu tun bekommen hatte. Er fasste in das aus Hampara-Stein gemeißelte Vogelbecken und spritzte sich etwas Wasser ins Gesicht.

In dem Moment kam Taşo, der Sohn des Vogelzüchters Mansur, in den Hof. Er war völlig außer Atem: »Mein Vater ist im Olivenhain«, sagte er. »Du sollst schnell kommen, Onkel. Er will die Sache hinter sich bringen, bevor die Sonne untergeht. Ach so, und seine Farbe ist Blau. Er meinte, du verstehst das schon.«

Onkel Vakkas fuhr ihn an: »Ja, verdammt, ich weiß. Sag ihm, meine ist Grün. Soll er doch an seiner blauen Farbe verrecken. Geh und sag ihm, er soll nicht so nen Druck machen.«

Taşo verschwand. Vakkas ging in die Hocke und öffnete mit seinen langen Armen die Tür des Vogelkäfigs. Mit dem Oberkörper hatte er etwas Abstand gehalten. Nun beugte er sich zehn, fünfzehn Zentimeter nach vorn. Dann streckte er eine Hand in den Käfig hinein. Die Vögel, die ihm zwischen die Finger gerieten, steckte er einen nach dem anderen in den Korb. Er besaß viele Vögel: Müsevvet, Bağdadı, Güllü, Ayvaz, Müverdi, doch er nahm nur die draufgängerischen Vogelmännchen aus dem Käfig. Die Weibchen ließ er drin. Während der heißesten Phase des bevorstehenden Luftkampfes würden sie ihm noch von Nutzen sein, um die Männchen nach der Luftschlacht wieder ins Nest zu locken.

Im Käfig waren einige Flaumfedern aufgewirbelt worden. Ohne die eine Hand weiter nach den herumwirbelnden Federn auszustrecken, bedeckte Vakkas die Öffnung des Korbs mit einem herumliegenden Sack. Dann erst versuchte er seinen Damaszener einzufangen, der zwischen den Vogelweibchen hin und her flatterte und kleine Hüpfer vollführte. Doch er kam nie in Griffweite. Der Schmuck an seinem winzigen Köpfchen schwang dauernd von links nach rechts, und bei jedem Hüpfer klingelten die Schellen an seinen Füßen.

Schließlich gelang es Onkel Vakkas doch, dem Damaszener den Weg abzuschneiden und ihn zu ergreifen. Er packte zu, doch er tat es mit viel Fingerspitzengefühl. Er wollte ihn weder verletzen noch sein Gefieder zerzausen. Behutsam hob er ihn aus dem Käfig, schloss die Käfigtür und stand auf. Er hielt den Vogel, dessen ganzer Körper mit weißen Federn bedeckt war, jetzt mit beiden Händen. Eine Weile blickte er mit seinen mandelgroßen, schwarzen Augen in die linsengroßen Augen des Damaszeners, dessen Pupillen quecksilberig zuckten. Er nahm den Vogel, dessen Flügel dicht am Körper lagen, in die rechte Hand. Mit der Linken streichelte er ihn einige Male.

Dann hob er den Kopf, um den Stand der Sonne zu prüfen. Sie war schon weit unter die Linie gesunken, die er mit Mansur verabredet hatte. Er bückte sich hastig und griff mit seiner freien Hand nach dem Korb. Aus dem Innern hörte man das kraftlose Schlagen ineinander verkeilter Flügel.

Vakkas eilte aus dem Hof und machte sich zum Olivenhain auf. Einige Leute, die ihn vorbeikommen sahen, schlossen sich ihm schweigend an. Zur gleichen Zeit kehrten die Schaf- und Ziegenherden von ihren Weiden zurück, wirbelten den Staub des Dorfes auf, Lämmer blökten, Kühe muhten.

Als er sich dem Rand des Olivenhains näherte, sah er eine große Menschenmenge. Groß und Klein beobachtete seinen Einzug. Ein paar Kinder schrien durcheinander: »Er kommt!« Onkel Vakkas schritt nun weiter und schneller aus. Dreißig, vierzig Schritte legte er noch zurück, dann war er an dem Ort angekommen, wo die Schlacht stattfinden sollte.

Dem Vogelzüchter Mansur war die Ungeduld ins Gesicht

geschrieben: »Du bist eine halbe Ewigkeit zu spät!«, rief er ihm entgegen.

Onkel Vakkas stellte den Korb auf den Boden. Er fühlte sich verpflichtet, auch ein paar Worte zu sagen: »Genau die richtige Zeit für einen Kampf. Von mir aus kanns losgehen.«

Mansur deutete auf den Vogel, den Vakkas in der Hand trug, und lachte spöttisch: »Das ist wohl der Vogel deines Vertrauens, was? Erkennt man daran, dass du ihn wie eine Fahne vor dir herträgst.«

»Meine Vögel sind alle mutige Kämpfer. Wenn das Schicksal es gut mit mir meint, hat heute dein letztes Stündlein geschlagen. Das weißt du nur zu gut.«

Mansur ging zu einem Olivenbaum in der Nähe, an dem sein eigener Korb hing, und grummelte vor sich hin: »Deinesgleichen kenne ich. Dir wird das Lachen schon noch vergehen …«

Die Schaulustigen waren in der Zwischenzeit näher gekommen und hatten sich um die beiden Streithähne geschart.

Onkel Vakkas brüllte los: »Ich muss wohl erst Eintrittsgeld verlangen, was, Leute? Los, auseinander! Macht mich nicht wahnsinnig.«

Die Menge wich ein Stück zurück. Einer der alten Männer aber wies ihn zurecht, ohne dabei seine Zigarette aus dem Mund zu nehmen: »Mensch, Vakkas, wenn man dich so sieht, weiß man sogleich, dass du wieder Scheiße bauen wirst. Was spielst du hier den starken Mann? Du hast letzten Endes nur einen geschickten Vogel in die Finger bekommen, mehr nicht.«

Mansur wollte noch eins draufsetzen: »Was so ein Vogel kann, erkennt man nicht, wenn man ihn in der Hand hält, sondern wenn er in der Luft ist. Ich hab schon viele Vögel gesehen, die für teures Geld gekauft wurden und dann doch nur Bruchpiloten waren.«

Onkel Vakkas strich dem Damaszener über die Brust. Er

erinnerte sich, wie sehr der Verkäufer die Tapferkeit des Vogels angepriesen hatte. »So einen findest du nirgendwo sonst auf der Welt«, hatte der geprahlt. »Er ist schon in Damaskus und Aleppo um die Wette geflogen und dabei seinem Weibchen und seinem Besitzer immer treu geblieben.«

Mansur lag immer noch nicht genug Spannung in der Luft, deshalb sagte er mit lauter Stimme, damit ihn jeder hörte: »Wenn dieser Vogel wirklich ein so edles Tier ist, wie kommt er dann in deine Hände? Er ist wahrscheinlich entflogen und bereitet seinem Besitzer Kummer und Sorge. Ich für meinen Teil würde so einem Händler genau auf die Finger schauen. Bin ja schließlich nicht auf den Kopf gefallen.«

»Nun, ich denke, irgendein ganz gewiefter Kerl wird ihn entführt haben. Wie käme man sonst an ein solches Prachttier.«

Mansur versuchte jetzt, Vakkas bei seinem Ehrgefühl zu packen: »Der ist echt gut, Mann! Entführt worden soll er sein. Gott sei Dank gilt bei uns jemand, der ausreißt oder entführt wird, als Nestbeschmutzer. Als Schandfleck für seinen Herrn.«

Mansur spielte damit auf Vakkas' Tochter an, die im letzten Herbst von zu Hause ausgerissen war. Zwar hatte ihr Bruder sie dafür getötet, doch nach Ansicht der geschwätzigen Dorfbevölkerung war damit die beschmutzte Familienehre nicht reinzuwaschen.

Vakkas stellten sich die Nackenhaare auf, und er begann am ganzen Leib zu zittern. Fast wäre der Damaszener aus den Händen entwichen und davongeflogen.

»Jetzt hör mir mal gut zu!«, brauste er auf und trat einen Schritt vor. »Du hast neulich mal wieder absolute Scheiße erzählt. Das Korn eines Mannes, dessen Tochter davongelaufen ist, sei unrein, hast du gesagt. Du gottloser, gemeiner Hund! Jedermann weiß doch, dass ihr Bruder sie erschossen hat, für das, was sie getan hat. Sollen denn mittlerweile auch die erschossen werden, die davon gehört, aber nichts damit zu tun haben? Bei Gott, ich habe nichts dagegen …«

Kaum waren Vakkas diese Worte über die Lippen gekommen, da fuhr er auch schon mit der Hand unter seinen Umhang. Mansur aber blieb ebenfalls nicht untätig. Auch er streckte die Hand nach seiner Pistole aus. Doch sofort gingen einige Männer dazwischen. Eine Zeit lang blieben die Hände, die nach den Waffen gegriffen hatten, wo sie waren.

Einer der Umstehenden, ein im Dorf angesehener Mann, beruhigte die erhitzten Gemüter. »Packt die Pistolen ein und lasst endlich die Vögel los. Gleich geht die Sonne unter. Tragt eure Streitigkeiten am Himmel aus.«

Hasserfüllt griff Mansur nach dem Korb an seiner Seite. »Also los, dann lassen wir die Vögel mal frei, wenn er den Mumm dazu hat.«

Vakkas sagte kein Wort. Er legte die Hand auf den Sack, der seinen Korb bedeckte. Doch er nahm ihn nicht sofort herunter. Aus den Augenwinkeln beobachtete er Mansur. Dieser war ebenfalls bereit. Fast zur gleichen Zeit zogen beide die Säcke weg und leerten die Körbe aus.

Die Vögel waren jetzt frei. Und so erhoben sie sich in die Lüfte und trugen ihre Federkleider, auf die man blaue und grüne Tupfen gemalt hatte, hoch hinauf. Nur der Damaszener war störrisch zurückgeblieben. Vakkas hob den Arm, um auch seinen Lieblingsvogel in die Luft zu entlassen, für den er, weil sein Geld nicht gereicht hatte, noch einen Sack Weizen hatte drauflegen müssen. So hielt er ihn eine Weile. Er breitete den Himmel in seiner ganzen Größe vor dem Vogel aus und schrie schließlich: »Na los, du, für den ich so viel geopfert habe, zeig es unserem Feind!«, und ließ ihn starten.

Als der Damaszener endlich in die Freiheit entlassen wurde, breitete er seine Flügel aus, legte sie zunächst wieder zusammen, entfaltete sie dann aber erneut und schnellte endlich empor in die Weiten des Himmels. Weit oben begann er zwischen den zwei Vogelschwärmen, die man anhand der Farbe auf Brust und Flügeln voneinander unterscheiden konnte, zu kreisen.

Vakkas' Blicke waren eine Weile auf den grün gefärbten Schwarm gerichtet. Die Vögel wirkten wie Farbtupfer am Himmel. Sein Damaszener tauchte mal quer in die Schar der übrigen Vögel ein, dann wieder entschied er sich ganz unverhofft für eine andere Richtung und zog dabei alle Vögel hinter sich her.

Einer der Zuschauer, den Blick nach oben gerichtet, lobte den Damaszener in den höchsten Tönen: »Dieser Vogel wird eine Legende werden, Leute!«

Ein anderer fiel ein: »Ja, und was für eine! Einem so prächtigen Vogel hält kein anderer stand. Sie ordnen sich alle unter.«

Mansur war zu Mute, als balle sich eine Gewitterwolke über seinem Haupt zusammen oder als schäume Gift in seinem Mund auf. Er fühlte sich blamiert, versuchte aber sich nichts anmerken zu lassen und stand auf. Die Schmach nicht länger ertragend, spuckte er zu Boden und machte sich leise fluchend auf den Nachhauseweg.

Onkel Vakkas aber strahlte. Er war sicher, dass sein Damaszener ihm den am Himmel errungenen Triumph bald zu Füßen legen und damit im Dorf tatsächlich zur Legende werden würde. Fast schien es, als sei die Rache bereits geglückt. Doch er musste erst nach Hause gehen, den Vögeln signalisieren, dass es Zeit war, in den Hof zurückzukehren, und sie mithilfe der Weibchen ins Nest locken, damit sie sich nicht verflogen. Um keine Zeit zu verlieren, brach er sogleich auf.

Der mit der untergehenden Sonne wieder auffrischende Abendwind ließ Vakkas' Zigarette erglimmen und wirbelte den Straßenstaub auf. Doch er bemerkte von alldem nichts. Er war mit seinen Gedanken am Himmel, bei seinen Vögeln, die den einen oder anderen Vogel Mansurs vor sich her in seinen eigenen Hof zu treiben versuchten.

Schließlich erreichte er sein Zuhause. Seine Frau war vom Dreschplatz zurückgekehrt und versuchte gerade einige getrocknete Kuhfladen anzuzünden, die sie hochkant gegeneinander gestellt hatte, um Essen zu kochen. Der Hof war in dichten Qualm gehüllt.

Onkel Vakkas war außer sich. Sogleich lief er zu seiner Frau hinüber: »Lösch sofort das Feuer, verdammtes Weibsstück!«

Seine Frau, die tief über die Kuhfladen gebeugt war, hob den Kopf. Ihre Augen waren rot und tränten. Verständnislos fragte sie: »Wieso denn? Willst du nichts essen?«

»Jetzt ist nicht die Zeit, ans Essen zu denken. Dir hat wohl jemand den Verstand geraubt. Ich habe die Vögel fliegen lassen. Der Rauch versperrt ihnen den Weg nach Hause. Los, schütt sofort Wasser ins Feuer!«

Die Frau erhob sich widerwillig. Sie nahm einen Krug Wasser und leerte ihn über den wenigen Kuhfladen aus, die sie mühsam hatte in Brand stecken können. Der Qualm, der sich daraufhin über den Hof legte, war dichter als je zuvor. Es dauerte jedoch nicht lang, und er begann sich zu verflüchtigen. Bald hatte er sich ganz verzogen.

Vakkas hatte den Kopf in den Nacken geworfen und drehte sich im Kreis. Er hielt am Himmel Ausschau nach seinen Vögeln und nach denen des Gegners und erwartete insbesondere den Anblick des Damaszeners, wie er mit einem der Vögel des gegnerischen Schwarms Freundschaft schloss und ihn so dem Feinde abspenstig machte. Bald trat auch das Erwartete ein. Der grün gefärbte Damaszener flog mit einem der blauen Vögel Seite an Seite. Es war höchste Zeit für die Lockvögel.

Vakkas rannte zum Käfig. Mit zitternden Händen nahm er das Weibchen des Damaszeners heraus. Er umfasste die Beine des Lockvogels mit festem Griff. Dann ließ er ihn mit den Flügeln schlagen. Doch weil die Beine des Weibchens zwischen den Händen seines Besitzers gefangen waren, kam es nicht vom Fleck, und mit jedem Flügelschlag schien es das Vogelmännchen am Himmel anzuflehen, nach Hause ins Nest zurückzukehren.

Inzwischen flogen die beiden Vogelschwärme, die sich miteinander angefreundet hatten, über das Dorf Kertuşe hinweg in Richtung Osten. Einige Augenblicke später war von den Vögeln am Himmel weit und breit keine Spur mehr zu sehen.

Vakkas glaubte, dass die Vögel wohl noch eine letzte Runde drehen wollten, und freute sich, dass den Damaszener der Schrei des Lockvogels nicht unberührt gelassen hatte.

Tatsächlich trennten sich die beiden Schwärme wenige Minuten später, und man hörte über den Dächern das klatschende Geräusch ihrer Flügel.

Vakkas warf einen prüfenden Blick auf die Vögel, die jetzt fast gleichzeitig im Hof landeten. Müsevvet, Bağdadı, Güllü, Ayvaz, Müverdi …

Şamı, der Damaszener war nicht dabei.

Er spürte, wie es ihm das Herz zerriss. Es schnürte ihm die Kehle zu. Mit letzter Kraft hob er seinen Arm und schwenkte den Lockvogel in seiner Hand hin und her.

Dann ließ er seinen Arm langsam herabsinken. Der Vogel befreite sich aus dem lockeren Griff und flatterte wild mit den Flügeln.

Vakkas ließ den Kopf hängen. Seine Zunge war wie ausgetrocknet. Genau wie an dem Tag, als er erfahren hatte, dass seine Tochter ausgerissen war. Er begann auf dem Hof bald hierhin, bald dorthin zu laufen.

Seine Frau, die auf der Schwelle gestanden und mit angesehen hatte, was passiert war, bedauerte ihn: »Vergiss doch das Geld, Hauptsache, du bist gesund«, tröstete sie, und nach einer Weile fügte sie hinzu: »Ach, wenn du doch bloß den Weizen nicht noch draufgelegt hättest!«

Doch Vakkas schien nicht zu hören, was sie sagte. In Gedanken war er nur bei seinem Vogel. Er konnte immer noch nicht glauben, dass sein Damaszener nicht mehr ihm gehören sollte und jetzt womöglich in den Händen eines Fremden war. Er hob seinen Blick ein weiteres Mal, doch angesichts des leeren Himmels krampfte sich sein Herz nur noch mehr zusammen. Der Damaszener war fort.

Er streifte den Umhang, der von seinen Schultern geglitten war, herunter. Dann nahm er seine Mütze ab und kratzte sich am Kopf. Plötzlich sah er doch noch einen Hoffnungsschimmer, und er freute sich wie ein Kind.

Vielleicht war sein Damaszener gerade hinter einem besonders hartnäckigen Vogel her? Wollte ihn womöglich auf langen Umwegen den heimischen Hof vergessen lassen, um ihn schließlich herzubringen. Seine Miene hellte sich wieder auf. Jetzt wartete er auf zwei Vögel.

Die Sonne war gerade untergegangen. Das Weiß am Himmel östlich des Dorfes verfärbte sich schmutzig grau.

Während Vakkas seine Blicke über den Himmel schweifen ließ, kam ihm plötzlich in den Sinn, dass sich der Damaszener womöglich in ein Vogelweibchen verliebt hatte und mit ihr weit weg, bis nach Damaskus oder gar Bagdad, geflogen sein könnte.

In diesem Augenblick betrat Mansurs Sohn Taşo den Hof. Einige Schritte hinter dem Tor blieb er stehen. Die Hände hielt er hinter dem Rücken versteckt.

Kaum hatte Vakkas ihn erblickt, schnaubte er: »Was willst du denn schon wieder, Mensch?«

Taşos Stimme zitterte: »Mein Vater schickt mich.«

»Deinen Vater soll der Teufel holen!«

»Mein Vater hat gesagt …«, fing Taşo an. Doch Onkel Vakkas' Blicke machten ihm angst und bange. Er wich Schritt für Schritt zurück, bis seine Füße an die Schwelle des Hoftors stießen. Erst nach einer Weile wagte er es weiterzusprechen: »Mein Vater sagt, dass die Vogelzucht eine Kunst ist. Nicht so wie Korn dreschen. Er will dir deinen Vogel zurückgeben, damit du seinen Namen – Mansur der Siegreiche – nie vergisst.«

Kaum hatte Taşo zu Ende gesprochen, holte er seine Hände hinter dem Rücken hervor. In der Rechten hielt er einen Vogel. Er warf ihn Onkel Vakkas hin und rannte davon.

Der Vogel prallte Vakkas an die Brust und fiel kopfüber zu Boden. Er zitterte am ganzen Leib, denn man hatte ihn gerupft wie ein Huhn.

Nahit Eruz

Nächtliche Düfte

Wenn in das Dorf Çobanbey mit seinen zwanzig Häusern nicht gerade ein Personen- oder ein Güterzug einfuhr, dann gab es dort so gut wie kein Leben. Wie vergraben waren die Leute in ihren Lehmhäusern. Wer nicht das Heranschnaufen eines Zuges hörte, der ließ sich einfach nicht blicken. Die Männer saßen entweder beim Kartenspiel in einem der drei Kaffeehäuser am Bahnhofsvorplatz, oder sie hockten zu Hause und lauschten der Musik arabischer Sender.

Weder in der Morgendämmerung noch abends bei Sonnenuntergang hörte man einen Hahn krähen, ein Schaf blöken oder ein Kalb muhen. Es schlug nicht einmal nachts irgendwo ein Hund an. Nur hin und wieder erklang von der Grenze her ein Schuss.

Wenige Schritte jenseits der Bahnlinie lag Syrien. Zu beiden Seiten des Dorfes erstreckten sich an der Grenze entlang endlose Minenfelder. Nicht nur dort, sondern überhaupt war in der ganzen Ebene, so weit das Auge reichte, nicht ein einziger Baum zu sehen. Diese elend kahle Fläche sowie der Stacheldraht, der die Grenze markierte, konnten einen schon trübsinnig stimmen. Und das mochte wohl auch der Grund für die Schweigsamkeit der Einwohner von Çobanbey sein.

Wenn aber mal ein Zug eintraf, kam plötzlich Leben ins Dorf. Dann strömte Alt und Jung sofort zum Bahnhof.

Kam ein Personenzug, stellten sich die Männer und Kinder an der Bahnlinie auf und boten Plastikblumen, vertrocknete schwarze Oliven, Salz und Pflanzenöle feil. Damit verdienten sie einen Teil ihres Lebensunterhaltes. Von den syrischen Fahrgästen wiederum erhielten sie geschmuggelten Tee.

Wenn mit dem Zug ein Viehtransport eintraf, wimmelte es am Gleis entlang und auf dem Bahnhofsvorplatz ebenso vor lauter Menschen. Die Männer hielten jedoch dann keine Plastikblumen und vertrocknete Oliven in der Hand, sondern dicke, schwere Knüppel, mit denen man kräftig auf etwas eindreschen konnte, ohne dass sie kaputtgingen. Diese Knüppel waren nötig, damit die Tiere, die aus den Waggons heraus auf die Viehwaage und von dort wieder zurück in die Waggons getrieben wurden, nicht ausbrachen und im Dorf herum, oder gar in die Minenfelder liefen. Das zu verhindern, war nämlich die Aufgabe der Einwohner von Çobanbey.

Dass die für Syrien bestimmten Schafe ausgeladen, ein wenig weiden gelassen, dann gewogen und wieder in die Waggons geladen wurden, dafür war Kör Rıza zuständig, der »blinde Rıza«. Eigentlich schielte er nur, dennoch wurde er »blinder Rıza« genannt. Kör Rıza war der Einzige, dem die Schafhändler diese Angelegenheit anvertrauten. Er war der Mann, der die Leute aus seinem eigenen Dorf mit Schaum vor dem Mund anbrüllen konnte, der den Knüppel in seiner Hand mit der gleichen Unbarmherzigkeit auf Vieh wie auf Mensch heruntersausen ließ, der willkürlich dem einen Arbeit gab und den anderen davonjagte und der auch das Fleisch von Tieren, die aus den Waggons tot geborgen wurden, nach Gutdünken verteilen durfte. Er war rücksichtslos und stark wie ein Stier. Ob jung, ob alt, so gut wie alle hatten einen Mordsrespekt vor ihm, lag doch die Hälfte ihres Einkommens in seiner Hand.

Am späten Nachmittag begann sich im Dorf etwas zu regen. Knüppelbewehrte Männer setzten sich vor die Kaffeehäuser am Bahnhof oder verteilten sich schon auf dem engen Raum zwischen dem Gleis und den Häusern. Ganz offensichtlich stand die Ankunft eines Zuges bevor.

Die Hitze hatte um diese Zeit erheblich nachgelassen, und ein leichter Wüstenwind kam auf.

Es hieß, aus der Gegend von Tatvan werde ein Transport mit annähernd achthundert Schafen eintreffen. Die Nachricht von einer so hohen Anzahl war auch bis zu den umliegenden Dörfern durchgedrungen, sodass selbst von dort Menschen nach Çobanbey strömten. Zum Ein- und Ausladen sowie zum Bewachen der Tiere war an solchen Tagen eine ganze Menge Leute notwendig. Die hatten es nicht zuletzt auf das Fleisch und die Felle derjenigen Tiere abgesehen, die sich in den stickigen Waggons vor lauter Hunger und Durst gegenseitig umbrachten. Es war nämlich zu einer Art Gewohnheitsrecht geworden, dass sich an den Tieren, die in den Waggons tot oder verendend angetroffen wurden, die Dorfbewohner bedienen durften. Der Fleischbedarf des Dorfes wurde denn auch zum größten Teil auf diese Weise gedeckt.

Als man den Zug von Osten herannahen sah, nahmen auch die noch auf dem Platz Verbliebenen allmählich Aufstellung entlang der Bahnlinie. Sie spielten ein wenig mit ihren Knüppeln und sahen schweigend dem Zug entgegen.

Kör Rıza ging vor der Menschenreihe auf und ab und nahm die Leute einzeln in Augenschein.

Der heranratternde Zug wurde immer langsamer, bis er schließlich unter großem Getöse und Kreischen der Bremse vor der Menschenmenge stehen blieb.

Aus den Waggons drang dumpfes Blöken heraus, und aus den Türritzen schlug den Leuten draußen ein stechender Geruch nach schmutziger Schafwolle, Staub und Tierexkrementen entgegen. Als der Zug stillstand, hörte man das Scharren und Trappeln der Schafe deutlicher. Die Tiere wollten so schnell wie möglich aus den stinkenden Waggons heraus, und still verhielten sich nur die, die schon halb erstickt oder zertrampelt worden waren.

Die Lokomotive wurde von den Waggons abgekoppelt.

Da erscholl die kräftige Stimme von Kör Rıza. »Mustafa!

Mach den ersten Waggon auf! Ihr da rauf auf die Rampe, und ihr stellt euch auf den Platz! Ein bisschen plötzlich! Und ihr Tölpel da, ihr schiebt jetzt den Waggon an! Na, was glotzt ihr denn noch, ihr Trampel!«

Die Leute liefen auseinander, um Kör Rızas Anordnungen Folge zu leisten. Die einen stellten sich auf dem Platz auf, die anderen eilten die Rampe hinauf, und der Rest, die Kräftigsten nämlich, stemmte sich gegen den Waggon, um ihn anzuschieben.

Nach mehrfachem »hau ruck!« setzte sich der Viehwaggon in Bewegung. Als er vor der Rampe ankam, musste er auf der anderen Seite wieder gebremst werden.

»Und jetzt passt gefälligst auf, sonst mach ich euch Feuer unterm Hintern! Mustafa! Mach die Türen auf! Und du, Ali, leg die Bretter zwischen die Rampe und den Waggon!«

Mustafa schob den Riegel zurück, und zwei Männer zogen die Türe auf. Kaum war das geschehen, da schlug ihnen ein fürchterlicher, atemberaubender Gestank entgegen. Es war schier unerträglich. In ihrem unbändigen Drang nach draußen wären die Schafe am liebsten übereinander gestiegen. Genau davon aber sollten die Männer an der Tür sie abhalten. Um die Schafe dazu zu bringen, einzeln und hintereinander über die Rampe zu laufen, prügelten die Männer wahllos auf sie ein. Unter der Wucht der Schläge, die auf Kopf, Rücken und Beine herniederprasselten, wichen die Tiere etwas zurück, drängten aber bei der nächsten Gelegenheit sofort wieder wild nach vorne.

Als die Waggons sich allmählich leerten, verbreitete sich der grauenhafte Schmutz- und Kotgeruch über das ganze Dorf, und überall standen Staubwolken in der Luft. Kaum hatten die Schafe, die seit Tagen in die Waggons eingepfercht und vor Hunger, Durst und Mangel an frischer Luft schon ganz benommen waren, wieder festen Boden unter den Füßen, da hatten sie nur eines im Sinn, nämlich davonzulaufen. Und mochten sie auch noch so viele Hiebe abbekommen, das hielt sie nicht von dem Versuch ab, den Menschenring um sich herum zu durchbrechen.

Unter all den Männern tat sich am meisten Kör Rıza hervor, der fortwährend zwischen den Waggons und dem Platz hin und her lief. Sein Fluchen aber wurde immer mehr von all dem Blöken der Schafe und dem Geschrei der knüppelnden Männer übertönt.

Als der Abend hereinbrach, war der Platz annähernd voll. Die über ihm liegende Staub- und Geruchswolke wurde vom Wind weit davongetragen. Man holte aus den Waggons fast ebenso viele tote Tiere heraus wie lebende. Die verendeten Schafe wurden etwas abseits auf einen Haufen geworfen. Zum Teil ging bereits ein Verwesungsgeruch von ihnen aus. Je mehr tote und lebende Tiere nun auf dem Platz waren, umso lauter ging es zu und umso erregter und unnachsichtiger gebärdete sich Kör Rıza.

Neben einem der Kaffeehäuser kam es plötzlich zu einem Getümmel. Als zwei Jungen, die den Schafen den Zugang zu einer Gasse verwehren sollten, umgerissen wurden, konnten die vordersten Tiere entkommen, worauf sogleich die ganze Herde in Bewegung geriet. In kürzester Zeit verstreuten sich hunderte von Schafen über das ganze Dorf und liefen auch auf die Minenfelder zu. Als Kör Rıza das sah, wurde er fast wahnsinnig. Mit schäumendem Mund prügelte er auf jeden Dorfbewohner ein, der ihm vor den Knüppel kam, und überschüttete die Leute mit den übelsten Schimpfwörtern. Jedes Schaf, dessen er habhaft werden konnte, hob er in die Luft und warf es dann mit voller Wucht zu Boden.

Die Leute bemühten sich erst noch, die Schafe wieder einzufangen, aber mit der Zeit gaben sie auf, sei es aus Erschöpfung, sei es, weil sie der Beschimpfungen und der Schläge Kör Rızas überdrüssig waren. Es kam sogar so weit, dass sie unauffällig die

Tiere noch weiter auseinander trieben, als hätten sie sich gegen Kör Rıza verschworen.

Mittlerweile war es so dunkel geworden, dass aus den ersten Fenstern Lichtschein drang. Die Frauen und die kleineren Kinder warteten zu Hause auf den Vater, um gemeinsam mit ihm zu essen. Manche Frauen hatten schon begonnen, mit Reisig im Ofen Feuer anzumachen. Es wurde also auf die hinter den Schafen herlaufenden Väter und Brüder gewartet, aber diesmal mit ganz anderen Hoffnungen als sonst.

Kör Rıza schrie und fluchte noch immer in der Dämmerung. Mal ertönte seine Stimme vom Platz her, mal von den Minenfeldern, mal von der Straße, die nach Antep führte. »Ihr Sauhunde! Glaubt ihr etwa, dass ihr auch nur ein Gramm Fleisch von mir kriegt? Nicht mal am Braten lass ich euch riechen!« Als er wieder zu Atem kam, brüllte er weiter. »Und was sollen wir jetzt dem Besitzer dieser Tiere sagen? Ihr jedenfalls kriegt nichts davon, und zwar absolut gar nichts! Lieber verbrenne ich alle toten Schafe, als dass ich euch etwas davon abgebe!« Kör Rıza lief im ganzen Dorf umher. Sein Gesicht war vor lauter Eifer noch dunkler als sonst, und aus seinen Schielaugen blitzte das Weiße hervor. Er zitterte am ganzen Leib und geiferte vor Wut.

Als es im Dorf richtig finster war, hörte man von den Minenfeldern her nacheinander einige Explosionen. Daraufhin geriet Kör Rıza noch mehr außer sich. Fast alle Männer hatten sich jedoch bereits im Schutz der Dunkelheit aus dem Staub gemacht.

Schließlich gab Kör Rıza sein Gerenne und Gefluche auf. Er ging zu der Schar von Tieren, die er mithilfe von drei Hirten und ein paar Dorfbewohnern doch noch hatte einfangen können, und setzte sich daneben auf den Boden. Ohne seinen Blick von den Schafen zu wenden, blieb er stundenlang schweigend so sitzen.

Im finsteren Dorf herrschte inzwischen ein reges Treiben. Die zu Hause erwarteten Väter und Brüder, aber auch die Mütter waren emsig mit einer ungewöhnlichen Tätigkeit beschäftigt. Allenthalben wurden Schafe geschlachtet und tote Tiere gehäutet. Verendeten Schafen, die bereits zu stinken begannen, wurde nur das Fell abgezogen, der Rest sogleich vergraben. Kaum war man mit einem Tier fertig, machte man sich an das nächste, und so ging es in einem fort. In die benachbarten Dörfer wurden mit Pferden und Eseln unaufhörlich Felle und Fleisch transportiert.

Zu später Stunde vermischte sich der Wüstenwind mit einem den Häusern entströmenden Bratenduft, der so intensiv war, dass er sogar den Geruch der auf dem Platz angehäuften Schafskadaver überdeckte. Noch nie hatte bis dahin der Wüstenwind so viel Bratengeruch in die Ferne geweht, und noch nie hatten die Schornsteine des Dorfes zur gleichen Zeit so sehr geraucht.

Kör Rıza bemerkte sehr wohl den Duft, der sich im ganzen Dorf breit machte, aber er rührte sich nicht vom Fleck. Als hätte er vergessen, dass er doch gerade noch getönt hatte, nicht einmal am Braten dürften die Dorfbewohner riechen, ließ er sich gleichsam von der duftgeschwängerten Nacht verschlucken.

Nur einmal machte er den Mund auf, als wollte er etwas sagen. Aber dann sagte er doch nichts.

Ahmet Ümit

Der Spielkamerad

Der Mann trug den mit einer türkischen Fahne umhüllten Sarg mit, er lauschte im friedvollen Innenhof der Moschee den mit überirdischer Stimme gesprochenen Gebeten des jungen Imams mit dem weißen Turban, und schließlich half er auch mit, den Sarg ins Grab hinabzulassen, und bei alledem weinte er nicht. Auch nach der Beerdigung, als drei Tage lang Verwandte kamen, Freunde seines Sohnes, Soldaten und Unteroffiziere, mit denen zusammen er gekämpft hatte, und alle tränenreich ihre Trauer bekundeten und als die Frau und die Schwiegertochter des Mannes sich schluchzend die Haare rauften und gar in Ohnmacht fielen, weinte der Mann wieder nicht. Die Leute mutmaßten, er finde wohl seinen Trost darin, dass sein Sohn auf dem Feld der Ehre gefallen sei, und weine deshalb nicht. Der Mann selbst jedoch dachte an gar nichts, und dass er keine Träne vergoss, merkte er nicht einmal.

Als nach dem dritten Tag der Besucherstrom allmählich nachließ, ging der Mann in das Zimmer, in dem die persönlichen Sachen seines Sohnes lagen, die sie zurückbekommen hatten. Er roch an seiner Hauptmannsuniform und sah sich die Dinge an: Kleider, Rasierzeug, eine unbenutzte Zahnbürste, Fotos, ein Schreibheft. Soviel der Mann wusste, hatte sein Sohn kein Tagebuch geführt. Neugierig schlug er das Heft auf. Auf der ersten Seite stand in sorgfältiger Handschrift: Notizen vom Berg Cudi. Der Mann blätterte um und begann zu lesen.

»Gegen Ende meines zweiten Dienstjahres im Südosten des Landes wusste ich nur eines ganz sicher: Um mit den Terroristen fertig zu werden, musste ich so werden wie sie. Es galt also, nicht wie eine reguläre Armee-Einheit bei Angriffen der Terroristen Gegenschläge zu führen und selbst anzugreifen, wenn einmal ein Hinweis kam, sondern vielmehr genau wie die Terroristen selbst in kleinen Kampfgruppen ständig in Bewegung zu bleiben und fortwährend in den Bergen zu leben. Ich muss außerdem zugeben, dass ich diese Art der Kriegsführung nicht nur aus taktischen, sondern auch aus moralischen Gründen bevorzugte. Ich war mehrfach bei Bestattungen einfacher Soldaten zugegen gewesen, auf denen von Seiten der Angehörigen immer wieder der Vorwurf laut wurde, es treffe immer nur die einfachen Soldaten und nie ihre Vorgesetzten. Dass diese Klagen nicht ganz unberechtigt waren, gab mir zu denken. Schließlich war mir beigebracht worden, die Armee bilde vom höchsten Offizier bis zum einfachsten Mannschaftsgrad hinunter ein Ganzes und der Kommandant müsse genauso viele Opfer bringen wie der einfache Soldat und eigentlich noch mehr. Sei dies nicht der Fall, so verkomme die Armee. An diesen einleuchtenden Grundsatz habe ich mich meine ganze Dienstzeit über gehalten und ihn als das Fundament meiner Soldatenehre angesehen.

Aber ich schweife ab. Jedenfalls eröffnete ich meinen Plan, eine solche Kampfgruppe zu gründen, meinem Vorgesetzten Oberst Rıdvan. Der hörte mir aufmerksam zu und sagte dann: ›Alle Achtung vor deinem Mut und deiner Einsatzbereitschaft. Aber das Ganze kommt mir doch reichlich abenteuerlich vor. Einen so gut ausgebildeten Generalstabsoffizier möchte ich an so etwas nicht verschwenden. Wenn du willst, kannst du zur Nachrichteneinheit und dich dort nützlich machen.‹

Die Nachrichteneinheit war aber nichts für mich, sodass ich mich gegen diesen Vorschlag sträubte und stattdessen zu Gunsten der Bildung einer Kampfgruppe eine ganze Reihe von Argumenten aufzählte, die Oberst Rıdvan eigentlich genauso gut kannte wie ich. Wir waren schon lange zusammen in der gleichen Einheit, und er konnte mich gut leiden. Schließlich hatte ich mit meiner Beharrlichkeit Erfolg: ›Versprechen kann ich dir nichts, aber ich werde mich an höherer Stelle für dich verwenden. Wenn von dort eine Einwilligung kommt, dann bin ich gleichfalls einverstanden.‹

Daraufhin machte ich mir sofort darüber Gedanken, wer der Kampfgruppe zugeteilt werden sollte. Mir schwebten aber nicht nur mutige, intelligente und kampfkräftige Soldaten vor, sondern vor allem auch solche, mit denen ich harmonisch würde zusammenarbeiten können. Schon bald hatte ich eine Liste beisammen, auf der zwanzig der besten Soldaten standen, die mir unterstellt waren. Eine Woche später bestellte mich Oberst Rıdvan zu sich und teilte mir mit, dass mir von oben grünes Licht gegeben worden sei. Durch den schon jahrelang währenden Krieg seien die Befehlsstrukturen aufgeweicht worden, und man habe sich dazu durchgerungen, den Meinungen der vor Ort im Einsatz befindlichen Offiziere mehr Gewicht zuzugestehen. Also begann ich sogleich mit den von mir ausersehenen Soldaten Einzelgespräche zu führen. Ich erläuterte die Bedingungen, unter denen die Unternehmung stattfinden sollte und dass die Teilnahme daran jedem Einzelnen freigestellt sei. Zwei meiner Leute erklärten daraufhin, sie wollten lieber nicht mitmachen, was ich voller Verständnis zur Kenntnis nahm. Dann berief ich meine nunmehr achtzehn Leute zur ersten Lagebesprechung ein. Nach einer kurzen Ausbildung machten wir uns schließlich zum Berg Cudi auf.

Die ersten Tage fielen uns ein wenig schwer, doch dann gewöhnten wir uns an die neuen Lebensbedingungen. Nach einer Woche machten wir eine zehnköpfige Terroristengruppe aus. Sie bemerkten uns nicht, wogegen wir von den Felsen, hinter denen wir uns verschanzt hatten, jede ihrer Bewegungen genauestens verfolgen konnten. Das verschaffte uns ein Überlegenheitsgefühl, das kaum zu beschreiben ist. Im Normalfall war es nämlich genau umgekehrt. Da agierten sie aus dem Verborgenen heraus und verfolgten uns so lange, bis wir an einer günstigen Stelle quasi zum Abschuss freigegeben wurden. Dann warfen wir uns zu Boden, suchten verzweifelt zu entkommen, gaben aber in unserer ganzen Hilflosigkeit ein hervorragendes Ziel ab. Nun waren die Rollen vertauscht. Mit unseren Nachtsichtgeräten konnten wir sie sogar im Dunklen beobachten. Als sie einmal über ein offenes Gelände marschierten und ihnen daher jeder Fluchtweg verwehrt war, forderten wir sie auf, sich zu ergeben. Augenblicklich eröffneten sie das Feuer. Da wir den Schauplatz der Auseinandersetzung unter Kontrolle hatten, konnten wir sechs Terroristen töten und die anderen vier gefangen nehmen, während bei uns lediglich ein Mann eine Wunde an der Schulter davontrug.

Die meisten Terroristen waren kampferfahren, waren ausgezeichnete Schützen, ausdauernd wie Bergziegen und durch und durch von ihrer Mission erfüllt. In unserem Hauptquartier wurde unser Erfolg daher mit großer Befriedigung aufgenommen. Die Terroristen waren damals noch nicht besiegt, sondern zwischen der Armee und ihnen herrschte eine Art Gleichgewicht. Mal spielten im Gebirge sie die dominierende Rolle, mal waren wir es. Unter diesen Umständen war auch der kleinste Erfolg von großer Bedeutung. Als wir wieder unten im Hauptquartier ankamen, wurde ich von Oberst Rıdvan wie ein Held empfangen. Die Vorbehalte gegenüber meiner Gruppe waren somit ausgeräumt und mein Spielraum dadurch viel größer geworden. In den letzten Monaten habe ich ja dann die Berechtigung meines Ansatzes oft genug unter Beweis gestellt. Unzählige Male haben wir uns mit Terroristen Gefechte geliefert und dabei unsere Gegner meist erledigen können. Wir selbst hatten nach Ablauf des ersten halben Jahres in unseren Reihen zwar einige Verwundete zu beklagen, aber nur einen einzigen Toten, der noch dazu nicht im

Kampf gefallen, sondern auf eine Mine getreten war. Die Terroristen konnten sich auf dem Berg Cudi, der zeitweise unter ihrer Kontrolle gewesen war, nicht mehr ungestört bewegen. Allmählich begriffen sie, dass sie nunmehr ungleich vorsichtiger verfahren mussten.

Obwohl wir die ganze Zeit über den Terroristen herbe Schläge versetzten, gelang es uns nicht, einer an vielen Kämpfen beteiligten Gruppe habhaft zu werden, die nach einem Sagenheld namens Kawa der Schmied benannt war. Wir hatten schon mehrfach Hinweise auf ihren Standort erhalten und ihnen auch einmal eine Falle gestellt, der sie sich im letzten Augenblick entzogen hatten. Wir begriffen nicht, wie sie von unserem Hinterhalt Wind bekommen konnten. Da summte eines Tages mein Funkgerät, das auf die Frequenz des Hauptquartiers eingestellt war. Ich drückte auf die Antworttaste, ohne mir etwas Besonderes zu denken, und vernahm plötzlich eine mir unbekannte Stimme.

›Tag, Hauptmann‹, sagte ein Mann in einwandfreiem Istanbuler Türkisch. ›Hier spricht Cemşid, der Kommandant der Schmied-Kawa-Gruppe.‹

Was soll ich lügen, ich war schockiert, fasste mich aber schnell. ›Hallo, Cemşid. Na, willst du dich etwa ergeben?‹

Mit einem unangenehm selbstsicheren Lachen antwortete er: ›Nein nein, das ist hier nur ein Willkommensgruß für dich. Schließlich treibst du dich ja hier in unseren Bergen herum.‹

›Diese Berge sind Teil unseres Vaterlandes. Und wenn du dich als Kind dieses Landes begreifst, dann solltest du dich ergeben.‹

›Du weißt genau, dass ich mich nicht ergebe. Und was diese Berge angeht, die gehören zu unserem Vaterland und nicht zu eurem. Und wenn ich dir noch einen Tipp geben darf: Für Fremde kann es hier ganz schön ungemütlich werden. Du solltest also gut auf dich Acht geben.‹

Es war klar, worauf er hinauswollte. ›Ich wollte dir gerade

den gleichen Rat geben‹, erwiderte ich spöttisch. ›Für Leute, die im Sold von Syrien oder dem Irak stehen, haben diese Berge nämlich nichts übrig. Sei also vielmehr du vorsichtig.‹

Es nahm diese Spitze gelassen hin. ›Nun gut, du musst es wissen‹, antwortete er ruhig. ›Aber gewarnt habe ich dich.‹

›Einen Augenblick noch‹, sagte ich, da ich dachte, er würde gleich auflegen. ›So gut, wie du Türkisch sprichst, bist du doch kein Kurde.‹

›Ich bin schon Kurde, ich kann nur kein Kurdisch. Ich bin eben von der Türkischen Republik assimiliert worden. Genauso wie du.‹

Wieder war es ihm gelungen, mich zu verblüffen. ›Red keinen Unsinn‹, versetzte ich nervös, ›ich bin nicht kurdischstämmig.‹

›Ist dein Vater etwa nicht in Van geboren, Hauptmann Eşref? Du bist genau wie ich ein assimilierter Kurde.‹

›Mein Vater ist zwar in Van geboren, aber wir sind keine Kurden. Mein Großvater war Offizier, und während er in Van stationiert war, ist mein Vater dort auf die Welt gekommen. Du bist also einer Falschinformation aufgesessen‹, sagte ich und schaltete das Funkgerät ab.

Es begann aber in mir ein Zweifel zu nagen. Der Kerl kannte sowohl meinen Namen als auch den Geburtsort meines Vaters. Woher hatte er diese Informationen? Zuerst fiel mein Verdacht auf meine Kampfgruppe, aber von denen konnte ja keiner wissen, wo mein Vater geboren war. Vielleicht hatte Cemşid Leute in unserem Hauptquartier. Oder aber ich hatte irgendwo einmal meinen Mund zu weit aufgerissen. Jedenfalls wurde mir klar, dass wir von nun an sehr viel vorsichtiger würden vorgehen müssen. Ich beschloss, künftig nicht mehr ans Hauptquartier zu melden, in welcher Gegend wir unterwegs waren und wo wir einen Hinterhalt planten. Und selbst wenn ich einen Verrat aus meiner eigenen Gruppe heraus eigentlich für höchst unwahrscheinlich hielt, erschien es mir doch ratsam, gegenüber meinen Leuten mehr Vorsicht walten zu lassen und selbst im Schlaf noch wachsam zu bleiben. Außerdem musste ich etwas über die Identität dieses Cemşid herausbekommen. Wer war dieser neunmalkluge Kerl, der so ausgezeichnet Türkisch sprach?

Kaum war ich wieder im Hauptquartier, ging ich zu Cevat, einem befreundeten Offizier, und erzählte ihm von Cemşid. Cevat wusste tatsächlich über ihn Bescheid, da geständige Terroristen über ihn berichtet hatten. Sein richtiger Name war Mehmet Serikan. Sein Großvater war beim großen Aufstand im Jahr 1925 einer der Kommandanten des Kurdenanführers Scheich Said gewesen und nach der Niederschlagung des Aufstands zusammen mit diesem hingerichtet worden. Seine Familie wurde nach Konya verbannt, wo Mehmet dann auch zur Welt kam und zur Schule ging. Er war ein ausgezeichneter Schüler und bestand das Abitur als Jahrgangsbester. Danach begann er an der Bosporus-Universität Istanbul Psychologie zu studieren, brach aber im dritten Jahr ab und ging in die Berge. Er galt als intelligenter, wagemutiger und von der kurdischen Sache tief überzeugter Kämpfer.

Als ich wieder am Berg Cudi war, gelang es mir, ihn über Funk zu erreichen.

›Ah, Hauptmann Eşref!‹, rief er in dem gleichen spöttischen Ton wie beim ersten Mal aus, als er meine Stimme vernahm.

›Bravo, Mehmet‹, sagte ich. ›Du hast mich also erkannt.‹

Einen Augenblick lang stockte er. ›Na, und du scheinst mich ja auch zu kennen‹, erwiderte er dann, ohne sich seine Überraschung weiter anmerken zu lassen.

›Richtig kennen nenne ich das aber nicht. Ich würde dich liebend gerne mal von Angesicht zu Angesicht sehen.‹

›Nur Geduld, Hauptmann‹, sagte er maliziös. ›Das wird sich schon noch ergeben. Aber hoffentlich tut es dir dann nicht leid.‹

›Das wird sich herausstellen.‹

Wir führten noch eine ganze Reihe solcher Funkgespräche, zu einer Begegnung aber kam es nicht. Jedes Mal wenn wir ihm einen Hinterhalt legten, warteten wir vergeblich. Er musste für unsere Fallen einen besonderen Riecher haben und uns schon aus kilometerweiter Entfernung auf die Schliche kommen. Dies ging etwa vier Monate so, bis wir in der letzten Aprilwoche ins Hauptquartier hinabstiegen. Nach kurzem Aufenthalt zogen wir Anfang Mai wieder los. Unterwegs machten wir am Fuße des Cudi-Berges in einem Dorf Halt, wo wir uns gewöhnlich mit Proviant eindeckten. Der einflussreichste Mann des Dorfes hieß Şehmuz Ağa, hatte vier Frauen und trug stolz seine mit Gold überzogenen Vorderzähne zur Schau. Er plauderte gerne mit uns und ließ immer gleich, wenn wir ankamen, ein paar Schafe für uns schlachten. Er verstand sich mit allen im Hauptquartier gut, aber uns mochte er ganz besonders. Mir wurde sogar die Ehre zuteil, bei der Beschneidung eines seiner Enkel die Patenschaft zu übernehmen.

Şehmuz Ağa war ein leidenschaftlicher Sammler von Gebetsketten. Wann immer einer von uns auf Urlaub ging, musste er Şehmuz Ağa bei der Rückkehr eine neue Gebetskette mitbringen. Als der aus Erzurum stammende Unteroffizier Reşit eine aus dem dort beheimateten Oltu-Stein gefertigte Kette mitbrachte, freute der Ağa sich wie ein Kind und umsorgte Reşit von da an mit ganz besonderem Eifer.

Nun, jedenfalls machten wir damals in dem Dorf Station und waren einen Tag lang Şehmuz Ağas Gäste.

In der darauf folgenden Nacht machten wir uns auf den Weg. Wir hatten uns alle die Stirn, die Wangen und das Kinn mit schwarzer Farbe angemalt, weil diese Gesichtspartien in der Nacht besonders hell wirken. Lautlos kletterten wir einen felsigen Abhang empor. Ich dachte an Cemşid, den ich – koste es, was es wolle – irgendwie zu fassen kriegen musste. Es war eine laue Frühlingsnacht, und der Vollmond stand wie eine silbrige

Blüte über uns. Vom Berg wehte ein sanfter, duftgeschwängerter Wind. Im Lichte des Vollmonds stiegen wir im Abstand von je einem Meter vorsichtig bergan. Ganz vorne, etwa zwanzig Meter vor den anderen, marschierten der von der Insel Büyükada stammende Yorgo und Oruç aus Izmit.

Yorgo war, wie sein Name schon verriet, griechischstämmig. Deswegen war er in der Grundausbildung gehänselt worden, was ihn aber nur noch mehr angestachelt hatte. Bei Kampfeinsätzen bemühte er sich immer, ganz vorne mit dabei zu sein und sich unter Beweis zu stellen. Das war auch mir aufgefallen, sodass ich ihn ohne Zögern meiner Gruppe zuschlug. Yorgo war auch ein guter Gitarrenspieler, aber vor allem besaß er ein außerordentlich feines Gehör und vermochte die verschiedensten Naturgeräusche zu unterscheiden. Da auch Oruç ein außergewöhnlich guter Soldat war, gingen die beiden nachts immer vorneweg.

Gegen Mitternacht näherten wir uns dem Boynuz-Pass. Es war nur noch auf der rechten Seite ein kleiner Hügel zu überwinden, dann würde der Pass vor uns liegen. Doch als wir schon fast ganz oben waren, sah ich jemanden auf uns zukommen. Es war Oruç.

›Hauptmann, Yorgo meint, dass da vorne irgendwas nicht stimmt‹, flüsterte er. Ich ließ die Gruppe anhalten. Die Soldaten gingen hinter Felsen in Deckung. Ich schlich mich vor bis zu Yorgo, der ebenfalls in Deckung gegangen war und zu dem Felsenriff spähte, das als Boynuz-Pass bezeichnet wurde.

›Was ist los, Yorgo?‹, flüsterte ich.

›Da vorne bewegt sich was, Hauptmann‹, sagte er mit starr auf den Pass gerichtetem Blick. ›Ich habe Geräusche gehört.‹

›Was für Geräusche?‹, fragte ich und horchte ebenfalls.

›Es hat sich nach Flüstern angehört und nach einem Stoff, der an einem Felsen reibt.‹

›Bist du sicher?‹, fragte ich.

›Erst war ich mir nicht ganz sicher‹, erwiderte er und deutete dann mit dem Kopf auf einen etwa zehn Meter entfernten Felsblock. ›Dann bin ich dorthin gerobbt und habe dort die gleichen Geräusche wieder gehört. Und jetzt bin ich mir sicher, dass weiter vorne jemand ist.‹

Der Boynuz-Pass war geradezu ideal für einen Hinterhalt. Hielt man erst einmal die umliegenden Hügel besetzt, dann gab es für jemanden, der sich über den Pass wagte, kein Entrinnen mehr. Und das galt umso mehr für eine Vollmondnacht wie diese, in der man eine fast taghell beleuchtete Zielscheibe abgab. Aber bis zum Pass waren es noch gute vierzig Meter. Wie hatte er auf diese Entfernung hin nur etwas hören können? Ich starrte vor zum Pass, doch außer mondbeschienenen, reglosen Felsen vermochte ich nichts zu erkennen.

›Probieren wir es mal mit dem Wärmesucher‹, schlug ich vor. Man kann mit diesem Gerät, das auf Körperwärme reagiert, Lebewesen aufspüren. Und tatsächlich machten wir eine Bewegung aus.

›Vielleicht ist es ja nur ein Tier.‹

›Aber ich habe doch ein Flüstern gehört, Hauptmann‹, beharrte er.

Ein Risiko durften wir nicht eingehen.

›Angenommen, dort sind Terroristen, könnten sie dich dann gesehen haben?‹, fragte ich.

›Das glaube ich nicht, ich war wirklich sehr vorsichtig.‹

Yorgo und ich schlichen uns wieder zurück. Dabei trafen wir auf Reşit, der sich schon Sorgen gemacht hatte. Als wir ihm von unseren Zweifeln berichteten, meinte er: ›Fühlen wir der Sache doch mit der Bazooka auf den Zahn, dann stellt sich schon heraus, was los ist.‹

Aber das hielt ich für falsch. Wenn uns hier eine Falle gestellt worden war, dann steckte höchstwahrscheinlich Cemşid dahinter. Vielleicht hatte er erfahren, dass wir vom Hauptquartier wieder aufgebrochen waren, und lauerte uns erwartungsvoll auf. Wir konnten uns allerdings stattdessen für den Steilhang zu unserer Linken entscheiden und in einem fünfzehn- bis sechzehnstündigen Marsch bis zu einem bewaldeten Hügel emporklettern, von dem aus der Boynuz-Pass gut zu beherrschen war. Das wäre für Cemşid eine böse Überraschung, denn er würde somit in seine eigene Falle tappen. Natürlich bestand auch die Möglichkeit, dass ihm zwischenzeitlich die Warterei zu dumm wurde und er abzog, aber bei einem so ausdauernden Krieger wie ihm konnte ich mir das nicht so recht vorstellen, und ohnehin mussten wir dieses Risiko eben in Kauf nehmen.

›Und wenn wir uns getäuscht haben?‹, fragte Reşit.

Ich verstand schon, was er meinte, schließlich hatte jeder von uns gute fünfundzwanzig Kilo auf dem Buckel, ganz zu schweigen vom Gewicht der Bazookas.

›Na dann haben wir uns eben mal wieder umsonst angestrengt‹, sagte ich lächelnd. ›Im Hauptquartier haben wir doch tagelang nur herumgesessen.‹

›Gut, dann geben wir dem Hauptquartier Bescheid.‹

Genau das wollte ich vermeiden. Aber zugleich wollte ich nichts von einem womöglich im Hauptquartier tätigen Spitzel erwähnen, um die anderen nicht zu demoralisieren.

›Melden wir uns lieber erst, wenn wir uns sicher sind‹, wandte ich ein. ›Ich will unsere Gruppe schließlich nicht blamieren.‹

Das war ein Argument, das zog. Auf unsere Gruppe ließ nämlich keiner von uns etwas kommen. So schlichen wir uns also zurück und begannen den Steilhang zu erklimmen. Schon bald erwies sich, dass dieses Unterfangen mit den beiden Bazookas nicht zu bewerkstelligen war. Nach kaum fünfzig Metern waren die Soldaten, die diese Waffen schulterten, schweißgebadet. Es blieb uns nichts anderes übrig, als die Bazookas im Gestrüpp zu verstecken und ohne sie weiterzumarschieren. Wir mussten uns eben nun auf unsere Sturmgewehre G1 und G3 verlassen. Jede Stunde ordnete ich eine Pause an, sonst hätten wir diesen Gewaltmarsch gar nicht bewältigen können. Dennoch waren wir bei Sonnenaufgang mit unseren Kräften am Ende. Nun aber kamen zu den Mühen des Kletterns auch noch die allmählich ansteigenden Temperaturen hinzu. Die Aussicht aber, Cemşid zu fassen und die Schmied-Kawa-Gruppe zu zerschlagen, ließ mich Hitze und Müdigkeit vergessen.

Erst als es schon wieder zu dunkeln begann, kamen wir auf dem felsigen Hügel an. Meine Leute ließen sich kraftlos zu Boden fallen. Bei mir jedoch war die Neugierde stärker als die Erschöpfung. Angespannt legte ich auch noch das letzte Stück bis zum Gipfel zurück. Der Boynuz-Pass lag zehn Meter unter mir. Aber nichts rührte sich dort unten. Als ich schon dachte, wir hätten uns getäuscht, sah ich zwischen den Felsen etwas aufblitzen. Bei genauerem Hinsehen erkannte ich den Lauf einer Kalaschnikow. Die dort unten hielten sich gewiss tagsüber verborgen, um nicht von den Aufklärungshubschraubern entdeckt zu werden. So leise wie möglich kehrte ich zurück. Mit Zeichen gab ich meinen Leuten zu verstehen, dass die Terroristen an Ort und Stelle seien und wir nur noch das Eintreten der Dunkelheit abzuwarten hätten. Über die müden Gesichter meiner Leute ging ein Leuchten. Ein jeder bereitete sich nun auf den kommenden Einsatz vor. Wir wussten zwar nicht, wie viele Leute dort unten waren, hatten aber in Erfahrung gebracht, dass die Schmied-Kawa-Gruppe zwischen fünfundzwanzig und vierzig Mitgliedern zählte. Wir waren siebzehn und mussten daher mit dem ersten Schuss siebzehn von ihnen erledigen. Sollte beim zweiten Schuss selbst die Hälfte danebengehen, so hoffte ich doch, durch den Überraschungseffekt die ganze Gruppe unschädlich machen zu können.

Nach zweistündigem angespanntem Warten war endlich die Nacht angebrochen, sodass wir auf dem Hügel in Stellung gehen konnten. Der Vollmond jenseits der Bergkuppe stand noch nicht hoch genug, um uns zu beleuchten. Das kam uns nur zupass, da wir so vom Feind nicht gesehen werden konnten. Wir setzten unsere Nachtsichtgeräte auf und spähten nach unten. Ein wahrlich erregender Anblick bot sich uns. Die Jäger, die aufgebrochen waren, um uns zu erlegen (so weit wir es überblicken konnten, waren es vierundzwanzig), lagen am Boynuz-Pass und beobachteten geduldig den Weg unter ihnen. Ich wies meine Leute an, sich jeder ein Ziel auszusuchen, damit nicht mehrere auf den Gleichen schossen. Dann sollen sie auf mein Zeichen warten. Ich hatte vor, Cemşid auszumachen, um ihn mit meinem ersten Schuss zu verwunden, damit er nicht fliehen konnte. Es war aber gar nicht so leicht, ihn unter den recht schweigsamen Gestalten dort unten zu identifizieren. Zu einem aber, der am Ende des Passes aufrecht dastand, kamen ab und zu andere Gruppenmitglieder, fragten ihn etwas und kehrten dann an ihren Platz zurück. In der Hoffnung, das werde Cemşid sein, richtete ich mein Gewehr auf eines seiner Knie. Auch von meinen Leuten hatte sich jeder sein Ziel ausgesucht, und sie waren sich über die Bedeutung des ersten Schusses im Klaren. Wir sahen uns noch einmal an, dann gab ich das verabredete Zeichen, und augenblicklich erhob sich ein ungeheures Getöse. Ich sah unten viele von ihnen zusammenbrechen und hatte auch den Mann erwischt, den ich für Cemşid hielt, doch als ich gerade mein Gewehr auf jemand anderen richten wollte, geschah etwas völlig Überraschendes: Neben mir sackte einer meiner Männer, Hüseyin aus Kemah, mit einem Mal getroffen zusammen. Ich blickte hoch und sah, dass von der Anhöhe nebenan jemand auf uns herunterschoss. Also hatten sie gegen alle Erwartung dort oben jemanden postiert.

›Vorsicht, dort drüben!‹, rief ich und warf mich zu Boden. Aber bevor meine Leute im Bild waren, hörte ich schon wieder den Schrei eines Getroffenen. Doch sobald wir nicht mehr schossen, stellte auch der Heckenschütze sein Feuer ein. Zuerst begriff ich nicht warum, aber dann wurde mir klar, dass er uns gar nicht sah, sondern nur auf unser Mündungsfeuer zielte. Mit dem Nachtsichtgerät begann ich die Anhöhe abzusuchen. Von unten vernahmen wir unterdessen Schmerzensschreie. Einer der Terroristen rief dem oben Lauernden auf Kurdisch etwas zu. Vermutlich wollte er wissen, wie viele wir seien. Daraufhin schob sich der Heckenschütze ein wenig nach vorne. In der Hoffnung, er werde sich noch weiter vorwagen, legte ich an. Und tatsächlich sah der Unglückselige noch nicht genug und lugte daher vorsichtig noch ein bisschen weiter vor, bis ich ihn im Schussfeld hatte und abdrückte. Die Wucht meines Schusses warf ihn herum. Nun konnten wir uns um unsere Verwundeten kümmern. Reşit meldete, außer Hüseyin sei auch Abdülkadir aus Sinop verwundet, doch um Hüseyin stünde es schlecht. Ich ordnete an, aus dem Hauptquartier Verstärkung anzufordern. Hoffentlich würde Hüseyin durchhalten. Als ich mit dem Nachtsichtgerät nach unten spähte, sah ich dort fünfzehn leblose Gestalten liegen, die anderen waren verschwunden.

Reşit war dafür, die Verstärkung aus dem Hauptquartier oder zumindest die Leute Şehmuz Ağas abzuwarten, aber ich wollte mir die Gelegenheit, die sich uns hier bot, nicht entgehen lassen. Wir durften nicht zulassen, dass die Schmied-Kawa-Gruppe sich von diesem Schlag wieder erholte. Außerdem war ich ja der Meinung, Cemşid getroffen zu haben. Mit zerschmetterter Kniescheibe würde er nicht weit kommen. So ließ ich Reşid mit zwei Leuten zur Betreuung der Verwundeten zurück und stieg mit den anderen leise zum Boynuz-Pass hinab. Unser größter Vorteil waren zwar unsere Nachtsichtgeräte, doch wenn wir sie lange aufhatten, sahen wir mit der Zeit irgendwelche Wahngebilde, sodass sie uns nicht allzu sehr von Nutzen waren. Damit galt für beide Seiten die gleiche Devise, nämlich in der Dunkelheit so lautlos und wachsam wie möglich voranzukommen. Wir kümmerten uns nicht um das Gestrüpp, das auf dem regennassen Boden wild vor sich hin wucherte und uns unbarmherzig Gesicht und Hände zerschnitt. Als wir bei den Toten ankamen, ließen wir sie unbeachtet liegen und begannen sogleich über ein von Wind und Regen zerklüftetes Felsstück hinabzusteigen, das über eine Art natürliche Treppe zu einem darunter liegenden Weg führte. Es war so mühsam, dass wir für kleinste Strecken eine halbe Ewigkeit brauchten. Plötzlich hörten wir weiter unten jemanden vor Schmerzen fluchen. Yorgo schoss sofort in die Richtung, aus der das Jammern kam. Erst erscholl ein Aufschrei, dann hagelte ein Kugelregen auf uns herab. Wir warfen uns zu Boden. Als das minutenlang andauernde Feuer zu Ende war, stellten wir fest, dass wir zum Glück keine Verwundeten zu beklagen hatten. Den beiden Soldaten, die dem Pass am nächsten standen, gab ich durch Zeichen zu verstehen, sie sollten in Richtung der Schießenden Handgranaten werfen. Als die Granaten mit ohrenbetäubendem Lärm detonierten, dachte ich, nun würde gleich die Schießerei wieder losgehen, aber wir hörten nichts. War das nun ein Täuschungsmanöver, oder hatten sie sich davongemacht? Nach einer Weile bedeutete ich den beiden Soldaten, die die Handgranaten geworfen hatten, sie sollten Gewehrfeuer eröffnen. Unter dem Schutz dieser Deckung glitten Yorgo, Oruç und ich wie drei Rieseneidechsen nach unten. Die beiden Soldaten schossen ihr ganzes Magazin leer, dann herrschte wieder Ruhe. Daraufhin feuerten wir drei los, was wiederum meinen restlichen Männern Gelegenheit gab, uns zu folgen. Als wir das Feuer einstellten, versank alles ringsum in absoluter Stille.

›Die müssen abgehauen sein, Hauptmann‹, sagte Yorgo.

›Warten wir lieber noch ein bisschen‹, erwiderte ich. Ich wollte nicht voreilig handeln und töricht in eine Falle gehen. Daher blieben wir noch eine halbe Stunde an Ort und Stelle. Außer dem Wind, der ächzend durch das Gestrüpp fuhr, war nichts zu hören. Als sei er auf das Geschehen neugierig geworden, war inzwischen über dem Hügel der Vollmond aufgegangen und tauchte alles in silbriges Licht. Nun galt es, doppelt vorsichtig zu sein. Ich gab meinen Leuten Befehl, sich über den Felsen weiter nach unten zu arbeiten. Bald erblickten wir den Weg vor uns. Aber weit und breit kein Mensch. Da sah ich plötzlich hinter einem Felsen einen Fuß hervorschauen. Ich gab den Leuten ein Zeichen zum Halten. Der Fuß rührte sich nicht. Ich befahl meinem Scharfschützen Osman, auf den Fuß einen Schuss abzugeben. Osman traf die Ferse, der Fuß wurde dadurch nur kurz hochgerissen, weiter nichts. Der Mensch, zu dem er gehörte, reagierte in keiner Weise. Es musste sich um den Mann handeln, auf den Yorgo zuvor geschossen hatte und der nun tot dalag. Ohne in unserer Vorsicht nachzulassen, traten wir näher. Der Tote lag mit starren Augen an einen Felsen gelehnt. Ein Blick auf die beiden unverletzten Knie zeigte mir, dass es sich nicht um den Mann handelte, auf den ich geschossen hatte. Den schleppten sie bei ihrer Flucht also mit, was ein gutes Zeichen war, denn so kamen sie nicht schnell voran. Wir rührten den Toten nicht an, da unter ihm eine Mine verborgen sein konnte. Ich schickte drei Leute los, die im Abstand von je einem Meter das Terrain erkunden sollten. Wir übernahmen ihre Deckung, aber es stellte sich heraus, dass keine Gefahr drohte. Schließlich gingen wir alle nach unten, blieben jedoch weiterhin äußerst vorsichtig. Wir schmiegten uns an die Felsen zur Linken und zur Rechten des Passes und untersuchten die Fußspuren auf der Erde. Aus diesen wurden wir zwar nicht recht schlau, umso mehr aber aus den Blutspuren, die im

Mondlicht wie dunkler Schlamm aussahen. Verursacht hatte sie bestimmt der Mann, dem ich ins Knie geschossen hatte. Sie führten hinab ins Tal, also in Richtung auf den Weg, den wir nach dem Verlassen des Dorfes eingeschlagen hatten. Dass sie mit dem Verwundeten nicht weit kommen würden, war offensichtlich. Wenn wir uns beeilten, konnten wir sie erwischen. Bei diesem Mondschein bestand aber auch die erhöhte Gefahr, in eine Falle zu geraten. Wir mussten ungeheuer aufpassen und kamen dadurch nur sehr langsam voran. Gott sei Dank dienten uns wenigstens die Blutspuren als äußerst verlässlicher Kompass, doch nur eine Stunde lang, dann hörten sie plötzlich auf. Wir sahen uns genauestens um, schauten hinter Felsen, unter Bäumen, im Gebüsch nach, nirgends mehr eine Spur von Blut oder gar von einem Verwundeten. Wenn er gestorben wäre, hätten sie ihn in so kurzer Zeit nicht vergraben können, und selbst wenn ihnen das gelungen wäre, so müsste man Spuren davon sehen. Das durfte doch nicht wahr sein! Ich befahl meinen Leuten, sich zu verteilen und die ganze Gegend abzusuchen. Ich selbst machte mich daran, in immer größeren Kreisen um die Stelle herumzugehen, wo wir die letzte Blutspur gesehen hatten. Plötzlich hörten wir von weiter unten Stimmen und gingen augenblicklich in Stellung. Dann aber erkannten wir Şehmuz Ağa und seine Leute. Als sie uns sahen, liefen sie freudig herbei und fragten uns, ob es bei uns Tote oder Verletzte gegeben habe. Ich wiederum fragte sie, ob sie niemandem begegnet seien.

›Keine Menschenseele haben wir gesehen‹, sagte Şehmuz Ağa mit Nachdruck und zuckte mit den Schultern. Also mussten sie noch irgendwo in der Gegend sein. Nun wurden auch die Leute von Şehmuz Ağa zu der Suche eingeteilt. Eine Stunde später traf die Verstärkung aus dem Hauptquartier ein. Zusammen mit Reşit und noch einem meiner Leute ließ ich die Verwundeten hinunter ins Lazarett schaffen. Wir anderen suchten weiter. Der

Tag brach an, es wurde Mittag, wurde Abend, und obwohl annähernd hundert Mann Stein um Stein umdrehten und alles durchsuchten, stießen wir nicht auf den leisesten Anhaltspunkt – als hätte sich der Erdboden aufgetan und die Schmied-Kawa-Bande verschluckt.

Als die Nacht hereinbrach, rief mich über Funk Oberst Albay. ›Stellt jetzt die Suche ein, Eşref. Die haben sich ganz eindeutig aus dem Staub gemacht. Sollen sie ruhig. Ihr habt schließlich sechzehn von ihnen erledigt, davon werden sie sich kaum wieder erholen.‹

Das mochte ja wahr sein, aber ich war dennoch nicht zufrieden. Da hatte ich diesen Kerl schon am Wickel, und am Ende war er mir doch durch die Lappen gegangen.

›Herr Kommandant‹, flehte ich ihn beinahe an, ›geben Sie mir bitte noch einen Tag. Dann erwische ich sie. Ich fühle, dass sie noch ganz in der Nähe sind.‹

›Tut mir leid, Eşref‹, antwortete er, ›aber wir haben Hinweise bekommen, dass eine Polizeiwache überfallen werden soll, deshalb muss ich die Soldaten und die Leute von Şehmuz Ağa jetzt abziehen.‹

›Mir genügt es, wenn ich mit meinen eigenen Leuten bleiben kann. Nur sind wir völlig erschöpft. Wenn wir vier Soldaten haben könnten, die Wache halten, während wir ein wenig schlafen …‹

›Ich kann dir nur ein paar Rekruten lassen, aber ich warne dich, die waren noch nie bei einem Kampfeinsatz. Wenn die eine Leuchtspurmunition sehen, dann halten sie das für eine Sternschnuppe.‹

›Hauptsache, wir haben überhaupt ein paar Wachposten‹, sagte ich. ›Wenn wir uns nur ein bisschen ausruhen können.‹

Der Oberst war einverstanden. Die Soldaten und die Leute von Şehmuz Ağa wurden zurückgezogen. Şehmuz Ağa kam noch einmal zu mir. ›Pass gut auf‹, sagte er und legte mir die Hand auf die Schultern, ›dass du dich von diesem Gauner nicht erwischen lässt.‹

›Keine Sorge. Diesmal kriege ich ihn.‹

Mit meinen zwölf Leuten und den vier Rekruten zog ich wieder zum Boynuz-Pass hinauf, wo die Terroristen uns aufgelauert hatten. Als wir dort ankamen, fielen uns die Augen schon von alleine zu. Ich nahm mir die Rekruten vor und schärfte ihnen ein, was sie zu tun hatten.

›Wir schlafen dort oberhalb des Passes. Zwei von euch bleiben unten, einer links und einer rechts. Die anderen beiden gehen an dem terrassenartigen Felsen in Stellung. Kauert euch in den Felsenschatten, und wenn ihr etwas hört, dann setzt ihr eure Nachtsichtgeräte auf und schaut, was los ist. Im Zweifelsfall schießt ihr einfach, dann sind wir sofort bei euch.‹

Die vier riefen eifrig: ›Zu Befehl!‹

›Und nicht so laut!‹, ermahnte ich sie. ›Ab jetzt herrscht Sprechverbot.‹

Meine zwölf Männer und ich suchten uns jeder an dem Felsen, von wo aus wir gestern noch die Terroristen gejagt hatten, ein ruhiges Plätzchen und versanken dort augenblicklich in tiefen Schlaf.

Ich erwachte wieder, als mich jemand anstieß. Ich öffnete die Augen und sah eine große, schlanke Gestalt neben mir. Ich dachte, es sei einer der Rekruten.

›Ist es schon so weit?‹, fragte ich und rieb mir die Augen.

›Ja, endlich ist es so weit‹, antwortete mir spöttisch eine nur allzu bekannte Stimme. ›Endlich treffen wir uns einmal, Hauptmann.‹

Ich wusste sofort, dass ich Cemşid vor mir hatte. Also hatte ich nicht ihm das Knie zerschossen! In Panik schaute ich mich um. Sieben Männer standen vor uns und hielten grinsend ihre Gewehre auf uns gerichtet. Ich griff nach meinem eigenen Gewehr, aber es war nicht mehr da. Auch meine Pistole hatten sie mir abgenommen. Nun weckten sie mit Fußtritten meine Männer auf. Denen ging es nicht anders als mir. Mit weit aufgerissenen Augen blickten sie umher und versuchten zu begreifen, was ihnen da geschah.

›Die Wachen‹, murmelte ich.

›Denen hast du anscheinend nicht beigebracht, dass man hier in den Bergen seinen Walkman nicht laufen lässt‹, nickte Cemşid. ›Ihre Musikliebe ist ihnen zum Verhängnis geworden.‹

›Hast du sie umgebracht, du Schwein?‹, zischte ich.

›Ja‹, antwortete er im natürlichsten Tonfall der Welt. ›Genauso, wie du letzte Nacht sechzehn von meinen Leuten umgebracht hast. Aber lassen wir das jetzt. Du hast selbst schon genug gekämpft, um zu wissen, dass im Krieg der Tod etwas ganz Natürliches ist. Mich interessiert viel mehr, wie du dich jetzt gerade fühlst.‹

Da erst wurde mir bewusst, dass ich eigentlich hätte Angst haben müssen. Eigenartigerweise war dies nicht der Fall. Zwischen Cemşid und mir hatte sich eine Art Konkurrenz entwickelt, ein Wettkampf. Der Krieg war für uns eine persönliche Auseinandersetzung geworden, in der wir unseren Mut, unsere Fähigkeiten, unser Geschick und unsere Intelligenz unter Beweis stellten. Und gerade, als ich meinte, meinen Gegner untergekriegt zu haben, legte er mich aufs Kreuz. Das war ein Gefühl, das mir wie ein Messer ins Herz fuhr und mich sogar den Tod vergessen ließ.

›Wenn es dich gar so sehr interessiert, dann will ich es dir sagen‹, erwiderte ich und sah ihm dabei direkt in die Augen. ›Es tut mir in der Seele weh, dass ich es nicht geschafft habe, dir den Garaus zu machen.‹

Da kam er näher an mich heran, sodass ich mich schon darauf gefasst machte, gleich erschossen zu werden, aber das geschah nicht. Er setzte sich mir gegenüber auf den Boden.

›Warum bist du eigentlich so scharf darauf, mich zu erwischen?‹, fragte er. Da fiel mir auf, dass er eine Gebetskette in der Hand hielt.

›Warst du etwa nicht scharf darauf, mich zu erwischen?‹, erwiderte ich und blickte dabei auf die Kette, die ich aber nicht genau genug sah, da Cemşid im Schatten saß.

Er lachte über meine Antwort und führte dabei die Hand mit der Gebetskette ans Kinn. Und in dem Moment erkannte ich, dass es die Kette aus Oltu-Stein war, die der Soldat Reşit dem Şehmuz Ağa aus Erzurum mitgebracht hatte. Das gab mir den Rest. Und bitter lächelnd erinnerte ich mich der Worte, die mir Şehmuz Ağa noch zum Abschied gesagt hatte.

›Du hast Recht, Hauptmann‹, sagte Cemşid, der mein Lächeln falsch interpretierte, ›auch ich war ganz heiß darauf, dich in die Finger zu kriegen. Wir mussten uns wohl gegenseitig etwas beweisen. So wie bei dem Burgenspiel, das wir als Kinder immer spielten. Ich habe das gern gemocht. Einer von uns rannte auf einen Haufen Bausand hinauf und rief: ›Das ist meine Burg.‹ Daraufhin mussten die anderen Kinder versuchen, ihn herunterzustoßen und die Burg zu erobern. Der Stärkste schaffte es, alleine oben zu bleiben und rief dann seinerseits: ›Das ist meine Burg.‹ Und wir spielen eben: ›Das ist mein Berg.‹ Nur ist dieses Spiel hier etwas blutiger und grausamer …‹

›Ich spiele überhaupt nicht‹, widersprach ich, ›ich versuche vielmehr, solchen entmenschten Staats- und Volksfeinden wie dir das Handwerk zu legen.‹

›Aber Hauptmann‹, sagte er enttäuscht, ›jemand, der so interessant ist wie du, sollte nicht so abgedroschenes Zeug von sich geben.‹

Seltsam, dass er mich ›interessant‹ fand. Ich merkte erst jetzt, dass er irgendwie Achtung vor mir hatte. Und ich musste mir eingestehen, dass auch ich für ihn ähnlich empfand. Das durfte ich mir aber nicht anmerken lassen.

›Das ist nichts Abgedroschenes‹, widersprach ich erneut im Brustton der Überzeugung, ›das sind Werte, für die ich auch den Tod in Kauf nehme.‹

›Wie du meinst.‹ Er rückte noch näher an mich heran. ›Aber glauben tu ich dir trotzdem nicht. Na ja. Bist du eigentlich abergläubisch, Hauptmann?‹

›Nein‹, antwortete ich und fragte mich, worauf er hinauswollte.

›Ich schon‹, sagte er. ›Du und deine Leute, ihr seid zusammen dreizehn. Euch alle miteinander umzubringen, würde mir Unglück bringen.‹

Dass er an solchen Unsinn glaubte, konnte er mir nicht weismachen. Ich war gespannt, was er auf Lager hatte.

›Da dem so ist, kann ich nur zwölf von euch töten.‹

Mein Blick fiel auf meine mitgefangenen Leute. Die meisten machten einen gefassten Eindruck, nur Oruç schien zu zittern. Ich hätte ihm gern beigestanden, ihm Mut eingeflößt, aber das stand mir nicht zu Gebote.

›Ich habe da noch so eine Schrulle‹, fuhr Cemşid fort. ›Ich mische nicht gern. Zum Nachtisch esse ich zum Beispiel entweder Aprikosen oder Pflaumen oder eine Wassermelone, aber nie mehrere Früchte zugleich.‹

Er begann mich mit seinem Gefasel zu nerven. Nicht zuletzt auch, um meine Leute etwas aufzumuntern, fuhr ich ihn an: ›Was soll der Unsinn?‹

›Nun, eigentlich möchte ich dich natürlich von Herzen gerne umbringen. Aber wir haben hier einerseits einfache Soldaten, andererseits ihren Kommandanten vor uns. Alle zu erschießen, würde eine ungute Vermengung bedeuten. Also töte ich entweder dich oder sie.‹

›Dann töte mich‹, rief ich, selbst überrascht von meinem Wagemut.

Bewundernd blickte er mich an. ›Deine Tapferkeit in allen Ehren. Aber du bist nur einer, und das da sind zwölf erfahrene Soldaten.‹

Durch meine Leute schien ein Ruck zu gehen. Da merkte ich, dass dieses Gespräch allmählich in eine Art Folter ausartete. Cemşid würde uns alle umbringen, so viel war klar, aber bevor er abdrückte, wollte er die Situation so richtig auskosten. Das durfte ich nicht zulassen. Ich sprang auf und stürzte mich auf ihn, aber er wich mir geschickt aus. So krachte ich zu Boden und spürte zugleich einen harten Schlag auf den Kopf.

Als ich wieder zu mir kam, hatte ich rasende Kopfschmerzen und ein Fliegengesumme in den Ohren. Ich versuchte den Kopf zu heben, aber mein Gesicht war an dem Felsen wie festgeklebt. Mir wurde klar, dass die klebrige Flüssigkeit mein Blut war, das mir den Kopf herunterrann. Vorsichtig richtete ich mich auf, und zugleich erhob sich ein Fliegenschwarm in die Luft. Die riesigen Schmeißfliegen mit ihren in der Sonne glänzenden Flügeln ließen sich ein paar Meter von mir entfernt auf dem Boden nieder. Und als ich in diese Richtung blickte, sah ich meine Männer: Wo wir in der Nacht zuvor die sechzehn Terroristen niedergestreckt hatten, lagen jetzt meine Leute in ihrem eigenen Blut. In der vagen Hoffnung, es könnte noch einer am Leben sein, eilte ich zu ihnen und tastete sie alle ab. Aber nein, sie waren alle tot, alle zwölf erschossen. Yorgo, Oruç, Osman, Nasır, Ihsan, Ayhan, Mustafa, Nazmi, Selim, Erkan, Atilla, Murteza ... Ihre Hände waren hinter dem Rücken gefesselt, und jeder hatte einen Genickschuss bekommen. Voll besinnungsloser Wut trommelte ich mit den Fäusten gegen den Felsen, bis ich erschöpft zusammensank. Nach einer Weile richtete ich mich wieder auf und suchte nach dem Funkgerät, doch es war anscheinend mit unseren Waffen fortgeschafft worden. Aber in unseren Feldflaschen war noch Wasser, mit dem ich mir das Gesicht und meine Kopfwunde wusch. Mich an den Felsen abstützend, begann ich dann mit dem Abstieg. Ich war völlig entkräftet und schwach und hatte ja auch Blut verloren, doch die Wut in mir hielt mich noch einigermaßen aufrecht. Nach etwa fünfhundert Metern jedoch wurde mir schwarz vor den Augen, und ich sank zu Boden.

Ich erwachte in dem Zimmer, in dem Şehmuz Ağa seine Gäste empfing. Außer mir waren noch zwei Personen im Raum, deren Stimmen ich hörte. Als ich die Augen öffnete, sah ich Oberst Rıdvan und Şehmuz Ağa nebeneinander auf einer Bodenmatratze sitzen. Schon seit ich zum ersten Mal zu mir gekommen war, hatte ich im Mund den Geschmack von getrocknetem Blut, den ich nicht einmal während meiner Ohnmacht losgeworden war.

›Na endlich‹, sagte Şehmuz mit einem gekünstelten Lächeln, das seine Goldzähne aufblitzen ließ. Augenblicklich wurde in meinem umnebelten Sinn dic Erinnerung an einen in der Sonne glänzenden Gewehrlauf wach. Als ich Şehmuz Ağas feige ausweichenden Blicke sah, fiel mir alles wieder ein.

Oberst Rıdvan saß mit bekümmertem, schmalem Gesicht da und sagte zu mir in etwas ungehaltenem Ton: ›Gute Besserung, Eşref.‹

Anstatt ihm zu antworten, richtete ich mich auf und mühte mich aus dem Bett.

›Du solltest noch nicht aufstehen‹, wollte der Oberst mich aufhalten.

›Du musst dich noch ausruhen‹, fügte Şehmuz hinzu. Ihre Stimmen hallten in meinen Ohren wider wie das aggressive Summen der um meine toten Männer herumschwirrenden Fliegen. Das Summen wurde immer lauter und der Blutgeschmack in meinem Mund immer unerträglicher.

Ich ging auf den Oberst zu und streckte ihm die Hand entgegen. Er dachte, ich wolle ihm die Hand geben, und hielt mir die seine hin. Ich aber griff blitzschnell nach seiner Pistole und riss sie ihm aus dem Halfter. Innerhalb weniger Sekunden entsicherte ich die Pistole, zielte auf Şehmuz Ağas Kopf und schoss das ganze Magazin leer.

Entsetzt sprang der Oberst auf und schrie mich an. ›Um Gottes willen, was tust du denn da?‹ Er musste denken, ich sei durchgedreht und werde auch ihn gleich erschießen.

Ich aber drehte die Waffe um und reichte sie ihm. ›Er war der Mörder meiner Leute‹, sagte ich. ›Şehmuz Ağa war der Verräter unter uns. Wenn Sie sein Haus durchsuchen lassen, werden Sie auf einen Terroristen mit zerschmetterter Kniescheibe stoßen. Der wird Ihnen alles erklären.‹

Ich sah in das vor lauter Bestürzung verzerrte Gesicht des Obersts und fiel wieder in Ohnmacht.

Diesmal erwachte ich im Lazarett. Man sagte mir, ich hätte zwei Tage und zwei Nächte lang im Schlaf immer wieder das Gleiche vor mich hin geredet: ›Şehmuz hat meine Leute umgebracht. Lasst Cemşid nicht entkommen!‹ Am Nachmittag kam Oberst Rıdvan mich besuchen und berichtete, der verletzte Terrorist sei im Zimmer von Şehmuz Ağas Frauen entdeckt worden. Als man ihm ein wenig zugesetzt habe, sei er geständig gewesen und habe über Şehmuz' Unterstützung ausgepackt. Voller Bedauern teilte mir der Oberst mit, es müssten dennoch Ermittlungen gegen mich eingeleitet werden, da ich Şehmuz nicht kurzerhand hätte erschießen dürfen. Mir war das einerlei. Ich dachte nur an Cemşid. Selbst wenn man mich vom Dienst suspendierte, würde ich nicht ruhen, als bis ich den Tod meiner Männer an ihm gerächt hätte. Solange er lebte, konnte es für mich keine Ruhe geben.

Aber es kam anders. Noch bevor ich aus dem Lazarett entlassen wurde, kam Cemşid am Cudi-Berg mit sechs seiner Leute durch Beschuss aus einem Kobra-Hubschrauber ums Leben. Als ich von seinem Tod erfuhr, erfüllte mich eine große Leere. Es war, als wäre ich um mein Ziel gebracht worden, um meinen ganzen Lebenszweck. Ich hatte immer noch seinen Satz in den Ohren: ›Und wir spielen eben: Das ist mein Berg. Nur ist das Spiel blutiger und grausamer.‹

Und so begriff ich den Grund für die Leere in meinem Inneren: Ich hatte meinen Spielkameraden verloren. Und er hatte mich damals nicht umgebracht, um nicht seinen Spielkameraden zu verlieren. Die ganze Zeit im Lazarett dachte ich nur an ihn.

Danach wollten meine Vorgesetzten mich in den Nachschubdienst versetzen. Das lehnte ich ab, denn dort wäre ich mir vorgekommen wie ein Fisch, den man aufs trockene Land wirft. Lieber hätte ich um meine Entlassung gebeten. Da man auf einen erfahrenen Offizier wie mich aber anscheinend nicht verzichten wollte, wurde ich wieder nach Şırnak geschickt. Morgen in einem Monat komme ich wieder zum Cudi. Ich verspüre nicht die geringste Unruhe bei diesem Gedanken. Ich frage mich einzig und allein, ob ich wieder so einen Spielkameraden finden werde wie Cemşid.«

Hier endeten die Aufzeichnungen, doch der Mann hielt das Heft noch eine Weile geöffnet in Händen. Minutenlang starrte er weiter auf das mit blauer Tinte beschriftete Papier, ohne zu wissen, was er denken, was er sagen sollte. Plötzlich sah er, wie die Tinte sich zu verwischen begann, und merkte, dass dies von seinen Tränen kam. Nun brach es aus ihm heraus. Er ließ seinen Tränen freien Lauf und verspürte mit der Zeit eine große Erleichterung. Nach drei Tagen konnte er endlich den Tod seines Sohnes beweinen.

Ferit Edgü

Die Geschichte von Ibrahim, Sohn des Ibrahim

Die Geschichte von Vater und Sohn Ibrahim habe ich von Halit gehört. Es war Ende April, Anfang Mai, als der Schnee nur noch spärlich und mit feinem Regen durchnässt niederging, die Sonnentage zahlreicher wurden, die Bären aus ihrem Winterschlaf erwachten und aus ihren Höhlen krochen. Ich war mit Halit, der mich für die Jägerei begeistern wollte, morgens zur Jagd aufgebrochen, doch wir kamen auf dem schmelzenden Schnee nur mühsam voran und mussten eine Pause einlegen.

In einer Felsenhöhlung rauchte ich eine Zigarette, die Halit mir gedreht hatte. Da tauchte im Morgennebel etwas entfernt von uns ein Weiler auf, den ich zuvor noch nie gesehen hatte. Wo sich zwei Hügel trafen und ein Tal bildeten, lagen drei, vier Häuser.

Durchgefroren bis auf die Knochen, wollte ich zum Aufwärmen einen Tee trinken und schlug deshalb vor: »Komm, lass uns dort hinuntergehen.« Doch Halit widersetzte sich meinem Ansinnen. »Wir sind los, um zu jagen, und nicht, um uns häuslich bewirten zu lassen, Hoca.«

Als ich weiter in Halit drang, da ich mir keinen Reim auf seine Weigerung machen konnte, bekam ich zur Antwort: »Nein, kommt nicht infrage. Wir können dort nicht hinunter.« In einer Gegend, in der in jedem Dorf und jedem Haus am Wegesrand die Beherbergung von Gästen Tradition hatte, ergab Halits Antwort für mich keinen Sinn. Er musste das in meinem Augen gelesen haben, denn er fuhr fort: »Mit mir zusammen kannst du nicht in dieses Dorf.« Damit deutete er an, dass auch ich dort nicht hingehen sollte.

Während er sprach, bemühte er sich, mir nicht in die Augen zu sehen. Er ließ seine Augen hinunterschweifen zu den Häusern, die sich in dem lichtenden Nebel deutlicher abzeichneten, und zu den Bäumen; dann drehte er sich mit seinem Rücken zuerst zu mir, dann zu den Felsen und zu dem Weiler unter uns und wandte sich schließlich zum Gipfel des schneebedeckten Berges: »Unmöglich. Es wäre unangebracht, mit dir zusammen dorthin zu gehen.« Ich verstand überhaupt nichts mehr und schwieg.

Als er aber fortfuhr: »Wir sind zum Jagen hier, machen wir uns auf den Weg«, gab ich ihm zur Antwort, was ich schon tausendmal vorher gesagt hatte: »Ich mache mir nichts aus der Jagd. Ich trinke aber gerne den Tee von Fremden.« »Dann geh doch«, erwiderte Halit, den Rücken immer noch zu mir gewandt, als schäme er sich, mich anzusehen. Was konnte es ihm ausmachen, den Hügel hinunterzugehen, bei einem Haus anzuklopfen und ein Glas heißen Tee zu trinken?

»Jedem die Jagd, die ihm gefällt«, sprach ich und stand auf. Ich nahm das Gewehr von meiner Schulter und reichte es Halit: »Nimm das mit, falls es dir nicht zu schwer ist. Wir treffen uns im Dorf.« Halit tat so, als habe er mich nicht gehört; er drehte sich um und durchbohrte mich mit seinem Blick: »Dort ist das Dorf von Ibram. Glaub mir, ich kann dort nicht hin. Selbst wenn ich wollte, es geht nicht. Dränge nicht. Geh du auch nicht.« Er schien nicht mit mir, sondern mit dem Berg oder mit dem Wild zu sprechen, um das seine Gedanken kreisten.

»Welcher Ibram?«, fragte ich. »Wer ist denn dieser Ibram überhaupt?« »Mein Freund Ibram, der im Gefängnis sitzt. Hab ich dir von ihm noch nicht erzählt?« »Und wenn schon«, erwiderte ich, »dann gehst du doch erst recht hin und wünschst seiner Mutter, seinem Vater, seiner Frau und seinen Kindern einen ›Guten Tag‹.« »Das kann ich nicht«, widersprach Halit. »Er hat keine Mutter, keinen Vater, keine Frau und keine Kinder.« »Dann besteht ja erst recht keine Gefahr«, bemerkte ich und versuchte ein Lächeln. »Du hast Recht, die besteht nicht«, stimmte er mir zu. »Aber trotzdem: Wenn ich dir etwas wert bin, dann geh du auch nicht dort hinunter. Komm, wir denken jetzt nur an die Jagd, und wenn du unbedingt willst, werde ich dir die Geschichte von Ibram eines Tages erzählen. Dann erfährst du auch, warum ich nicht dort in diesen Weiler gehen möchte.«

Ich gab auf. Anstatt in das Tal hinunterzugehen, das vor uns lag, wandten wir uns nach Norden in Richtung Gebirge. Wir verfolgten im Schnee die Fährte einer Bärin und ihres Jungen. Gott sei Dank haben wir nichts geschossen.

Als wir vor Sonnenuntergang müde und mit leeren Händen ins Dorf zurückkehrten, fragte ich Halit nicht mehr nach Ibram. Auch er erwähnte ihn nicht, bemerkte lediglich: »Du vertreibst das Wild, Hoca. Mit dir gehe ich nicht mehr auf die Jagd.« Dabei grinste er. Ich erwiderte mit dem gleichen aufgesetzten Lächeln: »Was essen wir denn dann zu Abend?« »Wie immer: Brot und Kräuterkäse. Aber wenn du wünschst, schlachte ich für dich mein letztes Lämmchen.« »So viel Hunger hab ich auch nicht.« So trennten wir uns.

Es verging einige Zeit. Als wir eines Tages vor dem Blechofen unseren Tee tranken und im Radio unter Rauschen und Störungen die Weltnachrichten und die Wettervorhersage verfolgten, nahm Halit den Faden wieder da auf, wo er ihn hatte fallen lassen; als sei mittlerweile keine Zeit vergangen, als unterhielten wir uns immer noch in der Höhle und rauchten die von ihm gedrehten Zigaretten: »Hoca, was für ein gleichgültiger Mann bist du: Im Radio hörst du dir in Sprachen, von denen ich manche nicht einmal verstehe, die Weltnachrichten an, aber für die Leute hier, die vor deiner Nase sind, zeigst du keinerlei Interesse.« »Du hast Recht. So sind wir Städter nun einmal«, erwiderte ich. »Mit dir werde ich nicht noch einmal auf die Jagd gehen«, stellte er fest.

»Das hast du schon einmal gesagt«, erinnerte ich ihn, während ich im Radio einen Sender suchte, dessen Sprache ich verstand. »Das liegt daran, dass du Bären genauso gerne magst wie Menschen«, sprach er weiter. Das Radio brachte die Tagesnachrichten. »Da irrst du dich«, widersprach ich. »Aber du zeigst keine Neugier für sie«, fuhr er fort. »Für wen?«, fragte ich. »Für die Menschen«, antwortete er.

Welche Menschen: die in der Stadt oder die im Dorf; die Menschen hier oder die Menschen, von denen im Radio die Rede ist?, wollte ich ihn fragen, ließ es aber sein.

»Ich trinke noch einen Tee«, sagte er. Ich nahm die Teekanne vom Ofen und füllte sein Glas. »Was spricht das Radio?«, fragte er. »Nichts«, erwiderte ich. »Wieder einmal haben ein paar Menschen ein paar anderen Menschen etwas angetan.«

»Wie bei uns.«

»In etwa«, pflichtete ich ihm bei. Wir schlürften unseren Tee. »Und, erzählst du nun?«

Halit: »Was?«

Ich: »Was du erzählen wolltest.«

Halit: »Die Geschichte von Ibram?«

Ich: »Hieß er Ibram?«

Halit: »Ja, das war sein Name oder der seines Vaters.«

Ich: »Merkwürdig.«

Halit: »Das Merkwürdige sind nicht die Namen.«

Ich: »Sondern?«

Halit: »Was Ibram zugestoßen ist.«

Ich: »Welchem Ibram?«

Halit: »Dem Sohn Ibram.«

Ich: »Hättest du gerne noch einen Tee?«

Halit: »Ich hab das Glas in meiner Hand noch nicht ausgetrunken.«

Ich (nachdem ich mir selbst eingeschenkt hatte): »Was ist

Ibram passiert, dass wir an jenem Tag nicht auf ein Glas Tee zu ihm nach Hause gegangen sind?«

Halit: »Das ist eine lange Geschichte.«

Ich: »Das heißt, wir werden heute Abend Tee trinken und uns diese lange Geschichte anhören.«

Halit: »Nein, es gibt keine Ibram-Geschichte.«

Ich (ungeduldig): »Und was gibt es dann?«

Halit (er nahm einen Schluck Tee und versank in Gedanken): »Meinen Freund Ibram im Gefängnis. Und seinen Vater Ibram.«

Die Radionachrichten hatte ich gehört und suchte nun einen anderen Sender: »Das bedeutet, wir werden uns die Geschichten der beiden Ibrams auf einmal anhören.«

Halit (er hatte seinen Tee ausgetrunken): »Eigentlich ist die Geschichte der beiden eine einzige Geschichte.«

Ich: »Nun, warum sind wir also an jenem Tag nicht hinunter ins Dorf?«

Halit: »Das werde ich dir später erklären.«

Ich: »Und was erzählst du mir jetzt?«

Halit: »Die Geschichte von Ibram.«

Ich: »Drehst du mir eine Zigarette?«

Halit: »Du sollst deine Zigarette bekommen.«

Ich (während Halit die Zigarette drehte): »Haben die beiden Ibrams eine einzige Geschichte?«

Halit (während er mit die gedrehte Zigarette reichte): »Bitte schön, Hoca.«

(Einzige Zeit später): »Es ist genau so, wie du sagst.«

Ich: »Was habe ich gesagt?«

Halit: »Ich weiß nicht.«

Ich: »Dann erzähl, was du erzählen willst.«

Halit (der sich selbst auch eine Zigarette drehte): »Womit fange ich am besten an? Manchmal habe ich das Gefühl, dass du dich mehr für uns interessierst als wir uns selbst. Dann wieder scheint es, als wärest du gar nicht hier, als würdest du uns überhaupt nicht kennen. Was gesprochen, was dir erzählt wird, berührt dich nicht.«

»Seis drum, erzähl trotzdem.«

Halit schwieg. Er leerte sein Glas und drehte es auf den Kopf. »Du hörst mir nicht zu, Hoca«, sagte er. Das stimmte. Ich schenkte ihm keine Aufmerksamkeit. Mir selbst auch nicht. Sogar die Nachrichten kurz zuvor hatte ich nicht richtig gehört. Als wäre ich ganz woanders. Ich war jemand anderes. Der Mensch, der mir gegenübersaß, war ein Unbekannter und sprach in einer unbekannten Sprache. »Sei mir nicht böse«, brachte ich nur noch heraus. »Du hast Recht. Erzähl mir die Geschichte der Ibrams in einer anderen Nacht.« »Ich muss sie dir aber jetzt, jetzt sofort erzählen. Deshalb bin ich doch hier. Außerdem habe ich wenig Zeit.« »Heute Nacht geht es nicht«, erwiderte ich. »Heute Nacht bin ich nicht in der Verfassung, mir die Geschichte von wem auch immer anzuhören. Mir ist nach Sterben zu Mute.« Halit, der aufgestanden war, fragte bestürzt: »Was redest du da, Hoca? Was sind das für Worte! Um Gottes willen.« »Ich möchte schlafen«, sagte ich. »Mir kommt es aber so vor, als habe ich etwas anderes gehört«, gab er zurück. Er stand vor der Tür, bereit zu gehen. Ich sagte: »Los, gute Nacht.« »Gute Nacht, Hoca. Dir geht es doch gut? Du hast doch nichts, oder?« »Nein, es ist nichts«, betonte ich. »Nur heute Nacht kann ich mir die Geschichte der Ibrams nicht mehr anhören. Ich kann mir überhaupt nichts mehr anhören.« »Ist gut, vielleicht hörst du sie dir morgen Abend an.« »Ich weiß nicht, vielleicht.« »Schlaf gut«, verabschiedete sich Halit. »Du auch«, antwortete ich. »Du weißt doch, dass ich nachts nicht schlafe«, sagte er im Hinausgehen.

In jener Nacht schlief ich auch nicht. Kaum war er aus dem Haus, schrieb ich die Geschichte auf, die ich mir ausgedacht hatte, während ich mit Halit gesprochen hatte.

Der Gipfel

Ich fragte einen aus dem Dorf: »Lässt sich der Gipfel besteigen?«

Zur Antwort erhielt ich drei Fragen: »Der Gipfel? In dieser Jahreszeit? Was willst du denn auf dem Gipfel?«

»Ich habe keinen bestimmten Grund. Ich frage nur: Kommt man auf den Gipfel?«

»Klar kommt man dort hinauf«, sagte er. »Wenn du die Kraft dazu hast und dir klar ist, warum du hoch willst.«

Mir war aber nicht klar, warum ich den Gipfel erreichen wollte. Aber immer dann, wenn ich zu ihm hochschaute, wollte ich dort oben sein. Vielleicht nur, um den Gipfel zu überwinden und die andere Seite des Berges zu sehen. Zweifellos entsprang dieser Wunsch nicht einer Kraft, sondern eher einer Kraftlosigkeit. Schließlich bin ich ein Mensch. Wie einige andere Menschen auch will ich mich anstrengen, um einen bestimmten Ort zu erreichen. Um etwas zu überwinden. Um etwas zu sehen, was ich noch nicht kenne. Hinkommen und zurückkehren.

(»Wohin bist du gelangt?« »Auf den Gipfel.« »Was hast du erreicht?« »Den Gipfel bestiegen.« »Was hast du gesehen?« »Alle Berge. Alle Weiden.«)

Eines Morgens, als wir unseren kräftigen Tee ausgetrunken und die mit Kräuterkäse belegten dünnen Fladen gegessen hatten, machten wir uns mit Schneeschuhen an den Füßen auf den Weg. Zu unserem Glück blieben wir von Neuschnee und Schneestürmen verschont. Kurz bevor wir den Gipfel erreichten, schien mein Herz stehen zu bleiben.

»Das ist immer so«, bemerkte der Mann aus dem Dorf neben mir. »Das ist die Höhe.« Als wir auf dem Gipfel standen, machte das auf mich vor lauter Erschöpfung überhaupt keinen Eindruck.

»Das passiert immer, wenn man den Gipfel erreicht hat«, sagte mein Weggefährte aus dem Dorf.

»Passiert das auch, wenn man den Gipfel nicht erreicht?«

»Oft.«

»Angst vor Wölfen?«

»Angst vor Wölfen. Aber nicht nur vor Wölfen. Manchmal macht auch das Herz nicht mit. Es setzt aus.«

»Und dann?«

»Dann beerdigen wir die Leute im Schnee. Im Frühling, wenn Schnee und Gletscher schmelzen, tauchen die Leichen auf, gefroren. Das Grabgebet wird gesprochen. Wir beerdigen sie dort, wo sie sich gerade befinden.«

»Fragt und sucht keiner nach ihnen?«

»Hier sucht niemand irgendjemanden. Falls doch einmal einer sucht, findet er nichts. Falls etwas gefunden wird, sagen wir: ›Hier ist er gestorben, hier wurde er begraben‹, weitere Nachforschungen oder Verhöre gibt es nicht.«

Ich holte tief Luft. »Lass uns jetzt auf der Rückseite des Berges absteigen«, schlug ich vor.

»Was soll das bringen?«, fragte er. »Dort ist der Berg genau so wie hier. Die Häuser sind gleich, die Dörfer, die Menschen; dieselbe Armut, derselbe Tod. Lass uns den Weg zurück nehmen, den wir gekommen sind.«

Als wir zum Abstieg übergegangen waren, hörte ich auf einmal Schüsse. Mein Weggefährte sagte: »Wir achten besser auf unseren Weg. Das sind entweder Gendarmen oder sonst jemand. Auf der Jagd nach Wölfen oder nach Menschen.«

Kurz zuvor hatte ich mir aus der Tabaksdose, die mir Halit gereicht hatte, eine Prise feinen, leuchtend gelben Bitlis-Tabak genommen. Ich drehte meine Zigarette, als hätte ich das schon mein Leben lang getan. Halit beobachtete mich dabei. Er achtete so genau auf meine Hände und meine Finger, als wolle er im Gedächtnis aufzeichnen, wie ich Zigaretten drehe. Als ich ihm den Tabak reichte, trafen sich unsere Blicke. »Heute Abend kannst du mir die Geschichte der Ibrams erzählen«, meinte ich zu ihm. Ich steckte meine Zigarette an. Während ich den Rauch aus meiner Nase strömen ließ, lehnte ich meinen Kopf zurück und beobachtete die Schattenspiele an der Decke, die das flackernde Gaslicht erzeugte.

»Was für ein wunderlicher Typ du bist«, erwiderte Halit. »Jetzt bist du wieder genau wie einer, den ich überhaupt nicht begreife.« Ich gab keine Antwort zurück, denn er hatte zweifelsfrei Recht. »In manchen Momenten scheint für dich nichts auf der Welt zu existieren. Nicht einmal du selbst scheinst vorhanden zu sein. Wie machst du das? Warst du früher schon so, bevor du hierher kamst, oder bist du erst bei uns so geworden? Haben dich die Bergluft, der Schnee, das Elend des Winters, die Stille, die Armut und die Ausweglosigkeit hier so verändert?«

Ich erhob mich von der Matratze, auf der ich gesessen hatte. Aus der Teekanne auf dem Ofen schenkte ich Halit und mir ein Glas Tee ein. Während ich ihm das Glas reichte, fragte ich: »Hast du etwas gesagt?« »Nein«, antwortete Halit. »Dann hat wohl jemand anderes geredet«, sagte ich. »Scheint so«, erwiderte Halit. »Ich habe jedenfalls nichts gehört.« Wir lachten beide.

Ich trat ans Fenster. Draußen war es stockfinster. Kein Licht in der Ferne, kein Stern am Himmel. »Nun«, begann ich wieder, »willst du mir heute Nacht die Geschichte der Ibrams erzählen? Schau, draußen ist es dunkel. Alles liegt wie ausgestorben da. Nicht einmal die Hunde jaulen. Jetzt ist genau der richtige Zeitpunkt, wenn du sie erzählen willst.« »Ich habe keine Ahnung, womit ich anfangen soll«, erwiderte Halit. »Fang irgendwo an«, ermunterte ich ihn. »Wenn du erst einen Anfang gefunden hast, kommst du auch bis zum Ende.« »Nein«, gab Halit zurück,

»ich mag zwar einen Anfang finden, aber ich glaube nicht, dass ich auch zum Ende kommen werde. Denn die Geschichte der Ibrams ist noch nicht zu Ende.« »Dann fang doch von hinten an«, redete ich ihm zu. »Ich bin nicht so wie du und stelle alles auf den Kopf«, hielt er mir entgegen. »Das geht gegen meinen Verstand.« »Wer ist Ibram, wer der andere Ibram, wer sind ihre Mütter, ihre Väter, wo sind ihre Kinder, warum steckt Ibram im Gefängnis? Wen hat er umgebracht? Warum hat er ihn umgebracht? Das sollst du erzählen«, forderte ich ihn auf.

»Wie kommt es, dass du dich so plötzlich veränderst, Hoca?«, fragte Halit. »Ich verstehe dich ganz und gar nicht. Eben noch hast du dir mit deinen dünnen Fingern eine hauchdünne Zigarette gedreht wie einer, der seit tausend Jahren Zigaretten dreht; du bist im Rauch abgetaucht, als wären weder ich noch du in diesem Raum. Deine Zigarette ist fertig geraucht, deinen Tee hast du ausgetrunken; und jetzt bevölkerst du das Zimmer mit Menschen, als wenn du die Geschichte, die ich dir erzählen will, schon kennen würdest. Vielleicht weißt du ja auch schon das Ende. Wie kann ich jemandem wie dir etwas erzählen, was er schon kennt?« »Ich höre dir zu«, sagte ich. »Dann schalte als erstes das Radio aus«, forderte er mich auf.

Ich erschrak vor der Stille, die sich auf einmal im Zimmer ausbreitete, jetzt, da das Radio ausgeschaltet war. Ich nahm sie nicht mit den Ohren wahr, sondern spürte sie in meinen Atemzügen und auf meiner Haut. Meine Ohren dröhnten, meine Schläfen pochten, und mir wurde schwindelig. »Erzähl schon, wenn du denn erzählen willst«, schrie ich ihn an. »Ibram«, begann Halit mit erstickter Stimme, »du weißt schon, Hoca, von dem ich dir erzählt habe, mein Freund im Gefängnis.« Ich begnügte mich mit einem Kopfnicken. »Aber du weißt nicht, warum er sitzt.« »Hat er nicht jemanden umgebracht?« »Doch.« »Was seid ihr nur für Menschen. Könnt ihr nicht leben, ohne euch gegenseitig umzubringen?« Er lachte: »Ist das der Grund dafür, dass du dich manchmal von uns fern hältst, nichts fragst und nichts antwortest und uns nicht erzählst, was auf der Welt los ist?« »Keine Ahnung«, wich ich aus. »Ich bin genauso wie du«, erwiderte er. »Du schweifst von diesem Zimmer aus in die Ferne. Das schaffe ich nicht. Deshalb mache ich mich komplett aus dem Staub. In den Bergen führe ich Selbstgespräche. Ich tue so, als ginge ich zur Jagd, und feuere, ohne zu zielen. »Dennoch triffst du«, warf ich ein. »Glück«, meinte er, »so wie es bei Ibram Pech war.« »Was wartest du noch? Erzähl schon von diesem Schicksal.«

Diese zunehmend stickige Luft im Raum, als stünden eine unsichtbare dritte Person oder sogar mehrere Personen im Zimmer. Es war, als wüsste Halit nicht, wo und wie er anfangen sollte. Vielleicht spürte er wie ich den Atem einer unsichtbaren Person im Nacken. Er seufzte. Dann sagte er, als verrate er ein bislang gut gehütetes Geheimnis: »Weißt du, eigentlich bin auch ich in die Sache verwickelt.« »Wie? Habt ihr zusammen gemordet?« »Nein«, widersprach er, »nein, noch nicht.« Ich war völlig verwirrt. Aber ich wollte diese Nacht mit ihm verbringen und mir die Geschichte anhören, die ihm nicht so recht über die Lippen wollte. Ohne zu wissen, worum es denn genau ging, hatte ich mir vorgenommen, sobald er dieses Zimmer verließ, Heft und Stift zur Hand zu nehmen und sie aufzuschreiben. Sonst würde ich bei dieser Luft in diesem Zimmer ersticken.

»Hör zu, Halit«, sagte ich, »erzähl mir heute Nacht das, was du mir erzählen willst. Mir kannst du alles sagen. Oder auch überhaupt nichts. Wenn du die Wahrheit hören willst, ich bin nicht besonders neugierig auf deine Geschichte von Ibram. Aber wenn du sie erzählen willst, erzählen und mich etwas fragen willst, vielleicht einen Rat möchtest, dann erzähl, und die Sache hat ein Ende. Andernfalls werde ich morgen zu Ibrams Haus gehen, einen heißen Tee trinken und selbst herausfinden, was ihm widerfahren ist.« »Das kannst du nicht«, widersprach Halit. »Du wirst überhaupt nichts erfahren. Denn die Ibrams wohnen nicht mehr in dem Haus.« »Die, die jetzt dort wohnen, werden es mir erzählen.« »Aber das ist nicht dasselbe.« »Gut, dann erzähl eben nichts«, schloss ich. »Ich möchte dich etwas fragen, bevor ich anfange«, sagte Halit. »Muss jemand ein Versprechen, das er sich selbst gegeben hat und von dem er keinem anderen auch nicht im Geheimsten etwas erzählt hat, unbedingt und komme, was wolle, halten?« Ich verstand ihn zwar kein bisschen, dennoch antwortete ich: »Dann ganz besonders.« »Dann muss ich es erzählen«, fuhr Halit fort. »Nachdem ich schon so viel verraten, aber die eigentliche Geschichte noch nicht erzählt habe und weil du meine Frage beantwortet und damit eine Last von mir genommen hast, muss ich dir nun die Geschichte der Ibrams erzählen.«

Einen Moment stockte er. Er erhob sich von seinem Holzhocker und ging in dem engen Zimmer – das hatte er sich wohl im Gefängnis angewöhnt – von einer Wand zur anderen. Dann hob er plötzlich seine Stimme, als fange er mitten in einer Geschichte an, ja, als erzähle er zuerst ihr Ende: »Der Vater von Ibram heißt ebenfalls Ibram.« Er schwieg, holte tief Luft. »Ibram«, setzte er fort, »jener also hat für seinen Vater, den alten Ibram, jemanden umgebracht, ist so zum Mörder geworden und im Gefängnis gelandet.« Er ging, setzte sich auf den Rand des Schemels, von dem er gerade erst aufgestanden war, als müsse er auf der Hut vor jemandem sein, der für uns unsichtbar war, der aber kommen und ihn zum Aufstehen auffordern könnte. »Sieh mich an, Hoca.« Seine Stimme hatte sich plötzlich verändert und war heiser geworden. Als spreche jemand anderes. Seine Augen waren gerötet, Zunge und Gaumen offensichtlich trocken. Seine Lippen zitterten, aber er konnte nicht reden. »Was ist, warum schweigst du?«, fragte ich. »Nichts, es ist nichts«, stammelte er. »Du musst aber wissen, dass das, was ich dir hier heute Abend erzählen werde, niemand weiß. Und es wird auch niemand erfahren.«

»Wie du willst«, erwiderte ich. »Falls denn noch niemand von diesem *Vorfall* weiß. Immerhin sitzt dein Freund Ibram ja im Gefängnis.« »Jeder kennt Ibrams Verbrechen. Aber keiner kennt die ganze Wahrheit. Ich werde sie dir jetzt verraten.«

Er begann zu erzählen, zuerst stockend, dann aber, als sei er unentschlossen, sprach er nicht zu mir, sondern zu sich selbst oder zum ganzen Dorf, zu den Nachbardörfern, zu den Bergen: »Von den beiden benachbarten Häusern, die du in jenem Weiler gesehen hast, gehört eines den Ibrams. Das andere ist das von Abdülhay. Die beiden Grundstücke – das hast du aus der Ferne vielleicht nicht wahrgenommen – grenzen direkt aneinander, kein anderes Grundstück liegt dazwischen. Was ich hier Grundstücke nenne, sind brachliegende Wiesen. Beide zusammen haben keine fünftausend Ar, sagen wir mal einen Hektar. Doch auch die ernähren keine zehn Schafe. Und bei uns sind die Leute stur, sind verfeindet, irgendwie sind alle miteinander verfeindet. Eine Auseinandersetzung um Land ist nicht nur ein Streit um etwas Brot, sondern ein verdammt niederträchtiger und feindseliger Kampf. Ibrams Vater Ibram trieb eines Tages seine Schafe und Lämmer auf Abdülhays Weide. Vielleicht sind die Schafe und Lämmer auch einfach nur über die Steinmauer geklettert. Abdülhays Sohn Memo sah dies und verlangte, dass er sie zurückholte. Da ihn Ibrams Vater ignorierte, zückte er sein Gewehr. In dem Augenblick, in dem er sein Gewehr anlegte, ließ Ibram seine Hunde auf ihn los. Memo löschte zuerst die Hunde aus. Dann richtete er sein Gewehr auf den alten Ibram. Der stand regungslos auf der anderen Seite der Mauer. Das machte Memo wütend; er trieb sein Pferd an und sprang über die Mauer. Dort fasste er den alten Ibram am Bart und schleifte ihn mit sich. Als hätte er geahnt, dass sein Sohn zu der Zeit in der Gegend war, rief der Alte laut: ›Ibo!‹

Ibram war tatsächlich in der Nähe. Auch er saß auf einem Pferd. Kaum hörte er die Stimme seines Vaters, lenkte er sein Pferd in diese Richtung. Als er zu dem Felsen kam, an dem wir beide damals Halt gemacht hatten, sah er mit seinem scharfen Blick, was unten vor sich ging. Er traute seinen Augen nicht! Als er das Fernglas, das er um den Hals hängen hatte, ansetzte und beobachtete, wie sein Vater von Memo am Boden entlanggeschleift wurde, trieb er sein Pferd ins Tal. Memo und vielleicht auch sein Vater sahen nicht, wie er heranritt. Von etwas näher wollte Ibram noch einmal schauen, was da genau vor sich ging. Memo zog den alten Ibram auf dessen Grundstück und ließ ihn zwischen seine Schafe fallen. Als er nun aber sein Gewehr auf den alten Ibram richtete, wurde er von zwei Kugeln getroffen – eine ging durch die Schläfe, eine durch den Hals –, und er stürzte zu Boden. Blut besudelte die Erde. Die Schafe stieben wie aufgeschreckte Hühner auseinander. Ibrams Vater spuckte auf Memos Leiche, die auf dem Rücken ausgestreckt am Boden lag und blutete, als Ibram hinzukam. ›Warum hast du das getan?‹, fragte er seinen Vater. ›Die Schafe sind von allein über die Mauer geklettert‹, antwortete er.«

Halit erzählte weiter: »›Ich sagte dazu überhaupt nichts‹, berichtete mir Ibram. ›Ich trieb mein Pferd an, ritt in die Ferne und streifte drei Tage lang durch die Berge. Dann kam ich wieder in die Stadt und stellte mich.‹ Was hätte er auch sonst tun sollen?«

»Ist dies die Geschichte der Ibrams, die du mir seit Tagen nicht erzählen kannst?«, fragte ich enttäuscht. »Nein«, antwortete Halit, »die Geschichte von Ibram begann erst einige Monate später, nachdem er nach drei Gerichtssitzungen zu fünfzehn Jahren Haft verurteilt worden war.« Dann unterbrach ich ihn nicht mehr mit meinen Fragen. »In der ersten Zeit besuchten ihn seine Frau und sein Vater einmal in der Woche oder einmal in zwei Wochen (ich war damals noch nicht inhaftiert). Später kamen weder sie noch er.

Eines Tages (zu der Zeit saß ich auch im Gefängnis) riefen sie Ibram zu, er habe Besuch. Ibram zitterte, als er Abdülhay vor sich sah. ›Mein Blut schien auf einmal zu gefrieren‹, erzählte er. Er konnte ihm nicht ins Gesicht sehen. Er bekam seinen Mund nicht auf und kein Wort heraus. ›Was hätte ich denn auch sagen sollen?‹, fragte er mich. Er verharrte mit gesenktem Kopf, den Blick zu Boden gerichtet. ›Ich wartete, dass er zu reden begann.‹ Eine Weile, eine lange Weile, konnte auch der Alte nicht reden. Dann erreichten ganz leise die Worte, die er in seinen Bart hinein murmelte, Ibrams Ohr: ›Ibo‹, begann der alte Abdülhay, ›du hast meinen Sohn Memo getötet, um die Ehre deines Vaters zu retten. Deine Frau und Memos Frau wurden dadurch Witwen, die Kinder Waisen. Ich kümmere mich um Memos Frau und meine Enkel. Dein Vater kümmert sich um deine Frau und seine Enkel. Aber nun sollst du erfahren, dass dein Vater deine Frau mittlerweile als seine Frau betrachtet und ihr ein Kind gemacht hat.‹ ›Wenn sie mich in diesem Moment aufgeschnitten hätten, wäre kein Blut geflossen‹, erzählte Ibram. ›Da hob ich meinen Kopf und schaute Abdülhay in die Augen, aber aus meiner trockenen Kehle kam kein einziges Wort.‹

Klar, der alte Abdülhay war gekommen, um sich zu rächen. Rache wird nicht immer mit dem Gewehr ausgetragen. Was er einem Gefangenen da erzählt hatte, verwandelte dessen Gefängnis in ein Höllenfeuer. ›Das ist noch nicht alles‹, sagte der widerliche alte Abdülhay zu Ibram, der ihn anschaute, als wolle er ihn umbringen, aber dafür nichts Passendes zur Hand hatte. ›Auch mit unserer Nachbarschaft ist es nun vorbei. Dein Vater hat meine Grenze anerkannt und mir euer Haus und Feld verkauft.‹

›Das ist ein Trick, eine abscheuliche Form von Rache‹, dachte Ibram, er stand von seinem Platz auf und ging zurück in seine Zelle. Als er in die Zelle kam, war er leichenblass. Drei Tage lang sprach er mit keinem. Er aß nicht und trank nicht. Unsere Fragen ließ er unbeantwortet. Am Ende des dritten Tages verlangte er ein Glas Tee, dann erzählte er nach und nach, was Abdülhay ihm berichtet hatte.« »Und, stimmte es?« Es lief mir eiskalt den Rücken hinunter, meine Kehle war ganz trocken. »Ich habe Ibram dasselbe gefragt, als er mir das erzählte, Hoca. ›Das kann nicht sein; das hat er dir nur erzählt, um sich an dir zu rächen und um deine Gedanken zu vergiften‹, sagte ich ihm. Aber Ibram hegte überhaupt keinen Zweifel an Abdülhays Worten, als traue er so etwas sowohl seinem Vater als auch seiner Frau zu. Er glaubte, dass die Geschichte absolut der Wahrheit entsprach.«

Zum zweiten Mal konnte ich mir die Frage nicht verkneifen: »Und, war wirklich etwas dran?« »Einer unserer Mitgefangenen, der entlassen worden war, ging und sah es mit eigenen Augen«, bestätigte Halit. »Dann kam er zurück und erzählte: ›Im Haus von Ibrams Familie wohnt niemand mehr. Weder seine Frau noch seine Kinder, auch nicht sein Vater. In dem Haus wohnen mittlerweile Memos Frau und Kinder.‹ Als Ibram das hörte, schockierte ihn dies nicht etwa. Er war ja bereits so sehr erschüttert worden, dass ihn nichts mehr wirklich traf. Aber er konnte einfach nicht verstehen, wie sein Vater zu so etwas fähig war.« »Zu was?« »Sein Haus zu verkaufen und sowohl mit seiner Schwiegertochter als auch seiner Frau und seinem Kind und seinen Enkeln aus dem Dorf zu fliehen.« »Was gibt es dabei nicht zu verstehen?«, gab ich zurück. »Es gibt doch noch so etwas wie Scham auf der Welt. Selbst am Fuße dieses Bergs gibt es noch ...« »Das gibt es bestimmt, Hoca. Aber nicht nur dort; selbst der Bär, der in der Höhle lebt, empfindet so etwas wie Scham. Aber einige Menschen in der Stadt oder auch auf dem Land scheinen so etwas ja überhaupt nicht zu kennen.« »Aber warum hat er sich dann aus dem Staub gemacht?«, fragte ich. »Das wollte ich eigentlich dich fragen«, antwortete Halit. »Aber da du nun schon einmal selbst fragst, will ich es dir sagen: Todesangst.« »Sollte denn Ibram bald entlassen werden?« »Falls keine dieser Generalamnestien erlassen wird, hätte er noch zehn Jahre abzusitzen.« »Also?« »Wir haben uns verplaudert und den Ofen vergessen«, fiel ihm ein, und er erhob sich von dem Stuhl, auf dem er so ungemütlich gesessen hatte. Er öffnete die Ofenklappe, nahm zwei Fladen von dem getrockneten Kuhmist in der Ecke und warf sie auf die noch glimmende Asche. Dann griff er nach der Teekanne und sagte, als mache er das Schicksal dafür verantwortlich: »Tee ist auch keiner mehr da.« »Dann setz doch nochmal welchen auf«, schlug ich vor. Er schien sein Gesicht vor mir zu verbergen. Er streute zwei Prisen Teepulver in das Samowarkännchen, goss heißes Wasser aus dem Teekessel darüber und ließ es ziehen. Als er zu mir herschaute, fragte ich: »Kannte dich Ibrams Vater?« »Wie hätte er mich nicht kennen können?« »Wusste er, dass du im selben Knast saßest wie sein Sohn?« »Wie hätte er das nicht wissen können?« »Er wusste also auch, dass deine Entlassung bevorstand.« »Wie hätte ihm das entgangen sein können?«

Nun schwiegen wir beide. Wenn wenigstens ein Hund gebellt oder ein Wolf geheult hätte! Oder wenn doch wenigstens der Mond aufgegangen und es ein bisschen heller geworden wäre! Doch weder bellte ein Hund, noch heulte ein Wolf, auch der Mond erschien nicht, und die Luft stand still. Ich erhob mich, öffnete das Fenster. Wie vorhin auch schon, war nirgends Licht zu sehen. Ich zog die kalte Luft von draußen tief in meine Lungen. Es war, als wäre ich gar nicht hier, sondern am fernsten und einsamsten Punkt der Welt. Und in dieser Kälte der Nacht, aus dieser dichten Dunkelheit heraus rief jemand nach mir, den ich nicht kannte, dessen Namen ich nicht wusste und der von seinem Weg abgekommen war und mich bat, ihm diesen Weg zu zeigen. An einem Ort ohne Weg, ohne erkennbaren Weg, zu einer unbestimmten Zeit, um Mitternacht, ein Fremder.

Ich schloss das Fenster. Ich hatte keine Antwort für ihn. Während Halit mir das Teeglas entgegenstreckte, fragte ich: »Und, was hast du jetzt vor?« Das Teeglas zitterte in seiner Hand. Er versuchte zu lächeln: »Heute Abend fragst du mich, was ich eigentlich dich fragen wollte.« »Was könnte ich denn dazu sagen? Ich bin hier fremd. Diese Frage kannst du mir nicht stellen. Du kannst von mir nicht erwarten, dass ich dir einen Ausweg zeige.« »Ich habe doch nach keinem gefragt«, sagte Halit. »Es weiß ja eh keiner.« »Wie? Ibram weiß doch Bescheid.« Er hielt inne. Er schaute mir ganz erstaunt in die Augen: »Wie meinst du?« »Dir ist doch klar, dass er es weiß.« Er stammelte: »Aber wir haben nie darüber geredet.« »Aber er muss dir doch irgendetwas gesagt haben.« Einen Moment lang war er unschlüssig. Vielleicht wollte er nur nicht gleich heraus damit und ihr Geheimnis preisgeben, dachte ich. Aber dann hielt er es nicht länger aus: »Stimmt, er sagte: ›Wenn ich hier rauskomme, wird unser Alter schon tot sein, wie schade.‹ Ja, das hat er gesagt.« Noch bevor er mit dem Satz zu Ende war, begannen die Hunde ausdauernd und anhaltend zu bellen. »Sie haben bestimmt die Witterung der Wölfe aufgenommen. Lass mich die Hunde hereinholen. Ich war dir wieder einmal nur eine Last, Hoca. Tut mir leid.« »Gute Nacht, Halit.« Vor der Tür, die sich zur Nacht hin öffnete und den Frost hereinließ, drehte sich Halit noch einmal um und fragte zum Abschied: »Hast du mir sonst nichts mehr zu sagen?« »Stimmte es denn auch, dass seine Frau vom alten Ibram ein Kind hatte?«, erkundigte ich mich. Halit nickte. Ich weiß nicht, warum, aber ich nickte auch einige Male. Weil ich nichts zu sagen wusste, oder weil ich mich mit dieser Bewegung ein wenig aufwärmen wollte, ich weiß nicht. »Halit«, sagte ich, »mit dir werde ich in Zukunft nicht mehr auf die Jagd gehen. Und du, erzähle mir bitte von niemandem mehr eine Geschichte.«

Muhtar Körükçü

Ömer, der Waisenjunge

»Rahva-Schlucht«, »Rahva-Tal« oder »Rahva-Pass«, im Volksmund nur »Blutiges Rahva« genannt; ich halte die letztgenannte Bezeichnung für die passendste. Zu meiner Zeit war das ein blutrünstiger Moloch, der jedes Jahr mindestens zwanzig, dreißig Menschen verschlang. Inzwischen, so heißt es, wurden Maßnahmen ergriffen und Schneepflüge mit moderner Technik bereitgestellt. Nun, ich bin vom Lande – was ich nicht mit eigenen Augen gesehen habe, mag ich nicht beurteilen. Zu meiner Zeit jedenfalls schneite der Pass jedes Jahr je nach Wetterlage etwa gegen Ende Oktober zu, um im März, manchmal gar erst im April wieder aufzutauen. In diesen Monaten mied man ihn besser, doch ruhte eines Mannes Arbeit dann vielleicht? Die einzige Verbindung zwischen Bitlis und Tatvan führte dort hinüber, nach Van, Erciş und Hakkâri gelangte man also allein über diesen Pass. Der Kaufmann hatte zu handeln, der Bauer sich um Freunde und Familie zu kümmern, der Beamte seinem Vorgesetzten zu folgen. Ob Winter herrschte oder Schnee lag – da gab es immer etwas zu tun. Und das duldete nicht vier, fünf Monate Aufschub. Man wählte also einen Tag, an dem das Wetter ruhig war oder sich zumindest nichts zusammenbraute und wenig Schnee fiel, erst dann machte man sich auf den Weg. Man muss nehmen, was kommt. Wenn also die Rechnung aufging, überwand man bestenfalls um den Preis von tausenderlei Schwierigkeiten, tausenderlei Mühen und millionenfacher Erschöpfung doch den Pass, kam glücklich in Tatvan oder, wenn man sich von der Gegenseite näherte, in Bitlis heraus und stieß wie von Sinnen Freudenschreie aus wie jene Matrosen des Christoph Kolumbus

»Land in Sicht! Land in Sicht!« geschrien haben mochten. Schlimmstenfalls klappte es nicht, man hatte Pech, geriet in einen Schneesturm, einen Orkan … »und zu Ihm kehret ihr zurück«. Die Namen jener gingen dann ein in die ungeschriebene Liste der ungezählten alljährlichen Opfer.

Wie eine Falle, in seltsamer Weise von der Natur geschaffen, als wollte die Schlucht den Menschen verspotten, war sie, die Verfluchte. Den einen Tag glatt wie ein Laken, ein, zwei Meter hoch lag der Schnee zwar, doch gefroren. Das war für jemanden, der die Gegend kannte, wie eine asphaltierte Straße. Schnall dir die Schneeschuhe unter – Laken oder auch Tevik genannt, eine Art grobes Sieb, das dem Fuß eine größere Trittfläche gibt –, und lauf los mit einem Lied auf den Lippen.

Am nächsten Tag aber schon, bei schönstem Frühlingswetter, scheinen sich Propeller wie von der unsichtbaren Hand eines Wahnsinnigen angetrieben zu drehen, und im Nu ist die Gegend in einen aufgewühlten Ozean verwandelt. Himmel und Erde sind nicht mehr zu unterscheiden, über alles legt sich wirbelnd der weiße Schnee. Weiß? Pechschwarz müsste es heißen! Da versagt jede Meteorologie, jede Mathematik und Geometrie.

Ich gehöre wohl zu den glücklicheren Kindern Gottes. Der Natur gefällt es offenbar, mich noch ein wenig am Leben zu lassen, um sich meiner bei anderen Fallen zu bedienen, in andere von ihr angezettelte Ränke zu verstricken. Der Falle von Rahva jedenfalls bin ich entronnen.

Die Sonne strahlte, als wir in Tatvan aufbrachen.

Doch halt! Ich will euch nicht von meiner eigenen Reise berichten. Eine andere Geschichte will ich euch erzählen. Unsere Reise – nun ja, sie verlief normal unter den dortigen Umständen, wir wären zwar fast erstickt, nur dank unseres mutigen und kundigen Führers kamen wir durch. Ein wenig erschöpft und mitgenommen waren wir zwar, aber das war es auch schon.

Es ist wie bei Kriegsheimkehrern, die außer Stande sind zu erzählen. So groß ist ihre Betroffenheit, dass sie selbst von den wichtigsten Ereignissen, den aufregendsten Erlebnissen aus dem Kriegsgeschehen zu berichten nicht in der Lage sind. So in etwa ging es mir, als wir in Bitlis ankamen.

Der Gouverneur hatte mich eingeladen. »Nun? Sei willkommen, es war wohl ein wenig anstrengend?«, fragte er mich in ganz normalem Ton nach meinem Wohlergehen.

Im selben Ton gab ich zurück: »Danke, mein Herr. Nun ja, es gab lediglich einige Unannehmlichkeiten.«

Das war alles, was über unsere beachtliche Reise gesprochen wurde, die mir wie Admiral Byrds Reise zu Nord- und Südpol vorgekommen war. Mein Gegenüber wusste ebenso wie ich selbst, was hinter diesen vier, fünf Wörtern steckte. Doch wozu darüber reden? Zu viele Worte nehmen der Sache ihre »Größe«, nicht wahr?

Doch wie das Zechgelage immer allem die Größe nimmt, so banalisierte es auch dieses Thema. Im Grunde suchte der Herr Gouverneur nur eine Möglichkeit, sich jemandem anzuvertrauen. Schon lange hatte er keine Unterhaltung mehr mit einem vertrauten Menschen gepflegt (die Eigenschaft »vertraut« machte ich mir gern zu Eigen, glaubt nicht aus Einbildung, nein, aus Mangel an Menschen und aus purem Zufall), da war es nur natürlich, dass er sprach. Spräche man nicht, würde man ja auch dem Zechgelage nicht gerecht!

Den Einstieg in das Thema bot der Name unseres Führers: »Wer hat euch geführt?«

»Ein Mann namens Ömer, der Waisenjunge, mein Herr.« Um das Gespräch in Gang zu bringen, fügte ich hinzu: »Warum mag man ihm den Beinamen ›der Waisenjunge‹ gegeben haben? Die Dörfler vergeben ja solche Spitznamen nicht ohne Grund.«

Mir war klar, dass ich damit einen wunden Punkt getroffen

hatte. Er trank ein, zwei Schlucke Rakı, wiegte den Kopf hin und her, ließ seine Gabel in der Meze, den Vorspeisen, herumwandern und tat dann einen Zug an seiner Zigarette.

»Hm, ja, Ömer der Waisenjunge … da steckt natürlich eine Geschichte dahinter. Bist du hier auf der Suche nach Geschichten, nach Katastrophen gar, mein Lieber?«

Um die Spannung zu steigern, schwieg er noch eine Minute und setzte sich in Positur. »Wenn du wüsstest, wie oft ich mit dem Rahva-Pass schon die Ehre hatte!«

Natürlich wusste ich das, denn unter uns »Kennern des Ostens« kannte jeder den Lebenslauf des anderen auswendig. Zudem waren der Gouverneur und ich drei Jahre lang am selben Ort tätig gewesen. Er als Chefberater der Generalinspektion und ich als Kanzleichef. Der Gute war geradezu eine wandelnde »Bibliothek des Ostens« oder besser ein Führer für den Osten. Zieht man eine Linie von Trabzon bis Hatay, dann kannte Ratip Bey alles, was östlich davon liegt – nicht nur die Bezirke und Dörfer, sondern eben alles bis zu den Berggipfeln und kleinsten Bächen –, wie seine Westentasche. Natürlich nicht nur die geografischen Gegebenheiten. Jeden Notablen, jeden bedeutenden Mann, jeden Banditen und jedes Gesindel, kurz, jeden Mann, der einem nur irgend unterkam, in jeder Provinz und jedem Kreis konnte er mit Namen und Taten und selbst mit den Namen von Vater und Mutter hersagen. Ja, wenn der Mensch sich erst einmal hier eingewöhnt hat – das Ministerium weiß schon, was es tut –, wird man zum Kenner des Ostens.

Ich hing meinen Gedanken nach, der Meister erzählte, doch das war natürlich nur das Vorspiel, auch ihr hättet begriffen, dass da eine Geschichte folgen würde: »Also, ich will von Ömer erzählen. Damals war ich Landrat in Tatvan – das ist wohl fünfzehn oder zwanzig Jahre her –, und es war mitten im Winter. Ich werde es nie vergessen: Mitten in der Nacht klopfte es, das war nicht weiter ungewöhnlich. Ich warf mir den Schaffellmantel über und stieg hinunter. Der Schnee lag kniehoch, der Sturm fegte fast die Häuser weg. Bei solch einem Unwetter ging man nicht auf die Straße.

›Herr Landrat ... ich will der Staub unter Euren Füßen sein ... von Euch kommt alle Milde, alle Hilfe, Gott ist groß, Ihr seid unser Vater ...‹

Träfe man den Mann auf der Straße, packte einen wohl die Furcht: Ein Kerl wie ein Räuber stand vor mir. An seinem buschigen Schnauzer könnte man jemanden erhängen, doch jetzt hingen Tränen daran. Halb türkisch, halb kurdisch sprudelten Worte der Dankbarkeit, Gebete ...

›Halt ein‹, sagte ich, ›was hast du denn? Lass mich das zuallererst in Erfahrung bringen!‹

›Staub unter Euren Schuhen will ich sein ... Nur Ihr könnt noch helfen ... Zu Euch nehme ich Zuflucht ...‹ Endlich gelang es mir, ihn hereinzuziehen. Auf dem Treppenabsatz stand meine Frau, geweckt von dem Lärm, und hielt eine Laterne in der Hand. In deren mattem Licht schien das Gesicht des Mannes bleich wie der Tod. Trotz seiner Korpulenz konnte man deutlich seinen Kehlkopf hüpfen sehen. Solche Männer sind meist ruhig, die regen sich nicht so schnell auf, ja sie sind sogar als dickfellig zu bezeichnen. Da dieser nun so aufgeregt war, musste etwas wirklich Schlimmes geschehen sein.

›Was ist los, Teber Ağa? Sag doch erst mal, was du hast. Beruhige dich doch, mein Sohn!‹« (Ihr könnt euch vorstellen, dass Teber Ağa wohl so alt war wie der Vater des damaligen Landrats. Die Anrede »mein Sohn« entsprang der Gewohnheit der Amtsführung. Noch heute spreche ich gelegentlich in Großstädten einen Taxichauffeur oder Straßenbahnfahrer aus lauter Zerstreutheit so an. Der starrt mir dann baff erstaunt oder, zumeist, verärgert ins Gesicht.)

»›Herr, das Weib ist krank. Windet sich in Krämpfen und strampelt, die stirbt noch dabei! Nur auf Euch ist noch Hoffnung, bei Euch liegt Hilfe.‹

Es galt, den Schwall von Wünschen und Gebeten abzukürzen. ›Was hat sie denn? Was genau hat sie? Schmerzen? Fieber? Ist es das Herz?‹

Im ganzen Landkreis gab es damals weder Arzt noch Hebamme, geschweige denn einen für das Gesundheitswesen zuständigen Beamten. Ich hatte auch als Richter, Arzt und sogar Zahnarzt zu fungieren. Meine Frage hatte den Mann indes verwirrt. Er druckste herum, der Kehlkopf stampfte wie ein Kolben auf und nieder. ›Herr, meine Schande … ich küsse Eure Füße …‹

Meine Frau, die die Szene vom Treppenabsatz aus verfolgte, kam zu Hilfe: ›Nun, sie ist schwanger. Da steht wohl die Niederkunft an!‹

Nun war die Reihe an mir, verwirrt zu sein und herumzudrucksen. Schön und gut, doch als Hebamme war ich vollkommen unerfahren. ›Frau Zeytin hilft doch bei den Geburten der Leute, nicht?‹

›Frau Zeytin ist schon bei ihr, doch es ist vertrackt.‹

Wieder das Urteil meiner Frau von oben: ›Es liegt wohl verkehrt herum.‹

Schön und gut, aber was soll ich dabei machen? Das ist selbst für Fachleute eine riskante Angelegenheit.

›Herr, Ihr seid unser Vater, kümmert Euch um all unsere Sorgen, helft in allen Lagen …‹

Na so was, solche Männer krümmten doch sonst nicht den kleinen Finger für ihre Frauen und Kinder. Da war es doch erstaunlich, dass der Mann hier mitten in der Nacht ankam und wimmerte wie ein Kind. Meine Blicke, selbst meine Gedanken hatte meine Frau längst verstanden, zwischen Mann und Frau herrscht anscheinend Telepathie. Auf Französisch sagte sie:

›Die Frau ist sehr jung. Er hat sie erst kürzlich geheiratet. Ihre Vorgängerinnen sind kinderlos geblieben.‹ Teber hielt unseren französischen Dialog für eine Konsultation, eine wissenschaftliche Methode und begann schon wieder zu beten. Doch weder Gebete noch der Prophet persönlich hätten hier helfen können. Ich konnte nichts tun.

›Hast du nicht gesagt, heute sei ein Militärveterinär angekommen?‹

Man soll ja in vierzig Jahren einmal auf das Wort seiner Frau hören. ›Ja, auf dem Weg nach Muş macht ein Militärveterinär derzeit hier Station.‹

›Gut, der soll helfen!‹

›Frau, machst du Späße? Ein Veterinär behandelt doch keine Menschen!‹

›Zum einen wird der besser Bescheid wissen als Frau Zeytin. Und zum anderen ist es ein Notfall.‹

Das stimmte. Die Frau war in Gefahr, das Kind ebenso, und da sollte es keine Möglichkeit zum Eingreifen geben? Lass doch den Veterinär ruhig einmal sein Geschick erproben!

Mitten in der Nacht im Sturmesbrausen wurde der Veterinär geweckt. Eine Weile diskutierten wir dann natürlich noch mit ihm. Für ihn war das ein seltsames Land, dessen Menschen er nicht kannte, und wir mussten ihn erst überzeugen. Dann war da die Sache mit der gesetzlichen Verantwortung, der Mann war noch sehr jung, fürchtete wohl auch die handwerkliche Seite. Doch Gott sei Dank zögerte er nicht allzu lange, der junge Mann verstand wirklich etwas von seinem Beruf; das war schon sehenswert, wie er sich die Ärmel hochkrempelte und an den Eingriff machte. Nur eine halbe Stunde später übergab er Frau Zeytin einen properen Buben. Auch die Frau überlebte.«

Wieder hielt Ratip Bey inne, trank einen Schluck Rakı, brach zwei, drei der hier so äußerst raren Antep-Pistazien auf, zündete sich eine neue Zigarette an, kurz, alles schön der Reihe nach. Die Art, wie ältere Leute Geschichten erzählen, folgt einem bestimmten Ritual. Gleich zu Beginn mit dem herauszuplatzen, was doch an den Schluss gehört, wie wir es heute unternehmen und damit alles verderben, fällt ihnen nicht ein.

»Nun also dazu, was der Rahva-Pass mit der Geschichte zu tun hat. Am Tag nach der Geburt war das Wetter frühlingshaft, auch die Vorhersagen für den Weg waren passabel. Der Veterinär sollte sich auf den Weg nach Muş machen, und dem stand auch nichts entgegen. Doch unser geschickter Arzt sagte: ›Ganz oder gar nicht‹, und blieb. ›Es geht der Frau gut, Gott seis gedankt. Doch man kann nie wissen, wenigstens heute will ich sie noch beobachten.‹

Jenen Tag widmete er sich also Frau und Kind, verabreichte seine Mittel. Teber Ağa war so höflich, seinem Sohn den Namen des Veterinärs zu geben. So wohnte dieser der Taufzeremonie bei. Als er sich am nächsten Tag vom Allgemeinzustand des Kindes wie auch der Mutter überzeugt hatte, machte er sich beruhigt auf den Weg. Vergeblich hatte Teber Ağa sich bemüht, ihn mit Geld und Geschenken zu entlohnen. Doch seinem Drängen, ihn bis in die Herberge auf der anderen Seite des Passes zu begleiten, konnte sich selbst der Veterinär nicht widersetzen. Teber beharrte darauf, zumindest dies für ihn zu tun. ›Es gibt doch Postboten und Fahrer, du aber hast daheim eine Kranke‹ – von solcherlei Einwänden wollte er nichts hören. ›Ich bin der beste Führer. Ich helfe ihm. Er hat mir doch auch geholfen‹, wiederholte er unablässig. So ganz Unrecht hatte er ja nicht. In jener Stadt war es Teber, der den Weg am besten kannte und zugleich am zähesten war. Auch hegte er sicher den Wunsch, dem Veterinär seine Dankesschuld abzutragen. Sollten sie also zusammen losziehen.

Der Veterinär war ein anhänglicher junger Mann, er umarmte

uns und verabschiedete sich wie nach vierzigjähriger Freundschaft. Er winkte so lange mit seinem Taschentuch, bis das Städtchen am Horizont verschwunden war. ›Zieh los, mein Sohn, auf dass dein Vorhaben dir glücke‹, sagt man ja. Also, gute Reise. Laut den ersten Einschätzungen und Vorhersagen sollte es ja auch eine gute Reise werden.

Wie stellen es diese Leute vom Lande bloß an, dass sie aus solcher Ferne wissen, was los ist? Woher wissen sie es? Auf welche Sphären der Wissenschaft stützen sie sich nur? Respekt gebührt jenen, die das können! Gleich nach Mittag jedenfalls tauchte der Bezirksdeputierte Gafil Ağa mit missmutiger Miene auf. ›Herr, das Wetter ist umgeschlagen. Durch die Rahva-Schlucht ist kein Durchkommen mehr …‹

Ich wusste nicht, woher dieser Wetterbericht aus heiterem Himmel gekommen war, doch unwillkürlich schaute ich zum Fenster hinaus. Na so was, strahlender Himmel, und es regte sich nicht das kleinste Lüftchen.

›Der Herr Veterinär und Teber sind in großer Not, bei Gott!‹

›Also, Gafil Ağa, ich sehe keinen Anlass zur Sorge. Das Wetter ist ruhig, nicht eine Wolke am Himmel.‹

›Hinter den Bergen ist eine kleine Wolke zu sehen. Das ist ein schlechtes Zeichen, Herr. In Rahva herrscht sicher Schneesturm.‹

›Vielleicht sind sie in der Aliman-Herberge, weil sie gemerkt haben, dass ein Schneesturm aufzieht.‹

›Sie sind vorher losgegangen. Und zurück können sie nicht …‹

Der Gute sprach wie der Leiter der Schweizer Meteorologischen Anstalt. Was ein Schneesturm in Rahva bedeutet, wissen wir alle. Die Luft in meinem Zimmer wurde schwer, als seien die Toten schon hereingeweht. Da war nichts zu machen. Nichts als auf eine Nachricht zu warten.

Teber hatte Erfahrung, besaß Mut und Geschick, daher hegte

ich doch noch ein wenig Hoffnung. Trotzdem saß ich mit einem grauenhaften Vorgefühl bedrückt da und wartete. Es kommt vor, dass man des Wartens müde wird, dass man sich dagegen auflehnt. Eine Nachricht, ob nun gut oder schlecht, ist immer ein Segen. Wie es der Spruch schon besagt: ›Stets hielten wir Ausschau, doch es kam keine Nachricht‹, konnten wir zwei Tage lang nichts über den Verbleib der beiden in Erfahrung bringen. Endlich war auch ich so weit, wie schon alle im Dorf zu glauben, die beiden seien von Wölfen zerrissen. Da kam am dritten Tag ein Anruf vom Postamt aus Bitlis: Die Leichen waren gefunden.

Man hatte sie in einem Loch entdeckt, am Ende des Passes, auf einer Anhöhe unmittelbar vor der rettenden Herberge. Die ganze Strecke hatten sie bewältigt, doch hier waren sie vom Weg abgekommen. Nur zehn Schritte weiter und sie hätten die Herberge gesehen. Die Leute im Dorf vermuteten, sie seien im Schneesturm im Kreis gelaufen. Man glaubt, man bewege sich vorwärts, doch tatsächlich läuft man beständig in einem Kreis von etwa fünfzig Metern herum. Man kann ja nicht sehen, was vor einem liegt! So gehst du und drehst dich im Kreis, bis du strauchelst und zusammenbrichst.

Als die Gendarmen die Leichen aus dem Schnee gruben, fanden sie Tebers Schaffellmantel über den Veterinär Ömer gebreitet – und Teber hatte dem Veterinär Ömer fest die Arme um die Schultern gelegt, als wollte er ihn schützen, ihn wärmen, ganz wie die Mutter sich über den kleinen Ömer beugte, wenn sie ihn stillte. So waren sie beide dort erfroren.«

Erkan Karagöz

Der letzte Beritaner

Hinter Hasankale hielt es den alten Mann kaum noch an seinem Platz. Auf seinem Sitz hoch aufgerichtet und den Hals gereckt, betrachtete er aufmerksam und neugierig die Umgebung. Der Tag warf sein Licht durch die Scheiben des Busses, und erste Sonnenstrahlen, zu warm für einen kühlen Sommermorgen, fielen auf die Reisenden. Fast alle im Bus schliefen tief. Je näher das Ende dieser Reise rückte, die – seit sie Istanbul verlassen hatten – schon viele Stunden dauerte, brach der Widerstand gegen den Schlaf selbst die Letzten. Auch sie hatten sich längst den weiten Armen des Schlafes überlassen. Allein der alte Mann schlief nicht. Nicht ein Auge hatte er während dieser siebzehn oder achtzehn Stunden zugetan. Die Busfahrer hatten sich abgewechselt, einer hatte sich hingelegt und der andere das Steuer übernommen. Als der erste Fahrer sich wieder hinter das Lenkrad setzte, fand er den alten Mann in der gleichen Haltung, stocksteif aufgerichtet, neugierig die Umgebung betrachtend.

»Onkel, hast du gar nicht geschlafen?«, hatte er ihn gefragt.

Ohne den Blick von den Palandöken-Bergen abzuwenden, hatte der alte Mann geantwortet: »Nein, ich habe nicht geschlafen.«

Die Sonnenstrahlen blendeten ihn. Er stand auf und ging zur rechten vorderen Tür, dort blieb er stehen. Als er dem Fahrer leicht den Rücken zuwandte, fiel die Sonne auf seine linke Seite. Er musterte die Berge, die mit ihren Schneehauben Kriegern ähnelten, wie sie mit weißem Kalpak in ihrer Stellung lagen.

Er wandte sich zum Fahrer um. »Dass du es nicht vergisst«, sagte er, »du sollst mich an der Hasan-Dede-Brücke absetzen.«

»Das vergess ich schon nicht, Onkel«, entgegnete der Fahrer. Dann setzte er verschmitzt hinzu: »Was gibts denn schon in Hasan Dede, komm, ich bring dich nach Kars. Probier dort den Honig, und ich lad dich zu Forelle ein.«

»Danke«, gab der Alte herzlich zurück. »Vor Hasan Dede wartet mein Freund auf mich.«

»Du kennst dich hier wohl gut aus?«

»Wie sollte ich nicht? Bis vor etwa zehn Jahren habe ich auf diesen Weiden, auf diesen Bergen hier tausende von Schafen gehütet. Ich kenne die Gegend hier besser als einer aus Erzurum oder Çat. Ich weiß genau, wo welches Kraut wächst, wo die Forellen stehen, welcher Vogel zu welchen Zeiten zu den Seen und Bächen kommt. Doch das Wissen darum ist Mist, mein Neffe: Wissen, aber es nicht erleben können; etwas erlebt zu haben, aber dann davon getrennt zu werden – ich weiß, welch eine Qual das ist.«

»Man merkt, dass du die Gegend hier vermisst hast.«

»Und wie, Neffe, und wie! Zehn Jahre, das sagt sich so leicht. Zehn Jahre an einem Ort, an dem du nicht die Gru-Gru-Rufe eines Kranichpaars hören kannst, das über dir dahinzieht, wo es keinen Bach gibt, an dem ein Frosch nach Herzenslust quakt, keine Wiese, auf der eine Zwergtrappe sich niederließe.«

»Warst du im Gefängnis, Onkel?«, fragte der Busfahrer.

»Nein«, erwiderte er bekümmert, »ich war in Istanbul.« Er schwieg. Den Blick heftete er auf die schäumenden Wogen des Aras und sprach kein Wort mehr bis Hasan Dede. Der Fahrer stellte noch ein paar Fragen, doch er hörte sie gar nicht.

Er war siebzig Jahre alt und doch rüstig, auch wenn er in den letzten Jahren bemerkt hatte, wie er alterte und seine Kräfte nachließen. Doch kaum hatte er die Palandöken-Berge gesehen, da spürte er, wie ihm das Blut eines siebzehnjährigen Jünglings durch die Adern pulsierte, was ihn selbst erstaunte. Als der Aras und die Hasan-Dede-Brücke in Sicht kamen, begannen sich in ihm unaufhaltsame, unbezähmbare Gefühle zu rühren und er konnte nicht mehr stillsitzen. Dieser sonst so besonnene Mann sprang mit einem halb hingeworfenen »Xatıret te – Leb wohl«, dem kleinen Koffer in der Hand und für sein Alter unerwartet behände und flink wie ein im Aras spielender Fisch aus dem Bus, noch bevor dieser richtig zum Stehen gekommen war. Besorgt rief der Fahrer ihm hinterher: »Langsam, Onkel, immer langsam! Gebe Gott dir ein langes Leben, du fällst noch und brichst dir den Hals, hast ja nicht mal gewartet, bis der Bus richtig steht!«

Er atmete tief durch. Diese Luft war es, die er geatmet hatte, als er am Busbahnhof von Erzurum noch vor Tagesanbruch aus dem Bus geklettert war, ungeachtet der Kälte, die ihm bis zur Weiterfahrt in die Knochen gedrungen war. »Seid gegrüßt, meine Lieben«, sagte er zum Himmel und zur Luft, die er atmete. »Gelobt sei euer Schöpfer!« Dann schaute er zur Çoban-Dede-Brücke hinüber, auf der die langen Schatten der Berge lagen. Gemächlich machte er sich auf den Weg. Er berührte die schwarzen Steine der Brücke, streichelte den Basalt. Am Brückenpfeiler ließ er sich nieder und lehnte den Rücken daran. Er zog eine Zigarette aus der Tasche und steckte sie an. Mit geschlossenen Augen nahm er einen kräftigen Zug. Er legte den Kopf an die Steine. Seine Schirmmütze rutschte nach vorn. Der Gesang eines frühen Vogels drang an sein Ohr. Sonst war alles still. Das Lied des Aras ertönte noch, der wild unter der Brücke hindurchwirbelte, und die Stimme der kühlen, reinen Luft. Er war davon überzeugt, dass die Luft, insbesondere kalte Luft, eine eigene Stimme hatte und einen ihr eigenen Duft. Es vernehme eben nicht jeder diese Stimme, pflegte er zu sagen.

Er stand auf. Am Kopf der Brücke blieb er wieder stehen und schaute hinüber. Das Ende der Brücke lag im Nebel. Viel war da nicht zu sehen. Wohlig streckte er sich. Den glimmenden Teil seiner Zigarette zwickte er ab, den Rest steckte er in die Tasche. Glück funkelte in seinen Augen, er strahlte.

Er ging weiter. In der Mitte der Brücke trat er an den Rand, beugte sich vor, schaute auf das dunkel spielende Wasser. »Sei gegrüßt«, rief er mit einer schwungvollen Handbewegung. Und ging weiter.

Auf der anderen Seite angekommen, sah er eine Gestalt, die vor einem Felsbrocken gekauert hatte, sich aufrichten und auf ihn zukommen.

»Veysi, bist du das?«

»Ich bins, Onkel.«

Aus dem Nebel tauchten zuerst Veysis Knie auf, dann sein ganzer Körper.

Sie umarmten sich. Veysi war in den Fünfzigern. Ein kleiner, rundlicher Mann. Mit seiner Pluderhose, der persischen Schärpe um die Taille und der Weste sah er aus, als liefe er in der Hitze Diyarbakırs auf dem Pferdemarkt herum. Die Morgenfrische, die einen frieren lassen konnte, spürte er nicht.

»Mensch, Veysi, Dank sei diesem Tag!«, sagte der alte Mann.

»Dank sei ihm, Onkel Şevder«, gab der andere zurück.

»Was hast du aus Istanbul mitgebracht, in deinem Koffer da?«, fragte Veysi und schaute auf die Tasche.

»Meine Pluderhose«, sagte Şevder ernst und schritt aus. Gleichzeitig stellte er Fragen: »Hast du die Schafe besorgt, Veysi?«

»Ja, Onkel. Ich hab fast das ganze Geld dafür ausgegeben, das du geschickt hast. Nun haben wir fünfzehn Schafe, zwei Esel und ein Pferd.«

»Maşallah, Maşallah ...«

»Die haben aber ein Geld gekostet, Onkel!«

»Ja, sicher, nichts bleibt auf dem Stand von vor zehn Jahren stehen.«

»Also, Onkel, so funktioniert doch das Nomadenleben nicht. Wer soll die Schafe melken, wer soll Butter und Käse herstellen? Das ist mir immer noch nicht klar …«

»Sprich nicht wie ein Tattergreis! Ein Nomade kann und macht alles. Hätten wir Frauen und Töchter, würden die sich darum kümmern und wir uns um anderes. Aber so werden wir eben alles selbst machen. Da kommen wir nicht drum herum.«

»Tja, wird wohl so sein, Onkel, das wird aber schwer.«

»Was heißt hier schwer?«, fragte Şevder. »Schwerer vielleicht, als in Istanbul oder in Izmir in der Scheiße und zwischen den Autos zu leben? Was ist da schwerer?«

»Du hast ja Recht, Onkel …«, gab Veysi zu.

Schon waren sie bei den Schafen angekommen. An einem geschützten Ort tauschte Şevder eilig seine Hose gegen die Pluderhose aus. Während er die Bänder der Hose zurechtzog und zusammenband, redete er ununterbrochen. »Mensch, Veysi, wie lange schon haben diese Berge unsere Stimme nicht mehr gehört, was?«

»Ja, das ist lange her.«

»Veysi, mein Lieber, heute wollen wir mit Rohmilch frühstücken, mit etwas Brot und ein wenig Milch. Wenn es noch Yoghurt gäbe …«

»Ich habe alles besorgt. In dem Dorf am Weg nach Çat habe ich Fladen, Zopfkäse, Schimmelkäse und auch Yoghurt geholt.«

»Dank sei dem Schöpfer für dich!«, sagte Şevder.

Im Nebel gingen sie langsam weiter.

»Also, Onkel, die Herde braucht auch einen Hund, doch ich konnte keinen finden.«

»Was für einen Hund, Mann? Willst du, dass die Leute uns auslachen? Glaubst du, wir würden mit fünfzehn Schafen nicht fertig, dass du nach einem Hund suchst?«

»Sag das nicht, Onkel! Wir haben diese Arbeit lange nicht gemacht, du seit zehn, zwölf Jahren nicht, ich seit neun. Was ist denn heute unser Nomadentum noch wert?«

»Moment mal«, widersprach Şevder. »Das Nomadentum ist wie die Farbe deiner Augen. So wie du deine Augenfarbe nicht verändern, nicht einfach ablegen kannst, so kannst du auch das Nomadentum und alles, was du davon weißt, nicht einfach ablegen, das geht nicht verloren. Wir haben geträumt, die Augen geschlossen und geschlafen. Dann sind wir erwacht, schlagen die Augen auf und noch immer haben sie ihre eigene Farbe.«

Während er sprach, tätschelte er den Schafen den Rücken.

»Sollten wir nicht warten, bis der Nebel sich verzieht, Onkel?«

»Sonst noch was? Seit wann wartet ein Nomade denn den Nebel ab? Du bist ein richtiger Izmirer geworden, ohne es zu merken. Du kannst doch nicht darauf warten, dass der Nebel sich lichtet, als ob du vor einer roten Ampel warten würdest. Bei den Nomaden gibt es so etwas nicht, das weißt du doch. ›Çu! – Los!‹, sagt der Nomade, macht sich auf den Weg im Nebel und zieht weiter im Dunst.«

»Na ja, wir sind hier seit Jahren nicht entlanggegangen, wer weiß, wie die Wiesen und Weiden heute aussehen? Ich sag das ja nur, damit wir nicht aus Versehen das Feld oder den Acker von irgendjemandem zertrampeln und uns Ärger einhandeln.«

»Vertrau mir nur, mein Neffe, vertrau mir! Ich kenne mich hier aus, als hätte ich es mit eigener Hand geschaffen. Was soll denn hier für ein Acker sein? Soll ich dir mal was sagen? Alle aus dem Osten sind sie hingegangen und haben Istanbul bevölkert. Wer soll denn da einen Acker oder ein Feld bestellen oder gar einen neuen Acker anlegen, dass du daherkommen und die Saat zertrampeln könntest? Du wirst schon sehen, wir werden keinen einzigen bestellten Acker hier zu Gesicht bekommen.«

»Also, Onkel, du findest auch auf alles eine Antwort. Und was ist, wenn uns jemand hier in den Nebelschwaden sieht, uns für Soldaten oder Terroristen hält und uns mal eben eine Kugel rüberschickt, was machen wir dann?«

Die gute Laune des alten Mannes war wie weggeblasen. »Ja, in diesem Punkt hast du wirklich Recht, Mann. Stopp die Herde! Wenn wir weiterziehen, bevor der Nebel sich hebt, gibt es nur unnötig Ärger.«

Im Schutz eines Felsbrockens ließ er sich am Wegrand nieder. Er steckte sich eine Zigarette an und schaute zur Sonne hinauf, die im Nebel aufstieg wie ein kleiner rosa Ball, der aus der Hand eines Kindes gesprungen war. Er gab seine kauernde Haltung auf, zog ein Bein unter sich und setzte sich trotz der feuchten Erde auf den Boden. Veysi trieb die Tiere zusammen. Er holte ein paar Brocken Brot und ein Stück Käse aus der Packtasche eines Esels und legte sie auf einem Tuch vor Şevder hin.

»Iss du nur, ich mag nicht«, sagte Şevder. Veysi drang nicht weiter in ihn. Er wusste, es war nicht einfach, hierher zu kommen, um sich der gnadenlosen Realität zu stellen, zudem noch in diesem Alter, mit der Sehnsucht nach dem Leben der Nomaden, das er jahrelang nicht gelebt hatte, ohne irgendjemandem Bescheid zu geben. Einfach aus Istanbul wegzugehen, wo seine Kinder und die Mitglieder des verstreuten Clans lebten. Ihm selbst war klar, dass ihr Vorhaben kein Kinderspiel war. Doch er hatte sich verpflichtet gefühlt, Şevder, mit dem er jahrelang telefonisch Kontakt gehalten hatte, diesen Traum zu erfüllen. Dieser alte Mann hatte ihm einst viel Gutes getan, und jetzt wollte er ihm zur Seite stehen.

»Weißt du, Onkel, sie haben das Nomadentum nicht zum Spaß verboten. Die Leute unseres Clans haben ihre Zelte aus Ziegenhaar nicht nur spaßeshalber als Dach über ihre Gecekondus gespannt. Was wir hier tun, ist nicht einfach, es kann uns gelingen oder auch schief gehen. Ich will damit nur sagen, dass wir vorsichtig sein müssen. Mir ist klar, dass man uns auf halber Strecke aufhalten wird. Doch ich möchte, dass wir so weit gehen, wie wir können, und diese Sache unversehrt überstehen. Nur deshalb bin ich so penibel.«

»Ich weiß, Neffe, du hast ja Recht. Ich weiß es, doch es passt mir eben nicht, es einzugestehen. Du hast Recht. Wir werden aufpassen müssen. Zuerst wollen wir mal eine Saison hindurch als Nomaden in diesen Bergen leben. Wäre ich auch der letzte Nomade, der letzte Beritaner, ich werde es schon schaffen.«

Die erste Woche war sehr schwer für Onkel Şevder. Mit seinen siebzig Jahren mühte er sich ab und lief den ganzen Tag lang hinter dem Vieh hinterher. Gemeinsam mit Veysi erledigte er Arbeiten, die oftmals mehrere Leute zusammen kaum geschafft hätten, melkte die Schafe und tauschte die Milch in den Dörfern am Wegrand gegen Brot und Eier ein. Manchen Abend saß er unter einem Baum, an den sie die kleinen Butterschläuche gebunden hatten, und butterte stundenlang. Bei all diesen Arbeiten klagten sie nicht. Ganz im Gegenteil, nach der ersten Woche blühte Şevder auf und wurde noch rühriger. Es kam vor, dass er stundenlang mit Veysi die Herstellung von Käse diskutierte.

»Onkel«, sagte Veysi, »hatten wir nicht verabredet, fünfzehn oder zwanzig Schafe zu kaufen und mit ihnen von Hasan Dede über die Weiden nach Diyarbakır zu ziehen? Wenn wir ständig aus jedem Tropfen Milch, Käse oder Butter herstellen wollten, hieße das, monatelang auf diesen Bergen, in dieser Wildnis zu bleiben.«

»Na und?«, entgegnete Şevder. »Wartet vielleicht jemand auf dich?«

»Das nicht, aber, na ja, manchmal frag ich mich schon, wozu es gut sein soll, sich diesen Strapazen hier zu unterziehen, während man doch in aller Ruhe in der Stadt leben könnte.«

»Dich hat offenbar der städtische Smog vergiftet!«

»Aber nein, keineswegs! Doch unser altes Leben hier war doch auch nichts Richtiges. Hier ein Berg und da eine Weide, so sind wir unser ganzes Leben lang schon herumgezogen, denke ich von Zeit zu Zeit.«

»Na und, Mann? Ich werde umherziehen. Sonst sterbe ich noch, ohne meinen Traum erfüllt zu haben. Zehn Jahre lang konnte ich nicht auf die Weiden ziehen, seit zehn Jahren ist das Nomadisieren verboten. Vor zehn Jahren wurde unser Clan in die Stadt gesteckt. Wer weiß, vielleicht hab ich noch vier, fünf Jahre zu leben, und so lange will ich umherziehen. Als Nomade will ich sterben. Wenn du das nicht willst, ist das deine Sache. Steig in den Bus, fahr zu deiner Familie zurück! Wenn ich fünfzehn Schafe nicht hüten kann, dann ist es mir nicht länger wichtig, Städter oder Nomade zu sein. Das ist dann auch egal. Ich will meinen Käse selbst herstellen. Den Käse, den man im Supermarkt kaufen kann, krieg ich nicht runter.«

»Schon gut, ziehen wir also weiter und stellen dabei unseren eigenen Käse her.«

Nun waren sie schon den fünfzehnten Tag unterwegs, und heute hatte tagsüber die Sonne geschienen. Von den Bergen waren sie auf eine Alm hinabgestiegen, wo einige Hütten verlassen standen, die Dächer hingen durch, als ob ihnen bewusst wäre, dass sie verlassen worden waren; manche hatten nachgegeben und waren eingestürzt. Hierher waren sie gekommen, um die Schafe in eine der vereinzelten Hütten zu sperren, die noch nicht in sich zusammengebrochen waren, und um in einer anderen zu schlafen, ohne das Ziegenhaarzelt aufschlagen zu müssen, und hier ein paar Tage zu verbringen. Einst durften sie sich hier aufhalten, solange die Dörfler es ihnen gestatteten, konnten für ein gewisses Entgelt die meist weit von den Dörfern entfernt liegenden Dorfweiden pachten und ihre Herden darauf grasen lassen. Inzwischen war ringsumher nur noch Weideland. Es gab keine Herden mehr und auch keine Nomaden. Unweit der Hütten lag eine Schlucht, geduldig von einem Bach gegraben, der, die Erde immer schärfer durchschneidend, sich weit unten in der Tiefe verlor. Auf der anderen Seite der Schlucht erstreckte sich eine kleine Ebene, dann türmten sich Furcht erregend die Berge auf. Die Sonne, die unterhalb der Talsohle aufzugehen schien, öffnete ihre warmen Arme beiden Seiten der Schlucht und umfasste die verwaist grünen Berge wie zum Schutze. Şevder war früh aufgestanden, hatte die Schafe zum Weideplatz geführt und war zum Wasser gelaufen wie ein Wasservogel, der den Morgen in aller Frühe begrüßt. Veysi hatte zwei Schafe, die sich von der Herde getrennt hatten, zurückgeführt und war dann von einer Stelle etwas weiter oben in der Schlucht aus zum Wasser hinabgestiegen.

Veysi war nervös. Immer wieder fragte er sich: »Was mache ich hier eigentlich?« In der Nacht hatte er auf den Hängen der gegenüberliegenden Berge recht nahe Feuer gesehen. Ausgestreckt auf seinem Lager, hatte er sich mit Onkel Şevder unterhalten, von den alten Tagen gesprochen und dabei durch die zerbrochene Tür der Hütte die dunklen Berge auf der anderen Seite der Schlucht betrachtet. Da sah er den ersten Schein. Während er Gesicht und Hände im Bach wusch, spähte er wie ein aufgestörter Wasservogel nach links und rechts und sah zu den Berghängen hinüber. Dann entdeckte er nur ein wenig entfernt jenes Ding. Er hielt inne und glaubte sich einen Augenblick lang gar nicht auf diesen Bergen. Er schloss die Augen und öffnete sie wieder, erstaunt und verwundert ging er darauf zu. Ja, er hatte richtig gesehen. Ein seltsames Gefühl bemächtigte sich seiner. Er richtete sich auf und lief rasch zu Şevder weiter unten am Bach, der gerade die rituellen Waschungen vornahm, als Veysi aufgeregt zu ihm stieß. »Şevder«, rief er, »komm, komm mit, ich will dir etwas zeigen!«

Zusammen stiegen sie am Bach hinauf. Nach einiger Zeit blieben sie stehen. Ganz erregt rief Veysi: »Diese Blume ist doch nicht von hier, oder, Şevder?«

Şevder betrachtete aufmerksam die Blume, hockte sich neben sie. Sie setzte gerade erst Knospen an. »Du hast Recht«, sagte er, »die ist nicht von hier.«

»Ich habe sie in Mersin am Mittelmeer gesehen. Was hat denn diese Blume hier zu suchen?«

Şevder stand auf und berührte die Pflanze zärtlich. »Diese Blume«, sagte er, »hat sich verlaufen wie du und ich. Sie ist im Kropf eines Vogels auf dem Weg nach Norden hierher gekommen. Der Vogel wird gestorben sein, der Samen jedoch hat hier Wurzeln geschlagen. Er muss gewusst haben, dass er nicht hierher gehört, und doch hat er Wurzeln geschlagen. Viel Glück wird er nicht haben, denke ich, Veysi.«

»Wie wir, Onkel?«

»Wie wir ... So wie es dich nach Izmir und mich nach Istanbul verschlagen hat, so hat es sie hierher verschlagen. Du und ich, wir werden eines Tages sterben. Ob unsere Kinder sich dann weiter fortpflanzen, das weiß Gott allein«, sinnierte Şevder. Bei der Blume setzten sie sich hin und blieben da, ohne ein Wort zu sprechen, bis die Sonne schon hoch stand.

An jenem Abend bemerkten sie, dass fünf Schafe fehlten. Alles Suchen war vergebens. Als sie die abkühlende Luft spürten, kehrten sie verzweifelt und erschöpft vom Suchen in die Almhütte zurück. Neben dem Reisigfeuer, das sie von draußen nicht sichtbar in einer Ecke der Hütte entfacht hatten, saßen sie und rauchten eine Zigarette nach der anderen, ohne etwas Vernünftiges gegessen zu haben. Und weil sie sich beide schuldig fühlten, nicht einmal auf ein paar Schafe Acht geben zu können, schrien sie einander an, Şevder den Veysi und Veysi den Şevder, die ganze

Nacht hindurch. Gegen Morgen nickte Şevder kurz ein. Veysis Stimme riss ihn aus dem Schlummer: »Bist du eingeschlafen?«

»Ja, ich bin wohl eingenickt.«

»Hab ich es dir nicht gleich gesagt, Şevder. Gestern Nacht haben da Leute auf den Hängen gegenüber Feuer angezündet. Die werdens gewesen sein, die haben die Schafe genommen.«

»Lass jetzt die Schafe, schlaf lieber ein wenig!«

»Ich würde ja gern, aber ich kann einfach nicht.«

»Dann schau doch die Sterne an!«

»Mach ich ja schon. Bei Gott, selbst die Sterne ziehen verloren dahin wie unsere Schafe«, gab Veysi zurück.

Şevder lachte. »Dass Gott dich nur nicht strafe!«, sagte er. »Wie bist du denn darauf gekommen?«

»Was weiß ich. Also ich meine, nicht nur wir sind nicht in der Lage, beisammenzuhalten, was uns gehört. Selbst Gottvater werden die Sterne offenbar geraubt.«

»Bitte sofort Gott um Verzeihung!«

»Na ja, es ist mir so in den Sinn gekommen. Gott, rechne es mir nicht zur Sünde an!«

»Veysi, Kamerad, es geht mir nicht um die Schafe, versteh mich nicht falsch! Ich hab andere Sorgen«, entgegnete Şevder verdrossen.

»Und zwar?«, fragte Veysi nach und rief dann aufgeregt: »Hast du die Sternschnuppe gesehen?« Er drehte sich auf die rechte Seite, richtete sich auf und wies mit der Linken zum dunkelblauen Himmel, der durch eine Öffnung im Dach zu sehen war, und zu den Sternschnuppen, die droben nur so herumflitzten.

»Oh, Geduld!«, seufzte Şevder. »Was treibt mich um und was dich! Wenn uns morgen der Hauptmann bedrängt, dann wirst du deine Sterne sehen!«

»Wieso? Was gehen denn den Hauptmann die Sterne an?«

»Mein Gott! Brüderchen, dir hat die Bergluft ja wohl den Verstand geraubt!«, ereiferte sich Şevder. Er setzte sich auf. Im Licht der Sterne mutete sein Körper an wie ein Kilometerstein aus alten Zeiten.

Während Veysi den Freund musterte, wurde ihm der Ernst ihrer Lage klar. »Stimmt ja!«, brachte er nur heraus.

»Stimmt ja! Sind auf dem Papier, das uns der Hauptmann in Karayazı unterschrieb, nicht genau fünfzehn Schafe verzeichnet? Hat er nicht gesagt, er verstehe keinen Spaß, wenn auch nur eines am Ende fehlt?«

»Das hat er gesagt, ja, doch was sollen wir machen? Wenn jemand nachfragt, sagen wir, die Schafe wurden uns gestohlen.«

»Und das nehmen die uns dann ab, ja?«, fragte Şevder spöttisch.

»Werden die es uns denn nicht abnehmen?«

»Tz!«, gab Şevder nur zurück.

Nun setzte auch Veysi sich auf. »Und was soll nun werden?«

»Weiß ich auch nicht, aber dass sie's nicht glauben werden, steht fest. Zwei erwachsene Männer, zwei Beritaner vom alten Schlag, konnten auf fünf von ihren fünfzehn Viechern nicht Acht geben, haben sie sich stehlen lassen, willst du sagen, und die sollen es dann glauben? Wer würde uns das schon abnehmen, Brüderchen?«

»Also, ich nicht.«

»Und warum sollte uns also der Hauptmann glauben? Der Mann hat uns doch gesagt: ›Ihr dreht da ein Ding. Wenn ich euch auf die Schliche komme, mach ich euch die Hölle heiß!‹«

Der Morgen brach an, es dämmerte schon. Die beiden alten Männer hockten mit untergeschlagenen Beinen unbeweglich da und redeten und redeten.

Am nächsten Morgen stand beiden die Verdrießlichkeit und Verzagtheit einer schlaflosen Nacht ins Gesicht geschrieben. Sie traten vor die Tür. Bei jener seltsamen Blume unten am Ufer wuschen sie Gesicht und Hände im Bach. Dann ging Veysi zum Stall, dessen Türöffnung er mit Holzlatten verrammelt hatte, um nach den Schafen zu schauen. Şevder holte aus der Hütte, in der sie übernachtet hatten, ein wenig Brot und ein Stück Käse, zwei Zwiebeln und in einer Schale frischen Yoghurt, den sie einen Tag zuvor erst hergestellt hatten. Gleich vor der Hütte, deren Wände die Sonnenstrahlen angenehm zurückwarfen, stellte er alles im grünen Gras bereit. Er holte noch zwei grobe Decken heraus und breitete eine für sich und die andere rechts daneben als Unterlage für Veysi aus. Veysi trat mit frisch gemolkener, noch warmer Milch in einer Schale in der Hand hinzu. Gemütlich hielten sie ihr Frühstück und blieben lange sitzen.

Plötzlich sprang Veysi aufgeregt auf. »Hast du das gehört?«, rief er.

»Was? Kommen die Soldaten?«

»Ach was! Da war ein Blöken von Schafen, hast du es gehört?«

»Junge, ist dir heute Nacht vielleicht ein Stern auf den Kopf gefallen? Das sind Schafe, natürlich blöken die, sagen den lieben langen Tag nichts als: ›Mäh, mäh!‹«

»Ich bitte dich! Dieses Blöken hier kam nicht von unseren. Es kam vom Bach da unten!«, rief Veysi und lief los.

Die beiden alten Männer rannten, taumelnden Wagenrädern gleich, am Bach entlang. Auf den feuchten Gräsern glitten sie immer wieder aus, verloren ihr Gleichgewicht und fielen hin. Doch schnell rappelten sie sich wieder auf und liefen weiter.

Hagebuttensträucher zerkratzten ihnen Gesicht und Hände, zerrissen ihre Kleider, die sich in den Dornen verfingen. Der Spektakel, den diese beiden wuchtigen alten Männer veranstalteten, riss alles noch vor sich hin dämmernde, noch klamme Getier, alle noch geschlossenen Blüten aus dem Schlaf. Eidechsen und Frösche, unter Blättern dösende Libellen und Schmetterlinge huschten aufgeschreckt davon.

»Es kommt vom anderen Ufer, Veysi«, rief Şevder von hinten.

»Ja, genau!«

Laut platschten sie ins Wasser, Veysi voran, Şevder hinterdrein. Wo Veysi hineinsprang, stieg eine mannshohe Fontäne auf, dann liefen die Wellen am Ufer aus.

»Langsam, Mann! Du hast mich von oben bis unten voll gespritzt!«, brüllte Şevder, der in derselben Geschwindigkeit durch das Wasser pflügte.

»Mensch, ist doch egal, Onkel! Denk an den Hauptmann, dann wird dir schon heiß werden, und du trocknest wieder!«

»Ja, da hast du allerdings Recht!«

Unter dem Felsen auf der Anhöhe, die er nach dem Bad im Bach atemlos hinaufgeklettert war, fand Veysi in einer der Höhlen aus alten Zeiten fünf Schafe eng aneinander gedrängt liegen. Als er sie erblickte, atmete er tief ein. Wütend brachte er ein, zwei der Schafe, die es sich hier bequem gemacht hatten, mit Fußtritten auf die Beine und beschimpfte sie wüst. Außer Atem kam auch Şevder ihm nachgeklettert. Als er die Schafe erblickte, atmete er tief ein und hockte sich auf den Boden. »Na, euren Besitzer werd ich ...«, fing er an, hielt inne und ließ den Fluch unausgesprochen.

Veysi setzte sich neben ihn. Sie sahen einander an. Şevder dachte daran, wie Veysi einem feisten Hirten gleich vor ihm her gestolpert war, und brach in Gelächter aus.

»Worüber lachst du, Onkel?«

»Über dich, Kamerad, über dich! Hättest du gestern mit solchem Temperament gesucht, hätten wir die Schafe sicher gefunden. Aber kaum kommt die Rede auf den Hauptmann, hast du gleich die Schafe aufgespürt wie ein Fuchs!«

Veysi lächelte nur. Er zog eine Schachtel Zigaretten aus der

Tasche. Jetzt war ihm nach Rauchen zu Mute. Doch die Zigaretten waren völlig aufgeweicht. Er warf die Schachtel weg.

Daraufhin kramte Şevder seine Zigaretten hervor. »Schau, meine sehen besser aus.« Jeder nahm sich eine Zigarette. Nach einigen Versuchen, sein vernickeltes Sturmfeuerzeug in Gang zu setzen, gelang es Şevder endlich, seine Zigarette anzustecken. Er reichte Veysi die brennende Zigarette. Veysi nahm einen tiefen Zug, als auch seine brannte. Beim zweiten Zug fiel sein Blick auf den Hang gegenüber, den sie erst kurz zuvor hinabgeklettert waren. »Oh nein, diese Scheißviecher!«, rief er wütend und sprang auf. Ohne sich umzudrehen, fragte Şevder: »Was ist denn jetzt schon wieder los, Kumpel?«

»Dreh dich um und sieh selbst«, rief Veysi. »Alle Viecher einschließlich der Esel sind uns nachgedackelt!«

Tatsächlich waren die zehn Schafe, zwei Esel und das eine Pferd ihnen nachgelaufen und bis ans Bachufer nachgekommen.

»Mensch, Veysi, das ganze Vieh, das du da eingehandelt hast, ist genauso verrückt wie wir zwei!«, sagte Şevder, und sie mussten beide lachen.

Das Lachen der beiden Männer schlug in Wellen weit ins Tal hinab, durch das der Fluss strömte. Endlich sprach Veysi: »Mensch, Onkel, diese Sache hier ist nichts für uns. Wir gehen hier noch zu Grunde.«

Şevder schwieg. Er sah Veysi ins Gesicht. »Was sagst du da, Mann? Was redest du? Hat deine Mutter dich nicht in der Wildnis geboren? Hat meine Mutter mich nicht auf der Wanderung in den Bergen von Bingöl geboren? Haben wir nicht unser ganzes Leben bis auf die letzten paar Jahre auf der Wanderschaft hier bei den Tieren in den Bergen verbracht? Was soll das heißen, diese Sache ist nichts für uns? Mann, schäm dich!«

»Es stimmt schon, was du da sagst. Doch irgendwie scheint das hier nichts für mich zu sein.«

Wortlos trieben sie die Schafe zum Fluss hinunter, durch den Fluss hindurch und rasteten erst, als die Strahlen der Morgensonne sie trafen. Gemächlich zogen sie die triefenden Pluderhosen aus und hängten ihre Jacken und Hemden über die Hagebuttenzweige. Schweigend wrangen sie die Hosen aus und warfen auch sie über die Büsche. In Unterhemd und langen Unterhosen warfen die beiden alten Männer sich eine Weile Blicke zu, dann schauten sie sich um und verschwanden hinter Sträuchern, zogen auch die Unterwäsche aus und wrangen sie gründlich aus. Es war Şevder, der als Erster in seiner Unterwäsche wieder unter die Sonne trat und sich auf dem Boden ausstreckte.

Im Liegen zählte er die Schafe, dann sagte er: »Veysi, die Stadt hat dich verdorben. Du bist nicht mehr der alte Veysi. Früher hast du zwei Tage und zwei Nächte hintereinander kein Auge zugetan. Als Großmutter krank war, hast du sie auf deinem Rücken die fünfzehn Kilometer in die Stadt geschleppt, ohne innezuhalten. Was ist denn jetzt mit dir los? Ein Nomade kann sich doch in nur zehn Jahren nicht so wandeln! In deinen Adern fließt Nomadenblut, wie hast du dich so verändern können, das begreife ich nicht.«

Mit hängendem Kopf kam Veysi hinter seinem Strauch hervor und ließ sich nachdenklich neben Şevder nieder. »Vom Nomadentum ist bei mir nichts geblieben, Onkel. Ich bin jetzt Händler in Izmir-Kemeraltı. Doch du tust so, als wärst du ganz anders. Du spielst hier den starken Nomaden, doch auch du bist inzwischen zum Städter geworden. Du siehst immer nur zu, dass ich die meiste Arbeit zu tun bekomme. Und bei den Nachtwachen schläfst du ein.«

Şevder lag auf dem Rücken und schloss die Augen. Er gab sich den angenehm wärmenden, verführerischen Strahlen der Morgensonne hin. Eine Antwort blieb er schuldig.

Einen Monat ihres Nomadenlebens hatten sie schon hinter sich. Ihre Tage verbrachten sie damit, in jenen Stunden, in denen sich zur Wärme der Sonne, die den Menschen liebkoste, frische Almwinde gesellten, entweder unablässig hinter den Tieren herzulaufen oder gemütlich über die Berge zu wandern. Nachts legten sie sich unter Sternen und Milchstraße zur Ruhe, in dicke wollene Decken gehüllt. Stundenlang betrachteten sie den Himmel, bis ihre Augen sich füllten mit lauter Sternen.

Şevder fiel dieses Leben zwar manchmal schwer, doch er kam mehr oder weniger zurecht. Veysi indes war regelrecht aufgerieben, völlig erschöpft und fast schon an der Grenze dessen angelangt, was er ertragen konnte.

An manchen Tagen stellten sie junge Dörfler an, ihnen ein paar Tage beim Hüten des Viehs, beim Melken und beim Verkauf der Milch in den umliegenden Dörfern zur Hand zu gehen.

Eines Abends kam aufgeregt der junge Mann herbeigelaufen, der die Schafe hütete. »Onkel«, rief er, »drei Schafe sind eingegangen! Plötzlich hatten sie Schaum vor dem Maul. Ich wusste kaum, wie mir geschah, da zitterten sie am ganzen Leibe und krepierten. Ich schwöre, ich hab nichts gemacht!«

Veysi lief zu der Stelle, an der die Tiere verendet waren, und murrte: »Wenn du was gemacht hättest, wären sie ja nicht gestorben, dummer Esel!«

»Bei Gott, Onkel, es ist nicht meine Schuld!«, beteuerte der junge Bursche.

»Sicher nicht, du Esel, natürlich nicht«, murmelte Şevder. »Treibt das Vieh zwischen giftige Sträucher und sagt dann: ›Es ist nicht meine Schuld.‹ Richtig, die gesamte Schuld liegt bei uns zwei Narren, die nicht im Stande sind, ihr Vieh auf den Bergen und den Almen weiden zu lassen, und stattdessen einen hergelaufenen Dörfler als Hirten anstellen.«

Zwei Schafe waren tot. Ein drittes zuckte noch, als sie eintrafen. Wenig später erstarrte auch dieses.

Şevder und Veysi sahen sich an. »Sie haben giftiges Kraut gefressen. Was sollen wir machen, so ist das eben.«

»Komm, lass uns wenigstens das Abendessen zubereiten. Ich hab den Kessel über dem Feuer gelassen«, meinte Veysi schließlich.

Şevder fasste ihn am Arm. »Das geht nicht«, widersprach er, »wir können die doch hier nicht einfach so liegen lassen.«

»Na gut, dann heben wir eben Gräber aus«, ärgerte sich Veysi. Ohne auf Veysis Worte einzugehen, erklärte Şevder: »Wir müssen ihnen das Fell abziehen.«

»Also Onkel, du nimmst die Sache ja richtig ernst. Gleich sagst du noch, wir müssen es braten, damit es so richtig zugeht wie bei Nomaden. Lass ihnen ihr Fell, um Gottes willen!«

»Veysi, du vermaledeiter Händler!«, rief Şevder wütend. »Was redest du denn von Braten? Hast du mal überlegt, was wir dem Hauptmann sagen sollen, wenn wir denen nicht das Fell abziehen?

›Die sind gestorben, Kommandant.‹

›Wo ist der Beweis dafür, Halunke?‹

›Nun, daran haben wir nicht gedacht.‹

›Ach ja? Dann kriegt ihr den Stock zu spüren, bis eure Scheiße sich mit eurem Verstand vermischt!‹«

Jeder hockte sich neben ein Schaf, und fluchend und schimpfend zogen sie ihnen das Fell ab. Längst war die Nacht angebrochen, die Sterne warfen sich verspielt kleine Leuchtpartikel zu, und wie üblich ging der Mond auf. Während Şevder und Veysi in der nachtblauen Finsternis, die Schaffelle hinter sich herschleifend, zu ihren Zelten zurückkehrten, fiel kein Sterbenswörtchen. Bis sie sich schlafen legten, saßen sie da und rauchten und tranken aus der schwarz verrußten Aluminiumkanne starken Tee, ohne etwas zu essen und viel miteinander zu reden. Beide dachten über das Leben nach, das sie in den letzten zehn Jahren geführt hatten. Veysi machte sich Vorwürfe. Er hatte seine Familie allein gelassen, um hierher kommen zu können.

Wohin er ging und warum, hatte er ihnen nicht gesagt. Denn so war es mit Şevder verabredet. Sie wollten ja die verzehrende Leidenschaft, noch einmal wie ein Nomade zu leben, auskosten. Veysi war sich bewusst, dass er längst kein Nomade mehr war. Stattdessen war er Händler in Kemeraltı in Izmir geworden. Na ja, auch da war er nicht sonderlich erfolgreich, doch das Leben schien ihm sehr viel einfacher zu sein als dieses hier. Er sehnte sich nach seiner Frau. Er war nicht wie Şevder. Was hatte der denn schon? Keine Frau und auch sonst niemanden, der auf ihn wartete. Seine Söhne brauchten ihn nicht mehr. Wahrscheinlich vertrug Şevder sich auch mit seinen Schwiegertöchtern nicht besonders gut.

Şevder tat etwas, was er bisher noch nie getan hatte: Er dachte an sein früheres Leben, versuchte sich die schweren Jahre des Nomadenlebens ins Gedächtnis zu rufen und was er unter den schwierigen Bedingungen damals getan hatte. Ihm war bewusst, dass er sich nicht an Istanbul, diesen Moloch, hatte gewöhnen können. Er würde nicht leben können, ohne den Lufthauch über den Almen und Bergweiden zu spüren, auf denen er volle sechzig seiner siebzig Jahre zugebracht hatte. Er würde nicht glücklich werden, ehe er nicht den Geschmack jenes Wassers auf seinem Gaumen fühlte, gierig aus Quellen getrunken hatte, die an den geheimsten Orten der Berge entsprangen. Sicher fiel ihm dieses Nomadenleben schwer, doch er war schließlich ein Nomade. Er musste diese Schwierigkeiten überwinden. Und um seine Selbstachtung zurückzugewinnen, war es notwendig, dass er diese Reise zu Ende brachte, das war ihm klar.

Am nächsten Tag also musste er in einem der Dörfer Salz auftreiben, um die Häute einzureiben. Einfach so hinter sich herschleifen konnte man diese Bälge nicht, sonst würden sie zu stinken anfangen.

»Veysi«, sagte er kaum hörbar.

»Ja, Onkel?«

»Veysi, wir müssen morgen Salz besorgen.«

»Das müssen wir, aber wo denn?«

»Einer von uns muss in die Dörfer hinuntergehen.«

»Was würde das schon bringen? Was außer Asche sollte sich da schon finden? Den Worten dieses dummen Burschen zufolge wohnt in den Dörfern und Siedlungen keine Menschenseele mehr ...«

»Keine einzige?«

»Keine. Die Leute sind jetzt entweder als Straßenhändler in Diyarbakır oder als Marktleute sonst wo. Da wirst du niemanden finden, der dir Salz geben könnte.«

»Veysi, vielleicht jemand, der herkommt und sich in so einem verlassenen Dorf ansiedelt ...«

Veysi zischelte spöttisch. »Wenn man da noch wohnen könnte, hätten sie die wohl nicht verlassen, oder was meinst du?«

»Du hast Recht, Veysi, du hast ja Recht. Lass das jetzt, Hauptsache, wir bekommen von irgendwoher Salz. Oder sollen wir von dem Salz der Schafe nehmen?«

»Was sollen wir denn sonst machen, wenn wir keins bekommen? Dann müssen wir eben deren Salz nehmen.«

»Veysi, du hättest diesen dummen Jungen nicht so anschreien sollen. Jetzt ist er weg, und wir müssen uns wieder selbst um die Schafe kümmern.«

»Lass mal, Onkel, aus dem wäre nicht nur kein Hirte geworden, sondern nicht mal ein Markthändler! Gut, dass er gegangen ist.«

Veysi sah keinen Sinn mehr darin, dieses Nomadenleben noch länger weiterzuführen. Er verspürte Sehnsucht nach seiner Frau, nach Izmir und Kemeraltı, wo die Menschenmengen wogten, und empfand Schuldgefühle, weil er seinen Kindern so viel zugemutet und sich einfach so aus dem Staub gemacht hatte. Zu alledem hatte er Angst, Soldaten könnten kommen oder junge Männer sie sehen. »In welches Loch sollten wir uns verkriechen, wenn jemand käme und uns etwas fragen wollte? Nachts können wir es uns kaum leisten, ein Feuer anzuzünden. Tagsüber spazieren wir über Almen und Bergrücken, zu denen sich nicht einmal ein Hund traut. Wozu? Weil wir das Nomadenleben vermissten! Mensch, ist es das vielleicht? Gott möge uns schützen, wenn wir erst mal gesund und munter bei den Bingöl-Bergen sind, dann will ich mich aber mal mit dem Onkel hinsetzen und ihm ganz offen sagen, dass ich kein Nomade bin. Es reicht, komm, lass uns nach Hause gehen. Und wenn wir dort auch durch verdreckte, kotige Straßen laufen, wenn Wind und Wetter die Gecekondus heimsuchen und mit unseren Dächern aus Plastikfetzen spielen, so lass uns doch nach Hause zurückkehren, zu Frau und Kindern.«

Vor drei Tagen hatten sie den Pass überquert. Jetzt waren sie in eine Gegend gelangt, die noch stärker von der Sonne aufgeheizt wurde. Einer Maschine ähnlich, die durch täglichen Betrieb erst richtig gut läuft, wurde Şevder von Tag zu Tag umtriebiger und erledigte eine Arbeit nach der anderen. Vom Auf- und Abbau des Zeltes über das Melken der Schafe bis zum Buttern übernahm er nun alles Mögliche selbst. Überschüssige Milch gab er Kindern ab, die aus nahe gelegenen Dörfern zu ihnen kamen, meist ganz ohne Gegenleistung, höchstens bat er sie, auf die Schafe aufzupassen. Unterwegs war noch ein weiteres Schaf gestorben. Zwei waren erkrankt, die hatten sie nacheinander geschlachtet und das Fleisch an die Dörfler verteilt. An den Schlachttagen verwandelte sich die jeweilige Alm rings um ihr Ziegenhaarzelt, das im Wind freudlos schaukelte, in einen Festplatz. Zu Dutzenden bereiteten die Alten und Jungen, die Männer und Frauen, die sie aus den umliegenden Dörfern eingeladen hatten, Fleisch und Pilaw zu. An solchen Tagen wurde Şevder geradezu redselig, scherzte mit den Frauen und Mädchen und ließ sich mit den Männern auf stundenlange Gespräche ein. Şevder hielt sich dann für einen Nomadenfürsten an der Spitze eines Clans, stand immer wieder auf, stolzierte umher, sah nach, ob die Weizengrütze in den Kesseln schon gar war, und wies die Frauen und Mädchen, die fürs Kochen zuständig waren, an, die um die Kessel herumlungernden Kinder nicht warten zu lassen, sondern ihnen unverzüglich ihre Fleischstückchen auszuteilen. Die Dörfler, die den alten Mann seit Jahren kannten, sahen das Glück in seinem Gesicht. Sie wussten, seine größte Enttäuschung erlebte er in der Einsamkeit. Also bemühten sie sich nach Kräften, ihn nicht allein zu lassen.

Während Şevder immer rühriger wurde und mehr mit anpackte, war Veysi die Lust so recht vergangen. Zu nichts hatte er mehr Lust. Wie die Städter wollte er zumindest an den Abenden in seinem Haus mit Frau und Kindern zusammen sein und sich mit dem begnügen, was Gott ihm gab und was er verdiente, und sei es auch noch so wenig. Dabei waren die Schwiegertöchter, Kinder und Enkel, mit denen er jahrelang unter einem Dach, früher noch unter einem Zelt aus Ziegenhaar gelebt hatte, längst ausgezogen und füllten ihre Mägen auf eigene Faust, doch seis drum.

Er hatte erlebt, wie die große Familie, die unter dem Zeltdach aus Ziegenhaar gelebt hatte, auseinandergefallen war, hatte sich an das Schwerste gewöhnt und es mit Gottvertrauen hingenommen. Nach diesem Zerfall hatten ihnen nach und nach alle – zuerst die Onkel und Tanten, dann zunehmend auch die Söhne und Schwiegertöchter – den Rücken gekehrt, hatten ihre eigenen Kokons gesponnen und ihre Küchen getrennt. Einmal im Monat oder von Festtag zu Festtag sah er sie noch, wenn sie ihn besuchten, auch daran hatte er sich gewöhnt, das alles fiel ihm nicht mehr schwer. Schwer hingegen fiel ihm jetzt dieses Nomadenleben, das er beinah fünfzig Jahre seines Lebens geführt hatte. Er wunderte sich darüber, wie er so viele Jahre voller Regen und Staub und eisiger Kälte ertragen hatte, manches Mal bis zu den Knien im Schlamm umherzuwaten. Er stand an der Spitze ihres Clans. Ihm vertrauten sie blind. Das wusste auch Şevder. Aus diesem Grunde eben hatte er sich mit seiner Idee von der Wiederbelebung des Nomadenlebens an ihn gewendet, hatte gerade ihm einen solchen Vorschlag unterbreitet. Doch für Veysi war der Weg zu Ende. Ihm war zwar klar, dass er so nicht weitermachen konnte, doch wie er es Şevder gegenüber ansprechen sollte, wusste er nicht. In der Tat hatte es ihn sogar geärgert, als er sich eingestehen musste, das Nomadenleben nicht länger ertragen zu können. Er hatte sich erniedrigt gefühlt. Noch bis vor wenigen Tagen hatte er sehr scharf reagiert, wenn Şevder ihm vorwarf, zu wenig zu tun, bequem und ein Städter geworden zu sein. Diese Tatsache hatte er nicht anerkennen wollen. Doch an diesem Abend war Veysi ruhiger. »Morgen rede ich mit Şevder«, sagte er sich. »Heute will ich ihm nicht die Laune verderben. Mit den Dörflern um sich herum ist er so glücklich. Er glaubt immer noch diesem großen Clan vorzustehen, das zeigen die Befehle, die er ringsum erteilt. Offensichtlich gefällt es dem Onkel so. Schon vor drei Wochen hat er angekündigt, dass er unter einem Vorwand ein Schaf schlachten und alle Dörfler um sich versammeln will. ›Weizengrütze und Brot auf eure, Fleisch und Yoghurt auf unsere Kosten‹, lässt Kessel aufstellen und versorgt die Leute mit Speisen und Getränken. Selbst die Gendarmen kennen uns schon. Wenn es gerade auf ihrem Weg liegt, machen sie auf jeden Fall bei uns Halt. Gott sei mit ihnen, zwei verlorene Schafe haben sie uns immerhin zurückgebracht. Und die Dörfler? Jeden Tag kommen sie vorbei, egal, ob es etwas zu tun gibt oder nicht, und schauen nach, wo sie mit anfassen können. Und dann versuchen sie manchmal auch noch mir Ratschläge zu erteilen. Ich habe hier wirklich nichts mehr zu suchen.« Bitter lächelte er vor sich hin. »Sieh dir das an! Ein zum Händler und ein zum Bauern gewandelter Nomade! Ach ja! Ein übles Schicksal gibt dem Bären die Flöte in die Hand, sagt man. Da ist wirklich was dran.« All das ging Veysi durch den Kopf, als er an einem Felsbrocken lehnte und die zum Festmahl versammelten Dörfler betrachtete, von denen er sich mit der Ausrede, sein Geschäft erledigen zu müssen, entfernt hatte.

Er stand auf und schlenderte zu den Leuten zurück.

Von seinem Platz aus sprach der Dorfvorsteher ihn an: »Veysi Efendi, du bist hier wohl der Ağa, weil du keine Arbeit anrührst! Komm wenigstens her, setz dich zu mir, lass uns ein wenig plaudern!«

Şevder, über den Topf Weizengrütze gebeugt, den er beaufsichtigte, rief herüber: »Sagt das nicht, Brüder! Veysi tut sehr viel, und was er macht, ist wichtig. Euch mag es so vorkommen, als wäre das nichts. Doch so ist es nicht. Es heißt doch: ›Ein Pferd im Galopp lässt nur selten einen Apfel fallen.‹« Er lachte. »Neckt Bruder Veysi nicht!«

Auch wenn Veysi im Halbdunkeln Şevders Gesichtsausdruck nicht erkennen konnte, so vernahm er doch den spöttischen Ton in dessen Stimme. Er schwieg.

Am nächsten Tag tat er etwas, was kein Nomade tut: Er schlief bis zum Mittag. Erst als die Sonne schon hoch am Himmel stand, erhob er sich. Die schlechte Laune stand ihm ins Gesicht geschrieben. Als er aus dem Zelt trat, sah er, dass Şevder die Schafe auf den Weideplatz getrieben hatte und nun mit Eimern in den Händen und mit zwei Dörflern ins Gespräch vertieft sich näherte. Er schämte sich, und dadurch wurde sein Missmut noch schlimmer. »So geht das nicht«, sagte er sich. »Ich muss mit Onkel Şevder reden. Ich habe keine Lust, auch nur irgendetwas zu tun. Ich kann hier nicht weitermachen.«

Bis zum Abend sprachen sie so gut wie nichts miteinander. Şevder verhielt sich, als wäre alles ganz normal. Als es schließlich dämmerte, ging Veysi zu Şevder hinüber, der gerade Milch abkochte. »Onkel«, sagte er. »Ich muss runter in die Kreisstadt.«

»Dann geh!«, erwiderte Şevder, ohne Veysis weitere Erklärungen abzuwarten.

»Ich vermiss die Kinder so.«

»Dann geh doch!«

»Ich denke, ich ruf sie mal an.«

»Das wird mit Anrufen allein nicht getan sein. Du solltest gehen«, sagte er kühl und gleichgültig.

»Hast du gehen gesagt, Onkel? Du willst also, dass ich gehe? Und was ist mir dir, Onkel?«

»Geh schon!«, sagte Şevder mit eiskalter Stimme und warf Reisig auf das Feuer unter der Milch.

»Und du?«

»Kümmere dich nicht um mich! Aus mir ist eben kein Händler geworden. Und es kommen ja auch Leute aus dem Dorf, wie du weißt. Ich hab mit einigen gesprochen. Sie wollen bis Diyarbakır mit mir kommen. Gute Leute sind das, sie verlangen nicht viel Geld dafür. Bleib nicht, bis es dunkel wird, nun geh schon!«

Veysi stand auf, stemmte die Hände in die Hüften und sah Şevder an, der ihm nicht ins Gesicht schaute. Er kannte Şevder. Wollte er nicht sprechen, dann sprach er nicht. Wollte er einen nicht anschauen, dann wandte er den Kopf ab und sah einen nicht einmal an. Einen Augenblick lang verharrte er in Schweigen. Dann sagte er leise: »Vergib mir, Onkel, du weißt ...« Şevder trat zu ihm und schnitt ihm das Wort mit einer Handbewegung ab. »Erklär jetzt nichts, Kamerad, ich weiß. Und du hast ja Recht. Das ist ja das Schlimme für mich. Doch es ist eben mein Traum. Du hast mir sehr dabei geholfen, hierher zu kommen. Das reicht mir schon. Als ich um Hilfe und Unterstützung bat, warst nur du aus unserem Clan dazu bereit, Bruder, nur du, als Einziger im ganzen großen Clan. Das ist keine Kleinigkeit. Und da sind ja auch die, die auf dich warten ... Auf uns aber hat nie jemand gewartet, auch nicht, als die große Familie noch zusammenlebte. Niemand sorgte sich um den Nächsten. Wenn wir irgendwohin zogen, dann mit der ganzen Familie. Niemand wartete darauf, dass wir zurückkämen. Ich bin noch immer Nomade, denn niemand wartet auf mich. Ich bin allein. Bei dir ist das etwas anderes, Bruder. Eine Hälfte von dir ist in Izmir geblieben und die andere hierher gekommen – das konnte ja nicht gut gehen. Du hast es immerhin versucht. Zumindest hast du mir dabei geholfen, es zu versuchen. Danke.« In Freundschaft klopfte er ihm auf die Schulter.

Veysi war beklommen zu Mute. »Ich bringe es nicht über mich, dich hier allein zurückzulassen. Ich weiß nicht, wie du hier allein zurechtkommen willst.«

»Sorg dich nicht um mich, Bruder. Schafe sind ohnehin nur noch fünf, sechs Stück da. Na, in ein, zwei Wochen reduzieren die sich auf zwei oder drei, weiß Gott.« Er lachte auf. »Vielleicht schon in einem Monat rufe ich dich an. Ich verspreche es dir, du wirst der Erste sein, den ich aus Diyarbakır anrufen werde. ›Ich bin Şevder, der letzte Beritaner‹, werde ich dann sagen. ›Ich kam auf jenen Wegen her, über die wir jahrhundertelang gezogen sind.‹« Seine Hand lag auf Veysis Schulter. Jetzt stupste er ihn freundschaftlich.

Im Handumdrehen hatte Veysi seine Habseligkeiten gepackt.

Als er aus dem Zelt trat, hatte Şevder das Pferd bereits reisefertig hergebracht.

»Das geht nicht«, sagte er. »Das Pferd nehme ich nicht. Ein Esel reicht mir. Du hast noch einen weiten Weg vor dir, da kannst du nicht die ganze Zeit auf einem Esel reiten.«

Şevder drang nicht weiter in ihn. Mit einer Umarmung verabschiedete er sich von Şevder. Veysi wählte den älteren der beiden Esel und saß mit einem Satz auf. »Hü!«, rief er und gab dem Esel einen Klaps auf den Hals. Der Esel trippelte los.

Şevder rief Veysi hinterher: »Gib den Esel dann einfach irgendjemandem. Um diese Zeit fährt sicher ein Kleinbus in die Stadt. Da steigst du in den Bus, und auf gehts nach Izmir. Gute Reise, Veysi! Mein bester Freund! Machs gut!«

Eine Weile noch folgte Şevder ihm. »Leb wohl, Händler von Beritan, leb wohl«, flüsterte er. Es dämmerte schon. »Ich muss so schnell wie möglich die Schafe zusammentreiben«, murmelte er unwillkürlich. Dann lächelte er bitter. »Und was für Schafe! Eine Herde von zweitausend Tieren sollte das sein. Doch es sind gerade mal sechs Stück.«

Auf dem Esel ritt Veysi in der kühlen Brise den Hang hinunter. Weiter unten führte eine Straße in die Kreisstadt, die Spitzen der Minarette waren schon zu sehen.

Mit Anbruch der Dunkelheit kamen einige alte Männer aus dem Dorf herauf. Auch aus einem anderen Dorf wollten noch welche dazustoßen. Niemand wunderte sich über Veysis Abschied. Seit Wochen hatte er kaum mit jemandem gesprochen und sich mit niemandem angefreundet.

Die mitgebrachten Fladen aus getrocknetem, gepresstem Dung schichteten sie gleich vor dem Zelt auf und entfachten ein Feuer. Der eine zerteilte die gerupften Hühner und legte die Teile in Töpfe mit schwarzen Brandspuren, ein anderer setzte den großen rußigen Teekessel aus Aluminium aufs Feuer. Etwas weiter vom Feuer entfernt tauschten Şevder und ein paar Männer in seinem Alter Erinnerungen an das frühere Nomadenleben und die Jahre im Dorf aus und rauchten. Die Jüngeren richteten den Platz für die Mahlzeit her. Auf das Tuch, das sie auf dem Boden ausgebreitet hatten, verteilten sie in bestimmten Abständen Brot, Frühlingszwiebeln und Schalen mit Yoghurt. Über die Alm senkte sich Nebel. Auf die Hände und Gesichter aller legte sich plötzlich ein feiner, feuchter Film.

Şevder lachte auf: »Wäre doch Veysi noch diese Nacht hier geblieben und hätte diesen Nebel erlebt! In Izmir ist der Nebel nicht so sauber und rein, der riecht nicht mal nach Nebel, das weiß ich.«

»Wenn jemand, der so verstädtert ist wie Veysi, hier in den Bergen einen solchen Nebel erlebt, dann kriegt er es mit der Angst zu tun und, weiß Gott, macht sich bei Nacht und Nebel auf den Weg«, entgegnete einer der älteren Dörfler. »Schon gut, dass er weg ist, mein Herr.«

Mehr als zehn Tage waren seither verstrichen. Şevder fiel das Nomadenleben von Tag zu Tag schwerer, seine Kräfte schwanden zusehends. Ein Pferd, einen Esel und vier Schafe hatte er noch. Fand er irgendwo Unterschlupf, blieb er dort so lange wie möglich. Den Auf- und Abbau des Zeltes beschränkte er auf das Nötigste. Die Schafe ließ er inzwischen meist von Hirten melken, die er in den Bergen traf, gab die Milch unentgeltlich und ohne irgendeine Gegenleistung ab und verbrachte die Tage damit, auszurechnen, welche Strecke er noch vor sich hatte. Er war erschöpft und abgekämpft, doch satt hatte er dieses Leben deswegen noch lange nicht. Es wurde ihm immer wieder klar, wie sehr ihm das Nomadentum im Blut lag. Fühlte er sich an manchen Tagen auch hundeelend vor lauter Erschöpfung, so wusste er doch, dass er nicht vom Nomadenleben lassen konnte. Aus diesem Grund auch wollte er den Weg nach Diyarbakır nicht so schnell wie möglich hinter sich bringen, auch wenn er sich täglich ausrechnete, wie viele Kilometer noch vor ihm lagen. Seine Leidenschaft für das Nomadenleben genoss er in vollen Zügen, indem er den Atem der Berge tief in sich einsog. Alles sträubte sich in ihm, nach der Ankunft in Diyarbakır wieder nach Istanbul zurückzukehren. In den Bergen von Bingöl hatte er mit einem Dörfler deshalb schon alles geregelt: Wenn er seine Wanderung beendet hätte, würde er den erstbesten Wagen nehmen, in jenes Dorf fahren und mit den paar Groschen, über die er verfügte, die Hütte neben dem Haus jenes Dörflers erwerben. Dort würde er leben. Kaum war dies vereinbart, hatte er das Tempo vorangetrieben. Als er die Grenze von Diyarbakır erreichte, bemächtigte sich seiner der berechtigte Stolz eines Siegers. Seine Wangen waren eingefallen, er war abgemagert und doch glücklich. »Wenn ich morgen in die Stadt gehe, schenke ich eines der Schafe dem erstbesten Armen, der mir über den Weg läuft. Die anderen verkaufe ich auf dem Viehmarkt. Was auch immer ich dafür bekomme, es ist ein Gewinn. Ich könnte die Schafe auch umsonst hergeben. Sollte mich jemand verspotten, werde ich ihm sagen: ›Gestorben bin ich noch nicht. Und wenn zehn Jahre vergehen oder tausend, ich bin und bleibe doch derselbe Beritaner.‹«

Zwanzig Kilometer vor Diyabakır schlug er sein Zelt unter einer alten Brücke auf. Die Nacht wollte er hier verbringen, um sich dann frühmorgens gleich auf den Weg zu machen. Liebevoll tätschelte er die Schafe. Das Pferd striegelte er nach langer Zeit zum ersten Mal. Er zündete seine Petroleumlampe an. Zuerst rupfte er das Huhn, das er in einem der Dörfer am Weg erstanden hatte. Dann schmorte er über dem Feuer die letzten Federreste weg. Er setzte es in den schmutzigen Topf, goss Wasser darüber, salzte und schnitt, als es kochte, noch Tomaten und Kartoffeln dazu. So hängte er den Topf tief über das Feuer. Dann hockte er sich daneben und ließ sich die Erlebnisse der letzten zehn Tage durch den Kopf gehen. So weit alles gut und schön, doch es war schwierig gewesen, mit den Dorfschützern zurechtzukommen. Aus Spaß an der Freude hatten sie ihn drangsaliert, hatten ihn mit Fragen, die einem im Traume nicht einfielen, bedrängt. Das war ihm in jedem Dorf, in dem es Dorfschützer gab, so ergangen. In den Dörfern der Ebene hingegen, in denen es keine Dorfschützer gab, hatte niemand mit ihm sprechen wollen. Nur misstrauisch gemustert hatte man ihn von Kopf bis Fuß.

Er drückte die Zigarette aus. Mit einer Gabel prüfte er, ob das Huhn schon gar war. Unwillkürlich musste er an Veysi denken. »Welcher Tag mag heute sein?«, fragte er sich. »Ob Veysi heute auf den Markt gegangen ist?« Er stellte ihn sich vor, die Beine in einer dieser absonderlichen Jeans und wie er zum Verkauf von Unterwäsche und BHs sich einen Schlüpfer verkehrt herum über den Kopf gezogen haben mochte, und grinste. »Alter Knacker«, brummelte er. »Was gibt es denn in Izmir außer Mist? Wer hat sich denn je mit dem Verkauf von Unterwäsche eine goldene Nase verdient, und warum solltest das ausgerechnet du sein?«

Nach dem Essen warf er die Knochen und Fleischreste den Hunden vor, die wahrscheinlich aus den umliegenden Dörfern herbeigelaufen waren. Mit ein bisschen Wasser spülte er den Topf aus, räumte ihn weg und stocherte noch ein wenig in der Asche der Glut. Dann streckte er sich rücklings auf dem Gras am Flussufer aus, das der Augusthitze zum Trotz noch grün war. Die Decke schob er als Kissen unter den Kopf. Es war eine dieser warmen Nächte des Südens. Die angenehm laue Luft der Berge und Sommerweiden, ihre kühlen Brisen, die einen schaudern und gar frieren lassen konnten, gab es hier nicht. Mit ihrem monotonen Zirpen belebten Grillen die Nacht. In das ferne Heulen der Hunde mischten sich vereinzelt Schüsse. Er schaute in den Himmel. »Veysis Sterne«, sagte er. Dann richtete er sich ein wenig auf und schaute genauer hin. »Das sind gar nicht Veysis Sterne«, stellte er fest. Es kam ihm so vor, als würden sich die Sterne entfernen und er vom Boden eines tiefen Brunnens in den Himmel hinaufschauen. Die Berge von Karayazı gab es hier nicht und auch nicht die von Bingöl. »Der Himmel über der Ebene gibt eben nicht mehr her«, seufzte er.

Es war noch dunkel, als er aufwachte. Das Zirpen der Grillen erstarb. Vereinzelt drangen Geräusche an sein Ohr. Irgendetwas stimmte nicht, das spürte er. Irgendetwas war geschehen. Er versuchte die Dunkelheit zu durchdringen. In aller Eile zündete er die Lampe an. In der Nähe hatte er das Pferd angepflockt, es war nicht da. Erschreckt sprang er auf. Es war weg, das Pferd, genauso wie die Schafe und der Esel. Außer dem Zelt aus schwarzem Ziegenhaar war alles weg, sie hatten alles gestohlen. Und damit war auch seine Hoffnung dahin, seine Träume hatten sie zunichte gemacht.

Die Lampe in der Hand, kletterte er barfuß die Böschung hinauf. Dann wieder hinunter. Er taumelte auf die Brücke zu. Er schrie aus voller Kehle, fluchte und schimpfte. Lange Zeit lief er auf dem Weg hin und her. Als der Morgen dämmerte, schleppte er sich mit hängendem Kopf, traurig und wie erschlagen, den Weg hinunter, ohne zu wissen, was nun zu tun sei, wohin er sich jetzt wenden solle. Hinter dem rußigen Glas der Lampe in seiner Hand flackerte die Flamme nutzlos vor sich hin. Wie weit er gegangen war, wusste er nicht. Aus war es mit ihm, aus. An Ort und Stelle hockte er sich an den Straßenrand und schaute sich um. Niemand war zu sehen. Der alte Mann tat, was er jahrelang nicht getan hatte. Er schluchzte auf und weinte bitterlich.

Im ersten Morgenlicht kam in einer Staubwolke ein Militärjeep heran, der seine erste Kontrollrunde durch die Straßen fuhr.

Der Wagen hielt unweit des weinenden Mannes, der mit zerschundenen Füßen dasaß, von oben bis unten verdreckt, mit der

Laterne fest in der Hand. Die Soldaten warfen einen prüfenden Blick in die Umgebung, bevor sie auf die Straße sprangen. Anschließend entstieg dem Wagen ein Offizier.

Während die Soldaten, den Finger am Abzug, ihre Blicke über die Felder zu beiden Seiten der Straße schweifen ließen, ging der Offizier auf den alten Mann zu. »Wer bist du, Onkel?«, fragte er ihn. »Hast du dich verlaufen?«

Şevder hörte zu weinen auf, hob die tränennassen Augen zum Offizier empor, zog die Nase hoch und flüsterte: »Ja, Kommandant. Ich hab mich verlaufen. Und wie! In Istanbul hab ich mich verlaufen, in Izmir und Mersin.«

»Oho!«, sagte darauf der Offizier und: »Zeig mal deinen Ausweis!«

Er reichte ihm seine Papiere. Der Offizier warf einen Blick darauf. »Şevder BERİTAN, bist du das?«

»Das bin ich«, bestätigte der Alte und unterdrückte nur mit Mühe seine Tränen.

Der Offizier hockte sich neben Şevder hin und legte ihm eine Hand auf die Schulter.

»Bist du Nomade, Onkel?«, fragte er.

Mit einem bitteren Lächeln auf den Lippen und tränenverhangenem Blick schaute der alte Mann dem Offizier in die Augen. »Nein, Kommandant«, sagte er. »Ich bin nicht mal ein Händler. Wer bin ich, dass ich ein Nomade sein könnte?«, fragte er. »Wer bin ich denn schon, dass ich ein Nomade sein könnte?«

Zeyyat Selimoğlu

Versammlung auf dem Achterdeck

Der Versammlungsplatz ist das Achterdeck. Immer kommen sie dort zusammen. Ist das Schiff auf Fahrt, treffen sich die meisten Matrosen in ihrer Freizeit eben auf diesem Achterdeck. Die Logleine treibt hinter dem Schiff im Meer. Wie ein Fisch am Angelhaken zappelt sie im aufgeschäumten Kielwasser. Schaut man vom Achterdeck in Richtung Horizont, sieht man sie als Erstes. Erst hinter ihr nimmt man das grenzenlose Meer wahr, meilenweit nichts als das Meer. Und man hört die durch das Meer pflügende Schiffsschraube. Ist das Schiff ohne Ladung, zittert das ganze Achterdeck wie Espenlaub, wenn die Schraube das Meer durchwühlt.

Hasan aus Derepazarı zeigt den anderen lachend ein kleines Heft. Die kobaltblauen Pupillen seiner aus der Tiefe blickenden Augen sind nicht einmal stecknadelgroß. Er hält das Heft dem direkt neben ihm sitzenden Rasim aus Sarayköy vor die Nase.

»Kannst du Englisch? Woher solltest du auch Englisch können? Um Englisch zu beherrschen, muss man intelligent sein, du Holzkopf.«

Rasims Miene verdüstert sich, er ist wütend, sagt aber nichts. Mal schaut er ganz verschüchtert auf das Heft, mal zornig in Hasans Augen.

Der Mann aus Derepazarı lässt nicht locker: »Los, sag mal, was Katze auf Englisch heißt! Na los, sag schon. Katze heißt auf Englisch ›si kät‹. Und Hund? Weißt du das? Hund heißt ›si dog‹. Hast du es jetzt verstanden, du Holzkopf? Dumm geboren und nichts dazugelernt, von nichts hast du ne Ahnung.«

Genervt wirft Rasim den Kopf in den Nacken.

»Ha! Jetzt wird der Dummkopf was sagen.« Hasan schweigt, und just in dem Moment, in dem er sich über das Englischheft beugt, ist der Hobel des Zimmermanns Mehmet zu hören. Sich ringelnde und kringelnde Hobelspäne breiten sich um ihn herum aus. Der Zimmermann arbeitet nur bei stürmischem Wetter nicht. Sobald der Seegang höher wird und das Schiff ins Schlingern gerät, legt er sich hin. Als Einziger der Besatzung wird Meister Mehmet seekrank. Ganz gelb im Gesicht legt er sich dann hin.

Hüseyin aus Çayeli nimmt es in seiner Freizeit mit Rissen und geplatzten Nähten auf. Er ist der Schneider vom Achterdeck. Bevor er mit Nadel und Faden in der Hand nicht sämtliche Risse und Nähte in Ordnung gebracht hat, gibt er sich nicht zufrieden. Mit einer alten Jacke, einem Hemd oder einer Hose auf dem Schoß sitzt er mit untergeschlagenen Beinen auf dem Achterdeck. Seine Hände hantieren mit Nadel und Faden geschickt wie Hausfrauenhände. Hasan beobachtet Hüseyins Hände eine Weile und sagt dann lächelnd: »Mensch, Hüseyin! Wenn du eine Frau wärst, dich würde ich wirklich nehmen. Ich würde dich heiraten, denn mit dir als Ehefrau hätte es ein jeder Mann gut getroffen. Dein Gatte wäre immer herausgeputzt, er würde sich stets im Sonntagsgewand kleiden. Kannst du auch gut kochen? Tischst du leckere Speisen auf, Hüseyin?«

Hüseyin schaut mürrisch drein, sagt aber nichts. Er sticht die Nadel voller Wut in den Stoff. Zornig spannt er den Faden.

Dann gibt es da noch den Matrosen Hurşit, einen regungslos auf dem Rücken liegenden Mann. Hurşit liegt stets auf dem Rücken und schaut in den Himmel. Ohne irgendetwas zu tun, kann er stundenlang so liegen.

Die Augen zum Himmel gerichtet, scheint er dort unablässig irgendetwas zu suchen. Aber anscheinend kann er das Gesuchte nie finden. Bei jeder Versammlung auf dem Achterdeck liegt er so auf dem Rücken und schaut in den Himmel. Auch jetzt blickt er zum Himmel hinauf. Er liegt neben den anderen, ist scheinbar mit ihnen zusammen und doch auch wieder nicht. Er ist ein Mann mit einem gewaltigen, breiten Schnauzbart, der regungslos wie er selbst auf seinen Lippen liegt.

Hasan hält sein Heft zwischen zwei Fingern und schwenkt es hin und her. »Ein richtiger Mensch muss eine Fremdsprache beherrschen. Je mehr Fremdsprachen du kannst, desto mehr Mensch bist du. Mit einer Fremdsprache zählst du als ein Mensch, mit zwei Fremdsprachen bist du so viel wert wie zwei Menschen, und wenn du drei Fremdsprachen kannst, zählst du wie drei Menschen. Diesen Rasim da kann man gar nicht als Menschen bezeichnen, er beherrscht ja nicht mal eine einzige. Geht er in einem fremden Hafen an Land, spricht er kein Wort, glotzt nur noch. Wenn man einem Fremden begegnet, muss man ›jes‹ sagen können, man muss ›olreit‹ und ›haudujudu‹ sagen können. Ist es nicht so, Zimmermann?«

Der Zimmermann lässt seinen Hobel über das aufgeheizte Brett gleiten. Die Hobelspäne fallen goldgelb herunter – Hobelspäne, dünn wie Papier. »Von Fremdsprachen und so was verstehe ich nichts. Mir reicht mein Hobel. Ich hoble Bretter, das ist alles.«

Rasim dreht sich zu Hasan um und schimpft los wie ein Fuhrknecht: »Mit dem Heft in der Hand glaubst du wohl, du bist jetzt gescheit geworden? Meinst du, jetzt bist du wer, so mit dem Heft in der Hand? Bist du damit zum Engländer geworden, du Depp? So ein Heft ist doch was für ein Schulkind!«

Ohne einen Mucks beugt Hasan sich mit einem leisen Lächeln erneut über das Heft. Dann blickt er noch einmal auf und ruft dem Zimmermann zu: »Meister Mehmet, was hobelst du denn da? Was soll das werden?«

»Nichts, ich mache nur eine Kiste, um dies und das reinzutun. Mein ganzer Kram wird da mal reinkommen. Eine schöne kleine Truhe soll das werden, ich mach mir eine Truhe.«

»Na, dann mach sie wenigstens groß genug, damit ein Mann drin Platz hat.«

Der Zimmermann schreckt ein wenig zurück.

Hasan lacht und zeigt auf den auf dem Rücken liegenden Hurşit: »Diesen Kerl da legen wir dann hinein. Er tut nichts, er sagt nichts. Lebt er überhaupt noch? Am besten wäre er gleich tot. Wenn er in der Kiste liegt, wissen wir wenigstens, dass er gestorben ist.«

Nie sagt Hurşit etwas. Regungslos liegt er an seinem Platz auf dem Rücken. Hüseyin legt Nadel und Faden für einen Augenblick zur Seite. Seine Augen sind auf Hasan gerichtet. Er hat kastanienbraune, verblüffend ernst dreinblickende, gütige Augen. Wenn er spricht, tut er das sehr langsam. Dann zeigt er seine schneeweißen, an gespaltenen Marmor erinnernden Zähne: »Kümmre du dich um deine eigenen Angelegenheiten. Misch dich nicht in die andrer Leute ein.«

Wiederum entgegnet Hasan kein Wort. Über sein Heft gebeugt, murmelt er etwas. Er schließt seine Augen und macht sich daran, englische Vokabeln zu lernen. Seine Lippen bewegen sich beim Auswendiglernen. Wie beim Beten.

»Eine Fremdsprache muss der Mensch können. Ein Mann, der auf den Meeren kreuzt, hat Englisch zu beherrschen. Er muss Englisch lernen.«

Rasim entgegnet: »Und was hast du davon, wenn du es kannst? Willst du etwa Großadmiral werden? Was immer du auch machst, du bleibst doch Matrose. Du stehst am Ruder, sobald deine Schicht anfängt. Dort kommt es nicht auf viele Worte an. Bei deiner Arbeit braucht man keine Sprache. Hast du nicht Hände, um das Ruder zu halten, und zwei Augen, um den Kompass zu lesen? Was willst du dann noch mit deinem Englisch? Legst du in fremden Häfen etwa als Gesandter der Regierung an? Wen interessiert es schon, ob du den Mund aufmachst oder nicht? Und selbst wenn du Englisch sprichst, wen interessiert das schon? Glaubst du, ein Fremder fragt dich um Rat, wie er seine Geschäfte führen soll? Was geht den Fremden dein Englisch an? Hast du jetzt verstanden, wer da der Holzkopf ist? Und wenn du hundert Mal Englisch lernst, so bleibst du doch ein Holzkopf. Ein Holzkopf bist du, du Depp!«

Als das ausgesprochen ist, fühlt Rasim sich besser. Er entspannt sich und ist erleichtert, als ob er eine schwere Last abgeworfen hätte.

Hasan will sich nicht geschlagen geben und widerspricht: »Wer bist denn du, dass du verstehen könntest, was ich meine. Dumm geboren und nichts dazugelernt. Weich du nur niemals von deinem Kurs ab. Du bist und bleibst doch ein Dummkopf. Wenn du einmal deinen Kurs änderst, läufst du irgendwo auf und wunderst dich dann bloß. Wer dumm zur Welt kommt, muss auch als Dummkopf sterben können. Sag bloß nicht, dass es dir ums Menschsein geht. Keine Ahnung, was von dir übrig bleibt, wenn du deine Dummheit verlierst.«

»Und wie weit ist es mit deinem Menschsein her? Weil du ein paar Fremdwörter gelernt hast, glaubst du, du bist jetzt ein richtiger Mensch? Wenn dem so wäre, dann müsste man auch Papageien zu den Menschen zählen.«

Hüseyin wirft die Jacke, die er gerade geflickt hat, auf den Boden und schimpft mit hochrotem Kopf: »Jetzt hört endlich auf. Müssen wir den ganzen Tag nur euch zuhören? Schluss jetzt! Ihr seid ja schlimmer als die Waschweiber!«

Eine Weile ist es still. Außer dem Lärm der durch das Meer pflügenden Schiffsschraube ist nichts zu hören. Brumm, brumm tönt es – ein lauter, rauer Ton, so wie das Stöhnen eines riesigen Seeungeheuers unter dem Schiff. Das Klagen eines Seeungeheuers, doppelt oder dreimal so groß wie das Schiff selbst.

Hurşit liegt noch immer auf dem Rücken. Er blickt zum Himmel und sagt wie immer kein Sterbenswörtchen. Er betrachtet den vollkommen leeren, makellosen, klaren blauen Himmel. Sein Schnauzbart ist von solch sattem Schwarz wie das Gefieder eines Raben, pechschwarz glänzt er unter der Sonne. Makellos wie der Himmel ist auf dem Achterdeck einzig der Schnauzer Hurşits. Allein mit sich liegt Hurşit vollkommen reglos da.

Erneut durchbricht der Hobel des Zimmermanns die Stille. Wieder fliegen die Späne. Rasim wendet sich an den Zimmermann: »Meister Mehmet!«, ruft er ihm schmunzelnd zu. »Was würdest du bloß machen, wenn man dir diesen Hobel nähme und du nichts mehr zu tun hättest? Vielleicht würdest du dann krank werden, Meister Mehmet, und würdest in ein tiefes Loch fallen.«

Der Zimmermann legt lächelnd den Hobel neben sich und sein Brett daneben. Um ihn herum verstreut liegen überall goldgelbe Späne. »Jetzt hab ich den Hobel weggelegt, und nichts ist passiert.«

Er streichelt seinen Hobel, als ob er einer kleinen Katze über den Rücken fahren würde. »Gott soll ihn mir ewig erhalten. Wenn ich lange Zeit ohne Hobel wäre, würde mich das vielleicht tatsächlich krank machen, ich weiß es nicht. Ich hab ihn ja noch nie länger aus der Hand gelegt, und ich hab es auch gar nicht vor. Der Hobel ist die Ehefrau des Zimmermanns, seine Tochter, er ist wie seine Familie. Ich will den Hobel immer bei mir haben. Ein Brett erwacht durch ihn zum Leben, kommt neu zur Welt. Der Hobel schenkt dem Brett Leben, erweckt es zum Leben, macht das Brett erst zum Brett, Rasim.«

Rasims ins Weiße gehende blaue Augen blicken verständnislos. »Gibt dem Brett Leben? Hobelt alles von ihm weg – und das soll Leben schenken sein?«

Der Zimmermann lacht. »Nein! Aber davon verstehst du nichts. Es ist nicht so, dass er alles weghobelt, er entfernt nur das

Überflüssige. Wie bei der Operation eines Chirurgen nimmt er nur das Schlechte weg. Hast du's jetzt kapiert?«

Rasim nickt und deutet mit einer Hand auf seine Leistenbeuge: »Hm, verstehe, jetzt hab ich's kapiert. Es ist so, wie wenn sie den Blinddarm rausnehmen.«

»Genau. Du bist wirklich gescheit.«

Rasim zieht die Mundwinkel breit. Er dreht sich zu Hasan um und schaut ihn an, als wolle er sagen, schau doch, wie man über mich redet.

Sobald die Matrosen schweigen, beginnt der geheimnisvolle Riese im Meer wieder zu stöhnen. Brumm, brumm tönt es vom Meeresgrund. Das Achterdeck wird wie von der Malaria befallen geschüttelt, ein Beben geht durch das Deck. Allein Hurşit verharrt regungslos. Wie ein aus dem Boden ragender Felsbrocken liegt er bewegungslos da, die Augen noch immer auf den Himmel geheftet.

Rasim rutscht ein wenig näher an Hurşit heran. Er nähert sich ihm wie ein Beiboot der Schiffswand. »Hurşit, he, Hurşit! Hast du da droben was vergessen? Ist dir beim Spazierengehen da oben was aus der Tasche gefallen, wonach du jetzt suchst? Hör auf zu suchen, du wirst es nicht finden. Irgendjemand wird es gefunden und mitgenommen haben, lass das Suchen sein.«

Der Zimmermann, Hüseyin und sogar Hasan lachen über Rasims Worte. Sie schauen Hurşit an und machen sich über ihn lustig. Hurşit sagt keinen Ton. Auch sein Schnauzbart bleibt ruhig und unverändert.

Rasim lässt nicht locker: »Mensch, Hurşit, sag doch auch mal was. Jeder hat was gesagt, nur du nicht. Red doch einmal mit uns, Hurşit. Nur du hast nichts gesagt. Sag doch mal, was du da oben suchst. Wir wollen es auch wissen.«

In Hurşits Schnauzbart kommt Bewegung. Noch vor seinen Lippen rührt sich sein Schnauzer. Im blendenden Sonnenlicht bebt sein an Rabenflügel erinnernder Schnauzbart, dann kräuseln sich auch seine Lippen. Es bricht aus Hurşit heraus: »Nichts suche ich da oben. Wenn ich in den Himmel schaue, denke ich an die, die im Dorf geblieben sind. An die Kinder, an Mevlûde. Ich sehe die Gesichter jedes Einzelnen genau vor mir. Ich denke an Ali, an Hüsnüye. Sie haben sich alle miteinander an Mevlûdes Rock geklammert, als sie hinunter zur Mühle gegangen sind. Ich kann mich hier satt essen. Die Tür zur Kombüse steht sperrangelweit offen. Mir steht sie offen und dir auch. Die Familie aber ist weit weg. Wie es ihr wohl geht? Ich bin hier wie festgenagelt, mit der Ruderkette als Fußfessel. Das Meer trennt uns vom Dorf. Wenn du im Dorf bleibst, hast du gar keine Arbeit. In unserem Dorf wird kein Tee gepflanzt. Und doch ...«

Wie Espenlaub zittert das ganze Achterdeck, wenn die Schiffsschraube das Meer durchpflügt ...

Haldun Taner

Sanchos Morgengang

tiki tiki praf
tiki tiki praf

Er genoss diesen Gleichklang, als er auf dem besonnten Gehsteig dahinmarschierte. Hin und wieder reckte er den Kopf zur Seite, denn vollständig war sein Glück erst dann, wenn es sich in den Augen Fremder widerspiegelte.

Lachend und scherzend gingen drei Mädchen vorbei, die er an ihrem Geruch erkannte. Es waren Ballett-Elevinnen des staatlichen Konservatoriums. Bevor Hülya ihr London-Stipendium bekam, waren die drei oft zu ihr nach Hause gekommen und hatten gemeinsam mit ihr geübt. Nun blickte er ihren Füßen hinterher. Ob die wohl auch im Schlaf Ballettfiguren vollzogen wie die von Hülya?

tiki tiki praf
tiki tiki praf

Am Tor zur deutschen Botschaft tauschte er einen Gruß mit Graf. Graf hatte sich nach neuester Pudelmode sein dichtes Kraushaar am Unterleib wegscheren und oben zu einer Löwenmähne hochtoupieren lassen, sodass er jetzt mit seinem weißen Schnurrbart à la Feldmarschall von Mackensen gar nicht mal so schlecht aussah.

An der Straße stand der Mercedes des Botschafters. Der Fahrer und der Botschaftsgärtner waren damit beschäftigt, den linken Vorderreifen des Autos aufzupumpen. Man konnte richtig zusehen, wie der Reifen mit jedem Pumpenstoß zu immer mehr Lebensfreude erwachte. Dann nahmen Graf und der Botschafter im Fond des Wagens Platz. Beim Wegfahren glitten die vier Reifen mit dem vornehmen Geräusch über den Asphalt, das solchen Limousinen nun mal eigen ist.

tiki tiki praf
tiki tiki praf

Gibt es etwas Schöneres als so einen Spaziergang ganz ohne Regen? Wenn nur diese Gehsteige richtige Gehsteige wären! Nicht nur beim Menschen, sondern auch beim Hund hängen nämlich Bildung, Umgangsformen, Weltanschauung und Lebensstil aufs Engste mit der Beschaffenheit der Gehsteige zusammen.

Wenn bei deren Anlegung gepfuscht wird …

tiki tiki praf

Dann gehen erst die Wege kaputt …

tiki tiki praf

Dann tritt man sich die Absätze schief …

tiki tiki praf

Dann schlägt man sich die Köpfe wund.
Und alles geht drunter und drüber.
Und dann wird überall am Bau gepfuscht.

tiki tiki praf

Auf dem Platz vor der Straße zur Großen Nationalversammlung begegnete er Hedi. Das weiße Pekinesenweibchen mit den traurigen Augen trug wie immer ein blaues Schleifchen am Kopf. Obwohl Hedis Frauchen den Winter in Sankt Moritz und den Sommer in Biarritz verbrachte, war sie eine hysterische Person mit spindeldürren Beinen. Ein Zürcher Psychiater hatte der Frau einmal geraten, sich doch jedes Mal, wenn etwas sie belaste, vor ihren Hund zu stellen und es sich von der Seele zur schreien. Der Frau hatte diese Therapie tatsächlich gut getan, aber nun hatte die arme Hedi es mit den Nerven. Die Straßenköter, die von Hedis Missgeschick nichts wussten, interpretierten ihr willkürliches Zwinkern und Hinternwackeln mit schöner Regelmäßigkeit falsch und trotteten ihr hinterdrein.

tiki tiki praf
tiki tiki praf
tiki tiki
tiki tiki ???

Dass sein tiki tiki um das praf gebracht wurde, merkte der in Gedanken versunkene Sancho reichlich spät. Dann drehte er sich erst zweimal um die eigene Achse und lief schließlich mit der Schnauze am Boden den Weg zurück. Aha, Hülyas Vater war stehen geblieben und unterhielt sich mit jemandem. Wer mochte das wohl sein?

Diese Hose, die von einem guten Schneider zu stammen schien und doch an eine Pluderhose erinnerte, und die Schuhe, die wohl aus Europa importiert waren, aber dennoch wie die Gebetsschuhe eines Moscheegängers wirkten, sah er zum ersten Mal. Er hob den Kopf und blickte an dem Mann empor. Als er den Kamelhaarmantel und den schwarzen, breitkrempigen Hut sah, war ihm alles klar. Das musste einer der neu ins Parlament gewählten Rechtsanwälte aus der Provinz sein. Aus seiner feuchten Aussprache war zu schließen, dass er entweder über Politik redete oder über jemanden herzog. Hülyas Vater dagegen sagte gar nichts. Er lauerte nur darauf, endlich auch einmal zu Wort zu kommen und dann gleich die Sprache auf die noch zu genehmigenden Devisen zu bringen, die Hülya für ihren London-Aufenthalt brauchte. Sancho wiederum begann an der Bordsteinkante zwischen den vier Beinen der beiden Männer hin- und herzulaufen, als müsste er mal. Er versuchte im Blickfeld von Hülyas Vater eine Atmosphäre der Ungeduld zu schaffen. Schließlich begann er zu Füßen des frisch gebackenen Provinzabgeordneten zu knurren. Aber der war so in Fahrt, dass ihm gar nicht in den Sinn kam, sich zu fürchten. So was von einem Schwätzer!

Es muss doch so etwas wie Telepathie geben. Gerade als Sancho an Altesse dachte, da stand sie auch schon vor ihm. Aber vielleicht hatte es weniger mit Telepathie zu tun als vielmehr mit der Tatsache, dass man den Pfeifenduft ihres Herrchens Hikmet schon aus mehr als einem Kilometer Entfernung roch. Seit das reinrassige Afghanenweibchen einmal eine Steckdose abgeschleckt und einen Stromschlag erlitten hatte, klagte es über einen ständigen Schmerz zwischen dem Kreuzbein und den Hinterläufen. Und wie die Arme abgenommen hatte! Mit ihren glasigen Augen und den schlaff herunterhängenden überlangen Haaren sah sie aus wie ein wassersüchtiger Junge, der sich die viel zu weite Jacke seines Vaters übergezogen hat. Wahrscheinlich kommt sie gerade wieder aus dem Krankenhaus. Da kommt man in einer Londoner Privatklinik per Kaiserschnitt zur Welt, und dann muss man im Tierkrankenhaus von Hacettepe zusammen mit Straßenkötern stundenlang im Wartezimmer sitzen. Das machte Altesse anscheinend mehr zu schaffen als ihre Krankheit. Aber was soll das? Lass es dir gut gehen, wo immer du bist.

tiki tiki praf
tiki tiki praf
    tak

Das mit den Devisen schien geklappt zu haben, denn Hülyas Vater war mit einem Mal bester Laune. Er pfiff nun vor sich hin, und den Regenschirm, den er, seit er aus dem Haus gegangen war, stets in der Mitte festgehalten hatte, schwang er jetzt alle zwei Schritte in die Luft und ließ ihn dann auf dem Boden aufkommen wie einen Spazierstock. So wurde das tiki tiki praf der Spazierharmonie alle vier Takte durch das tak des Regenschirms um eine Synkope bereichert.

tiki tiki praf
tiki tiki praf
    tak
tiki tiki praf
tiki tiki praf
    tak

Vor dem Güven-Park begegnete er den Windhunden der belgischen Botschaft. Hinter ihnen stand wie immer der uniformierte Botschaftswächter. Die Zwillinge Isabella und Mirella waren die duftendsten Schönheiten nicht nur des diplomatischen Korps, sondern der gesamten Hunde-Society Ankaras. Man fühlte sich auf unwiderstehliche Weise versucht, an den beiden zu schnüffeln. Auf den Titelseiten internationaler Hundezeitschriften sah man ihr Konterfei vor dem Hintergrund der Zitadelle, der Brücke im Gençlik-Park, der Reiterstatue auf dem Ulus-Platz und sogar der Oper abgebildet. Als sie an Sancho vorbeigingen, grüßten sie ihn flüchtig. Mit ihren Schmachtaugen, ihrem hageren Leib und den ewig langen Beinen gingen sie ja nicht im eigentlichen Sinne, sondern ließen vielmehr ihre Körper allegro moderato vorübergleiten. Sobald Sancho sie von ferne erblickt hatte, war er ganz unruhig geworden, hatte aber bewusst woandershin gesehen und sich erst, als sie auf seiner Höhe waren, wie zufällig zu ihnen umgedreht und vergeistigt zurückgegrüßt. Als die Zwillinge dann etwas weiter entfernt waren und in der Luft nur noch ihre Mischung aus Hunde-Lotion und weiblichen Düften hing, verspürte Sancho das Bedürfnis, zu einem Baum zu gehen. Dann aber kam ihm der Gedanke, ein solches Tun sei wohl nicht mit der weltmännischen Art zu vereinbaren, auf die er gerade gegrüßt hatte. Genauer gesagt hielt ihn die Befürchtung zurück, es könne plötzlich ein Bekannter vorbeikommen und ihn für einen der lüsternen Rüden halten, die partout an jedem Baum schnüffeln müssen.

tiki tiki praf
tak

Denk an was anderes. Denk an was anderes.

tiki tiki praf
tak

Zur Betonung des tak fuhr Sancho nun jedes Mal, wenn der Regenschirm den Boden berührte, ruckartig mit der feuchten Schnauze in die Luft. Nach einer Weile bezog er auch seinen kecken Ringelschwanz mit ein. Beim ersten tak schwenkte er den Schwanz nach rechts, beim zweiten nach links. Dann dachte er sich Varianten dazu aus. Zweimal hintereinander links. Zweimal hintereinander rechts.

Die Leute begannen schon die Köpfe nach ihm zu wenden. Um noch mehr Wirkung zu erzielen, setzte Sancho seine rhythmische Wedelei mit betont ernster Miene fort. Da er aber recht gut sehen konnte, wie verblüfft die Leute dreinblickten, die ihn wohl reinweg für verrückt hielten, musste er sich beherrschen, um nicht loszuprusten. Da fiel sein Blick auf Semiramis. Die braune Bulldogge des Herrn Staatssekretärs streckte die Zunge heraus und leckte sich die Schnauzenspitze. Die meint wohl, sie könne sich hier über dich lustig machen. Dabei trägt sie eine Weste mit Schottenmuster, die überhaupt nicht zu ihrem Fell paßt, und obwohl es nicht regnet, sind ihre Pfoten grau beschuht. Sieh dich doch erst mal selber an, aufgetakeltes Weibsstück!

tiki tiki praf
tak

Es kam nun ein seltsamer Ostwind auf. Bald verbarg sich die Sonne, bald lugte sie wieder hervor.

Am Kızılay-Platz sah Sancho Castor. Der blickte ihn erst voller Verwunderung, dann mit strenger Miene an. Er schüttelte den Kopf und machte mehrmals die Augen zu und wieder auf, als wäre ihm lieber gewesen, das Ganze sei ein Traum. Der Chow-Chow Castor war von jener übervornehmen Art, wie man sie oft bei spätberufenen Abgeordneten, Senatoren und Diplomaten antrifft, die nicht schon als junge Menschen in die Etikette hineingewachsen sind, sondern sich diese haben anlesen müssen. Wenn Castor allerdings nicht ganz bei der Sache war oder sich aufregte, konnte er durchaus auch in den Hirtenhunddialekt seiner Mutter verfallen. Um ihn noch ein bisschen mehr zu schockieren, fügte Sancho nun, als er direkt an Castor vorbeiging, seinem Rhythmus noch ein Knurren hinzu.

tiki tiki praf
tiki tiki praf

grrrrr tak
tiki tiki praf
tiki tiki praf
grrrrr tak

Da kamen die Praktikantenhunde der Polizeischule von ihrem Morgentraining zurück. Es waren allesamt kräftige, wohl genährte Exemplare. Gesehen hatte Sancho sie durchaus, aber dass er deshalb sein paradierendes Taktschlagen jäh abgebrochen hätte, das ließ sein Stolz nicht zu. Die beiden der Abteilung vorweg marschierenden Polizeihunde blieben plötzlich stehen. Argwöhnisch schnupperten sie umher. Da war doch irgendetwas faul. Ohnehin hatten sie sich in den letzten Tagen eine gehörige Portion Misstrauen angewöhnt. Da die beiden ersten Hunde anhielten, blieb auch gleich die ganze Abteilung stehen. Alle reckten die Köpfe zu dem vierschrötigen, schnauzbärtigen Polizisten, der sie begleitete, und erheischten einen Befehl von ihm.

Grundsätzlich hatte Sancho für alle Arten von Hunden etwas übrig. Von Zerberus, dem Urvater der Wachhunde, über die aufopferungsbereiten Bernhardiner oder den Bilderbuch-Collie Lassie bis hin zu den Straßenkötern, die vor den Garküchen der Anafartalar-Straße um Essensreste bettelten, fand er an jedem Hund etwas Liebenswertes. Lediglich zwei Hundearten konnte er auf den Tod nicht ausstehen, und das waren Jagdhunde und Polizeihunde. Diese kriecherischen, schmarotzenden, hinterhältigen Geschöpfe, die dem Menschen ihre Beute zu Füßen legten und dann Männchen machend auf ihre Belohnung warteten, waren der schwarze Fleck der gesamten Hundegeschichte. Da Sancho diese Geringschätzung weder verhehlen konnte noch wollte, hatte er zu Jagd- und Polizeihunden seit je ein gespanntes Verhältnis.

tiki tiki praf
tiki tiki praf
grrrrr tak
tiki tiki praf
tiki tiki praf
grrrrr tak

Die Polizeihunde standen mit gestreckten Vorderpfoten da. Alle acht begannen im Chor zu knurren.

Sancho kam ihnen immer näher. Es sagte ihm zwar eine innere Stimme, er solle mit diesem Unfug doch lieber aufhören, aber sein Mannesstolz raunzte nur: »Ach was, mach weiter!« Er schloss die Augen. Möge nun kommen, was wolle. Nachdem er nun mal mit dem tiki tiki praf grrrrr angefangen hatte, würde er lieber sterben, als jetzt damit aufzuhören.

Und so machte er weiter. Der vierschrötige, schnauzbärtige Hundeführer indessen gab seinen Schützlingen den Befehl zum Abmarsch. So blieben die Polizeihunde in Reih und Glied und setzten murrend ihren Weg fort. Am hinteren Ende der Abteilung aber drehte ein Wolfshund mit fleckiger Schnauze und blutunterlaufenen Augen sich immer wieder nach Sancho um, als wolle er ihn sich gut einprägen, um ihm bei Gelegenheit eine tüchtige Abreibung zu verpassen.

Als sie weg waren, atmete Sancho auf. Wenn er an einer der belebtesten Stellen des Atatürk-Boulevards und überdies zu einer Stunde, in der die Society-Hunde von Ankara zu promenieren pflegten, von Polizeihunden angeknurrt und am Ende gar malträtiert worden wäre, dann hätte das seinem Ansehen schweren Schaden zugefügt. Vor lauter Aufregung über dieses Abenteuer schlug sein Herz noch immer so heftig, dass er mit dem praf von Hülyas Vater nur noch schwer atmend mithalten konnte. Zum Glück blieb Hülyas Vater vor einem Zeitungskiosk stehen. Die erste Etappe ihres Morgenspaziergangs erstreckte sich nämlich von der Göreme-Straße bis zu diesem Kiosk am Sıhhiye-Platz.

Hülyas Vater kaufte zwei Zeitungen und ein Magazin. Dann ließ er sich von einem kleinen Zigeunerjungen die Schuhe putzen. Während dieser emsig bürstete, las Hülyas Vater in einer der Zeitungen. Da fuhr in die Zeitung ein Windstoß, der sich am Döner-Laden gegenüber mit Zwiebelduft angereichert hatte, und riss sie mit sich fort. Sancho eilte ihr augenblicklich nach und tappte mit der Pfote darauf, und zwar genau auf das Foto des Finanzministers. Der schien nicht deswegen eine mürrische Miene zu ziehen, weil die amerikanische Finanzhilfe so spärlich ausfiel, sondern weil Sancho ihm das Gesicht ramponierte.

Der Zigeunerjunge polierte die Schuhe von Hülyas Vater, dass es nur so eine Art hatte. Als er fertig war, wechselten sie die Straßenseite und gingen in Richtung Kavaklıdere. In der Nähe des Hotels Barikan trafen sie zufällig – obgleich Sancho dieser Zufall ein wenig merkwürdig vorkam – die Dänische Dogge Diogenes mit ihrem Frauchen Selmin. Selmin trug dem Anlass entsprechend eine Hose, einen dicken Pullover und Sportschuhe ohne Absatz. Sie setzten nun den Spaziergang gemeinsam fort. Diogenes war wie alle Dänischen Doggen von unendlich sanfter Gemütsart. Kennen gelernt hatten sich die beiden Hunde unter Selmins Esstisch, bei einem Diner. Selmin hatte unter dem Tisch ihren linken Schuh abgestreift, um ihrem zarten Fuß etwas Erholung zu gönnen. Daraufhin hatte Hülyas Vater nach einer Weile unauffällig seinen Fuß zu dem von Selmin gleiten lassen. Sofort zog Selmin ihren bestrumpften Fuß zurück. Hülyas Vater aber erwischte ihren anderen Fuß, den er zwischen seinen eigenen Füßen regelrecht gefangen setzte. Durch Selmins Knie fuhr ein Zittern. Diogenes und Sancho sahen einander an. Hülyas Vater hatte nun das Knie der Frau mit seinen Knien eingezwängt und weitgehend ruhig gestellt. Am Tisch wurde indessen munter fortgeplaudert. Sancho erwischte den von Selmin ausgezogenen Schuh und spielte mit der Schnalle daran, aber sein Blick hing fortwährend an Selmins gefangenem Bein. Diogenes dagegen wandte sich von der Beingeschichte ab, streckte seine Vorderpfoten aus, bettete sein Haupt darauf und schloss die Augen. Als der Diener gerade den Spargel auftrug, ließ Hülyas Vater seine Serviette fallen, beugte sich vor, um sie aufzuheben, und streichelte dabei zart über Selmins schlanken Fuß … Daraufhin tat Sancho etwas, was er sein Leben lang noch nicht getan hatte: Er biss Hülyas Vater in die Hand. Der Mann schrie auf, aber weniger, weil der Biss ihm wehgetan hätte, sondern eher so, als sei ihm etwas völlig Unerhörtes widerfahren, als würde es beispielsweise von unten nach oben regnen.

Er bückte sich unter den Tisch. Aber Sancho hatte sich – noch dazu mit dem Frauenschuh im Maul – schon längst davongemacht. Selmin tastete inzwischen mit dem Fuß nach ihrem Schuh, hielt es indes für unpassend, ganz einfach unter dem Tisch nachzusehen. Sancho, der unter einem Sofa versteckt die Szene beobachtete, spürte plötzlich im Nacken einen warmen Atem. Es war Diogenes, der ihm mit einer Pfote über den Rücken streichelte und zugleich mit dem Maul an dem Schuh zog. Sancho wollte seine Beute erst verteidigen, aber schließlich konnte er den feucht-flehenden Blicken Diogenes' nicht widerstehen und ließ den Schuh los. Die riesige Dogge schnappte sich ihn, trabte wie ein vierbeinig wandelndes Symbol der Versöhnlichkeit zu der Tischgesellschaft, die nach den Erdbeeren mit Schlagsahne im Begriff war aufzustehen und legte ihn ihrem Frauchen zu Füßen. Wie sehr Selmin in Aufregung geraten war, merkte Sancho noch, bevor sie sich zum Umziehen kurz zurückzog, und zwar wiederum an ihrem Geruch. Er musste lächeln. Und nun, da er mit Diogenes Seit an Seit dahinmarschierte, fiel ihm das alles wieder ein. Wie Diogenes damals gehandelt hatte, mochte sowohl auf sein stoisches Wesen zurückzuführen sein, als auch darauf, dass er sich vielleicht Gott weiß wie oft schon in ähnlicher Lage befunden hatte. Sancho war diese Angelegenheit lange nachgegangen. Als nun hinter ihnen die damals im Spiel gewesenen vier Beine nebeneinander hergingen, hätte er Diogenes am liebsten zu der Sache befragt – wenngleich Diogenes ihm wohl nur recht ausweichend geantwortet hätte –, doch gerade als er losfragen wollte, sah er, dass Hülyas Vater und Diogenes' Frauchen sich zum Abschied die Hand gaben.

tiki tiki praf
tiki tiki praf

Ja und das tak?

Waren die fünfhundert Meter an der Seite Selmins etwa weniger Grund zur Freude gewesen als der Erfolg mit Hülyas Devisen?

Und das tak?
Und das tak?

Er kannte keinen anderen Hund, bei dem sich so viel Bescheidenheit mit ebenso ausgeprägter Natürlichkeit paarte.

Die Hoffnung auf das tak gab er nun auf und begnügte sich mit dem tiki tiki praf.

Selbst auf das praf hätte er notfalls verzichten können, aber ob Hülyas Vater ohne das tiki tiki ausgekommen wäre? Wohl kaum. Dem seit Anbeginn der Weltgeschichte unauflöslichen Verhältnis zwischen dem undankbarsten aller Wesen, nämlich dem Menschen, und dem Inbegriff der Treue, nämlich dem Hund, lag nicht etwa zu Grunde, dass der Hund den Menschen, sondern dass der Mensch den Hund brauchte.

tiki tiki praf

So und nicht anders war es nämlich.

tiki tiki praf

So und nicht anders. Und war nun der Mensch dieser Treue wert? Oh, das ist ist ein weites Feld. Glaubt etwa irgendjemand, Diogenes sei Selmin deshalb so verbunden, weil der Treue in Predigten und Schulstunden so viele Kränze geflochten wurden? Dass ich nicht lache!

tiki tiki praf

Dass ich nicht lache. Treue verschafft uns Hunden moralische Festigung, inneren, uns vor Zwiespalt bewahrenden Halt und eine unerschütterliche Seelenruhe.

Der Mensch ist dabei nur Mittel zum Zweck.

tiki tiki praf

Der Mensch ist nur Mittel zum Zweck. Und weiter nichts. Wie so oft aber interpretiert der Mensch das vollkommen falsch. Und das geht so weit, dass der Mensch sogar meint, er wirke kraft seiner Persönlichkeit prägend auf seinen Hund. Dabei muss der Hund eines Beamten im Außenministerium nicht unbedingt eingebildet sein. So wie der Hund eines Soldaten durchaus philosophisch veranlagt sein kann. Und der Hund eines Professors hat mir mal persönlich gestanden, er schäme sich zwar sehr, aber den Weg zur Bibliothek könne er mir beim besten Willen nicht sagen. Zu behaupten, der Hund könne keine andere Persönlichkeit entwickeln als sein Herr, und schon gar keine diametral entgegengesetzte, hieße doch nichts anderes, als den Hund auf Menschenmaß herabzusetzen, oder etwa nicht?

Am Himmel braute sich etwas zusammen. Hinter Çankaya schien es schon Nacht zu werden. Und der Wind blies noch stärker.

Es blitzte. Krachender Donner fiel ein.

Hülyas Vater legte einen Schritt zu.

tiki tiki tiki praf
tiki tiki tiki praf

Das schnellere Laufen ließ Sancho das Herz im Leibe hüpfen. Es blitzte wieder. Bei solch einem Wetter im Wald spazieren gehen und unter den Pfoten das Rascheln der gelben, braunen, roten, kupferfarbenen, hellgrünen, dunkelgrünen, trockenen, welken Blätter. Ganz allein. Und bei jedem Schritt noch eine Steigerung der herrlich anmutenden Einsamkeit.

tiki tiki tiki praf

Hülyas Vater lief vor dem Regen davon. Und war doch gerade noch so festen Mutes, so lächelnd und selbstsicher dahingeschritten!

Dabei würde es gar nicht mal regnen, sonst hätte Sancho das schon lange gewittert. Der Wind würde die Wolken vertreiben, so viel war klar. Aber so etwas merkte ja der Mensch nicht, seit er sich auf die Hinterbeine gestellt und dabei seinen Instinkt eingebüßt hatte. Er musste nun seinen Verstand bemühen, aber da es mit dem noch nicht weit her war und die Brücken zurück zur Intuition abgebrochen waren, stand der Mensch da wie belämmert.

Solange keine Gefahr droht, spielt er den großen Herrn. Aber kaum blitzt und donnert es ein, zwei Mal, schon sucht er sein Heil in der Flucht.

Kaum steckt er in der Klemme, haut er ab, der Mensch.

Schnell weg.

Nichts wie weg.

Und dann die Fensterläden zu. Und Flucht in Fantasie und in Erinnerung. Oder schnell das Leben in besinnungsloser Orgie verprasst.

Nichts wie weg.

Lauf, was du kannst.

Am Gartentor gelangte als Erster Hülyas Vater an. Sie gingen hinein und die Treppe hinauf. Hülyas Vater schloss die Wohnungstür auf. Auf dem teuren Teppich aus Hereke am Marmara-Meer, der die Hitze des Tages aufgesogen hatte, waren ihre Schritte so leise, dass Hülyas Mutter, die sich angeregt am Telefon unterhielt, sie gar nicht kommen hörte. Als sie die beiden sah, erschrak sie und legte merkwürdigerweise sofort auf. Dann erhob sie sich und gab ihrem Mann einen Kuss.

Das war so ihr Ritual, wenn Hülyas Vater nach Hause kam. Angeblich erstarkte dadurch ihre Liebe.

Sancho ließ sich zu Boden plumpsen und kratzte sich mit der linken Hinterpfote am Hals. Dann sah er lange zu Hülyas Eltern hinüber. Es lag ihm da etwas auf der Zunge ... Aber dann bellte er es doch nicht heraus. Er sprang aufs Sofa und sah zum Fenster hinaus. Obwohl erst Mittag war, herrschte draußen eine düstere Abendstimmung vor. In der Gegend von Çankaya blitzte es fortwährend.

Es war, als würde hinter jenen Hügeln ein Riese ständig an seinem Feuerzeug reiben und seine Zigarette doch nicht anbekommen ...

Nazlı Eray

Drinnen

Tagsüber streune ich derzeit nur herum. Jetzt, wo allmählich der Winter einzieht, es immer früher dunkel wird und einem die Luftverschmutzung in Ankara aufs Gemüt schlägt und die Augen reizt, ziehe ich unentwegt durch die Straßen. Ich mische mich unter die Menge am Kızılay-Platz, schlendere durch Ladenpassagen, bleibe vor Buchhandlungen stehen, gehe hin und wieder zum Frisör. Mal kommt mir in den Sinn, mich am Sakarya-Platz vor einer Dönerbude anzustellen, dann lasse ich es doch. Mal streife ich auch durch Sıhhiye, wo die Krankenhäuser sind.

Wie gesagt, streune ich derzeit tagsüber nur herum.

Ich laufe durch die Stadt, als würde ich sie kaufen wollen. Ich klappere Nebenstraßen ab, in die ich seit Jahren keinen Fuß gesetzt habe, und sehe mir eingehend Hauptstraßen, Mietshäuser und steile Seitenstraßen an, armselige Zebrastreifen, Verkehrsampeln, die neuen Straßenlaternen und die überall frisch angelegten Gehwege mit den zartrosa Pflastersteinen.

Ich werfe einen Blick auf die Statuen und fahre in die Außenbezirke, wo Leute aus der Provinz wohnen. Die Straßenhändler, die über die Stadt verstreuten Heiligengräber, die Wohnhäuser, die Studentenwohnheime: Alles sehe ich mir mit den Augen eines potenziellen Käufers an.

Ist aber nichts dran! Gefällt mir alles nicht!

Ich steige in einen Bus und fahre in die höher gelegenen Viertel hinauf. Ich betrachte die vor den Botschaften parkenden Wagen und blinzle auf die Alleen. Lange stehe ich vor diversen Ministerien, ziehe dann ein Taschentuch heraus und putze mir die Nase.

Ich fahre zur Baustelle eines neuen Hotels und sehe mir die Baugrube an. Eine Weile beschäftigen mich Kinoplakate, dann sehe ich Schulbussen nach.

Wir schreiben das Jahr 1986.

Ich bin in Ankara.

Schon lange schreibe ich an meine im Ausland lebenden Freunde keine Briefe mehr; stattdessen starre ich Parks an, Läden mit amerikanischen Waren, Bettengeschäfte an der Straßenecke, Supermärkte der Armee, Obst- und Gemüseläden, Schulpausenhöfe, Klassenzimmer, ausliegendes Wintergemüse, leere Marktplätze, Parkhäuser; und irgendwann am Nachmittag gehe ich dann meistens nach Hause.

Ich erlebe gerade etwas Intensives. Die Stadt, durch die ich jahrelang allein gestreift bin, teile ich nun mit jemandem.

Deshalb versuche ich tagsüber, wenn alle Leute bei der Arbeit sind, eine neue Seite der Stadt zu entdecken. Und was ich sehe, will ich aus einem anderen Winkel erfassen.

Aber so etwas lässt die Stadt ja nicht zu; mit ihren Bussen, ihren Militärgebäuden, die ich durch die schmutzigen Dolmuş-Scheiben sehe, mit ihren Dönerbuden und ihrer dreckigen Luft macht sie einfach so weiter wie bisher …

Als ich einmal nach einem meiner Streifzüge in meinen Wohnblock zurückkam und gerade auf den Aufzugknopf drücken wollte, sah ich neben dem Aufzug einen Zettel hängen. Er war mit rotem Stift geschrieben und ganz offensichtlich wichtig. Ich las:

An alle Hausbewohner!

Nach dem Einbruch in die Wohnung Nummer 83 von Block A ist nun leider auch in die Wohnungen B 56 und C 34 eingebrochen worden. Der Täter tritt anscheinend zuerst als fliegender Händler auf und nimmt die Verhältnisse in Augenschein. Es wird daher ersucht, verdächtige Personen umgehend der Hausverwaltung zu melden. Verkäufer, Bettler oder andere Personen, die sich unbefugten Zugang zum Haus verschaffen, werden unverzüglich der Polizei übergeben. Um gefällige Achtung wird gebeten. Die Hausverwaltung.

Nachdenklich mit meinen Schlüsseln klimpernd, fuhr ich in den dritten Stock hinauf. Vor meiner Wohnungstür streifte ich mir die Schuhe ab, schloss auf und ging hinein.

In meiner Wohnung hatte sich schon die Abenddämmerung breit gemacht. Ich knipste ein paar Lichter an, steckte das Tischlämpchen ein und schaltete das Radio an. Dann stellte ich den Teekessel aufs Feuer und zog meine Hausschuhe an.

Als ich daraufhin im Hinterzimmer die Blumen auf dem Fensterbrett gießen wollte, hörte ich es an der Wohnungstür zweimal klingeln.

Ich schaute auf die Uhr. Mein Freund würde frühestens in eineinhalb Stunden kommen. Gewöhnlich war er im Krankenhaus um halb sechs fertig, kam wegen des Stoßverkehrs erst nach sechs zu mir und erzählte mir dann, was er den Tag über so erlebt hatte. Dann gingen wir meistens ein wenig aus oder machten uns in der Küche eine Kleinigkeit zu essen. Später am Abend vertiefte er sich in die Zeitung, und ich setzte mich vor den Fernseher.

Nun aber suchte ich erst einen Aschenbecher für meine Zigarette und ging dann in den Flur hinaus, um die Türe aufzumachen, als ich plötzlich sah, dass in meiner Wohnung ein Mann stand, ein gut angezogener, eigentlich nicht unangenehmer Herr, der vor Schreck einen Schritt zurücktrat, sich dann aber rasch fasste.

»Entschuldigen Sie bitte. Ich wusste nicht, dass Sie zu Hause sind. Ich wollte Ihnen keine Angst einjagen. Um diese Zeit sind Sie nicht oft daheim.«

Ich war wie versteinert stehen geblieben. Eine aus der Tiefe kommende metallische Stimme fragte: »Wer sind Sie denn? Wie sind Sie hier hereingekommen?«

Nach einer Weile erkannte ich die Stimme: es war meine.

Der Mann wühlte in seinen Sakkotaschen und sagte: »Entschuldigen Sie, ich suche meine Visitenkarte.« Da platzte ihm die Papiertüte, die er in der Hand hielt, und ein paar Mandarinen kullerten heraus. Er unterbrach seine Sucherei und hob die Mandarinen auf. Ganz nebenbei schloss er die Wohnungstür, die noch aufgestanden hatte. Das geschah mit so selbstverständlichen Bewegungen, dass ich am liebsten geschrien hätte. Ich brachte aber keinen Ton heraus, also ließ ich es.

»Sie sind doch ein Einbrecher, oder?«, fragte ich.

Darauf antwortete der Mann ganz entrüstet: »Nein, um Gottes willen, ich bin doch kein Einbrecher! Mit so etwas habe ich wirklich nicht das Geringste zu tun. Ich mache lediglich eine kleine Studie. Mein Studienobjekt sind derzeit diese Wohnblöcke hier und die Welt der darin lebenden Menschen. Ah, hier ist ja meine Karte.«

Ich nahm sie und las:

RECEP EĞİLMEZ
Forscher

Ich reichte ihm die Karte zurück, und er steckte sie wieder in die Tasche. »Dann sind Sie also nicht der Mann, der hier in der Gegend schon mehrfach eingebrochen hat?«

Stolz streckte er seine schmale Brust heraus und sah mich festen Auges an: »Ich bin der Mann, der hier in der Gegend schon mehrfach Wohnungen betreten und darin Forschungen betrieben hat. Aber Einbrecher bin ich keiner. Ich habe nichts gestohlen und niemanden in Angst und Schrecken versetzt. Es hat mich ja bisher auch keiner gesehen. Ich suche nur nach ganz bestimmten Hinweisen auf das Leben der Leute hier, nach Spuren, die sie hinterlassen. Da kann ich in Büchern fündig werden, in zusammengefalteten Zeitungen, in gelösten Kreuzworträtseln, meinetwegen auch in den Essensresten in der Küche.«

Mich begann zu interessieren, was er sagte, und ich sah ihn mir noch mal genauer an. Er mochte so an die achtunddreißig sein. Ich musterte ihn in der Hoffnung, dass ihm irgendetwas anzusehen sei, ob er etwa ein Soziologiestudium hinter sich habe oder sich eher mit Philosophie beschäftige oder ob er einfach nur ein Verrückter sei.

Ein bestimmtes Gespür schien er zu haben. Er stand da und sah mich an, als wüsste er, was mir durch den Kopf ging. Er zupfte seinen Hemdkragen zurecht und wippte ein wenig mit den Füßen, die in mausgrauen Schuhen steckten.

Seltsam. Am ehesten sah er noch wie ein Beamter aus.

Plötzlich fiel mir etwas ein. »Wie haben Sie denn überhaupt die Tür aufgebracht? Und was sollen die Mandarinen?«

»Ich habe einen Dietrich«, antwortete er und zeigte ihn mir sogleich. »Zuerst klingle ich bei den Leuten und biete Mandarinen feil. Wenn niemand zu Hause ist, mache ich mit dem Dietrich die Tür auf und gehe rein. Ich versuche aus allem, was ich sehe, etwas herauszulesen: aus herumliegenden Zeitschriften, aus der abgestandenen Luft in den Schlafzimmern, den Parfumschwaden im Bad, dem Kühlschrankinhalt, dem Ausblick aus dem Fenster, den Kassetten in der Stereoanlage ... Das ganze Leben versuche ich zu erforschen und zu deuten.«

Was der Mann mir da im Stehen erzählte, begann mich zu fesseln, und ich hatte auch keine Angst mehr vor ihm.

Bevor ich ihn ins Wohnzimmer bitten wollte, hatte ich aber noch ein paar Fragen an ihn. »Was fasziniert Sie eigentlich am Leben von Leuten, die Sie gar nicht kennen und noch nicht einmal gesehen haben?«

Gelassen erklärte er: »Sie werden mir eingestehen, dass es gar nicht so leicht ist, zum Heim eines Menschen Zugang zu finden. Erst muss man einer ganzen Reihe gesellschaftlicher Konventionen Genüge tun, muss den Leuten vorgestellt werden, nähere Bekanntschaft mit ihnen schließen und noch einiges andere mehr. Wenn dagegen niemand zu Hause ist, dann ist die Sache doch eigentlich das Einfachste von der Welt. Dass ich mich mit Leuten beschäftige, die ich gar nicht kenne und die ich noch nicht einmal gesehen habe, liegt daran, dass ich das Leben oder genauer gesagt den Sinn des Lebens ergründen will.«

War es denn die Möglichkeit! Während ich ihm zuhörte, nestelte ich am Saum meiner Weste herum. »Das ist aber ein reichlich abstrakter Gedankengang, das muss ich schon sagen. Wie soll man denn aus einer leeren Wohnung den Sinn des Lebens herauslesen?«

»Die Wohnungen sind ja gar nicht leer!«, versetzte er fast schwärmerisch. »Proppenvoll sind sie. Noch dazu heben die Leute so viel unnützes Zeug auf. Jede Wohnung finde ich voller Lebensspuren. Sehen Sie, wir sind hier in Ankara«, sprach er weiter. »Mein Forschungsobjekt sind derzeit diese Wohnblocks. Hier wohnen doch vor allem Leute aus der gehobenen Mittelschicht, oder? Richtig reiche Leute sind hier nicht anzutreffen. Reiche Leute wohnen nicht in Blocks. Die wohnen, sagen wir mal, in Gaziosmanpaşa in einer Villa oder in einer der neuen Wohnanlagen. Da muss man erst draußen läuten, die Haustür ist immer zu, man muss die Gegensprechanlage benutzen und derlei Dinge. Aber mit diesen Leuten kann ich ohnehin nichts anfangen, die liegen außerhalb meines Forschungsgebiets. Ich interessiere mich momentan dafür, wie die Mittelschicht mit intellektuellem und gegebenenfalls auch großbürgerlichem Hintergrund im Ankara des Jahres 1986 lebt, ja wie sie das Leben meistert.«

»Was haben Sie denn für eine Ausbildung?«, wollte ich fragen, verkniff es mir aber dann.

»Kommen Sie doch herein«, sagte ich stattdessen. »Bitte schön, sehen Sie sich doch mal um in meiner Wohnung.«

Gerührt senkte er den Kopf. »Das ist wirklich zu nett von Ihnen«, antwortete er. »Sie haben etwas begriffen, was sonst nie einer begreift. Ich weiß überhaupt nicht, wie ich Ihnen danken soll.«

Er trat in das Wohnzimmer und begann sich umzusehen. Ich beobachtete ihn dabei. Nichts schien ihm zu entgehen. In meinem mit Bildern, mit Büchern, ja mit hunderten von Kleinigkeiten voll gestopften Wohnzimmer fuhren seine leuchtenden Augen umher wie das Zoomobjektiv einer hochmodernen Kamera.

»So viele Bücher«, murmelte er. Er entnahm dem Bücherregal einen Rimbaud-Band mit einem Jugendbild des Dichters auf dem Umschlag. Er besah sich das Buch und stellte es dann sorgsam an seinen Platz zurück.

Die geschnitzten Truhen auf dem Boden, die Batikdrucke an den Wänden, die fernöstlichen Nippes, die Requisiten aus dem Kabuki-Theater, die verstaubten Bücher, die sich auf dem Tisch stapelten, der an der Decke aufgehängte chinesische Schirm, die Masken an der Wand, all das sah er sich höchst aufmerksam an. Dann drehte er sich zu mir um. »Ich bin ganz schön verblüfft, das können Sie mir glauben. Da ist so viel in diesem Zimmer. Wie die Kulisse einer anderen Welt. Gar nicht so leicht zu erforschen. Der erste Befund lautete so: Sie sind viel herumgekommen und ganz vernarrt in Bücher.«

Ich nickte. »Stimmt.«

Er bat, sich setzen zu dürfen, und ließ sich dann in einem Sessel nieder. »In den letzten drei Wohnungen, die ich untersucht habe, herrschte gewissermaßen so gut wie die gleiche Lebensauffassung vor. In den Regalen traf ich immer wieder die gleichen

Bücher an. Aus den Nähkästchen der Frauen, aus der Wolle, die sie verstricken, oder ihren Kleidern im Schrank konnte ich ihr Alter ersehen und mir sogar vorstellen, wie sie morgens vor dem Spiegel sitzen und sich zurechtmachen. Gut kenne ich mich auch in den Zimmern von Studenten aus. In Block B wohnt auf Nummer 34 ein Soziologiestudent. Erstes Semester. Hat eine hübsche, dunkelhaarige Freundin, deren Foto auf dem Tisch steht. Ich habe mir die Bücher angesehen, die er sich gerade gekauft hat. In einer Ecke seines Zimmers steht die Stereoanlage, die ihm seine Eltern geschenkt haben. Ansonsten Briefe, Bilder, Notizen ... Wissen Sie, das kann alles sehr hilfreich sein.«

Aus einem Silberetui bot ich ihm eine Zigarette an. Er nahm sie und zündete sie an.

»Was haben Sie denn bei Ihren Forschungen sonst noch alles herausgekriegt?«, fragte ich ihn.

Erst sah er eine Weile nachdenklich auf die Glut seiner Zigarette. Dann legte er die Zigarette auf den Aschenbecher. »Dass das Leben gar nicht so leicht ist. Wirtschaftlich gesehen, meine ich. Nur ganz wenige können sich leisten, eine Wohnung für sich alleine zu haben. Liebend gerne würde ich meine Forschungen später in wohlhabenderen Kreisen fortsetzen. Da würden sich noch ganz andere Welten auftun. Was dort für Alkoholika getrunken werden, was für Stereoanlagen die Leute haben, was für Parfums, Bügelzimmer, Dienstbotenunterkünfte, Waschmaschinen ... Das sagt ja alles etwas aus.«

Ich dachte eine Weile nach. »Wäre nicht Istanbul für solche Untersuchungen viel zweckmäßiger?«, fragte ich dann.

»Zweifellos«, antwortete er und streifte seine Asche ab.

Ich fragte weiter: »Aber die Autos der Leute nehmen Sie doch nicht unter die Lupe, oder? Und ganz allgemein das Leben außer Haus? Das ist doch auch von Bedeutung. Das Leben der Leute spielt sich doch zu einem wichtigen Teil auch draußen ab.«

»Selbstverständlich ist das so«, antwortete er. »Schulen, Banken, Krankenhäuser, dann die ganze Privatwirtschaft, Bürohäuser, Arztpraxen, das alles meinen Sie doch? Nun, das ist wieder ein ganz anderer Forschungsgegenstand. Aber wissen Sie, eines Menschen Wohnung ist nun mal sein Refugium, und das ist genau das, was meiner Untersuchung ihre besondere Note verleiht. Einen Bankdirektor sehen pro Tag vielleicht hunderte von Leuten, und einem Dozenten mögen an einem einzigen Tag tausende von Studenten zuhören, aber was ein Jurist für Pantoffeln hat und was für einen Bademantel und in was für Sesseln sich ein pensionierter Zahnarzt und seine Frau gegenübersitzen, und die Fotos in der Schublade eines Senators oder was eine Hausfrau sich im Kalender für Tage ankreuzt, das alles bekomme nur ich zu Gesicht.«

Es war verblüffend, was Recep Eğilmez mir da erzählte.

Plötzlich schien ihm etwas einzufallen. Aufgeregt beugte er sich zu mir vor und sagte fast im Flüsterton: »Was ich neulich in einer Wohnung in Aşağı Ayrancı gesehen habe, bleibt mir unvergesslich. Wenn ich doch noch ein einziges Mal in jene Welt eintauchen und wieder sehen könnte, was mir dort zuteil geworden ist! Aber diese Welt ist mir nun versperrt, denn sie haben das Türschloss ausgewechselt, und das neue Schloss bekomme ich nicht auf. An dem Nachmittag, an dem ich in diese Wohnung eingedrungen bin, hatte ich gute Laune, denn am Morgen war ich in einer anderen Wohnung auf eine unvergleichliche Briefmarkensammlung gestoßen und hatte fast eine Stunde mit der Vielfalt dieser wertvollen Marken verbracht. Ich glaube, sie gehörten einem Rentner. Wie dem auch sei, jedenfalls kam ich ganz leicht in die Wohnung in Aşağı Ayrancı und war im Kopf noch ganz bei dieser wertvollen Sammlung. Doch kaum hatte ich im Halbdunkel des Flurs ein paar Schritte getan, als ich merkte, dass ich in der Wohnung nicht allein war. Aus einem Zimmer rief eine

Frauenstimme: ›Nasuhi, bist du es? Komm rein, ich liege auf dem Sofa. Hier im Wohnzimmer. Seit heute Morgen bin ich allein zu Hause. Mir ist dermaßen langweilig. Ich kann nicht aufstehen und nichts machen.‹

Leise ging ich auf das Zimmer zu, aus dem die Stimme kam. An der Tür blieb ich stehen. Auf einem Sofa lag eine junge Frau. Verblüfft sah sie mich an. ›Wer sind Sie denn? Ich dachte, es sei Nasuhi. Falls Sie ein Einbrecher sind, kann ich Ihnen gleich sagen, dass hier nichts zu holen ist. Ich habe neulich einen Verkehrsunfall gehabt. Sie sehen ja, wie ich überall eingebunden bin.‹

›Das tut mir leid‹, erwiderte ich. Ich wusste nicht recht, was ich sonst sagen sollte. ›Ich bin kein Einbrecher, sondern ganz einfach jemand, der etwas sucht. Wenn Sie den ganzen Tag noch nicht aufstehen konnten, kann ich Ihnen vielleicht irgendwie behilflich sein?‹

Sie hatte sich wieder gefasst und sagte bitter: ›Nein, Sie können nichts für mich tun. Wissen Sie, damit ich wieder laufen kann, ist wahrscheinlich eine weitere Operation nötig.‹ Sie war noch sehr jung. Ich stand jetzt nah genug, um auf ihre schönen Haare und ihre langen Wimpern achten zu können. ›Ach, könnten Sie mir vielleicht den Kassettenrekorder dort einschalten?‹, bat sie schließlich. ›Ich möchte gern ein wenig Musik hören.‹

Als ich auf die Taste drückte, erklang klassische Musik.

›Das höre ich schon den ganzen Tag: ein Flötenkonzert von Mozart.‹

Als ich sah, dass sie versuchte, sich zur Seite zu drehen, war ich ihr sogleich behilflich. Aber es ging ihr nun ohnehin besser: Mozart schien eine beruhigende Wirkung auf sie auszuüben.

›Wenn Sie sonst keinen Wunsch mehr haben, dann gehe ich jetzt.‹

›Danke, sonst brauche ich nichts mehr. Wenn Sie mir nur noch den Kassettenrekorder etwas weiter herschieben würden, damit ich die Kassette dann leichter umdrehen kann.‹ Das tat ich noch für sie, dann verließ ich ohne ein weiteres Wort die Wohnung.

Die dunkelhaarige Frau aber, die an ihr Bett festgenagelt war und Mozart hören wollte und vielleicht nie mehr würde gehen können, die ging mir tagelang nicht aus dem Kopf. Als es mich aber eines Abends wieder zu dieser Wohnung hinzog und ich schon vor der Tür stand, da musste ich voller Entsetzen feststellen, dass diese nunmehr mit einem holländischen Sicherheitsschloss versehen war. Mir war, als hätte ich eine Ohrfeige empfangen. Als ich die Treppe wieder hinabstieg, hielt ich mir tatsächlich die Wange, und die Ohrfeige der dunkelhaarigen Frau spürte ich noch den ganzen Tag im Gesicht.«

Mit einem Male schien Recep Eğilmez sich seiner Gefühle zu schämen.

Da klingelte es an der Tür.

Recep Eğilmez zuckte nervös zusammen. Mit einem Schlag war er aus jenen fernen Gefilden wieder zurück in meiner Wohnung. Ich bedeutete ihm, sich zu setzen, und sagte: »Ganz ruhig.«

Dann ging ich zur Tür und öffnete sie.

Es war meine Nachbarin von droben. Sie war ganz aufgeregt und fing gleich an der Tür an zu erzählen. »Gott, mir klopft das Herz wie verrückt! Bei uns in den Blocks treibt sich irgendein Kerl herum. Ist das nicht furchtbar? Man traut sich ja gar nicht mehr, alleine zu Hause zu bleiben. Schließ dich nur gut ein!«

Da erblickte sie den drinnen sitzenden Recep Eğilmez.

»Das ist ein Freund von mir, von der Uni her«, sagte ich. »Ein Forscher. Er schreibt gerade eine Arbeit zum Thema ›Die Stadt, der Mensch und das Leben‹. Er ist Sozialanthropologe. Komm, ich stell ihn dir vor.«

Recep Eğilmez erhob sich und reichte meiner Nachbarin freundlich die Hand.

»Das ist Recep Bey, und das Hatice Hanım«, stellte ich sie einander vor.

Meine Nachbarin ließ sich in einen Sessel fallen. »Das ist aber ein interessantes Thema, mit dem Sie sich da befassen. Es muss schön sein, als Wissenschaftler zu arbeiten! Aber ich bin ja so aufgeregt! Da treibt hier so ein Verrückter sein Unwesen. Wissen Sie, ich lebe allein, da kriegt man natürlich einen Schrecken.«

»Wer ist denn dieser Verrückte? Und was hat er angestellt?«, fragte Recep Eğilmez teilnahmsvoll.

»Na, ein Einbrecher eben. Dringt irgendwie in die Wohnungen ein. Und noch dazu am helllichten Tag, wenn niemand zu Hause ist. Stellen Sie sich nur vor, wie furchtbar! Ist da mitten unter uns ein Verrückter unterwegs!«, sagte Hatice.

»Ein Einbrecher also?«, fragte Recep nach.

Hatice zündete sich eine Zigarette an. »Na ja, vermutlich. Wenn er sich in den Wohnungen der Leute zu schaffen macht.« Sie schlug die Beine übereinander und paffte genüsslich an ihrer Zigarette.

Ich ging in die Küche, um Kaffee zu machen.

Die beiden schienen sich gut zu verstehen. Sie führten eine angeregte Unterhaltung, von der ich nur den einen oder anderen Gesprächsfetzen mitbekam.

»Wie das Leben so spielt!«

»Stimmt genau …«

»In der wissenschaftlichen Arbeit …«

»Aber 1402 hat doch …«

Als ich mit dem Kaffee ins Wohnzimmer zurückkam, setzte Recep Eğilmez gerade zu einer Art Schlussfolgerung an. »Wissen Sie, wir müssen das Leben als ein Geschenk ansehen. Aber unter welchen Bedingungen wir dieses Leben führen, das liegt nicht in unserer Hand. Und dennoch leben wir es weiter. Das ist eines der Themen, die mich faszinieren, und auch das Hauptthema meiner

Arbeit, im Zusammenhang mit der Stadt natürlich, mit der Stadt und dem Menschen. Denken Sie doch nur, wie sehr der Mensch durch die Luftverschmutzung beeinträchtigt wird. Wenn Sie abends zum Kızılay-Platz hinuntergehen, dann wird Ihnen durch diese Verpestung, deren man einfach nicht Herr wird, schlagartig klar, dass Sie in einem Land leben, das in die Dritte Welt abrutscht. So sind nun mal die Verhältnisse hier zu Lande, nicht wahr?«

Auf einen Zug trank er seinen Kaffee aus. Dann schaute er auf die Uhr und sagte zu mir: »Tut mir leid, aber ich muss jetzt los. In zehn Minuten muss ich schon woanders sein. Auf Wiedersehen.«

Meiner Nachbarin Hatice schüttelte er die Hand. »Es hat mich sehr gefreut, Sie kennen zu lernen.«

Ich öffnete die Wohnungstür, und er ging selbstsicheren Schrittes hinaus zum Aufzug. Ich sah ihn noch einsteigen und ging dann wieder in mein Wohnzimmer zurück, wo Hatice versonnen auf den Sessel mit dem zerdrückten Kissen sah, auf dem der Mann gerade noch gesessen hatte.

»Du hast es gut«, sagte sie. »Du kennst so viele interessante Leute. Den hier eben finde ich ganz toll. Was der alles weiß ... Der hat so viel erzählt, auf das ich selber nie gekommen wäre.«

Sie lachte. Dann tat sie einen tiefen Zug an ihrer Zigarette und blies den Rauch mitten ins Zimmer. »Bloß gut, dass ich zu dir gekommen bin. Das war so ein interessantes Gespräch. Und den Verrückten habe ich darüber ganz vergessen.«

Zusammen tranken wir noch eine Tasse Kaffee, und ich zündete mir eine weitere Zigarette an.

Bekir Sıtkı Kunt

Moderne Alte

Er stand an der Haltestelle am Kızılay und wartete auf den Bus. Er wollte hinunter zum Ulus fahren und im Finanzministerium eine Auskunft einholen. Die Gelegenheit wollte er gleich nutzen, um anschließend noch in ein paar Geschäften vorbeizuschauen und einige Einkäufe zu erledigen.

Doch was war das Warten für eine Quälerei! An der Haltestelle hatte sich eine schier endlose Schlange gebildet. Eine lange Schlange aus Männern und Frauen, die Mäntel, Jacken und andere Kleidungsstücke in den unterschiedlichsten Farben trugen. Er selbst stand etwa in der Mitte der Schlange. Ach, käme doch von oben einmal ein nur halb voller Bus, dann stünden die Chancen gut, dass man würde einsteigen können! Aber nein, die Busse, die kamen, waren immer brechend voll. Manche hielten erst gar nicht. Und wenn doch mal einer stoppte, konnte er höchstens noch zwei bis drei Personen aufnehmen. Jedes Mal, wenn einer einstieg, setzte sich die Schlange in Bewegung, die Wartenden machten ein, zwei Schritte vorwärts und erhöhten so ihre Chance, selbst einzusteigen, um eben diese Schritte. War ein voller Bus vorbeigefahren, drehten alle ihre Köpfe und schauten so weit wie möglich den Boulevard hinab bis an die Stelle, wo er auf die Meşrutiyet-Straße traf, um zu sehen, ob dem einen Bus nicht ein anderer folgte. War dort tatsächlich einer zu sehen, schöpften sie gleich wieder neue Hoffnung.

Doch oftmals wurden die letzten freien Plätze in diesen Bussen wenn nicht von den an der Meşrutiyet-Straße wartenden Fahrgästen, so doch spätestens von den an der Haltestelle Yüksel zugestiegenen besetzt. War dies der Fall, dann machte sich unter den Leuten in der Schlange Hoffnungslosigkeit breit.

Außer den aus Çankaya über Kavaklıdere und Bakanlıklar kommenden Bussen hielten am Kızılay auch solche aus Maltepe. Die Busse aus Maltepe wurden gemeinhin als ein Geschenk des Himmels oder zumindest als eine freudige Überraschung angesehen. Meist stieg nämlich ein Teil der Fahrgäste aus Maltepe in Kızılay aus und machte so Platz für neue Passagiere. Sobald also auf der Straße zwischen dem Emniyet- und dem Kızılay-Park ein Bus gesichtet wurde, der aus Maltepe kam, ging in der Warteschlange immer ein Fußgetrappel los, als habe jemand das Kommando »Rührt euch!« gegeben.

Auch diesmal war es so. Der riesige, granatapfelblütenfarbene Schweizer Bus, der fast leer eintraf und aus dem sogar noch einige Fahrgäste ausstiegen, nahm mehr als die Hälfte der Wartenden auf und fuhr weiter in Richtung Gesundheitsministerium.

Auch er hatte es geschafft einzusteigen. Ja er hatte sogar einen Sitzplatz ergattern können. Welch ein Glück!

Ja, es war wirklich ein Glück! Ihnen erscheint das vielleicht nicht so bedeutsam. Dennoch, es bleibt dabei: Dies war ein wirklicher Glücksfall. Stellen Sie sich einmal vor: Es ist Winter, und Sie warten, vor Kälte bibbernd, fast eine halbe Stunde lang an einer Haltestelle, an der Sie Schnee, Regen und schneidend kaltem Wind ausgesetzt sind. Und wenn Sommer ist – man kennt ja Ankaras Hitze –, werden Sie eben langsam geröstet. Wenn Sie nun also kurz davor sind, zu erfrieren oder aber einen Hitzschlag zu bekommen, kommt der lebensrettende Omnibus und bietet Ihnen in seinem Innern Schutz. Und dabei zwingt er Ihnen nicht einmal die unerquickliche Rolle eines Stehenden auf, der so eingezwängt ist, dass er nicht einmal beide Füße gleichzeitig auf den Boden bekommt, der seinen Körper krümmt wie auf einem Folterinstrument und sich mit den Händen an einem der Haltegriffe festklammert. Nein, nichts von alledem: Sie werden dazu auserkoren, in einem bequemen, angenehm weichen Ledersessel

Platz zu nehmen, wo Sie sicher davor sind, erdrückt zu werden! Also, wenn das kein Glück ist …

Von seinem bequemen Sitz aus sah er sich um. Wie viele Menschen sich doch in diesem Bus befanden, und wie verschieden sie waren! Frauen in Pelzmänteln, stattliche Herren, Geschäftsmänner, die nicht wussten, wo, wie und mit welcher Hand sie ihre Aktentaschen halten sollten, Familien mit Kind und Kegel, Alte, Junge, kurz: von allem etwas.

Nach einer Weile fiel sein Blick auf zwei junge Mädchen, die direkt vor ihm saßen. Die eine mochte fünfzehn, die andere vielleicht zwei Jahre älter sein. Das Haar der Jüngeren war zum Zopf geflochten. Sie trug einen grauen Mantel mit einem braunen Kragen aus Samt. Die kastanienbraunen Haare der Älteren bedeckte ein rötlich-grüner Wollschal. Und wie wunderbar sich ihr blassgrüner Mantel an ihren schlanken, wohl geformten Körper schmiegte! Sein Blick wollte sich gar nicht mehr von den beiden Mädchen lösen. Es gefiel ihm, sie eingehend zu mustern. Sicherlich waren die beiden Schwestern oder Freundinnen, denn sie tuschelten miteinander. Worüber sie sprachen, war nicht zu verstehen. Zwischendurch kicherten sie immer wieder. Wenn sie sich einander zuwandten und sich anblickten, sah man ihre Gesichter. Schöne Mädchen mit gesunden, rosigen Wangen.

Da bemerkte er plötzlich neben den Mädchen eine alte Frau. Die Frau stand. Doch *wie* sie dastand! Sie sah aus, als würde ihr die Enge arg zu schaffen machen. An dem gequälten Ausdruck auf ihrem müden, eingefallenen, blassen Gesicht war leicht zu erkennen, dass sie Schmerzen haben musste. Sie trug einen schwarzen Mantel und ein gemustertes Seidentuch auf dem Kopf, das unter dem Kinn verknotet war. Vor ihr stand ein dicker Mann, der jedes Mal, wenn es einen Ruck gab, an sie gedrückt wurde. Hinter ihr war eben noch der Kopf eines Mädchens mit roter Haarschleife zu sehen. Die alte Frau, die bestimmt über sechzig war, hatte nicht die Kraft, den Arm zu heben und sich oben an der Stange festzuhalten, und so klammerte sie sich an die Lehne der Sitzbank, auf der die beiden Mädchen saßen. Die Gleichgültigkeit aber, mit der die Sitzenden dem Zustand der alten Frau begegneten, sprach jeglicher Menschlichkeit Hohn.

Der Mann, der eben noch so verzückt die beiden Mädchen beobachtet hatte, verspürte nun angesichts dieses Anblicks großen Schmerz. Wie war es möglich, dass diese beiden Mädchen nicht einmal bemerkten, welche Tragödie sich da in ihrer unmittelbaren Nähe abspielte, dass sie den hilflosen, stumm um einen Sitzplatz flehenden Blick der alten Frau nicht gewahrten? Er fühlte, wie er innerlich revoltierte. Auch er selbst war nicht mehr jung zu nennen, und noch dazu verspürte er große Müdigkeit in seinem Körper und seinen Beinen. Trotz alledem ergriff der unbezwingbare Wunsch von ihm Besitz, dieser Frau unter Aufopferung seiner eigenen Bequemlichkeit zu helfen, und so sprang er auf und machte ihr ein Zeichen, sich zu setzen. Doch das Mädchen mit der roten Schleife, von dem man hinter der alten Frau nur den Kopf gesehen hatte, reagierte schneller und versuchte sofort den Platz zu besetzen. Er aber hielt es zurück und schaffte es mit viel Mühe, der Alten einen Weg zu bahnen, der durch das Gewirr aus Mänteln, Händen, Armen und Beinen hindurchführte, sodass sie sich schließlich setzen konnte.

Die alte Frau blickte ihn dankbar an. Aus ihrem Gesicht war jedes Anzeichen tiefen Schmerzes gewichen. Auch ihre Wangen wirkten nicht mehr so eingefallen wie zuvor. Mit Verwunderung bemerkte er jetzt, dass sie ein leichtes Rouge aufgelegt hatte, dass ihre Augenbrauen sorgfältig gezupft und ihre Lippen dezent geschminkt waren. Aber er machte sich weiter keine Gedanken darüber. Sollte die Alte doch ruhig eitel sein!

Jetzt, wo er stand, spürte er zwischen seinen Beinen den Kopf des Kindes mit der roten Haarschleife, während er gleichzeitig versuchte, mit der Brust die ständigen Stöße des Dicken abzuwehren, die bei jedem Ruckeln des Omnibusses stärker wurden. Doch innerlich verspürte er Genugtuung wegen seiner guten Tat. Der Gedanke, dass er durch sein Handeln den beiden jungen Mädchen eine Lektion in Moral und Menschlichkeit erteilt habe, behagte ihm.

Während sich der Bus der Ausstellungshalle näherte, bemerkte er mit Erstaunen, dass die alte Frau ihren Kopf nach vorne gestreckt und mit eben diesen Mädchen zu sprechen begonnen hatte. Die beiden Mädchen, die sich bis dahin nicht um die Alte geschert hatten, lachten und scherzten nun mit ihr, als wären sie alte Bekannte. Als er kurz darauf hörte, wie eines der Mädchen die alte Frau mit »Oma« anredete, stieg plötzlich Wut in ihm empor.

Er überlegte, was das zu bedeuten habe, und schnell hatte er durchschaut, nach welchem Plan die Gegenseite vorgegangen war. Sie hatten sich offensichtlich ausgerechnet, dass sich schon einer finden würde, der ihrer Großmutter, die ihre Rolle als müde und erschöpfte Alte so überzeugend spielen konnte, seinen Platz überließe. Als sie in den Bus gestiegen waren, hatten sich die Mädchen deshalb sofort auf zwei freie Plätze gesetzt und das Alter ihrer Großmutter als Köder benutzt, der ihnen zu einem dritten Platz verhelfen sollte.

Gut, so waren die Mädchen heutzutage eben. Aber dass die Alte bei diesem perfiden Plan mit den beiden unter einer Decke gesteckt hatte, das konnte er kaum glauben. Was war nur aus dieser Welt geworden!

Als sie am Ulus hielten, sah er, wie sich die beiden Mädchen bei ihrer Großmutter unterhakten, die eine links, die andere rechts, und wie sie gut gelaunt und beschwingten Schrittes davongingen. Er sah ihnen noch eine Weile nach, bis sie im Eingang eines Kinos verschwanden, in dem ein Musicalfilm lief.

İlknur Özdemir

Die Heimreisenden

Unruhig rutschte ich auf meinem Sitz hin und her. Der Mann, der sich mir gegenüber auf seinem Platz fläzte, blickte mich nämlich die ganze Zeit schon so komisch an. Zwar bemühte ich mich, ihn nur ja nicht anzusehen, aber irgendwie glitt mein Blick immer wieder zu ihm hinüber, worauf ich erst recht gereizt wurde und wieder mit wachsendem Unmut wegsah. Schließlich holte ich aus meiner Tasche ein Buch heraus und begann zu lesen, merkte aber bald, dass ich in einem fort auf die gleichen Zeilen starrte. Daran war natürlich nicht nur das aufdringliche Grinsen meines Gegenübers schuld, das war eher eine Nebensächlichkeit. Wenn das Gestarre dieses Mannes nicht gewesen wäre, hätte ich irgendeinen anderen Vorwand gefunden, das war mir völlig klar. Dann wäre mir eben dieser Raum hier zu schmutzig gewesen oder zu laut, oder mich hätte sonst irgendetwas gestört. Ich setzte mich aufrecht hin und sah auf die Uhr: Der Zubringer zum Busbahnhof würde erst in einer Stunde abfahren. Bei besserem Wetter hätte ich auch draußen warten können, aber es war einfach zu kalt, richtiges Dezemberwetter. Gut, dass ich eine Hose angezogen hatte, sonst würde ich unterwegs ganz schön frieren. Der seit dem Morgen nicht nachlassende Regen hatte mich zermürbt und meine innere Unruhe noch verstärkt. In dem Büro war es eigentlich recht warm, und doch schlang ich mir den Schal um den Hals, zupfte an meinem Mantel herum und presste meine Handtasche an den Körper. Lauter unwillkürliche Bewegungen, die nichts anderes verrieten als meinen Wunsch, mich in mein Schneckenhaus zurückzuziehen.

Ich war viel zu früh zum Büro der Busgesellschaft aufgebrochen, aber irgendwie hatte ich es zu Hause nicht mehr ausgehalten. Ohnehin war mir, seit ich mich zum Wegfahren entschlossen hatte, daheim die Decke auf den Kopf gefallen. Womöglich hätte ich es mir doch noch anders überlegt, wenn ich zu lange in meiner Wohnung herumgesessen hätte. Vielleicht hatte mich genau dieser beunruhigende Gedanke so früh aus dem Haus getrieben. Dabei war das Ganze keiner meiner üblichen Blitzentschlüsse. Ganz im Gegenteil hatte ich mich monatelang gegen diese Reise innerlich gesträubt, mich mit Händen und Füßen dagegen gewehrt. Es war aber nichts zu machen; ich fühlte, dass ich am Ende eines Weges angekommen war. Ich hatte null zu eins verloren.

Mein Gepäck bestand lediglich aus einer Reisetasche, obwohl ich doch gar nicht wusste, wie viele Tage oder Wochen meine Reise dauern würde. Ich würde vielleicht gar nicht mehr wiederkommen, konnte aber ebenso gut schon nach ein bis zwei Tagen zurück sein. Mitgenommen hatte ich jedenfalls nur Sachen für ein paar Tage: einen Schlafanzug, einen Pullover und eine Hose zum Wechseln, zwei Garnituren Unterwäsche, Strümpfe, Waschzeug. Wollte ich mir damit ein Hintertürchen zu einer baldigen Heimreise offen halten oder vielmehr meine Vergangenheit hinter mir lassen? Wie auch immer, ich war zum Büro einer Busgesellschaft gegangen, mit der ich früher schon ein paar Mal gefahren war, und hatte eine Fahrkarte nach Ankara gelöst.

»Da haben Sie aber Glück«, sagte der Angestellte, der mir den Fahrschein ausstellte. »Neben einer Frau war nur noch ein Platz frei.«

»Ja«, dachte ich, »Glück habe ich wohl, damit bin ich seit je gesegnet!«

Ich wurde aus meinem Dämmerzustand gerissen, als sich neben mir etwas regte. Jemand stieß an meinen Arm, und ich drehte mich zur Seite. Auf den freien Platz neben mir hatte sich ein junges Mädchen gesetzt. Als sie merkte, dass ich sie ansah, warf sie mir einen schüchternen, entschuldigenden Blick zu. Sie hatte ihre langen, dunkelblonden Haare zu einem Pferdeschwanz zusammengebunden, trug eine Jeans und eine dunkelblaue Fliegerjacke. Sie mochte um die achtzehn, neunzehn sein. Ihr Gesicht war oval und sehr ebenmäßig. »Entschuldigung«, sagte sie, »hab ich Sie angestoßen?«

»Nein, nein«, antwortete ich, »nichts passiert.«

Ich wandte mich wieder meinem Buch zu. Schließlich wollte ich ja mit niemandem sprechen, suchte keinerlei Anschluss und wollte vermeiden, dass unser kurzer Wortwechsel in ein die ganze Fahrt über andauerndes Gespräch mündete. Ich wollte einfach nur allein sein. Nach ein paar Minuten merkte ich, dass ich mich auf meine Lektüre wieder nicht konzentrieren konnte, und ließ meinen Blick über die gegenüberliegende Wand schweifen: über den Kalender, die runde Wanduhr, die zwei Poster. Samt und sonders spießige, triviale Gegenstände. Dann wandte ich mich den Angestellten zu und sah müde junge Gesichter. Männer und Frauen, die es satt hatten, jeden Tag die gleiche Zahl von Stunden auf den gleichen Stühlen abzusitzen und immer wieder die gleichen Erläuterungen abzugeben. Die Sitze in dem kleinen Warteraum waren fast alle belegt; die harrenden Leute mit ihren Taschen und Koffern strahlten eine ziemliche Ungeduld aus. Durch die menschlichen Ausdünstungen und den Zigarettenrauch war die Luft schneidend geworden, und auch der zunehmende Lärm wurde mir allmählich unerträglich, sodass ich aufstand und auf die Tür zuging. Draußen würde es zwar kalt sein, aber doch besser als hier drinnen. Da merkte ich, dass das Mädchen neben mir aufsprang und mir nachkam.

»Entschuldigen Sie, für den Fall, dass Sie rausgehen, darf ich da mitkommen?«

Genau, was ich befürchtet hatte. Nun hatte ich mir also ganz gegen meinen Willen eine Reisegefährtin auf den Hals geladen, die ich die ganze Fahrt über nicht mehr loswerden würde. Aber dann fiel mir ein, dass wir im Reisebus selbst vielleicht weit auseinander sitzen würden, und das beruhigte mich wieder. Wir würden also lediglich bis zum Eintreffen des Busses ein wenig plaudern, und nach dem Einsteigen würde ich wieder meine Ruhe haben.

»Na klar, kommen Sie mit«, sagte ich also zu dem Mädchen. Dann ging ich, ohne auf sie zu warten, hinaus und stellte mich unter das Vordach. Die Kälte ließ mich sogleich schaudern. Es war schon dunkel, und im Berufsverkehr zogen Autos und Busse mit lauter müden Menschen an mir vorbei. Das Mädchen stellte sich schweigend zu mir.

»Du wirst frieren«, sagte ich.

Sie war so jung, dass es mir unnatürlich vorgekommen wäre, sie zu siezen.

»Macht nichts«, erwiderte sie. »Drinnen war es so stickig, dass ich gar nicht richtig atmen konnte. Und außerdem …«

»Ja?«

»Da saß mir so ein Mann gegenüber …«

Unwillkürlich musste ich lachen. Hatte der Kerl also auch sie …

Das Mädchen sah betreten drein. Ganz offensichtlich wusste sie nicht, wie sie mein Lachen deuten sollte.

»Entschuldige«, sagte ich, »aber zuvor hat der gleiche Kerl mich angestarrt. Dann hat er sich wahrscheinlich an mir satt gesehen und ist zu dir gewechselt. Darüber musste ich gerade lachen.«

Diese Erklärung schien sie ein wenig zu beruhigen, und sie setzte ein vorsichtiges Lächeln auf, aber eher ein verlegenes. Dann lehnte sie sich an die Hauswand und blickte zu Boden. Ein besonderes Mitteilungsbedürfnis schien auch sie nicht zu haben.

Ich besah mir ihr Profil, das von glasklarer Schönheit war, aber auch einen Hang zur Melancholie verriet. Ihr Züge wiesen eine Reife auf, die so gar nicht zu ihrem Alter passte. So viele Spuren hatte das Leben bereits in ihr Gesicht gezeichnet.

Mir wurde langsam kalt. Ich hüllte mich tiefer in meinen Mantel, schlug den Kragen hoch und holte meine Handschuhe heraus. Meine Tasche wechselte ich von der einen Hand in die andere, da meine Finger schon klamm wurden. Ob auch das Mädchen fror, war ihr nicht anzusehen, so reglos, wie sie da neben mir stand.

Immer wenn die Tür zum Warteraum aufging, schlug uns ein lärmender, stickig heißer Schwall entgegen.

»Komm, gehen wir rein«, sagte ich zu dem Mädchen. »Sonst wird dir kalt.«

Sie nickte nur stumm. Als sie vor mir in den Warteraum ging, warf sie verstohlene Blicke um sich. Ob sie sich wohl vor irgendetwas fürchtete? Da unsere Plätze mittlerweile besetzt waren, blieben wir neben der Tür stehen. Ein neuerlicher Blick auf die Uhr zeigte mir, dass der Zubringer nun bald kommen würde. Das Mädchen und ich blickten uns nicht an, aber aus den Augenwinkeln konnte ich erkennen, dass sie zu Boden sah. Irgendetwas an diesem Mädchen irritierte mich, irgendeine Ähnlichkeit. War sie mir vielleicht schon mal begegnet, etwa bei der Arbeit? Plötzlich merkte ich, dass nicht ihr Gesicht an sich mir bekannt vorkam, sondern vielmehr der Ausdruck, der ihm eigen war. Ich schaute verstohlen noch einmal hinüber und erkannte ein Gesicht, das die Einsamkeit verletzlich gemacht hat. Das Mädchen war einfach unglücklich, und was das bedeutete, wusste ich ja selbst zur Genüge. Ich fühlte nun, dass wir etwas gemeinsam hatten, und sah wieder zu ihr hinüber. Unsere Blicke trafen sich, und zum ersten Mal kam mir ein spontanes Lächeln auf die Lippen.

»Komm weiter hier herüber«, sagte ich. »An der Tür zieht es so.«

Ihre Augen leuchteten auf. Wortlos stellte sie sich näher zu mir.

Als der Zubringer eintraf, setzten wir uns nebeneinander. Ich begann mich für das Mädchen verantwortlich zu fühlen, als sei sie ein mir anvertrautes Kind. Während der Fahrt sprachen wir nicht miteinander. Am Busbahnhof stiegen wir gemeinsam aus und gingen zu unserem Reisebus. Ich hatte einen Platz in der dritten Reihe, sie in der fünften, sodass zwischen uns eine Sitzreihe war. Das Mädchen schien betrübt zu sein, dass wir nun auseinander saßen. Am liebsten hätte ich mich ihr zugewandt und etwas gesagt, aber dann verkniff ich es mir. Hatte ich nicht für mich allein bleiben wollen? Schau vor dich hin, sagte ich mir. Bleib sitzen und lad dir nicht irgendetwas auf, du hast dich schon genug gekümmert. Überhaupt wurde ich immer viel zu schnell mit den Leuten warm und hatte einen fatalen Hang zum Bemuttern. Dann aber sagte ich mir, was solls, auf das eine Mal kommt es jetzt auch nicht an. Als ich alles verstaut und es mir auf meinem Platz gemütlich gemacht hatte, drehte ich mich also nochmals um und lächelte dem Mädchen zu. Damit wollte ich ihr nur zu verstehen geben, dass wir ja nicht weit auseinander waren und sie sich bei Bedarf jederzeit an mich wenden konnte. Sie hatte sich wie ein Kind auf ihren Sitz gekauert und lächelte unsicher zurück, dann sah sie wieder nach unten. Ob sie sich wohl vor jemandem versteckte? Seit ich ihr begegnet war – und das musste jetzt immerhin schon gute zwei Stunden her sein –, hatte ich sie noch kein einziges Mal richtig lächeln sehen. Es war immer nur ein oberfächliches, unechtes Lächeln gewesen, ein Zucken der Lippen, mehr nicht. Seltsam. Ein Mädchen in ihrem Alter musste doch auch mal so richtig von Herzen lachen.

Als nur noch fünf Minuten bis zur Abfahrt verblieben, war

der Platz neben mir noch leer. Der Fahrer stieg ein, kündigte über Mikrofon an, dass wir gleich losfahren würden, die Türen wurden geschlossen, und noch immer saß ich alleine da. Ich rief den Bus-Steward zu mir und fragte, ob der Platz frei bleiben werde.

»Tja, ich weiß nicht«, antwortete er. »Die Fahrkarte für diesen Platz ist zwar verkauft worden, aber die Frau ist nicht gekommen.«

Kaum fuhr der Bus los, drehte ich mich um und winkte das Mädchen zu mir. Freudestrahlend sprang sie auf und kam zu mir vor. Und endlich sah ich sie also wirklich lachen. Und sah zugleich auf ihrem Gesicht einen Blick, den ich irgendwann, vor langer, langer Zeit, schon einmal gesehen hatte, und eine lange verborgene Erinnerung wurde in mir wieder lebendig. Ich wusste gar nicht, wie mir geschah. War ich noch die gleiche Frau, die sich zwei Stunden zuvor von allen Menschen fern hielt und aus Verdrossenheit über eine lustlos unternommene Reise an allem und jedem etwas auszusetzen hatte?

»Der Platz neben mir ist frei«, sagte ich. »Setz dich zu mir, wenn du willst.«

»Und ob ich will«, erwiderte sie strahlend.

Sie holte ihre Reisetasche und nahm neben mir Platz.

»Mehr Gepäck hast du nicht?«, fragte ich.

»Nein«, antwortete sie lediglich. Sie war also mit einem genauso kleinen Täschchen unterwegs wie ich.

Wir schwiegen, es war einfach einer der Augenblicke, in denen Worte überflüssig sind. Aber ich fühlte, dass wir schon noch ins Gespräch kommen würden. Vielleicht während der Fahrt, vielleicht auch – wer weiß – irgendwann später. Beide blickten wir zum Fenster hinaus. Das Mädchen saß wieder versunken da, und ihre Fröhlichkeit hatte sich verflüchtigt.

»Wie heißt du eigentlich?«, fragte ich. »Ich meine, jetzt, wo wir Reisegefährtinnen sind.«

»Ich heiße Gülçin«, antwortete sie. »Und Sie?«

»Zerrin.«

»Ah, wie die Narzissenart. Ein schöner Name. Und eine schöne Blume.«

»Gülçin gefällt mir auch«, sagte ich. »Na dann, gute Reise, Gülçin!«

Ich wandte mich nach vorne und schloss die Augen. Ich wollte ihr kein Gespräch aufdrängen, denn es war offensichtlich, dass sie gerade keine Lust hatte zu reden. Ich selbst ja eigentlich auch nicht; schließlich gab es so einiges, worüber ich nachzudenken hatte.

Es war nun im Bus warm geworden, sodass ich meinen Mantel ausziehen konnte. Ich machte es mir bequem und überließ mich ganz dem Strom meiner Gedanken. Ich war müde, ausgelaugt. Die letzten Monate waren die anstrengendsten und schlimmsten meines Lebens gewesen. Zwei Jahre lang hatte ich in einer Bank gearbeitet und war mit meiner Stelle zufrieden gewesen. Dann aber hatte vor einem Jahr die Wirtschaftskrise, die fast das ganze Land erschütterte, schließlich auch mich den Arbeitsplatz gekostet, sodass ich in dieser Stadt, fern von meiner Familie und so gut wie ohne Ersparnisse, ziemlich aus dem Gleichgewicht kam. Ich war zu stolz, um meiner Familie zu sagen: So, ich habe keine Arbeit und kein Geld mehr, ich komme wieder nach Hause. Ich brachte es nicht einmal fertig, ihnen meine Entlassung zu gestehen, und behauptete, ich hätte die Stelle gewechselt. Mit dem bisschen Geld, das ich noch hatte, kam ich ein paar Monate über die Runden und suchte verzweifelt nach einer neuen Arbeit. Ich bekam aber nur Zeitverträge und begnügte mich schließlich sogar mit einem Job als Telefonistin in einer Firma. Diese ungewohnte, strapaziöse Arbeit hielt ich aber nur drei Monate durch, dann gab ich auf. Einen Monat später zog ich aus meiner Mietwohnung aus und kam mit meinen Siebensachen bei meiner

Freundin Leyla unter, die ich von unserer Schulzeit in Ankara her kannte. Sie hatte eine kleine Eigentumswohnung mit zwei Zimmern und war wie ich ledig. Nach ihrem Jurastudium hatte sie zuerst bei einem Rechtsanwalt als Praktikantin gearbeitet und war nun auf dem besten Wege, eine solide Karriere zu machen. Sie liebte ihre Arbeit so sehr, dass das Privatleben entschieden zu kurz kam und sie eben mit dreißig noch immer nicht verheiratet war. So wie ich. Wobei bei mir der Fall anders lag. Ich war nämlich schon einmal sehr nahe dran gewesen zu heiraten. Noch dazu schon mit neunzehn. Mit neunzehn hatte ich mich verliebt, hatte mich trotz des Widerstands meiner Eltern auf eine Heirat versteift, und mit neunzehn war ich dann auch sitzen gelassen worden, zwei Wochen vor der Hochzeit. Das hatte mich so niedergeschmettert, dass ich nicht mehr in Ankara bleiben wollte und zu meiner Tante nach Istanbul zog. Ich weiß gar nicht mehr, wie ich das erste Jahr dort überhaupt hinter mich brachte. Ich ging so gut wie gar nicht aus dem Haus, sondern verbarrikadierte mich in meinen vier Wänden. Meine arme Tante und mein Onkel bemühten sich in den ersten Monaten nach Kräften, mir über die Sache hinwegzuhelfen; später ließen sie mich einfach in Ruhe. Als ein Jahr vergangen war, begann ich mich wieder um eine Ausbildung zu kümmern, nachdem ich damals wegen der geplanten Hochzeit alles abgebrochen hatte. Ich besuchte ein Privatinstitut und bereitete mich so auf die Eingangsprüfung an der Universität vor und konnte schließlich ein Studium der Betriebswirtschaft absolvieren. Nach dem Diplom arbeitete ich zuerst in einer Versicherung und dann zwei Jahre lang bei jener Bank.

Nun, es war sehr großzügig von Leyla, mich bei sich wohnen zu lassen, aber ewig konnte ich dort natürlich nicht bleiben. Sie wollte es mich zwar nicht spüren lassen, aber ich merkte sehr wohl, dass ich ihren Lebensrhythmus durcheinander brachte. So konnte sie ihre Freunde nicht einladen, wann sie wollte, oder sie tat es vielmehr dann, wenn sie wusste, dass ich nicht da sein würde. Wenn sie abends müde nach Hause kam, machte ich im Wohnzimmer den Fernseher aus und zog mich in mein Zimmer zurück. Für jemanden, der gewohnt ist, allein und unabhängig zu leben, ist es nicht leicht, plötzlich seinen Wohnraum mit jemandem teilen zu müssen.

Als Monat um Monat verging, ohne dass sich an meiner Situation etwas änderte, fasste ich den Entschluss, doch zu meiner Familie nach Ankara zurückzukehren. Es hatte einfach keinen Zweck mehr, die Sache noch länger hinauszuzögern. Mein Geld war gänzlich zur Neige gegangen, und ich hatte keinerlei Aussicht auf eine Arbeit. Vor meiner Rückkehr nach Ankara war ich nun wieder genauso unglücklich, einsam und niedergeschlagen wie damals bei meiner Ankunft in Istanbul. Ich war eine müde, verdrossene Frau, ohne jeglichen Plan für mein weiteres Fortkommen. Ich wurde einfach mit dem Leben nicht fertig und fügte mich in eine seltsame Schicksalsergebenheit. Nichts schien mich mehr zu berühren. Ich hatte gekämpft und den Kampf verloren. Wie ein Tier, das seinen Winterschlaf hält, wollte ich mich in eine Höhle zurückziehen, um keine Blessuren mehr zu erleiden und nicht noch weiter zermürbt zu werden. Vielleicht würde ich danach mit neuer Energie den Kampf wieder aufnehmen können. Mein Leben in Istanbul war eine Art Zwischenspiel mit Auftakt und Schlussakkord gewesen. Würde aber dieser Auftakt sich wiederholen lassen?

Als eine Stimme mich wieder in die Realität holte, merkte ich, dass ich über meinen Grübeleien eingeschlafen war. Ich öffnete die Augen und sah, dass wir an einer Raststätte gehalten hatten und die Reisenden ausstiegen. Gülçin war sogar schon weg. Das wunderte mich. Wie kam es, dass ein Mädchen, das seit unserer Begegnung geradezu an mir klebte, dann plötzlich alleine ausstieg? Vielleicht hatte sie mich ja auch nur nicht wecken wollen. Und tatsächlich wollte ich sowieso nicht aussteigen. Es hatte nicht den geringsten Reiz für mich, zu nachtschlafender Zeit an einer Raststätte zitternd aus dem Bus zu kriechen und in ungemütlicher Umgebung meinen ohnehin nicht hungrigen Magen mit geschmacklosem Essen zu traktieren. Dann aber fiel mir ein, dass ich auf die Toilette musste, da ich es bis zum nächsten Halt sonst nur schwer aushalten würde.

Den Steward, der die Zeit nützte, um im Bus ein wenig sauber zu machen, fragte ich: »Wo ist denn das Mädchen, das neben mir sitzt?«

»Keine Ahnung«, sagte der junge Mann. »Die muss wohl ausgestiegen sein, wie die anderen auch. Im Restaurant wird sie sein.«

Ich zog meinen Mantel an und stieg aus. In der Eiseskälte ging ich zitternd auf die Toilette und kehrte zum Bus zurück. Von meinem Platz aus sah ich nach draußen. Wir waren im Bolu-Gebirge. Es war so neblig, dass man keine fünf Meter weit sah. Die Busgesellschaft in der Raststätte war gerade noch auszumachen, aber einzelne Personen ließen sich nicht erkennen. Als ich die Augen wieder schloss, schweiften meine Gedanken wieder nach Istanbul zurück. In dem Jahr, als ich mein Diplom machte, starb mein Onkel. Er war viel älter gewesen als meine Tante, doch hatten sie sehr aneinander gehangen. Kinder hatten sie keine, doch mein Onkel verwöhnte und verzärtelte seine Frau gerade wie ein Kind. Als ich zu den beiden kam, änderte sich so einiges in ihrem Leben. Bis dahin waren die zwei für mich nur weit in der Ferne lebende Verwandte gewesen, nun aber geriet ihr Tagesablauf durch die Ankunft jenes unglücklichen Mädchens gehörig durcheinander. Sie machten es sich zur Aufgabe, mich über mein Missgeschick hinwegzutrösten und mich wieder zum Lachen zu bringen. Wenn ich auch in den ersten Monaten kaum aus mir herausging, wurde ich mit der Zeit immer zugänglicher und erwiderte ihre Zuneigung. Mein Onkel war es auch, der mich dazu ermunterte, wieder Unterricht zu nehmen und mich auf die Prüfung vorzubereiten. Ich hatte den beiden so viel zu verdanken. Als mein Onkel starb, konnte ich mich über mein frisch erworbenes Diplom zuerst gar nicht richtig freuen. Um meine Tante in der ersten Zeit nicht allein zu lassen, suchte ich anfangs auch gar nicht nach Arbeit. Doch als der Sommer zu Ende ging, redete meine Tante mir eines Tages ins Gewissen.

»Hör zu«, sagte sie, »du musst jetzt deinen eigenen Weg gehen. Ich habe viel nachgedacht. Meine ganzen Verwandten sind in Ankara, vor allem meine Schwester, nach der ich mich oft sehne, und deshalb möchte ich meine letzten Lebensjahre dort verbringen. Ohnehin verbindet mich seit dem Tod deines Onkels nichts mehr mit Istanbul. Du wiederum bist herangereift, hast es gelernt, dich durchzusetzen und kannst jetzt auf eigenen Füßen stehen. Außerdem hast du hier einen Freundeskreis, sodass dich nichts nach Ankara zurückzieht. Wir suchen dir hier eine kleine Wohnung, richten sie gemeinsam ein, und dann gehe ich von hier fort.«

Der Entschluss meiner Tante überraschte mich. Irgendwie hatte ich stets gedacht, dass ich immer bei ihr bleiben würde; dabei lernt man doch das Leben erst kennen, wenn man allein ist. Aber das wusste ich damals noch nicht.

Ich öffnete die Augen, als die Reisenden allmählich wieder in den Bus kamen.

»Warum sind Sie denn nicht ausgestiegen? Sie hätten doch wenigstens eine Suppe essen können!«

Ich schrak zusammen. Auf diese Weise angesprochen hatte mich niemand anders als der lästige Kerl aus dem Warteraum der Busgesellschaft. Ohne ihn einer Antwort zu würdigen, wandte ich den Kopf zum Fenster hin. Ich hatte zwar lange gebraucht, um mir gekünstelte Höflichkeit abzugewöhnen, aber gelernt hatte ich es schließlich doch.

Als alle eingestiegen waren, ging der Steward durch den Bus und träufelte jedem, der wollte, ein paar Tropfen Kölnischwasser auf die Hand. Mir war der aufdringliche Zitronengeruch zuwider, sodass ich ablehnte. Allmählich machte ich mir Sorgen um Gülçin, die immer noch nicht aufgetaucht war, obwohl die Abfahrt kurz bevorstand. Ich hielt durch die Scheibe nach ihr Ausschau, konnte aber in der Dunkelheit kaum etwas erkennen. Fast wäre ich schon in Panik geraten, als ich neben mir etwas spürte. Es war Gülçin, die sich wieder neben mich setzte. Sie fror. Da sie hinten eingestiegen war, hatte ich sie nicht kommen sehen.

»Eigentlich wollte ich gar nicht aussteigen, aber ich musste«, sagte sie. »Und Sie wollte ich dabei nicht aufwecken.« Sie machte einen verschreckten Eindruck.

Ich war erleichtert und lächelte ihr aufmunternd zu. »Wenn du mich geweckt hättest, wäre ich mitgegangen«, sagte ich. »Hast du irgendetwas?«

»Nein, nein, alles in Ordnung.«

»Jetzt erzähl doch mal, Gülçin, was für eine Reise unternimmst du?«

Überrascht sah sie mich an. Mit einer solchen Frage hatte sie sichtlich nicht gerechnet. Auch schien sie nicht zu wissen, ob sie überhaupt eine Antwort darauf geben sollte. Aus ihrem jugendlichen, gescheiten Gesicht vermeinte ich all ihre Gefühle und Befürchtungen ablesen zu können.

Erst schwieg sie eine ganze Weile, dann antwortete sie schließlich: »Ach, wissen Sie, ich fahre zum ersten Mal allein irgendwohin.«

»Das habe ich mir schon gedacht.«

»Warum?«

»Weil du noch sehr jung bist.«

»Gut, dass ich Sie getroffen habe«, seufzte Gülçin. »Ich weiß nicht, was ich ohne Sie gemacht hätte.«

»Also, du wolltest von deiner Reise erzählen.«

»Ich habe solch ein Bedürfnis, mit jemandem zu sprechen, aber zugleich habe ich Angst«, gestand sie.

»Angst? Wovor denn?«

»Es weiß niemand, dass ich nach Ankara fahre«, stieß sie hervor.

»Wie meinst du das?«

»Ich habe meiner Mutter nicht Bescheid gesagt. Sie weiß jetzt nicht, wo ich bin.«

»Zu wem fährst du dann in Ankara?«

»Zu meiner Großmutter.«

»Und warum hast du das niemandem gesagt?«

Sie schwieg. Wollte sie nicht mehr preisgeben? Gab es Dinge, die sich nicht so leicht erzählen ließen? Als ich sie bei der Hand nahm, sah sie mir hilflos in die Augen. Sie kam mir vor wie ein regendurchweichtes Kätzchen.

»Ich kann mit meiner Mutter nicht mehr zusammenwohnen.«

»Warum denn nicht? Und was ist mit deinem Vater?«

»Den habe ich zum letzten Mal gesehen, als ich fünf war.«

Weiter wollte ich nicht in sie dringen. Auch weil mir klar wurde, dass ich vermutlich nicht alles würde hören wollen. Befürchtete ich, ihre Geschichte würde mir allzu bekannt vorkommen? Ich schüttelte nur den Kopf und streichelte ihr die Hand. Ihr standen Tränen in den Augen.

»Schon gut«, tröstete ich sie. »Reden wir später weiter. Ruh dich jetzt erst mal ein bisschen aus. Versuch am besten zu schlafen.«

»Schlafen kann ich bestimmt nicht, aber ich mache ein wenig die Augen zu. Wir reden aber nachher weiter, ja?«

»Klar.«

Mir wurde bewusst, dass das Gespräch mit Gülçin meine eigenen Sorgen verdrängt hatte. Was mochten aber diese auch wiegen neben der Last, die dieses junge Leben trug, neben diesem kreuzunglücklichen Gesicht? Konnte das Unglück des einen Menschen durch das Unglück eines anderen aufgehoben werden? Warum lief sie von ihrer Mutter weg, warum hatte sie ihren Vater so lange nicht gesehen? Würde sie gleich wieder heimkehren oder eine Weile auf der Flucht sein? Ich war davongelaufen, und das sogar zweimal, und sie lief auch davon. Meine Flucht war erfolglos gewesen; wie würde es ihr wohl ergehen? Ich wandte mich wieder dem jungen Menschenkind neben mir zu. Ihr war, als laste die ganze Welt auf ihren Schultern, dabei war sie noch so jung und würde mit der Zeit über alles hinwegkommen. So wie ich vergessen hatte, würde auch sie vergessen. Schließlich hatte sie noch das ganze Leben vor sich. Wenn sie so ratlos war, dass sie sich einer Wildfremden anvertraute, musste sie Schweres mitgemacht haben. Was immer es auch war, für sie bedeutete es das Ende der Welt. So wie es auch mir ergangen war. Aber Schmerzen konnte man vergessen, auch wenn sie das jetzt noch nicht wusste. Ich fühlte, wie in mir ein Druck zu weichen begann. Ein unbekannter Mensch war mir zur Lösung meines Problems geworden. Das Mädchen neben mir mochte etwa neunzehn Jahre alt sein. Sie selbst wusste nicht, was auf sie zukommen würde, aber ich wusste es. Ihre Reise hatte ich selbst nämlich schon gemacht, allerdings alleine. Gülçin hatte ihre Reise mit mir zusammen angetreten, doch beenden würde sie diese ebenfalls alleine. Meine eigene Reise dagegen war zu Ende, denn was mich erwartete und was ich suchte, saß neben mir. Was nun genau ihr Problem war und wie groß es sein mochte, war nicht von Bedeutung. Ich überließ mich dem Schaukeln des Busses. Kurz sah ich noch einmal zu Gülçin hinüber, zu meiner eigenen Jugend, dann schloss ich die Augen.

Es würde alles besser werden. Für uns beide. Ich wusste es mit Bestimmtheit.

Ich versuchte zu schlafen, konnte aber nicht. Ich weiß nicht, wie viele Stunden so vergingen, aber allmählich mussten wir schon kurz vor Ankara sein. Ich drehte mich zu Gülçin, die mit offenen Augen dasaß.

»Hast du nicht schlafen können?«

»Nein, ich muss immer an meine Mutter denken. Was sie jetzt wohl macht?«

»Was wohl, Sorgen macht sie sich natürlich. Ruf sie doch an, wenn wir da sind.«

»Wie soll ich sie anrufen?«

»Ich gebe dir mein Handy.«

Sie strahlte mich an. »Wirklich?«, fragte sie aufgeregt.

»Natürlich.«

Kaum waren wir angekommen, sprang sie aus dem Bus. Dann drehte sie sich zu mir um und sah mich fragend an. Ich lächelte, zog mein Handy aus der Tasche und hielt es ihr hin.

Sie nahm es und wählte. »Hallo? Mama? Mach dir keine Sorgen, es geht mir gut.«

Eine Weile hörte sie zu, was ihre Mutter sagte, dann schloss sie mit: »Ja, Mama, ich pass schon auf.«

Wir sahen uns an.

Ich wusste, was das Leuchten in ihren Augen zu bedeuten hatte.

»Gehen wir unsere Fahrkarten kaufen?«, fragte ich sie.

»Ja.«

Wir gingen in das Büro, und ich fragte: »Wann geht der nächste Bus nach Istanbul?«

Nachwort

Diese Anthologie möchte eine literarische Rundreise durch die Türkei ermöglichen, auf der die Vielfalt Anatoliens, seiner Regionen und Lebensformen berührt wird. In den Erzählungen steht der Mensch im Mittelpunkt, so wie er durch die spezifischen Lebensbedingungen und Traditionen einer Region und ihrer Geschichte geprägt wurde.

Die Erzählungen wurden zum Teil in den Vierziger- und Fünfzigerjahren des 20. Jahrhunderts geschrieben und reichen bis in die unmittelbare Gegenwart. Die Türkei, die wir bereisen, ist also der moderne türkische Nationalstaat, den der Begründer der Republik, Mustafa Kemal Atatürk (gest. 1938), durch die von ihm initiierten Reformwerke gestaltete. Dazu gehören: eine Verfassung, in der seit 1928 der Islam nicht mehr als Staatsreligion genannt wird und die Gleichberechtigung der Frau garantiert ist, die Kleider- und Kalenderreform sowie die Säkularisierung des Bildungswesens, die Vereinfachung der osmanisch-türkischen Schriftsprache und die Einführung des Lateinalphabets statt der arabischen Schrift. Diese totale Abkehr von der osmanischen Tradition trägt den Charakter einer Kulturrevolution von oben und sollte im Sinne des Republikgründers die Öffnung nach Europa beschleunigen.

Der Prozess der Öffnung nach Westen war schon seit der Proklamation der Tanzimat-Edikte im 19. Jahrhundert im Gange. Dieser erfasste natürlich auch die Literatur. Die osmanisch-türkische Literatur hatte sich allmählich aus der engen poetologischen Gemeinschaft mit der arabischen und persischen Literatur gelöst. Gattungen, wie sie in der europäischen Literatur existierten, wie beispielsweise die fiktionale Prosa, der Roman und die Erzählung, wurden als Ausdrucksformen realistischer Zustandsbeschreibungen verstanden und übernommen, was zu einem Neuanfang in der türkischen Literatur führte. In der Prosa konnte also die gesellschaftliche Realität dargestellt und kritisch beleuchtet werden: eine Funktion, die den klassischen Literaturgattungen fremd war. Schon gegen Ende des 19. Jahrhunderts benutzten die reformfreudigen Literaten den Roman und die Erzählung als Medium für ihre Modernisierungsideen. Für die Kommunikation mit breiteren Leserschichten musste aber die Sprache vereinfacht werden. Denn die überaus komplizierte osmanisch-türkische Literatursprache mit ihrem erstarrten Metaphern- und Formenapparat war nur einem kleinen Kreis von Gebildeten verständlich. Die von Atatürk forcierte Sprachreform und der Alphabetwechsel sorgten dann endgültig dafür, die Bildungschancen für das ganze türkische Volk zu erhöhen.

So entstand in der ersten Hälfte des 20. Jahrhunderts eine blühende türkische Prosa, die all die unterschiedlichen literarischen und weltanschaulichen Tendenzen und den gesellschaftlichen Wandel in der Türkei widerspiegelt. Die Auswahl, die Tevfik Turan besorgte, kann nur eine Kostprobe aus der überlieferten Fülle der Erzählungen bieten. Die renommierten Autoren, die das Genre der Erzählung in der türkischen Literatur heimisch gemacht haben, sind vertreten, aber wir wollen bewusst auch hier zu Lande noch unbekannte Talente zu Wort kommen lassen, um zu zeigen, wie Städte und Landschaften der Türkei republikanische Schriftsteller verschiedener Generationen und sozialer Schichten sowie unterschiedlicher literarischer Strömungen inspiriert haben.

Da die Erzählungen aus verschiedenen Phasen der Republikgeschichte stammen, zeigen sie die Türkei im Wandel. Die Autorenbiografien informieren den Leser über Herkunft, Bildung und literarische Ambitionen (Zugehörigkeit zu Gruppen und Strömungen) der einzelnen Autoren und die Entstehungsdaten der Geschichten.

Die Hauptstadt im Vielvölkerstaat des islamisch dominierten Osmanischen Reiches war ein Schmelztiegel der verschiedenen Ethnien, Religionen und der kulturellen Traditionen seiner Untertanen. Hier war auch das Zentrum der höfischen osmanischen Literatur, der Ausgangspunkt der Reformen im 19. Jahrhundert, das Tor zum Westen. Das anatolische Hinterland blieb für viele der Istanbuler Intellektuellen lange eine fremde Welt. Als Mustafa Kemal Atatürk 1923 die Hauptstadt der Türkischen Republik ins Herz Anatoliens, in die kleine Provinzstadt Ankara, verlegte, war das eine Sensation. Die anatolische Landbevölkerung sollte nun zu Bürgern eines westlich geprägten Nationalstaates erzogen werden. Die nahezu unüberwindliche Kluft zwischen den nationalistischen (kemalistischen) Intellektuellen und den in ihren traditionellen Vorstellungen und Bräuchen verhafteten Anatoliern wurde in der Literatur der frühen Republikzeit thematisiert. Dieser »Fremdlings«-Komplex gegenüber der Heimat Anatolien beherrschte lange Zeit das Bewusstsein der türkischen Intellektuellen. Doch die Autorenbiografien zeigen schon einen deutlichen Wandel: Viele Kinder aus der anatolischen Provinz konnten die Bildungschancen nutzen, studieren und sich in der literarischen Szene durchsetzen. Zwar behielt die alte faszinierende Metropole Istanbul immer ihre Anziehungskraft, gerade auch für Literaten, denn die meisten Verlage und Zeitschriften sind hier angesiedelt. Doch die neue Hauptstadt Ankara hat als Sitz der Regierung, des Parlaments, der Bürokratie, der ausländischen Botschaften und vieler Hochschulen verlockende Brotberufe für Literaten zu bieten. Das führte zu einer kreativen Rivalität der beiden türkischen Metropolen.

Die ländliche Türkei mit ihren unterschiedlichen Volksgruppen und Landschaften hat seit der Republikgründung große Wandlungen erfahren, wofür viele Faktoren verantwortlich sind. Zum einen veränderte sich die Bevölkerungsstruktur durch die Kriegswirren: Der armenische Bevölkerungsteil war im Krieg durch Pogrome und Deportation, der griechische durch Flucht, Vertreibung und später durch Bevölkerungsaustausch reduziert worden. Hinzu kamen: Modernisierung der Landwirtschaft, Landflucht, Kurdenaufstände, Ende des Nomadentums, Verbesserung der Infrastruktur, Aufblühen des Tourismus in den Küstenregionen. Vieles davon wird in unseren Geschichten direkt oder am Rande berührt.

Die literarische Rundreise beginnt in Istanbul. Der Schauplatz der frühen osmanisch-türkischen Romane und Erzählungen war fast ausschließlich die Sultansstadt am Bosporus gewesen. Doch die Zeit der Paschas und ihrer großen Stadtpaläste und Sommervillen am Bosporus ist längst vorüber. Statt der mondän herausgeputzten Dandys, die über die Grande Rue de Pera flanierten, um einen Blick auf die verschleierten Damen in den Kutschen zu erhaschen oder den koketten Levantinerinnen nachzustellen, spaziert nun eine bunt gemischte Menschenmenge, Männer, Frauen, junge Mädchen, Kinder, ungezwungen über diesen legendären Boulevard, der in Istiklâl Caddesi (Unabhängigkeitsstraße) umbenannt wurde. Ziya Osman Saba, Poet und melancholischer Flaneur, macht uns in *Fotostudio Glück* mit dieser neuen kleinbürgerlichen Gesellschaft der frühen Republikzeit und ihren kleinen Freuden bekannt. Aus Einzelschicksalen, wie etwa in den Geschichten von Meister Rüstem, dem Vorarbeiter bei der Istanbuler Müllabfuhr, und seiner kleinen trotzig-stolzen Tochter (*Schreibstifte* von Yaşar Kemal) oder von der letzten Platzanweiserin in einem Kino an der Istiklâl Caddesi, der alternden Levantinerin Madame Krista, und ihrem jugendlichen Schützling und Liebhaber aus einer kleinen Provinzstadt (*Die Platzanweiserin* von Hulki Aktunç) erfahren wir, wie Zuwanderer aus Anatolien in Istanbul Fuß fassen.

Nicht weit vom *Fotostudio Glück* und von Madame Kristas Kino in einer Seitengasse der Istiklâl Caddesi stoßen wir auf die »Schenke der Unglückseligen« *(Die Märchenfee* von Aziz Nesin), eine kleine Stammkneipe, in der sich die Nachbarn allabendlich treffen, über ihre häusliche Misere klagen, über das Glück philosophieren und sich dabei einen Rausch antrinken. Aziz Nesin beschreibt hier eine Enklave der türkischen Männergesellschaft, für die der Durchbruch in eine Traumwelt, wie sie die Erzählung des Fremden vom Märchenmädchen bietet, geradezu typisch ist. Dem jungen Autor Metin Kaçan gelingt in *Die Ränder der Finsternis* eine fast musikalische Variation des Nachtlebens von Beyoğlu im postmodernen Trend, wenn er im Haschischrausch inmitten der Regentropfen langsam den Abhang zum Goldenen Horn hinuntertänzelt.

Auf dieser Reise durch Anatolien begegnen wir immer wieder solchen Männerwelten, sei es im Weinhaus des Juden Adato in Edirne *(Adato* von Nahit Eruz) oder in Bursa, wenn Elvan und sein Freund nach Bordellbesuch und Sauftour in einem der seit der Antike berühmten Thermalbäder der Stadt landen *(Wie Elvan seinen Schlüssel verlor* von Orhan Duru). In der heiteren, mediterranen Atmosphäre von Izmir konnten früher die jungen Männer die Nacht über vor den Lokalen auf der Straße sitzen, grillen und trinken *(Es gab einmal eine Stadt* ... von Tarık Dursun K.), den Mädchen ein Ständchen bringen und auf den erfrischenden Wind warten (*Imbat* von Tarık Dursun K.) In der ostanatolischen Provinzstadt Gaziantep gerät der gestrenge Finanzinspektor in die feuchtfröhliche Männerrunde der Händler und Honoratioren, die sein alter Schulfreund Şevket für ihn zusammengetrommelt hat *(Şevket aus Antep* von Erhan Bener). Noch weiter im Südosten, in Mardin, hocken die Männer des Ortes am Fuße der alten Festung im Teegarten, in den wider alle örtlichen Sitten eine junge, westlich gekleidete Frau eingedrungen ist *(Festungsmauern* von Tomris Uyar).

Diese türkische Männergesellschaft mag ein Relikt aus den Zeiten der Geschlechtertrennung sein, doch sie verliert sich immer noch in Extreme und Obsessionen. Dazu könnte man die eher rührende, lebenslange Leidenschaft des Bonbonmachers Asım aus Gaziantep für Sabahat, die Tochter der Istanbuler Blumenverkäuferin – sicher einer Zigeunerin –, zählen, für die er sein kleines Vermögen durchbringt

(Asım, der Bonbonmacher von Ülkü Tamer). Ein alter orientalischer Brauch, das Vogelspiel, artet aus in verbissene Rivalität, wobei es um Leben und Tod geht. Der Ehrenmord an seiner entführten Tochter, den sein Sohn begangen hat, berührt den Vogelzüchter Vakkas Emmi anscheinend weniger als der Verlust seines Täuberichs *(Der Damaszener* von Bekir Yıldız). Ganz bedrückend wirkt die Geschichte des wortkargen Halit von dem Ehrenmord, den er, als er aus dem Gefängnis entlassen wurde, stellvertretend für einen zu langer Haft verurteilten Mitgefangenen an dessen Vater verüben soll, weil der sich mit der Frau seines inhaftierten Sohnes eingelassen hatte *(Die Geschichte von Ibrahim, Sohn des Ibrahim* von Ferit Edgü).

Die meisten Erzählungen berichten von eher unspektakulären Ereignissen. Oft sind es die alltäglichen Lebensbedingungen einer Region, die Menschenschicksale bestimmen, wie die alljährliche Überschwemmung des Flusses Sakarya in Westanatolien *(Die Überschwemmung* von Sait Faik Abasıyanık) oder die Unpassierbarkeit der Straße zwischen Tatvan und Bitlis im Winter *(Ömer, der Waisenjunge* von Muhtar Körükçü), die Ankunft des Güterzugs mit den Schafen, der immer in dem gottverlassenen Nest Çobanbey an der syrischen Grenze für den Weitertransport gesäubert und umgeladen werden muss *(Nächtliche Düfte* von Nahit Eruz). Die Eintönigkeit des Lebens der Seeleute auf dem Schwarzmeerschiff wird fast nur durch Erinnerungen bewegt *(Versammlung auf dem Achterdeck* von Zeyyat Selimoğlu).

Zu diesen »Männer«-Geschichten, in denen Frauen gar nicht, nur am Rande oder in Träumen vorkommen, gehören auch die beiden Erzählungen, die ein Geschehen aus der jüngsten Vergangenheit aufgreifen: *Der Spielkamerad* von Ahmet Ümit und *Der letzte Beritaner* von Erkan Karagöz. Aus ganz verschiedenen Perspektiven werden der Krieg in den ostanatolischen Bergen zwischen den kurdischen Aufständischen und dem türkischen Militär sowie die Auswirkungen für die Bergnomaden behandelt. Der junge türkische Offizier Eşref und der Kommandant einer Kurdengruppe, Cemşid, wetteifern ohne Hass, ja fast ritterlich, um die beste Strategie, einander zu fangen und zu besiegen. Beide »Spielkameraden« opfern schließlich ihr junges Leben für ihre jeweilige Überzeugung. Dass solche Kampfhandlungen und die Vertreibungspolitik der Regierung zur weitgehenden Entvölkerung mancher Regionen geführt hat, ist bekannt. Viele Kurden mussten ihre Heimat verlassen und sind bis nach Istanbul gezogen, wo sie am Stadtrand hausen. Der alte Kurde Şevder vom Stamm der Beritan kann es im Gecekondu in Istanbul nicht mehr aushalten und verabredet sich telefonisch mit seinem etwas jüngeren Stammesgenossen Veysi, der in Izmir vom Handel lebt, das alte nomadische Hirtenleben mit einer kleinen Schafherde noch einmal zu versuchen. Wie die beiden trotz ihrer Geduld und Genügsamkeit kläglich scheitern, wird uns eindrucksvoll in *Der letzte Beritaner* nahe gebracht.

An den kurdischen Hirten Şevder und seine Sehnsucht nach den Schafen erinnert uns der westanatolische Olivenbauer Süleyman Çavuş, der, obwohl er seinen Stall längst zur Garage umfunktioniert hat, sich auf dem Pferdemarkt zum Kauf einer zutraulichen Stute verführen lässt, anstatt die notwendigen Ersatzteile für den Traktor zu bezahlen *(Der Wankelmütige* von Kemal Bilbaşar).

Das Leben in Anatolien hat sich verändert, die Uhren lassen sich nicht zurückdrehen. Doch seit den Achtzigerjahren des vergangenen Jahrhunderts ist eine neue Wertschätzung der osmanischen Geschichte zu beobachten, wobei auch der multikulturelle Charakter des Großreiches ins Blickfeld gerückt wird. Spuren des friedlichen Miteinanders der verschiedenen Volksgruppen finden sich nicht nur in Geschichten, in denen Figuren wie die levantinische Platzanweiserin Madame Krista in Beyoğlu (*Die Platzanweiserin* von Hulki Aktunç) oder der jüdische Wirt des Weinlokals Adato (*Adato* von Nahit Eruz) in Edirne die Hauptrolle spielen oder die plötzliche Auswanderung des jüdischen Kneipenwirts aus Izmir nach Israel, die von seinen Stammgästen bedauert wird und ihnen den Abend verdirbt *(Es gab einmal eine Stadt ...* von Tarık Dursun K.), sondern auch Texte von Schriftstellern, die selbst zu den Minderheiten gehören und heute im Rahmen der türkischen Literatur ihren Platz haben. Roni Margulies – ein anerkannter türkischer Lyriker – spürt in *Kindheit in Bostancı* jüdischen Wurzeln nach und beschreibt die Karriere seines polnischen Großvaters im türkischen Großhändlermilieu. Der Armenier Mıgırdiç Margosyan erzählt in *Das Heidenviertel* nostalgisch vom nachbarlichen Miteinander der armenischen Christen und der Muslime seiner Heimatstadt Diyarbakır. Fast zu einer mythischen Figur stilisiert Halikarnas Balıkçısı, der mit seinen Freunden, den türkischen Humanisten, immer für die Bewahrung der ethnischen und kulturellen Vielfalt Anatoliens eingetreten ist, die Zigeunerin Kancay in der gleichnamigen Erzählung. Sie verkörpert für ihn die Freiheit, Toleranz und natürliche Schönheit Anatoliens.

Und die Frauen Anatoliens? Auf einer realen Reise wird man immer noch viele Männer in Teehäusern sitzen sehen, während sich überall auf den Äckern und in den Plantagen Frauen abrackern, wie etwa die Mütter von Fatoş *(Saubohnenpaste* von Feyza Hepçilingirler) und Ayşe *(Ayşe Perlchen* von Fakir Baykurt) beim Olivensammeln und Bohnenpflücken. Wobei diese kleinen Mädchen wahrscheinlich später ein ähnliches Schicksal erwartet. Es ist eine eigenartige Koinzidenz, dass in diesen beiden Geschichten aus dem Alltag der Frauen eines der wichtigsten Grundnahrungsmittel der türkischen Küche, die Bohnen, eine so große Rolle spielen, ja sogar titelgebend sind.

Ein Phänomen, das in der Türkei mehr und mehr zu einem Wirtschaftsfaktor geworden ist und zunächst in den Küstenregionen zur Veränderung der Lebensverhältnisse geführt hat, ist der Tourismus. Dazu tragen nicht nur die Ausländer bei, die in den Luxushotels an den Stränden ihren Urlaub genießen, sondern vor allem auch die türkischen Touristen. Die Kluft zwischen den sonnenhungrigen Großstädtern aus Istanbul und Ankara und der einheimischen Bevölkerung hat noch viel von dem »Fremdlings«-Komplex bewahrt. Feyza Hepçilingirler, die selbst aus Ayvalık stammt, hat in *Saubohnenpaste* diesen Kontrast zwischen der Sommer- und der Winterwelt eines Badeorts kritisch reflektiert. Manche der Badeorte an der Ägäis – vor allem Bodrum – sind seit den Siebzigerjahren des letzten Jahrhunderts sommerlicher Treffpunkt der türkischen Künstlerszene und aller, die dazugehören wollen. *Die Flasche* von Orhan Duru bringt einen realistischen Ansatz mit den Reflexionen eines alten Fischers über die sozialen Auswirkungen des Fremdenverkehrs und einen übermütigen, fast unheimlichen Durchbruch ins Grotesk-Surreale. Die türkischen Frauen aus den Großstädten, der sozialen Kontrolle von Familie und Nachbarschaft entronnen, erlauben sich hier im Sommer alle Freiheiten.

Anatolien ist inzwischen auch zum Ziel der soziologischen Feldforschung geworden. Die junge Ethnologin aus Ankara, die beruflich die urwüchsige Gesellschaft von Harran bei Urfa kennen gelernt hatte, sucht Jahre später als Aussteigerin hier ihren inneren Frieden im einfachen Leben im Einklang mit der Natur. Die aufkeimende Zuneigung des jungen Haydar gehört zu den Naturgewalten, die sie nicht einschätzen kann, die aber zu einer verzehrenden Liebesleidenschaft zu werden droht, wie sie in der türkischen Volksliteratur oft besungen wird *(Vollmond über Harran* von Yeşim Dorman).

Die in unserem Band vertretenen Schriftstellerinnen legen besonderen Wert darauf, »wie« etwas erzählt wird. Sie gehen über die nüchterne Beschreibung und kritische Wertung der sozialen Wirklichkeit hinaus, wie sie in den literarischen Richtungen des »sozialen Realismus« und der »Dorfliteratur« gepflegt werden. Diese Autorinnen machen historische Schichten sichtbar und gewinnen damit der Realität und den konkreten Dingen überraschende Aspekte ab, provozieren Ich-Spiegelungen, erleiden Ich-Spaltungen. Das Topografische wird in Metaphorisches umgemünzt, wie etwa in *Festungsmauern* von Tomris Uyar: Die »Festungsmauern« von Mardin stehen für den Schutzwall, den die Frau um sich errichten muss, um der Realität mit den Versuchungen der Liebe und ihren Enttäuschungen widerstehen zu können. Müge İplikçi erfindet in *Dort irgendwo war der Wind* die vielschichtige Topographie der Lebensgeschichte ihrer Ich-Erzählerin und benennt sie mit fantasievollen Namen, um Erinnerungen zu kultivieren und zu verorten. Geschichte und Gegenwart sind für das Individuum kontemporär erlebbar.

Mit Nazlı Erays Erzählung *Drinnen* kommen wir an das Ziel unserer Reise, nach Ankara. Nazlı Eray ist wie die meisten der Frauen, die sich seit den Siebzigerjahren des 20. Jahrhunderts in der literarischen Szene der Türkei durchgesetzt haben, eine weltläufige Autorin, die viele ihrer Erzählungen in fremden Ländern angesiedelt hat. Das schärft den Blick für das Eigene. Die Ich-Erzählerin bummelt durch das vorwinterliche Ankara und betrachtet neugierig die Gebäude, Passagen, Geschäfte, Straßen, Denkmäler, »als würde ich sie kaufen wollen«. Heimgekehrt in ihr Appartement in einem Wohnblock, begegnet sie dort einem »Forscher«, der heimlich in die Wohnungen eindringt, um das soziale Milieu der Menschen kennen zu lernen und daraus seine Schlüsse zu ziehen. Sanchos Monolog in *Sanchos Morgengang* von Haldun Taner beim Morgenspaziergang durch das Diplomatenviertel Ankaras zeigt, dass auch er ein großer Psychologe und Sozialforscher ist und viel von der Welt versteht, wenngleich er sie aus der Hundeperspektive betrachtet. Die chaotischen Verkehrsverhältnisse und die überfüllten Busse in der Hauptstadt Ankara Ende der 1940er Jahre, die Bekir Sıtkı Kunt in *Moderne Alte* beschreibt, dürften sich bis heute kaum wesentlich geändert haben.

Viel bequemer sind die Überlandbusse, die zwischen den großen Städten verkehren und unterwegs an den Raststätten Halt machen. Hier muss jeder einen festen Sitzplatz buchen, und Frauen werden neben Frauen platziert. In der Erzählung *Die Heimreisenden* von İlknur Özdemir, die unseren Band beschließt, lernen sich auf der Fahrt zwischen Istanbul und Ankara zwei Frauen verschiedener Generationen kennen. Im Gespräch finden sie heraus, dass sie beide vor einer Lebenskrise auf der Flucht sind. Der Ausbruch aus der Isolation verhilft ihnen zu einem solidarischen Entschluss: Sobald sie in Ankara angekommen sind, buchen sie die gemeinsame Rückreise nach Istanbul.

Wenn wir nun auf unsere Reise zurückblicken, müssen wir feststellen, dass weniger die Sehenswürdigkeiten und landschaftlichen Reize der Türkei im Mittelpunkt standen, sondern uns vielmehr das Hintergründige, das alltägliche Leben mit den Nöten und Freuden der Menschen, nahe gebracht wurde. Wir durften hinter die Kulissen schauen und sehen, was den Touristen sonst verborgen bleibt.

Erika Glassen

Worterklärungen

Abla »ältere Schwester«, auch Anrede für Mädchen oder Frau, die man als ältere Schwester ansieht oder verehrt

Adanalı Tayfur Protagonist aus dem gleichnamigen türkischen Film der Siebzigerjahre

Ağa Begüterter Bauer oder Grundbesitzer

Anadolu Hisarı osmanische Festung am asiatischen Ufer des Bosporus

Attila İlhan geb. 1925, Poet und politisch engagierter Kolumnist

Bey Herr; höfliche Anrede, dem Vornamen nachgestellt

Boza süßsäuerliches kaltes Wintergetränk aus gekochtem, gegorenem Getreide

Cahit Sıtkı (Tarancı) (1910–1956) Dichter, Freund des Dichters und Erzählers Ziya Osman Saba

Çörek rundes Gebäck, Kringel

Cura kleine Saz

Dümbüllü Ismail Dümbüllü (1897–1973), einer der letzten Vertreter des volkstümlichen türkischen Theaters *(orta oyunu)*

Fasıl Reihenfolge eines türkischen Musikprogramms, Ensemble aus klassischen türkischen Instrumenten mit Chorgesang

Fikret Otyam geb. 1926, Journalist, Maler, Fotograf; verfasste Reportagen über Anatolien

Galatasaray eigentlich *Galatasaray Lisesi* (Galatasaray-Gymnasium), ältestes Gymnasium in der Türkei unter französischem Einfluss, gegründet 1867. Das Gebäude steht auf der Istiklâl-Straße zwischen Tünel und Taksim-Platz.

Gazel klassische Gedichtform, Liedart in der orientalischen Musik

Gecekondu ohne behördliche Genehmigung in einer Nacht erbautes Haus, meistens von Migranten am Rand der Großstädte

Giauren (türk. *gâvur)* verächtliche Bezeichnung von Muslimen für Nichtmuslime, speziell für Christen

Hacı Ehrenbezeichnung für Mekkapilger, Hadschi

Hoca Anrede für Lehrer, Geistliche und Professoren

Ibram Kurzform für Ibrahim

Imbat angenehm kühler Meereswind

Istiklâl-Straße Flanierstraße in Beyoğlu, früher Grande Rue de Pera, führt vom Tünel zum Taksim-Platz

Kalpak Lammfell- oder Filzmütze

Karaağaç Eisenbahnstation bei Edirne

Karacan Ali Naci Karacan gründete 1950 die Zeitung *Milliyet*, die nach der *Hürriyet* noch heute die zweitgrößte Zeitung ist.
Kawa legendärer Schmied aus der iranischen Heldensage, der gegen einen Tyrannen rebellierte
Kelim gewebter, gestickter und gewirkter Teppich oder Wandbehang ohne Flor; mit geometrischen Mustern
Köfte aus Hackfleisch bereiteter Klops
Kordon Kızı Name eines Weines
Kuruş türkische Geldeinheit (100 *kuruş* = 1 *lira*)
Lodos heißer Südwestwind
Mahmud-Taler Goldstücke, die unter Mahmud II. (1808-1839) geprägt wurden, beliebte Geschenke
Maşallah »was Gott gewollt hat«, Ausruf der Bewunderung oder des Lobes
Mis Seifenmarke
Mupere Lied aus dem indischen, in der Türkei sehr populären Film *Awaara*
Paluze kalte Geleespeise
Peri Fee
Pilaki griechisches Gericht aus weißen Bohnen, Zwiebeln, Knoblauch, Karotten und Olivenöl, das kalt gegessen wird
Rakı Anisschnaps; meist aus Trauben, aber auch aus Feigen oder Pflaumen hergestellt
Saz populäres Saiteninstrument in der Türkei, ähnlich der Laute
Sesam-Helva türkischer Honig mit Sesamkörnern, beliebte Süßigkeit
Simavi, Sedat (1898–1953) Journalist und Karikaturist, gründete 1948 die meistverkaufte Zeitung *Hürriyet*
Streichtambura Streichinstrument mit langem Hals, ähnlich einem Cello, das auf den Knien abgestützt gespielt wird
Taksim der Taksim-Platz in Beyoğlu; zu ihm führt die Istiklâl-Straße
Tarlabaşı-Straße in Beyoğlu, führt vom Taksim-Platz abwärts nach Dolapdere
Tünel Kurze Untergrundbergbahn, die Karaköy (Galata) mit Beyoğlu (Pera) verbindet. Am oberen Ausgang beginnt die Istiklâl-Straße
Usta Meister
Vierzig-Tage-Gebet eine Art Totenmesse, die vierzig Tage nach dem Tod im Haus oder in einer Moschee abgehalten wird
Yeni Rakı Rakımarke

Zur Aussprache des Türkischen

Das türkische Alphabet hat 29 Buchstaben, die Buchstaben q, w und x kommen im Türkischen nicht vor. Die Vokale werden zumeist kurz ausgesprochen.

c wird wie dsch in Dschungel ausgesprochen
ç wird wie tsch in Deutsch ausgesprochen
ğ ist ein weiches g und nicht hörbar, es längt den vorhergehenden Vokal, d.h. Ağa wird wie aa'a ausgesprochen
ı ist ein dumpfes i wie das e in Ochse
j wird wie das j in Journal ausgesprochen
s wird stimmlos ausgesprochen wie das s in Bus
ş wird wie sch ausgesprochen
v wird wie w ausgesprochen
y wird wie j ausgesprochen
z wird stimmhaft ausgesprochen wie das s in Sonne
ˆ über einem Vokal längt diesen: â = aa

Biografien

Sait Faik Abasıyanık geboren 1906 in Adapazarı, gestorben 1954 in Istanbul. Seine Studien in Istanbul und Paris brach der Autor 1935 ab, um als Journalist und freier Schriftsteller zu arbeiten. Seine Erzählungen handeln vom Leben der Fischer, von den Arbeitern und Straßenmusikanten vor allem in Istanbul; in ihnen stellt er den Alltag der kleinen Leute einfühlsam und pointiert dar. Faik gilt als einflussreichster Pionier und unbestrittener Meister der türkischen Kurzprosa. Er hat aber auch Gedichte, Romane und Reportagen verfasst.
Die Überschwemmung ist erstmals 1952 erschienen, später in: Abasıyanık, Sait Faik: *Havuz Başı/Son Kuşlar*. Ankara: Bilgi 1975, S. 86–92. Aus dem Türkischen von Karin Schweißgut.
Auf Deutsch sind bislang erschienen: *Verschollene gesucht*. Frankfurt: dipa-Verlag 1993; *Ein Lastkahn namens Leben*. Zürich: Unionsverlag 1996.

Hulki Aktunç 1949 in Istanbul geboren. Absolvierte zunächst verschiedene Kadettenschulen. Abitur am Gymnasium in Haydarpaşa/Kadıköy-Istanbul. Nach abgebrochenem Jurastudium arbeitete er als Texter in Werbefirmen und gründete im Jahre 1980 eine Werbeagentur. Seit 1968 schreibt er technisch ausgefeilte und experimentierfreudige Prosa, seit 1976 auch Gedichte. Er ist außerdem Verfasser eines renommierten Argotwörterbuchs des Türkischen. Aktunç erhielt mehrere Literaturpreise, u. a. 1990 den Yunus-Nadi-Preis.
Die Platzanweiserin erschien erstmals 1989, später in: Nayır, Y. Nabi & E. Ercan (Hrsg.): *Tanzimat'tan Günümüze Türk Öykü Antolojisi*. Istanbul: Varlık 2003, S. 127–131. Aus dem Türkischen von Eric Czotscher.

Fakir Baykurt geboren 1929 in Akçaköy/Burdur, gestorben 1999 in Essen. Der Bauernsohn Fakir Baykurt ist der erste türkische Schriftsteller, der aus einem der reformpädagogischen Dorfinstitute hervorgegangen ist, in denen man der armen ländlichen Jugend eine umfassende, berufsorientierte Ausbildung vermittelte. Er wurde Lehrer in der Provinz und studierte später Pädagogik in Ankara und Indiana, USA. Auch als Gewerkschafter war er sehr aktiv, später arbeitete er als Verlagsleiter und Berater im Kultusministerium. Baykurt siedelte 1979 nach Duisburg um, wo er als Lehrer und Schriftsteller arbeitete. Als

bedeutendster Vertreter der Dorfliteratur gehört er zu einer Gruppe von Schriftstellern, die das Leben in der ländlichen Türkei thematisieren. Sein erster Roman *Yılanların Öcü* (Die Rache der Schlangen, 1958) spiegelt die bittere Realität in anatolischen Dörfern wider und erregte großes Aufsehen. Der Autor wurde angeklagt, aber freigesprochen. Literaturpreise, u.a. Yunus-Nadi-Preis 1958, Sait-Faik-Preis 1974. Mehrere seiner Erzählungen wurden verfilmt oder als Theaterstück aufgeführt.
Ayşe Perlchen erschien in: *Adam Öykü,* 19/1998, S. 27–31. Aus dem Türkischen von Eric Czotscher.
Auf Deutsch sind u.a. erschienen: *Die Rache der Schlangen.* Tübingen: Horst Erdmann Verlag 1965; *Das Epos von Kara Ahmet.* Berlin: Ararat Verlag 1983; *Die Friedenstorte* (zweisprachig). Berlin: Ararat Verlag 1981.

Erhan Bener geboren 1929 in Nikosia/Zypern, sein Vater war Lehrer. Er absolvierte das Gymnasium in Kayseri und studierte Politik und Jura in Ankara. Als Beamter war er in verschiedenen Ministerien tätig, u.a. von 1963 bis 1966 an der Türkischen Botschaft in Paris. Seit 1975 ist er pensioniert und arbeitete freiberuflich bis 1993 als Rechtsanwalt. 1945 begann er Gedichte zu schreiben, 1952 publizierte er seinen ersten Roman, seit 1980 veröffentlicht er Theaterstücke, seit 1992 mehrere Erzählbände. Er erhielt einige Literaturpreise, u.a. den Yunus-Nadi-Preis für Erzählungen (1992) und Romane (1996). In seinem Erzählwerk konzentriert er sich auf das kleinbürgerliche Individuum.
Şevket aus Antep erschien in: Bener, Erhan: *Günbatımı Öyküleri.* Ankara: Ümit 1995, S. 135–141. Aus dem Türkischen von Monika Carbe.

Kemal Bilbaşar geboren 1910 in Çanakkale, gestorben 1983 in Istanbul. Absolvierte 1929 die pädagogische Hochschule in Edirne und arbeitete bis 1931 als Grundschullehrer, bevor er in Ankara ein Aufbaustudium begann. Von 1937 bis 1961 unterrichtete er Geschichte an einer Mittelschule in Izmir. Nach einer Zeit aktiver politischer Tätigkeit ging er 1966 nach Istanbul und widmete sich dem Schreiben. Für Literatur interessierte er sich seit seiner Studienzeit. Seine ersten Erzählungen veröffentlichte er 1938 in Izmir in der von ihm und zweien seiner Kollegen herausgegebenen Zeitschrift *Aramak.* Er schrieb zahlreiche Kurzgeschichten, Hörspiele, Theaterstücke und Schulbücher,

nach 1961 auch mehrere Romane, die er in Anatolien, z.T. im kurdischen Milieu, ansiedelte. In seinen Romanen und Erzählungen benutzt er häufig die Umgangssprache.
Der Wankelmütige erschien erstmals 1956, später in: Nayır, Y. Nabi & E. Ercan (Hrsg.): *Tanzimat'tan Günümüze Türk Öykü Antolojisi.* Istanbul: Varlık 2003, S. 117–119. Aus dem Türkischen von Angelika Gillitz-Acar und Angelika Hoch.

Yeşim Dorman geboren 1957 in Ankara. Ihr Vater, der Komponist und Dichter Zekâi Dorman, war u.a. Parlamentsabgeordneter und Tourismusminister. Sie wuchs schon als Kind im Theater- und Fernsehmilieu auf und studierte Theaterwissenschaft. Ihre Leistungen als Schauspielerin und Bühnenautorin wurden mit zahlreichen Preisen ausgezeichnet. Heute lebt sie in Ankara.
Vollmond über Harran erschien in Dorman, Yeşim: *Harran'da Dolunay.* Istanbul: Yapı Kredi 1995, S. 7–25. Aus dem Türkischen von Sabine Adatepe.

Orhan Duru 1933 geboren in Istanbul, besuchte die Grund- und Mittelschule in Çankırı und Istanbul. Machte die Reifeprüfung in Afyon. Duru schloss 1956 ein tiermedizinisches Studium in Ankara ab, arbeitete in Urfa als Tierarzt und schlug 1959 die akademische Laufbahn an der veterinärmedizinischen Fakultät ein. Nach der Machtübernahme durch das Militär 1960 wurde er jedoch mit einem Berufsverbot belegt, woraufhin er zum Journalismus wechselte und bis zum Ruhestand 1993 bei verschiedenen Zeitungen und Fernsehanstalten tätig war. Seit 1953 schreibt er Kurzgeschichten, Essays und literarische Kritiken. Seine frühen Geschichten behandeln das Spannungsverhältnis zwischen Individuum und Gesellschaft, später wurden seine Inhalte zunehmend sozialkritischer. Sein Interesse gilt der Science-Fiction und der antiken Mythologie. Mit surrealistischem Vexierspiel und schwarzem Humor entwickelte er einen unverwechselbaren Erzählduktus.
Wie Elvan seinen Schlüssel verlor erschien erstmals 1959, später in: Duru, Orhan: *Bırakılmış Biri.* Istanbul: Ada 1986, S. 80–84. *Die Flasche* erschien erstmals 1989, später in Nayır, Y. Nabi & E. Ercan (Hrsg.): *Tanzimat'tan Günümüze Türk Öykü Antolojisi.* Istanbul: Varlık 2003, S. 239–244. Beide Erzählungen wurden von Angelika Gillitz-Acar und Angelika Hoch übersetzt.

Ferit Edgü 1936 in Istanbul geboren, studierte Malerei in Istanbul, ging nach Deutschland und Paris. Danach war er als Galerist, Verleger und Schriftsteller in Istanbul tätig. Er schreibt Lyrik und Prosa, verfasste Essays über Kunst und einzelne türkische Künstler. Während seiner Militärdienstzeit 1967, die er als Dorfschullehrer abdiente, sammelte er Erfahrungen unter den Kurden in Ostanatolien, die er literarisch verarbeitete. In Europa wurde er durch die Verfilmung seines Romans O unter dem Titel *Eine Saison in Hakkari* bekannt.
Die Geschichte von Ibrahim, Sohn des Ibrahim erschien in: *Adam Öykü*, 1/1995, S. 53–64. Aus dem Türkischen von Eric Czotscher.
Auf Deutsch sind bislang erschienen: *Ein Winter in Hakkari.* Zürich: Unionsverlag 1987; *Ein Sommer im Septemberschatten.* Zürich: Unionsverlag 1990.

Nazlı Eray 1945 in Ankara geboren. Ihr Vater war als Jurist an der İş Bankası tätig. Ihre Schulzeit verbrachte sie in Istanbul und absolvierte das Amerikanische Mädchencollege in Arnavutköy/Istanbul. Als Schülerin veröffentlichte sie bereits ihre ersten Erzählungen in der Zeitschrift *Varlık*. Eray studierte Jura und Philosophie in Istanbul und arbeitete als Übersetzerin beim Fremdenverkehrsministerium in Ankara bis zur Geburt ihrer Zwillinge 1968. Seitdem ist sie Schriftstellerin u.a. auch von Hörspielen, darüber hinaus in der Schriftstellergewerkschaft der Türkei und in der Republikanischen Volkspartei tätig. Ihr Prosawerk fällt durch eine surrealistisch-humorvolle Behandlung der Wirklichkeit des städtischen, oft weiblichen Individuums auf.
Drinnen erschien in: Eray, Nazlı: *Yoldan Geçen Öyküler.* Istanbul: Can 1989, S. 60–74. Aus dem Türkischen von Gerhard Meier.
Auf Deutsch ist bislang erschienen: *Phantastische Symphonie.* Hamburg: Verlag am Galgenberg 1986.

Nahit Eruz 1936 in Aksaray/Niğde geboren. Besuchte die Grundschule in seiner Heimatstadt, absolvierte die Reifeprüfung in Adana. Nach dem Abschluss der Handelshochschule in Izmir (1958) wirkte er zunächst als Lehrer und Buchhalter und schlug dann die Beamtenlaufbahn ein. Als Oberinspekteur des Zoll- und Monopolministeriums bereiste er verschiedene Gegenden Anatoliens. Er begann 1966 in der Zeitschrift *Papirüs* Ezählungen mit lokalen Bezügen zu veröffentlichen, wobei er die spezifischen Probleme der jeweiligen Region thematisierte.

Adato erschien in: Eruz, Nahit: *Yumma.* Istanbul: *Papirüs,* 1971, S. 5–14; *Nächtliche Düfte.* ebda. S. 71–78. Beide Erzählungen wurden von Gerhard Meier übersetzt.

Halikarnas Balıkçısı geboren 1890 auf Kreta als Sohn eines Botschafters, gestorben 1973 in Izmir. Er verbrachte seine Kindheit in Athen, absolvierte das Robert College in Istanbul und studierte Geschichte in Oxford. Dort lernte er auch Altgriechisch und Latein. Nach seiner Rückkehr in die Türkei (1910) schrieb und zeichnete er unter seinem bürgerlichen Namen Cevat Şakir u. a. für Zeitschriften wie *Resimli Ay, İnci,* bis er in der frühen Republik (1925) wegen eines Berichts über Deserteure im nationalen Befreiungskrieg nach Bodrum, ins antike Halikarnassos, verbannt wurde, wo sich ihm die Antike erschloss. Er benutzte fortan das Pseudonym »Der Fischer von Halikarnassos«. In seinen Werken setzte er sich u.a. mit der Dekadenz der städtischen Zivilisation auseinander und der Würde der einfachen Fischer, Nomaden und Zigeuner. Die türkischen Humanisten, zu denen er gehörte, organisierten »Blaue Fahrten« in der Ägäis, unterrichteten teilweise auch an den Dorfinstituten. H.B. veröffentlichte zudem zahlreiche Artikel und Bücher über die Kultur Anatoliens. Er bildete auch die ersten türkischen Fremdenführer für die antiken Stätten an der Westküste aus. Seine Autobiografie *Mavi Sürgün* (Das blaue Exil) wurde 1992 verfilmt.
Kancay erschien erstmals 1947, später in: Halikarnas Balıkçısı: *Ege'-den.* Istanbul: Milliyet 1972, S. 135–143. Aus dem Türkischen von Angelika Gillitz-Acar und Angelika Hoch.

Feyza Hepçilingirler geboren 1948 in Ayvalık als Tochter eines Beamten. Sie besuchte das Mädchengymnasium in Izmir, studierte Erziehungswissenschaften und Turkologie in Istanbul. Sie unterrichtete türkische Literatur in Gymnasien und später in verschiedenen pädagogischen Fakultäten. Seit 1966 schreibt sie Gedichte. 1979 erschien ihre erste Erzählung, seit 1981 hat sie mehrere Erzählbände publiziert, später auch Geschichten für Kinder. Sie hat sich besonders als Autorin von Kurzgeschichten einen Namen gemacht. 1985 erhielt sie den Sait-Faik-Preis. Hepçilingirler ist seit 1979 auch Verfasserin mehrerer sprachkritischer Glossen, die den Verlust der Sprachkultur und die Übernahme von Anglizismen anprangern. Zurzeit lehrt sie Türkisch an der Technischen Universität Yıldız in Istanbul.

Saubohnenpaste erschien in: Hepçilingirler, Feyza: *Sabah Yolcuları.* Istanbul: Cem 1987, S. 7–13. Aus dem Türkischen von Monika Demirel.

Müge İplikçi geboren 1966 in Istanbul als Tochter eines Mediziners, absolvierte das Anatolische Gymnasium in Kadıköy/Istanbul. Nach ihrem Anglistikstudium in Istanbul schloss die Autorin ein Aufbaustudium in Gender Studies in Istanbul an und studierte danach in Ohio, USA. Zeitweise arbeitete sie als Englischlehrerin in Istanbul und als Lektorin für Türkisch in Ohio. Als Autorin von Kurzgeschichten und Sachbüchern zu Frauenthemen machte sie sich einen Namen, und 2000 veröffentlichte sie den Roman *Columbus'un Kadınları* (Die Frauen des Columbus). İplikçi ist als Dozentin an einer medienwissenschaftlichen Fakultät in Istanbul tätig.
Dort irgendwo war der Wind erschien in: *Eylül Öykü,* 1/2003, S. 40–43. Aus dem Türkischen von Johannes Neuner.

Tarık Dursun K. geboren 1931 in Izmir. Besuchte die Grundschule in Izmir, schloss die Mittelschule in Ankara als Externer ab. Er brachte sich zunächst mit Gelegenheitsarbeiten durch und lernte dann das Zeitungswesen von der Pike auf. Er arbeitete bei Zeitungen in Istanbul und Ankara. Nachdem er u.a. als Regisseur und Drehbuchautor beim Film tätig war, erschienen 1949 seine ersten Gedichte in der Zeitschrift *Kaynak.* Seit 1951 veröffentlicht er Erzählungen und seit 1957 auch Romane. Seine Geschichten handeln zumeist von Jugendlichen, die in den Tag hineinleben, von ihren sexuellen Problemen, vom schwierigen Alltag der Arbeiter und von kleinen Beamten.
İmbat erschien in: K., Tarık Dursun: *İmbatla Dol, Kalbim.* Istanbul: Adam 1982, S. 127–132; *Es gab einmal eine Stadt ...* ebda., S. 133–137. Beide Erzählungen wurden von Monika Demirel übersetzt.

Metin Kaçan geboren 1961 in İncesu/Kayseri. Besuchte das Gymnasium in Kasımpaşa/Istanbul, machte aber keinen Abschluss. Seine ersten literarischen Versuche wurden in verschiedenen Satiremagazinen, z.B. *Gırgır,* abgedruckt. 1990 erschien sein Roman *Ağır Roman* (dt. *Cholera Blues,* 2003), der durch seinen experimentellen Stil und das ungewöhnliche Milieu seiner Handlung – Zigeuner und Huren in Istanbul – großes Aufsehen erregte und später verfilmt und als Ballett- und Theaterstück aufgeführt wurde. Seine Slang- und Jargonpassagen

und die deftigen Milieuschilderungen sind bisweilen extrem. Sein zweiter Roman *Fındık Sekiz* (Haselnuss Acht, 1997) wurde als New-Age-Literatur klassifiziert. Zusammen mit Kemal Aratan veröffentlichte er einen Comic über das Leben der Straßenkinder, wofür er wegen Störung der öffentlichen Moral angeklagt wurde.
Die Ränder der Finsternis erschien in: Metin, Kaçan: *Adalara Vapur.* Istanbul: Can 2003, S. 19–23. Aus dem Türkischen von Monika Carbe. Auf Deutsch ist bislang erschienen: *Cholera Blues.* Frankfurt am Main: Dağyeli-Verlag 2003.

Erkan Karagöz geboren 1954 in Kars, studierte Pädagogik, später Jura in Diyarbakır und arbeitete zunächst als Lehrer und danach als Rechtsanwalt. Nach mehrjähriger Tätigkeit als Theaterregisseur in Diyarbakır schreibt er derzeit Erzählungen, Gedichte, Romane und Kritiken.
Der letzte Beritaner erschien in: *Adam Öykü* 26/2000, S. 87–103. Aus dem Türkischen von Sabine Adatepe.

Kemal, Yaşar siehe unter Yaşar Kemal

Muhtar Körükçü 1915 in Gaziantep als Sohn eines Rechtsanwalts geboren, 1985 in Ankara gestorben. Er besuchte die Grundschule in Maraş und das Gymnasium in Istanbul, studierte Jura und Verwaltungslehre in Istanbul. Zunächst arbeitete er als Übersetzer und Jurist, später in der öffentlichen Verwaltung und als Landrat in mehreren Städten Ostanatoliens. Er begann 1935 für Zeitschriften Reiseberichte aus der osttürkischen Provinz und Literaturkritiken zu schreiben. Seine Kurzgeschichten bringen das durch die raue Natur einerseits und die strengen Sitten andererseits erschwerte Leben der Landbevölkerung plastisch zur Sprache.
Ömer, der Waisenjunge erschien in: Körükçü, Muhtar: *Anadolu Hikâyeleri.* Istanbul: Varlık 1954, S. 3–12. Aus dem Türkischen von Sabine Adatepe.

Bekir Sıtkı Kunt 1905 in Antakya geboren, 1959 in Istanbul gestorben. Er wuchs noch im französisch besetzten Antakya auf, wo er auch die Schule besuchte, studierte Jura in Istanbul und arbeitete währenddessen schon bei der Zeitung *Vakit.* Hier veröffentlichte er auch seine ersten Kurzgeschichten; seine später in *Varlık* und anderen Literatur-

zeitschriften erschienenen realistischen Geschichten mit der anatolischen Provinz als Schauplatz brachten ihm die Anerkennung der Literaturkreise ein. Bis zu seinem Tod war er als Richter in verschiedenen Provinzstädten tätig und vertrat von 1936 bis 1946 als Abgeordneter in Ankara seine Heimatprovinz Hatay.
Moderne Alte erschien in: Kunt, Bekir Sıtkı: *Yataklı Vagon Yolcusu.* Istanbul: Varlık 1948, S. 79–84. Aus dem Türkischen von Johannes Neuner.

Mıgırdiç Margosyan geboren 1938 in Diyarbakır. Sein Vater, der als Armenier die Deportationen im Ersten Weltkrieg überlebte, schickte Margosyan auf eine armenische Schule in Istanbul. Er wurde später Lehrer und Direktor am Armenischen Gymnasium in Istanbul. Seine ersten Geschichten wurden in armenischer Sprache in der in Istanbul erscheinenden Zeitung *Marmara* gedruckt. Für die in Istanbul herausgegebene armenische Zeitung *Agos* und für weitere türkische Zeitungen schreibt er Kolumnen. Margosyan veröffentlicht seit 1992 Kurzgeschichten (mit armenischen und kurdischen Sprachintarsien), in denen er die Atmosphäre der Vielvölkerstadt Diyarbakır von früher wehmütig heraufbeschwört.
Das Heidenviertel erschien erstmals 1992, später in: Margosyan, Mıgırdiç: *Gâvur Mahallesi.* Istanbul: Aras 1995, S. 9–14. Aus dem Türkischen von Wolfgang Scharlipp.

Roni Margulies 1955 in Istanbul geboren und aufgewachsen. Er stammt aus einer Familie polnischer Juden, die sich in der Istanbuler Geschäftswelt etablierten. Er ging, nachdem er die Reifeprüfung am Robert College in Istanbul abgelegt hatte, 1972 nach England, um Wirtschaftswissenschaften zu studieren. Seither arbeitet er in London als Übersetzer und Dolmetscher. Seine ersten Übersetzungen englischer Lyrik erschienen 1975, seine ersten eigenen türkischen Gedichte 1983.
Kindheit in Bostancı erschien in: *Adam Öykü* 19/1998, S. 100–104. Aus dem Türkischen von Sabine Adatepe.

Aziz Nesin 1915 in Istanbul geboren, 1995 in Izmir gestorben, wuchs in Istanbul auf. Nach dem Abschluss einer Kadettenschule war er bis zu seiner Entlassung als Offizier tätig (1939–44). Danach schrieb er für Zeitungen und gab bald sein erstes Satiremagazin heraus. Seine politische Tätigkeit brachte ihm in den Jahren des Kalten Krieges oft Haft-

strafen und die Schließung seiner Zeitschrift ein, die er immer wieder unter einem anderen Titel publizierte. Sein politisches Engagement wurde umso spektakulärer, je älter er wurde: Nach dem Putsch initiierte er die kritische Petition der Intellektuellen gegen die herrschenden Militärs (1984) und die Veröffentlichung von *Die satanischen Verse* von S. Rushdie auf Türkisch. 1972 gründete er die Nesin-Stiftung für Waisenkinder, deren Heim er bis zu seinem Tod leitete. Nesins erste Anthologie erschien 1946, auf die weitere erfolgreiche satirische Bände folgten und ihn zu einem der meistgelesenen Autoren in der Türkei und in Übersetzungen überall auf der Welt machten. Er schrieb auch Romane, Bühnenstücke und Gedichte sowie einige wenige Kurzgeschichten, die keine Satiren sind, wie die in diesem Band vorliegende.
Die Märchenfee erschien erstmals 1984, später in: Nesin, Aziz: *Yetmiş Yaşım Merhaba.* Istanbul: Adam 1987, S. 90–100. Aus dem Türkischen von Monika Carbe.
Auf Deutsch sind u.a. erschienen: *Der unheilige Hodscha.* Wien-Berlin-Stuttgart: Paul Neff 1962; *Der Fußballkönig.* Berlin: Eulenspiegel-Verlag 1968; *Zübük.* Berlin: Rütten & Loening 1968; *Der einzige Weg.* Zürich: Unionsverlag 1995; *Ein Verrückter auf dem Dach.* München: C.H. Beck 1996; *Surname. Man bittet zum Galgen.* Zürich: Unionsverlag 1996.

İlknur Özdemir geboren in Istanbul. Sie besuchte dort die Deutsche Schule, studierte Betriebswirtschaft an der Bosporus-Universität und arbeitete lange in der Industrie. Seit 1991 beschäftigt sie sich aktiv mit der Literatur, und zwar zunächst als Übersetzerin aus dem Deutschen und Englischen. Später war sie beim Can-Verlag (1995–2004), anschließend bei dem Verlag der Yapı ve Kredi Bank als Verlagsleiterin tätig. Erst jüngst tritt sie auch als Autorin auf, ihren ersten Erzählband *Senin Öykü Hangısı* (Welche Geschichte ist von dir?) hat sie 2004 publiziert.
Die Heimreisenden erschien in: Özdemir, İlknur (Hg.): *Yol Öyküleri.* Istanbul: Can 2002, S. 85–99. Aus dem Türkischen von Gerhard Meier.

Ziya Osman Saba 1910–1957, geboren und gestorben in Istanbul. Offizierssohn. Absolvent des berühmten Galatasaray-Gymnasiums in Istanbul. Nach seinem Jurastudium arbeitete Saba als Bankangestellter und Redakteur in Istanbul und Ankara. Früh begann er Gedichte zu schreiben und schloss sich der Gruppe *Die Sieben Fackeln* an, die durch einfache, teilweise aus der europäischen Literatur übernom-

mene Formelemente und einen an der Umgangssprache orientierten Duktus die Erneuerung der traditionellen Lyrik anstrebte. Sabas Lyrik unterscheidet sich von den Gedichten seiner Mitstreiter durch ihren introvertierten, oft düsteren Ton, da er sich Themen wie Tod, Sehnsucht nach der Kindheit und Vergänglichkeit der Zeit zuwandte.
Fotostudio Glück erschien in: Saba, Ziya Osman: *Mesut İnsanlar Fotoğrafhanesi.* Istanbul: Varlık 1952, S. 3–9. Aus dem Türkischen von Monika Demirel.

Sait Faik siehe unter Abasıyanık, Sait Faik

Zeyyat Selimoğlu 1922–2003, geboren und gestorben in Istanbul. Er besuchte die Deutsche Schule in Istanbul. Nach seinem Jurastudium arbeitete er lange Zeit in einer Reederei als Anwalt. Er wirkte auch als Übersetzer aus dem Deutschen. Mit seinen Erzählungen machte er die östliche Schwarzmeerküste, die er wie seine Heimat liebte, und das Leben der Seeleute zum ersten Mal in der türkischen Literatur zum literarischen Sujet, wobei er meist eine außergewöhnliche Situation und die spezifische Atmosphäre humorvoll mit sozialer Kritik und psychologischer Tiefe zu verbinden wusste.
Versammlung auf dem Achterdeck erschien in: Selimoğlu, Zeyyat: *Gemi Adamlari.* Istanbul: Can 1984, S. 140–146. Aus dem Türkischen von Ingrid Lenz-Aktaş.

Ülkü Tamer geboren 1937 in Gaziantep, legte die Reifeprüfung am Robert College in Istanbul ab, wo er bereits in einer Theatergruppe mitwirkte. Anschließend studierte er Journalismus in Istanbul und war von 1964 bis 1968 als Schauspieler, Verlagsleiter und Feuilletonschreiber (zuletzt vor allem für die Zeitung *Radikal*) tätig. Seine ersten Gedichte erschienen 1954 in der Zeitschrift *Kaynak.* Tamer ist vor allem als Lyriker und als Anhänger der Strömung *Die Zweite Neue* bekannt, die in den Sechzigerjahren eine hermetische Dichtung entwickelte. Er hütet sich jedoch vor der Abstraktion und zeigt eine erfrischende Nähe zur Volkspoesie. Neben seinen zahlreichen Übersetzungen (aus dem Englischen) erschien ein Band mit Erzählungen und seinen eigenen Kindheitserinnerungen. Seine Geschichten gehören mit ihrem knappen, dichten Erzählstil und der lebendigen Atmosphäre von Gaziantep der Vierzigerjahre zu den wichtigen Werken der türkischen Erzählliteratur.

Asım, der Bonbonmacher erschien in: Tamer, Ülkü: *Alleben Öyküleri.* Istanbul: Can 1991, S. 65–79. Aus dem Türkischen von Gerhard Meier.

Haldun Taner 1915–1986, geboren und gestorben in Istanbul, wo er auch aufwuchs. Sohn eines Juristen und Parlamentsabgeordneten, war Internatsschüler im Galatasaray-Gymnasium in Istanbul. Er begann ein Wirtschaftsstudium in Heidelberg, das er abbrach, und studierte später Germanistik, Kunstgeschichte und Turkologie in Istanbul. Er unterrichtete Kunstgeschichte und Theaterwissenschaft an der Universität Istanbul. Als Autor und Kritiker prägte er das Theaterleben der Türkei nach 1950 entscheidend mit. 1955 bis 1956 studierte er Theaterwissenschaft in Wien und wirkte dort an verschiedenen Theatern als Regieassistent. Er gründete das erste Kabarett der Türkei, eine Theaterschule und eine Bühne. Als Bühnenautor etablierte er das epische Theater in der Türkei, wobei er Elemente des traditionellen osmanischen Volkstheaters wiederverwendete. Seine Stücke werden auch in Deutschland immer wieder aufgeführt. Seine ersten literarischen Veröffentlichungen waren Hörspiele. In den lebendigen Dialogen seiner satirisch geprägten Kurzgeschichten zeigt Taner, dass er vom Theater geprägt ist.
Sanchos Morgengang erschien zuerst 1969, später in: Gümüş, Semih (Hg.): *Hayvan Öyküleri.* Istanbul: Adam 1993, S. 57–66. Aus dem Türkischen von Gerhard Meier.

Tomris Uyar 1941–2003, geboren als Tochter eines Juristen, gestorben in Istanbul. Sie absolvierte das Amerikanische Mädchen College in Arnavutköy/Istanbul, studierte Publizistik und begann während ihrer Studienzeit zu schreiben. Mitte der Sechzigerjahre veröffentlichte sie ihre ersten Kurzgeschichten, Essays und Literaturkritiken in verschiedenen Literaturzeitschriften und übersetzte aus dem Englischen. Thematisch konzentrierte sie sich auf den gesellschaftlichen Wandel, besonders innerhalb der Familie und der Welt der Frauen. 1969 heiratete sie den Lyriker Turgut Uyar (1927–1985), einen der führenden Köpfe der *Zweiten Neuen Bewegung,* die Tomris Uyar beeinflusste: Die Welt erscheint in realistischen Segmenten aus der Sichtweise des Individuums, erlaubt sind sprachliche Freiheiten, ungewohnte Assoziationen, neuartige Bilder und logische Brüche.
Festungsmauern ist erschienen in: Uyar, Tomris: *Yaza Yolculuk*. Istanbul: Can 1986, S. 27–38. Aus dem Türkischen von Sabine Adatepe.

Auf Deutsch sind Erzählungen von Tomris Uyar in verschiedenen Anthologien erschienen, u.a. in: *Traumverkäufer.* Kurzgeschichten. Frankfurt am Main: Literaturca 2001; *Moderne Türkische Erzählungen* (zweisprachig), München: dtv 2004.

Ahmet Ümit 1960 in Gaziantep geboren, besuchte dort die Schule. Er studierte Verwaltungslehre in Istanbul und Sozialwissenschaften in Moskau und war von 1989 bis 1996 in der Werbebranche tätig. Ümit veröffentlichte zunächst Gedichte, seit 1994 schreibt er auch Erzählungen und Romane, mit denen er das in der Türkei bis dahin wenig entwickelte Genre der Kriminalliteratur literatur- und bestsellerfähig macht.
Der Spielkamerad erschien in: *Adam Öykü,* 25/1999, S. 123–136. Aus dem Türkischen von Gerhard Meier.
Auf Deutsch ist bislang in der Türkischen Bibliothek erschienen: *Nacht und Nebel.* Zürich: Unionsverlag 2005.

Yaşar Kemal 1923 in dem Dorf Gökçeli oder Gökçedam bei Osmaniye/Adana geboren. Er wuchs in Burhanlı und Kadirli bei Adana auf, brach die Schule ab und arbeitete dann in einer Baumwollfabrik, danach u.a. als Bürodiener, Landarbeiter, Wasserwächter, Hilfslehrer. Mit 17 Jahren wurde er zum ersten Mal aus politischen Gründen verhaftet. Er interessierte sich für Literatur, vor allem auch für die Volkssänger seiner Heimat. In Adana begegnete er dorthin verbannten Istanbuler linksintellektuellen Künstlern, die sein Talent erkannten und ihn an ihre Freunde nach Ankara und Istanbul empfahlen. Von 1951 bis 1963 schrieb er bei der Tageszeitung *Cumhuriyet* Kolumnen und Reportagen. Er war Mitbegründer der neuen Sozialistischen Arbeiterpartei (1962), leitete die linke Zeitschrift *Ant* und fungierte als Vorsitzender der neuen Schriftstellergewerkschaft der Türkei. Seine ersten literarischen Produkte waren Gedichte, darauf folgten ab 1946 Kurzgeschichten, die bereits auf Interesse stießen; sein in der *Cumhuriyet* abgedruckter Roman *Memed, mein Falke* erregte durch seinen sozialkritischen, modern-romantischen Stoff um einen edlen Räuber großes Aufsehen. Der Romancier Kemal veröffentlichte bisher nur eine Sammlung mit Erzählungen, *Sarı Sıcak* (1952), die er 1975 mit weiteren Erzählungen ergänzte. Die Erzählung *Schreibstifte* schrieb Kemal in den Fünfzigerjahren, doch sie fehlt in den früheren türkischen Ausgaben sowie im deutschen Band *Gelbe Hitze.*

Schreibstifte erschien in: Yaşar Kemal: *Sarı Sıcak*. Istanbul: Karacan 1981, S. 170–180. Aus dem Türkischen von Cornelius Bischoff.
Auf Deutsch sind u. a. erschienen: *Das Lied der Tausend Stiere*, Zürich: Unionsverlag 1979; *Memed, mein Falke*. Zürich: Unionsverlag 1980; *Die Disteln brennen*. Zürich: Unionsverlag 1983; *Der Wind aus der Ebene*. Zürich: Unionsverlag 1985; *Eisenerde Kupferhimmel*. Zürich: Unionsverlag 1986; *Das Unsterblichkeitskraut*. Zürich: Unionsverlag 1986. *Gelbe Hitze*. München: dtv 1988; *Das Reich der Vierzig Augen*. Zürich: Unionsverlag 1993, *Die Ameiseninsel*. Zürich: Unionsverlag 2001.

Bekir Yıldız 1933 in Urfa geboren, 1998 in Istanbul gestorben. Sein Vater war Polizeibeamter. Er wuchs in verschiedenen Städten der östlichen Türkei auf. Nach einer Berufsausbildung in der Druckereifachschule arbeitete er in verschiedenen Druckereien in der Türkei und in Deutschland (Heidelberg) als Monteur und Setzer. Nach seiner Rückkehr 1966 gründete er die Druckerei Asya. Seine erste Kurzgeschichte erschien 1951 in einer Kinderzeitschrift, seine erste Buchveröffentlichung war der autobiografisch gefärbte Roman *Türkler Almanya'da* (Türken in Deutschland).
Der Damaszener erschien in: Yıldız, Bekir: *Kaçakçı Şahan*. Istanbul: Asya 1970, S. 41–47. Aus dem Türkischen von Johannes Neuner.

Der Herausgeber

Tevfik Turan, geb. 1954 in Istanbul, arbeitete nach seinem Studium der Germanistik und Kunstgeschichte zunächst als Übersetzer und Deutschlehrer in der Türkei und zog 1981 nach Deutschland, wo er seither als Lektor für Türkisch an der Universität Hamburg tätig ist.

Die Übersetzer

Sabine Adatepe, geb. 1963, studierte Turkologie, Iranistik und Germanistik in Hamburg, wo sie nach einem vierjährigen Aufenthalt in Istanbul seit 1999 als freie Übersetzerin, Publizistin und Dozentin für Deutsch als Fremdsprache wieder lebt.

Cornelius Bischoff, geb. 1928, machte in Istanbul das Abitur. Während der Schulzeit war er als Deutscher in der Türkei (1944–45) interniert. 1948 begann er ein Jurastudium in Istanbul, ging 1949 an die juristische Fakultät Hamburg und schloss 1954 mit dem Staatsexamen ab. Seit 1978 Tätigkeit als literarischer Übersetzer und Drehbuchautor.

Monika Carbe schloss ihr Studium mit einer Dissertation über Thomas Mann ab, lebt seit 1971 in Frankfurt am Main, hat zwei Jahrzehnte lang als hauptberufliche Pädagogin in der Erwachsenenbildung gearbeitet. Übersetzt seit den Achtzigerjahren aus dem Türkischen.

Eric Czotscher, geb. 1963, Diplomübersetzer für Türkisch und Arabisch. War fünf Jahre als Auslandskorrespondent in Dubai, wo er nebenbei als Techno-DJ arbeitete und als freier Korrespondent für das Technomagazin *Frontpage* schrieb. Seit 2001 Redakteur am F.A.Z.-Institut in Frankfurt am Main.

Monika Demirel, geb. 1960 in Wiesbaden, arbeitete nach dem Diplomübersetzerstudium in Heidelberg zunächst als Lehrerin für Deutsch als Fremdsprache, war dann einige Jahre im Ausland für die Reisebranche unterwegs, lebt seit 1993 in der Türkei.

Angelika Gillitz-Acar, geb. 1958, studierte erst Sozialpädagogik, dann Geschichte und Kultur des Nahen Orients sowie Turkologie, Geografie und Pädagogik. Lebt in München und arbeitet dort in Projekten zur Integration junger Ausländer.

Angelika Hoch, geb. 1969, studierte an der Ludwig-Maximilians-Universität München von 1990 bis 1997 zuerst Kunstgeschichte und anschließend Turkologie. Lebt in München.

Ingrid Lenz-Aktaş, geb. 1961, Studium der Politologie, Amerikanischen Kulturwissenschaft und Turkologie in München, Bamberg und Ankara. Zurzeit freiberuflich tätig als Redakteurin im Wörterbuchbereich.

Gerhard Meier, geb. 1957, studierte Französisch und Italienisch in München und Germersheim. Seit 1986 lebt er in der Nähe von Lyon. Literarische Übersetzungen aus dem Französischen und Türkischen.

Johannes Neuner, geb. 1975, Diplomübersetzer für Türkisch und Französisch, studiert derzeit Volkswirtschaftslehre. Übersetzt aus dem Türkischen und unterrichtet am Sprachlehrinstitut der Universität Freiburg Türkisch.

Wolfgang Scharlipp, geb. 1947, studierte Turkologie, Tibetologie, Indologie sowie Chinesisch. Nach seiner Promotion und Habilitation unterrichtete er an diversen Universitäten; lebt und arbeitet seit 1997 in Kopenhagen.

Karin Schweißgut, geb. 1964, Studium der Islamwissenschaft, Arabistik und Politologie, Promotion im Fach Turkologie. Arbeitet derzeit als wissenschaftliche Assistentin am Institut für Turkologie an der FU Berlin; ihr Schwerpunkt ist die moderne türkische Literatur.

Umschlagmotiv

Bayram Gümüş wurde 1969 in Konya geboren, zeichnet und malt seit seiner Kindheit. Brach 1977 seine Ausbildung am Gymnasium ab, arbeitete als Gelegenheitsarbeiter auf dem Markt, auf Baustellen und in Büros. Seit 1983 widmet er sich ganz der Malerei und ist einer der wenigen »naiven Maler« der zeitgenössischen türkischen Kunst.

Nachwort

Erika Glassen, geboren 1934, studierte Islamwissenschaft in Freiburg i. Br. und Basel und gehörte nach ihrer Habilitation 1977 zum Lehrkörper der Universität Freiburg i. Br. In den Jahren 1981–1983 wirkte sie als Referentin und 1989–1994 als Direktorin am Orient-Institut der DMG mit Sitz in Beirut/Libanon und einer Zweigstelle in Istanbul/Türkei. Gemeinsam mit Jens Peter Laut gibt sie die Türkische Bibliothek heraus.

Unterrichtseinheit

Von Istanbul nach Hakkâri

Die Unterrichtsmaterialien zu diesem Erzählband ermöglichen das Arbeiten mit der Anthologie im Unterricht. Sie enthalten Anleitungen, Kopiervorlagen und Anregungen für die Anwendung in Schulen und während Projektwochen.

Hg. von Helga Dağyeli-Bohne
A4-Arbeitsvorlage, ca. 100 Seiten
ISBN 3-293-10100-3
ca. € [D] 9,90 / € [A] 10.20 / sFr. 18.10
erscheint ca. Oktober 2005

TÜRKISCHE BIBLIOTHEK

Herausgegeben von Erika Glassen und Jens Peter Laut
Eine Initiative der Robert Bosch Stiftung
www.tuerkische-bibliothek.de

Die Türkische Bibliothek präsentiert Meilensteine der türkischen Literatur von 1900 an bis in die unmittelbare Gegenwart. Ob Roman, Autobiografie, Kurzgeschichten, Gedichte, Essays – alle Texte sind repräsentativ ausgewählt. Das Schwergewicht liegt dabei auf jenen Autorinnen und Autoren, die trotz ihrer Bedeutung bislang der deutschsprachigen Leserschaft noch nicht angemessen zugänglich gemacht wurden.

Die Spannweite reicht von bereits klassischen Romanen des 20. Jahrhunderts bis hin zu aktuellen Werken der jüngsten Generation. Alle treffen sie den Nerv ihrer Zeit und zeigen einen faszinierenden Reichtum der Lebensformen und Anschauungen. Das kreative Spannungsverhältnis zwischen anatolischen Kulturelementen und westlichen Denkrichtungen sowie literarischen Strömungen hat viele Meisterwerke hervorgebracht, die noch zu entdecken sind.

Die zwanzig Bände der Türkischen Bibliothek erscheinen ab Herbst 2005. Jeder Band enthält ein informatives Nachwort, Worterklärungen und Autorenbiografien.

TÜRKISCHE BIBLIOTHEK

Ahmet Ümit

Nacht und Nebel

Mine, die heimliche Geliebte des Geheimdienstmitarbeiters Sedat, ist verschwunden. Er selbst hat bei der Aushebung eines Terroristenunterschlupfs kaltblütig auf Fliehende geschossen. Gibt es zwischen diesen beiden Ereignissen einen Zusammenhang? Nachdem Sedat selbst nur knapp einem Attentat entkommen ist, macht er sich auf die Suche, die ihn in Istanbuls Künstlerszene, in die Schattenwelt der Kinderprostitution und Kleinstadtganoven führt. Je näher er der Lösung des Falls kommt, desto mehr zerfällt seine Selbstsicherheit. Und in einem furiosen Finale bricht seine Lebenslüge zusammen.

Aus dem Türkischen und mit einem Nachwort von Wolfgang Scharlipp.

Leylâ Erbil

Eine seltsame Frau

Die neunzehnjährige Studentin Nermin erfährt am eigenen Leib, was es bedeutet, erwachsen zu werden in einer Gesellschaft, die ihr ein traditionelles Frauenbild entgegenhält. Die Mutter keift, wenn Nermin zu spät nach Hause kommt, und verlangt Keuschheit bis zur Hochzeit. Also muss sie lügen und sich verstecken, wenn sie, wie all ihre Freundinnen, zu den Tanzpartys geht. In den Istanbuler Künstlerkneipen sucht sie Inspiration, doch die etablierten Literaten verweigern ihr als Frau die intellektuelle Anerkennung. Sie schließt sich den linken Gruppen an. Bald aber bald spürt sie, dass auch die Hinwendung zum »Volk« trügerisch ist. Nermin gibt jedoch die Hoffnung auf eine humanere Welt nicht auf.

Aus dem Türkischen von Angelika Gillitz-Acar und Angelika Hoch.
Nachwort von Erika Glassen.

Sinop Burnu
Sinop
Bozkurt
1985
Balik Göl
Alaçam
Bafra
Boyabat
Duragan
Kastamonu
Samsun
Çalti Burnu
Çarşamba
Terme
Vezirköprü
Kizilmark
Osmancik
Yasun Burnu
Ünye
Ordu
Tirebolu
Havza
Merzifon
Suluova
Fatsa
Bulancak
Giresun
Iskilip
Anadolu Dağla
Erbaa
Gölköy
Amasya
Kelkit
Niksar
Çorum
3107
Çekerek
Turhal
Sungurlu
Alaca
Zile
Tokat
Şebinkarahisar
Suşehri
Kelkit
2552
Yozgat
Sorgun
Yildizeli
Zara
3025
Refahiye
Yerköy
Akdağmadeni
Sivas
Kizilmark
Kanak
Firat
Euphrates
Delice
Kirşehir
Şarkişla
Divriği
Boğazliyan
Kizilmark
Bünyan
Hekimhan
Keban Baraji
Ürgüp
Kayseri
Pinarbaşi
Gürün
3916
Erciyeş Daği
Yeşilhisar
Tohma
Karakaya Baraji
Develi
3054
Malatya
Afşin
Akçadağ
Yahyali
Elbistan
Niğde
Bor
3014
3090
Doğanşehir
Göksu
Göksun
3734
Aladağ
Gölbaşi
Adiyaman
Besni
Kâhta
Taurus
3585
Kahramanmaraş
Kozan
Ceyhan
Pazarcik
Seyhan
Firat
Euphrates
Atatürk Baraji
Kadirli
Türkoğlu
Bahçe
Adana
Osmaniye
Gaziantep
Tarsus
Ceyhan
Islâhiye
Nizip
Birecik
Şanliurfa
Yumurtalik
Dörtyol
Suruç
Iskenderun Körfezi
Kilis
Erdemli
Iskenderun
Akçakale
Euphrates
Kirikhan
Amik Gölü
Burnu
Antakya
Reyhanli
Samandağ
Halab
Aleppo
Buhayrat al Asad
Balikh
Sabkhat al Jabbūl
Asi